能源賽局

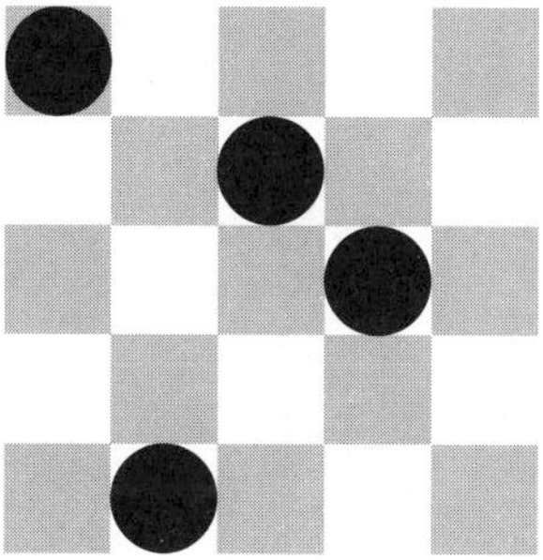

地緣政治混亂時代，
金融政策與民主制度的下一步

Helen Thompson 海倫．湯普森——著
盧靜、劉維人——譯

Disorder

Hard Times in the 21st Century

CONTENTS

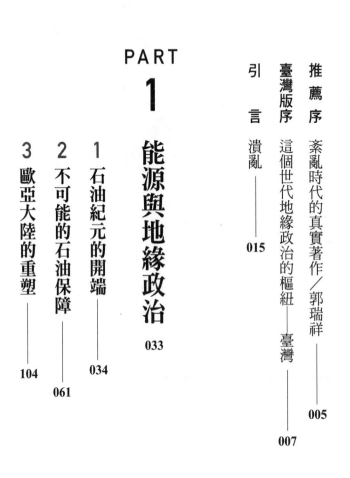

CONTENTS

推薦序

紊亂時代的真實著作

臺灣大學管理學院教授／郭瑞祥

歷史與當下總是相互映照。當我們回顧過去，那些看似遙遠的事件、決策和衝突，其實正是塑造我們當今世界的原動力。而這一切，正是本書《能源賽局》中試圖解構的核心內容。透過對能源、地緣政治史以及經濟的深入探討，本書打破了我們對歷史的既有認知，並指出那些深藏於表象下的真實情勢。

首部分的地緣政治史，從美國憑藉其石油和財力崛起的背景，揭示了能源如何成為戰略棋局中的關鍵角色。從兩次世界大戰到冷戰，本書精確地指出，不論是歐洲、美國還是中東，能源始終是影響國際政治和經濟的核心驅動力。

進入第二部分，本書把焦點鎖定在經濟。從布列敦森林體系的崩潰、中東原油價格的飆升，到金融海嘯的引爆，每一個經濟事件背後，都與能源有著千絲萬縷的連結。而當中國逐漸融入全球經濟活動，美國的能源自主與金融槓桿相輔相成，這些都凸顯了能源在地緣政治和經濟中的關鍵地位。

最後一部分則聚焦於民主。本書指出，代議制民主在經濟和地緣政治變遷下，逐漸出現裂痕，並受到財閥的操控，從而導致政治動盪。透過對美國、英國和歐盟的分析，他揭示了在經濟衝突和地緣政治背景下，民主如何被侵蝕，並強調時間是民主國家不穩定的根源。

《能源賽局》不僅是一部深入淺出的學術著作，更是一面鏡子，讓我們看到能源、經濟和政治之間的錯綜複雜。透過本書，我們不僅得以一窺歷史背後的真相，更能預見未來的走向。這本書不僅適合學者和研究者，對於任何關心當今世界局勢的讀者，都是一部必讀之作。

在這個資訊爆炸的時代，真正的智慧並不在於擁有多少資訊，而是在於能夠從資訊中提煉出真正有價值的內容。《能源賽局》正是這樣的一本書，它為我們揭示了隱藏在資訊背後的真實世界，並為我們指明了前進的方向。強烈推薦每一位讀者，都能夠深入閱讀這本書，並從中獲得啟示。

臺灣版序

這個世代地緣政治的樞紐——臺灣

《能源賽局》於二〇二二年二月二十四日首次以英文出版，當天俄羅斯入侵烏克蘭。普丁為了顛覆基輔政府，並奪取烏克蘭南部和東部資源豐富的土地，而以俄羅斯領土修正主義（territorial revisionism）去謀取一九九一年後以民族國家身分獨立的烏克蘭。當以美國為首的西方國家軍事支援烏克蘭，並對俄羅斯實施一系列經濟制裁之後，許多尖銳的地緣政治與經濟問題都因此浮出水面，其中大半都跟石油有關。例如ＯＰＥＣ＋（以石油輸出國組織與俄羅斯為首的產油國陣營所共同組成的集團）在美國頁岩油成長放緩之後影響力增強；以及美俄兩國競爭歐洲天然氣市場以及對黑海的控制，因為黑海所在的貿易路線連接了全球最肥沃的農地，而俄羅斯最重要的海軍基地也位於黑海。

不久之後，烏俄戰爭也推升了臺海局勢。當然，這兩個地緣政治張力既不能直接類比，也不能直接推論。也許有些人希望俄羅斯最初戰爭目標的落空，能遏止中國不要輕易武力統一臺灣；但也有些人擔心，美國支援烏克蘭的方式顯示，只要美國沒有與盟國簽訂正式安全條約，美國出兵的意願就大幅受限，而且威懾也沒有作用。

但無論烏俄戰爭實際上如何影響北京、華盛頓、臺北的規畫，在二〇二二年二月二十四日烏克蘭被入侵之後，臺灣在地緣政治上都變得更為重要。烏克蘭與臺灣的政治自決主張，都會受到軍事大國的挑戰，而這些前來挑戰的軍事大國，就勢必會與美國競爭地緣政治優勢。單就水域而言，臺灣這個島嶼對全球許多關鍵水域的影響力比烏克蘭還大。世界大約有三分之一的貿易經過南海。二〇二二年，全球噸數最大的貨輪近九成必須經過臺灣海峽。如果美國海軍無法進入這條水道，華府勢必很難繼續主導太平洋。

但身處水域要衝，只是臺灣地緣政治價值的其中之一。克里米亞黑海沿岸的烏俄戰爭，在二〇二二年最黑暗的日子裡喚醒了核戰的陰影。而臺灣的未來則讓人開始擔心另一種戰爭：爭奪先進半導體產業的經濟戰。世界經濟與美國隊都仰賴晶片，而絕大多數晶片都來自台積電，主要產能位於臺灣西岸。

雖然本書是在烏俄戰爭開始時出版的，但我的書寫卻是為了解釋二〇一〇年代那些和平許多的變遷，尤其是二〇一六年的重大政治事件，包括英國脫歐公投、美國川普當選以及該年七月土耳其政變失敗。本書試圖解釋為什麼只要了解整體的地緣政治、經濟、民主歷史，就可以大抵預見二〇一〇年代的這一連串動盪事件。此外我也想跳脫西方國家在二〇一六年前後的主流政治分析，那些非唯物主義的分析方式，往往將理所當然的發展，說得相當不可思議。

本書描寫的重點，幾乎都是歐洲和美國的民主國家。但一本以能源為主題的書，必然會涉及亞洲重返地緣政治中心以及經濟中心的故事。過去五十年，尤其是過去二十年，亞洲能源需求的巨大成長帶來了許多改變。一九七〇年，亞太地區煤炭、石油、天然氣、核能和現代再生能源的初級能源消費量（primary energy consumption）不到全世界的百分之二十；但二〇二二年已經接近五成。二十世紀上半葉的地緣政治，大都以歐洲國家與石油有關，但二十一世紀地緣政治的重點已經轉向亞洲，尤其是中國，能源的類型也從石油擴張到所有種類。

臺灣在這場變局中的位置就是很好的例子。二〇一六年蔡英文在總統選舉中獲勝，民進黨也首次拿下立法院，使臺灣進入民主新時代。臺灣的歷史充分顯示，經濟和地緣政治如何彼此交叉推動變革，這些變革又如何引發之後的動盪。人們直覺上可能很難想像，臺灣為何會成為全球兩大經濟強權地緣政治競逐的焦點，為何會成為全球經濟的關鍵。但台積電能有如今的地位，並非千年一遇的偶然。該公司之所以能成為先進半導體的主要供應商，源自冷戰在亞洲的影響，以及美國製造業的外包需求。一九四〇至一九七〇年代，亞洲的經濟發展程度相當低，這不僅使東亞成為一九四九年以來美蘇衝突的中心，也為美國企業找到了一塊充滿廉價勞動力，環保標準較為寬鬆的外包沃土。但當美國不再負責保障這些地區的安全，這些經濟依存關係就像幾乎所有的這類關係一樣，必須回頭面對背後的地緣政治風險。

臺灣這五十年來的發展，與本書討論的世界趨勢流變環環相扣。關鍵的改變始於一九七〇年代，美國在一九七九年終止與臺灣之間的正式外交關係，同時終止保衛臺灣的《中美共同防禦條約》。對臺政策的巨大逆轉，始於尼克森總統一九七一年七月宣布隔年訪問北京，以及幾週之後決定美元與黃金脫鉤。如果讀者知道美國石油產量在一九七〇年達到（頁岩油熱潮之前的）史上高峰，就會覺得這一連串的劇變並非巧合。尼克森與之後的總統，為了因應不斷變化的能源和貨幣環境，而改變了美國在東亞的力量布局。這種轉變為中國帶來了後毛澤東時代的戰略經濟機會，使鄧小平對西方國家提出一系列領土問題，以更堅決的態度主張中國的立場。

在那之後，臺灣成為西方那套「歷史終結論」難以處理的例外。歷史終結論認為政治制度的發展在一九八九年畫上終點，自由民主（liberal democracy）與國際自由貿易體系取得了勝利，成為世界上唯一的制度。但這種論調很難解釋臺灣的國安困境。臺灣從一九八七年戒嚴結束、一九九六年第一次總統直選再到二〇〇〇年的總統權力和平轉移，一連串民主化的過程，乍看之下都顯示代議制民主除了在發源地歐洲和北美以外，也能順利推行。但臺灣的地緣政治處境，卻讓西方國家的自由派，對民主轉型與各國經濟相互依賴的實質效果，難以真正放心。早在柯林頓政府立法將美中貿易關係永久正常化之前，臺灣就已經陷入更嚴峻的現實。一九九六年總統直選以及柯林頓政府一年前發給臺灣總統康奈爾大學訪問簽證所引發的臺海危機，都顯露出華府在一九九〇年代堅信的那套自由貿易與政治教條，在現實中侷限重重：中國在總統投票前九個月反覆在臺灣海峽試射飛彈，美國則將八二三砲戰以來最大規模的海軍力量送進了同一海域。當一觸即發的核戰陰影威脅臺灣總統選舉，沒有人會認真相信橫跨太平洋的即時生產國際供應鏈，能讓地緣政治退場或讓世界變得更安全。

到了二〇一〇年代，華府在日益緊張的中美關係中，更是直接將臺灣當成施力點。在習近平宣布「中國製造二〇二五」七個月後，歐巴馬政府在二〇一五年五月宣布推出新一波價值十八億美元的對臺軍事援助計畫。到了二〇一八年一月，川普總統宣布對中國徵收關稅，開啟了美中貿易戰，美國國會在兩個月後一致通過《臺灣旅行法》（*Taiwan Travel Act*），允許美臺高層彼此進行外交訪問。此時的美國，除了兩大黨都不再強烈鼓勵與中國進行貿易投資以外，各黨政客討論臺海安全時使用的語言基調也明顯不同。

在這個整體局勢不斷重整的時代，中美兩國在臺灣問題上的任何立場變化，都會牽動中國長期以來的能源進口需求。至少從二〇〇〇年代初以來，北京決策者就一直擔心美國海軍會在必要時刻封鎖馬六甲海峽，切斷來自中東和非洲的石油與液化天然氣供給線。但華府越是在政治言論上明確表示將以軍事協防臺灣，中國就越會因為擔心能源斷炊，而大規模擴張海軍。

美國在二〇一九年的對中科技戰只會使臺灣承受更高壓力，而且風險可能迅速蔓延。至少目前為止，美國與中國都是臺灣最重要的出口市場，美中科技戰從一開始就會連累到臺灣的經濟。而且當拜登政府於二〇二二年十月推出出口管制，禁止任何國內外公司向中國出售含有美國製造技術的先進半導體，同時要求美國公民與居民在參與中國製造前必須先提出申請之後，中國就會更想拿下臺灣，藉此確保科技優勢。然而，雖然華府拖慢中國自治晶片速度的各種行動，可能會使北京更急著改變臺灣現狀，但同時也可能讓美國不計一切代價阻止臺灣與中國統一。如果中國要打贏這場科技戰，未來很可能會在資源政策上採取民族主義。無論如何，美國目前的稀土都仰賴中國進口，北京只要祭出禁運，美國的減碳與電氣化大夢都可能付之一炬。當然，這種行為勢必只會使美國停止向中國出口液化天然氣。當代幾乎所有國際經濟交流，都離不開美中關係以及臺灣在其中的地位。地緣政治如今已是重中之重。

而且這些潛在的變局，不僅會從地緣政治競逐和經濟戰引發，也有可能會被各國國內政治引爆。拜登政府的半導體政策，把他的政治生命與臺灣綁在一起，試圖用美國的再工業化，來阻止白宮再次落入川普或川普式人物的手中。該政府在二〇二二年七月通過《晶片與科學法案》（*The CHIPS and Science Act*），試圖重新建立半導體的國內產能。但看看近年歷史發展，就知道高科技製造業供應鏈極為複雜，需要數十年才能重新建立，國產晶片幾乎不可能在中短期內實現。反而是製造業工作機會回流，在政治上可以吸到很多票，而且回流一旦成功，華府的長期對臺政策就有更多選擇。

臺灣身處晶片界龍頭所帶來的各種問題，顯示自二〇〇〇年中葉以來，全球各國的地緣政治、經濟、國內政治局勢都已經系統性大幅改變。這些巨變的相互加成，只會日積月累放大壓力。迄今為止，核子大國都沒有直接彼此開戰，原因之一就是互相保證毀滅（Mutually Assured Destruction）的威懾力量非常有效。同理，美中兩國雖然都需要對方手裡掌握的資源，才能順利能源轉型，但兩國依然必須攜手處理全球暖化。這時候臺灣的未來，很可能最能揭示全球趨勢接下來如何發展。

二〇二三年十月　**海倫．湯普森**

引言 潰亂

新冠疫情來襲之時，西方已經經歷了整整十年的潰亂。二〇一九年末，北美和歐洲的民主普遍脆弱不堪。美國眾議院彈劾了唐納・川普，指控他向烏克蘭總統弗拉迪米爾・澤倫斯基（Volodymyr Zelensky）施壓，協助他在即將到來的大選中抹黑對手喬・拜登。脫歐公投的結果是否應該執行，也讓英國政爭持續了三年半，直到保守黨在二〇一九年大選獲得壓倒性勝利才告一段落。但到了隔年，鮑里斯・強森的新內閣卻又面臨蘇格蘭分離主義者的壓力，這些分離主義者的理由也極其單純，因為脫離歐盟並非蘇格蘭的主流民意。而在德國的圖林根自由邦，當地基督教民主聯盟（Christlich Demokratische Union Deutschlands，ＣＵＤ）也曾聯合極右翼的德國另類選擇黨（Alternative für Deutschland，ＡｆＤ），推舉自由民主黨（Freie Demokratische Partei，ＦＤＰ）的代表成為新任邦總理，引得聯邦總理梅克爾怒斥這是「不可原諒」的選擇，也是「民主政治上糟糕的一天」。[1]

同時，地緣政治也顯得山雨欲來。二〇二〇年一月，美國和中國政府似乎正準備終結延續兩年的貿易戰。但香港爆發的大規模抗議和美國國會通過的相關法案，卻讓美中關係更形緊張。與此同時，中東局勢也不平靜，從北方的敘利亞到南方的葉門都烽火不斷。部分衝突甚至暴露出北約內部長期存在的嫌隙。二〇一九年秋天，川普總統第二度試圖從敘利亞撤軍，允許土耳其士兵挺進該國北部。土耳其的行動和川普的支持惹惱了法國總統馬克宏，他表示「我們正在見證北約腦死」。[2]但沒過多久，梅克爾就跟他撇清關係，堅稱：「從德國的角度來看……北約是我們的安全盟友。」[3]二〇二〇年一月三日，川普獨斷地下令刺殺伊朗對外軍事行動首腦卡西姆．蘇萊曼尼（Qasem Soleimani），以報復伊朗支持伊拉克民兵攻擊巴格達的美國大使館的行為。見狀，強森、馬克宏和梅克爾暫時拋下英國脫歐的爭議，發表了一篇聯合聲明，主張「需要立刻緩和局勢」。[4]媒體和政治評論家也像發了瘋一樣，質問第三次世界大戰是否即將爆發。

在二〇一九年的冬季，幾乎每個地方的經濟前景都是一片愁雲慘霧。經過三年的跌跌撞撞，聯準會——也就是美國央行——終於放棄讓貨幣恢復正常。二〇一九年九月，銀行之間互相借貸的隔夜貨幣市場凍結，重現了二〇〇七年八月金融海嘯爆發時的情境。雖然聯準會沒有正面承認政策走向，但確實又回到了創造貨幣購買資產的做法，也就是所謂的量化寬鬆（quantitative easing）。兩個月後，歐洲中央銀行也恢復了量化寬鬆政策，但仍在等待德國聯邦憲法法院裁定這樣做在德國是否合法。就連這十年來對世界經濟卓有貢獻的中國，成長速度也明顯放緩了。

能源方面則似乎走到了轉捩點。二〇〇九年以來，全球年度石油產量首度下滑。消耗量與生產量之間的差距，達到了二〇〇七年以來的最高峰——當年的油價最高曾一度飆升到每桶一百五十美金。金融海嘯之後寬鬆的信貸環境，使得大量資本湧入美國的頁岩油產業。但如今，由於氣候變遷的壓力越來越大，投資人紛紛拋棄了美國和歐洲的石油公司。如果這發生在十年前，人們可能會認為石油產業將會衰落好一陣子，但如今的人卻從中看到希望的曙光，認為世界將會在三、四十年內拋棄化石燃料，轉而使用綠色能源。

Covid-19正是在這一片混亂之中從天而降。疫情的影響不可忽視，卻也讓我們有機會理清這潰亂的十年。許多曾對二〇一〇年代造成產生重大影響的分歧，在二〇二〇年又再次復甦。

我們無法用幾個簡單的理由來解釋過去十年的潰亂。儘管如此，很多原因跟影響都彼此相關。拿英國脫歐來說，這件事跟英國國內政治、英國沒有加入歐元區，以及歐盟僵硬的憲政秩序都脫不了關係。但還有一些表面上看起來無關，實際上卻牽涉更廣的改變在推動英國人的決定。二〇一一年油價飆漲時，美國聯準會和英格蘭銀行（Bank of England）並未做出回應。但歐洲中央銀行（European Central Bank）卻把利率提升了兩倍。而當英國經濟開始復甦，歐元區卻面臨嚴重衰退。之後的幾年裡，英國都在無奈地充當南歐國家的救命稻草，眾多南歐人民湧入英國找工作，而歐洲央行則在在馬里奧·德拉吉（Mario Draghi）的領導下，試圖尋找德國聯邦憲法法院可以容忍的方法，以實施資產購債計畫（asset-purchase programme）買下成員國的債務。等到德拉吉終於說服梅克爾考慮他的想法時，英國首相大衛·卡麥隆（David Cameron）已經差不多決定要同意脫歐公投的訴求了。不過，正當卡麥隆準備舉辦公投時，德國在敘利亞難民危機中對歐盟展現出不成比例的影響力，也讓他很難說服選民繼續留在歐盟。

與脫歐一樣，川普會在二〇一六年大選中獲勝也有一段特殊的背景，那就是在美國長期以來的分裂。但除此之外，地緣政治的因素也不可忽略，除了美國當時正重新崛起，成為世界最大的石油和天然氣生產國以外，中國在二〇一五年後的工業戰略以及俄羅斯重返中東，都對川普上台影響甚鉅。某種程度上，川普能夠勝選，是因為他讓美國選民相信，美國沒有在其長處發揮強大的力量，又在弱勢領域遭人制肘。也就是說，二〇一六年總統大選其實是個地緣政治的抉擇，這背後的結構性邏輯是，中國正和俄羅斯走得越來越近，而把中國當作敵人的川普，擊敗了把俄羅斯當作敵人的希拉蕊·柯林頓

（Hillary Clinton），贏得這場選舉。

川普擔任總統這段時間，也破壞了原本的穩定局勢。他先是公開將北京視為戰略競爭對手，讓美中經濟關係升級成直接的地緣政治競爭，並對歐洲和北約造成產生了明顯的衝擊。不過，川普政府雖然將中國在科技領域的威脅，看得比俄羅斯在中東局勢的軍事威脅更嚴重，卻也同時對俄羅斯擺出比前任政府更強硬的姿態，利用美國頁岩油產業的榮景，抗衡俄國對歐洲的天然氣出口。面對美國力量全面的重新定位，歐洲國家不僅和華府爭吵不休，內部也陷入一片混亂，梅克爾在北約問題上對馬克宏的指責便是一例。

儘管川普是靠著地緣政治動蕩而上台的，但從他上任開始，這些問題就開始衝擊美國的民主政治。從上任第一天，他的正當性就飽受質疑，一些反對者堅稱他是因為地緣政治才會崛起。希拉蕊甚至提出缺乏證據的指控，聲稱他是普丁的「傀儡」，而這個指控也讓後來的特別檢察官勞勃．穆勒（Robert Mueller）出手調查俄國對二〇一六年大選的干預。[5]

川普擔任總統的正當性爭議，遠遠不只是擔憂俄羅斯將手重新伸入白宮，或是反對川普像個老粗一樣蔑視美國總統的實質和象徵性分量。這反映的是有相當多美國人不願意接受這名由二〇一六年大選決定的總統。同樣的問題在二〇二〇年大選變得更戲劇化也更危險，最終導致川普要求副總統否決國會對選舉人團投票的認證，並在二〇二一年一月六日煽動暴徒攻入美國國會。民主制度的運作必須讓敗選者心服口服，但目前美國選舉顯然無法辦到。

關於過去十年的危機，市面上已經有了很多文章，也有很多討論。這些評論通常圍繞著民粹式的民族主義、二〇〇七到二〇〇八年的金融海嘯，以及所謂自由主義國際秩序的崩潰。[6] 但這些說法並沒有解釋到很多系統性的問題，更幾乎沒有指出能源問題是地緣政治問題和經濟斷層的一大肇因。

然而把發生在疫情前的十年危機視為民粹主義反抗以及民族主義回歸的前奏，其實非常誤導人。因為從歷史來看，民族主義向來和民主政治形影不離。如果把「國民生活在同一個政治權威下並有某種民族共同感」視為民粹主義對民主制度的外來干預，那我們終究無法理解代議民主為什麼總會面臨困境。早在二十世紀初，一些敏銳的觀察家就發現，普選民主的普及跟民族主義的興起，有著同樣的政治背景。[7] 從這個歷史分析看來，美國民主之所以無法取得敗選者服氣，是因為美國的民族意識就算沒有完全消失也已經減弱許多，但卻沒有適當的政治環境，打造出另一種更具包容的美國民族意識。

有些人哀嘆自由國際秩序（liberal international order）的潰敗，但這其實彰顯了他們忽略歷史的態度。跟能源和金融有關的結構性變化，總是會造成地緣政治動盪。

一九四四年，各國在布列敦森林（Bretton Woods）建立了戰後以美元為基礎的新貨幣制度，主導的美國官員更將之設計成美國國威的源泉。再加上美國不僅是全世界最大的石油生產國，還可以嚴格限制西歐國家如何處理對中東石油的依賴。不過，隨著美國經濟越來越依賴從外國進口石油，理查．尼克森又在大衛營渡假時單方面撕毀了整個布列敦森林匯率制度，情況早已今非昔比。我們現在所面對的地緣政治，便是由二〇〇〇年代下半葉的新貨幣與能源轉型所造成的，其影響力在十年後的今天依舊沒有消褪，而綠色能源革命又正要開始。

為了替過去十年的潰亂找出更全面的解釋，我認為有必要參照數段不同的歷史，並相信要將這些歷史交錯對照，才能找出背後的因果關係。當然，這場潰亂對各個民主國家，特別是對美國造成的衝擊，都有一些具體的原因。但同時，這場潰亂也可以看成是一系列結構性衝擊的結果，影響逐步蔓延各地，並遍及地緣政治、經濟和國內政治等領域。

從這十年來的多場大規模變遷，都可以看出其中的因果作用。比如世界經濟和政治地理都在洗牌重整。在一九八〇年代，東亞的工業化和電腦技術進步，讓北美、西歐和亞洲比較繁榮的地區連結成一整個經濟圈。但就在這時，中國卻開始向歐亞內陸拓殖基礎建設，並與美國競爭科技領域的支配地位，跨洋經濟圈就此風流雲散。歐亞內陸的經濟開始擺離帝國遺緒，任何一個地方的發展都足以牽動整片大陸。大西洋－太平洋地區的經濟疲弱，也衝擊了全世界最強大的國家。美國在這段時間成為世界上最大的石油和天然氣生產國，但將中東這塊能源寶地納入勢力範圍的行動卻徹底告吹。美國的能源成長和經濟衰落瓦解了中東和土耳其的穩定，也讓歐洲政局更容易受到東南方鄰居的動盪影響。

地緣政治一發生巨變，就會打破國內政治勢力的平衡，嚴重衝擊內部政局。這些變動在歐洲造成的後果尤其劇烈，光是該從什麼角度看待和應對巨變，就引起了激烈的政治爭辯。歐盟是一個由民主國家組成、形似國家的聯盟，依賴北約等外部強權來保障安全，而它的正當性有部分來自「民族國家已經過時」的觀念。對外依賴加上內部變數眾多，使得歐盟本身和其成員國都極易受到地緣政治變動影響。

另外，在二〇〇八年過後，貨幣環境的經濟緩衝機制（shock absorber）減弱，使各國面臨經濟衝擊時，很容易引發連鎖效應。此時，全球債務水準來到和平時期的歷史新高，利率水準也降到史上罕有的低點。這種情況在歐元區引起的動盪格外劇烈，因為歐元區建立的時代背景和現在完全不同，它的結構非常僵固，需要相當長的時間才能適應。更別提在這段期間，歐元區又將自身的結構性問題輸出到更多歐盟國家。

地緣政治和貨幣環境的交互作用，加劇了各自的影響力。最直接的影響，是美國的頁岩油靠著舉債蓬勃發展，挑戰了沙烏地阿拉伯和俄羅斯的能源地位，中東和歐洲也隨之陷入不安。同時，各國央行的債務融資穩定了金融市場，讓脫歐之類危及地緣政治的變化，能夠不受到市場恐慌的制約。當前的貨幣環境增強了美國的金融實力，也讓美國的貨幣政策變得比以往更有地緣政治的色彩。聯準會能夠決定哪些國家可以在危機時期獲得美元信貸，而他們對利率和量化寬鬆的決策，也會限制其他的經濟體。這個變化的威力之大，抵銷了大西洋－太平洋經濟圈即將瓦解的壓力。因此，即便中國的勢力在其他領域有所成長，貨幣依然是中國的罩門，影響甚至能波及歐洲。

本書的第一部，會是以能源為中心展開的地緣政治史。[8] 這段歷史的起點，是美國憑著豐富的石油和資本，崛起成為地緣政治大國，因為那時候石油正逐漸取代煤炭，成為軍事力量的能源基礎。這場變化導致歐洲列強在第一次世界大戰期間，為了控制日薄西山的鄂圖曼帝國而展開激烈競爭，但英國和法國都已經欠了美國大筆債務。歐洲國家想要確保石油供給卻不想要受到美國金融實力控制，這樣的矛盾也是戰間期歐洲危機的根本原因；但最後決定第二次世界大戰結果的，仍然是美國的石油和財力。戰後，西歐各國便高度依賴美國在北約架構下提供的軍事保障，以及從中東進口的石油。不過從這時候開始，中東和土耳其就是北約的一大困擾，因此即便大英帝國正日漸式微，西歐還是必須依賴英國在波斯灣地區殘存的影響力。到了一九七〇年代，英國開始從中東撤軍，歐洲依賴能源進口的問題，便成了美國的問題。各種難處累積起來，使得北約各國在蘇聯、土耳其和中東問題上選擇了南轅北轍的道路。

漫長的冷戰也留下了龐大的遺產。儘管中國的所作所為影響更鉅，美蘇競爭的遺緒依舊隨處可見。就石油和天然氣而言，美國已經達成了一九六〇年代以來前所未有的能源自主，和其極端的金融槓桿相輔相成。但這分重新崛起的力量，不但造成了中東的地緣政治浩劫，也使得中國憑借對外國原油的依賴，在石油市場上

2022 年各地區碳排放量比例

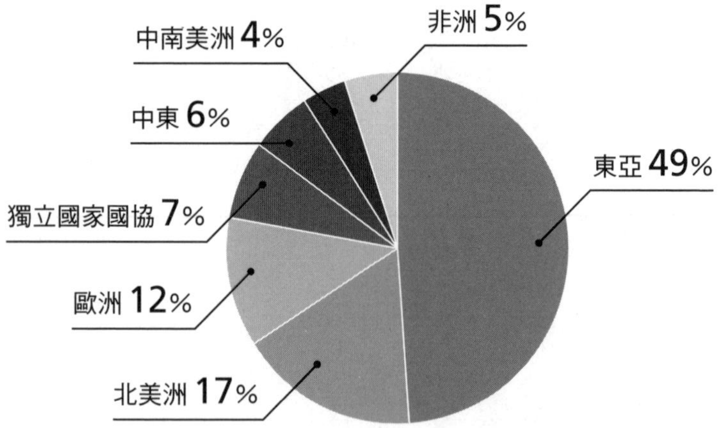

東亞因多數國家為開發中國家，碳排放量比例居冠，這也讓中國作為碳排放量大國，其一舉一動都會影響全球淨零目標。

來源：72nd edition of the Statistical Review of World Energy by EI

舉足輕重。除此之外，美國更加入了歐洲的天然氣市場，和俄羅斯一爭高下。美俄之間的競爭，又對冷戰在烏克蘭和土耳其周圍留下的地緣斷層造成了龐大的壓力。中國雖然是世界上最大的碳排放國，但卻坐擁再生能源和相關的金屬原料的龐大優勢，使得如今綠色能源已經成為和化石燃料一樣，成為地緣政治最大的波動原因。

本書的第二段歷史則是從經濟著眼。這段歷史從一九七〇年初期開始，關鍵是貨幣和金融，並延續了上一段的能源

歷年全球碳排放量增減趨勢

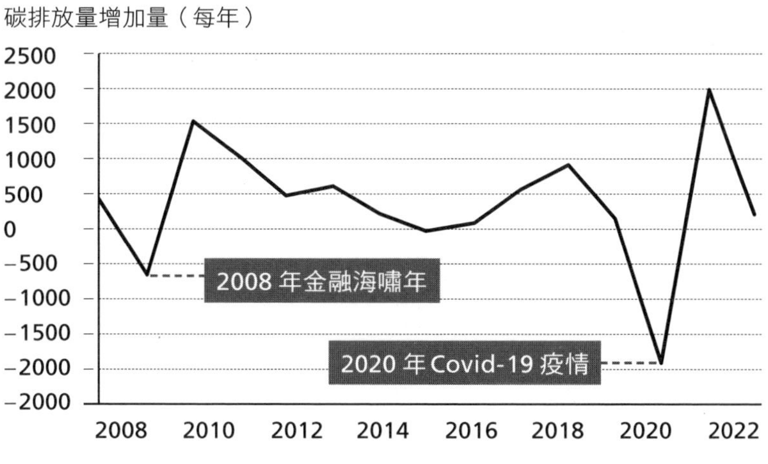

可見除經濟衰退的特定年分，多數時期碳排放量都逐年增加。

來源：72nd edition of the Statistical Review of World Energy by EI

巨變。當時布列敦森林體系在歐洲美元匯兌市場的壓力下崩潰，西方國家又在中東原油出口價格暴漲下遭受重創。[9]後續一連串的危機也促成了歐元的誕生。到了一九九〇年代末，貨幣、石油和金融環境趨於溫和，中國也逐漸融入全球經濟活動。就在這時，石油供應再次出現問題，國際美元匯兌的風險加劇，引發了一系列新的衝擊。為了應對這些新問題，西方各國的央行官員又引發了一連串事件，最後在二〇〇七、二〇〇八年引發一波又一波的金融海嘯。

美國、歐盟和中國的應對政策又一次重塑了世界經濟。世界各地高築的債台，都讓人確信一切再也無法回到過去。聯準會創造了成本極低的信貸環境，並且充當其他國家大型銀行的最後貸款者；歐債危機破壞了歐盟與歐元區之間的關係，英國也開始醞釀脫離歐盟；歐洲央行最後雖然成功轉型，但也讓歐元區陷入政治困境；而在過去十年的發展下，中國對全球經濟，特別是對歐洲經濟的重要性日益增加，但美國聯準會新策略的箝制，以及習近平帶領中國轉形成高科技製造大國的野心，也深刻制約了世界經濟的走向。在各種壓力交相競爭之下，全球經濟已成為地緣政治衝突越演越烈的戰場。

本書的最後一段歷史則是關於民主。歐洲和北美各國向來認為要調合眾人的政治生活，代議民主是最穩定、優秀的治理架構。然而代議制民主就跟每一種政府體制一樣，隨著時間過去，體制建立時的地緣政治和經濟條件也隨之變化，讓原本的設計失衡。另外，歷史上的民主制度向來都很依賴某種民族的觀念，這種觀念雖然有必要，卻也可能會破壞穩定。

早在代議制民主初露頭角之時，這些缺陷就已經存在了，對美國來說更是熟悉。每當經濟危機跟債務扯上關係，這種缺陷就會冒出來。在一九三〇年代的大蕭條期間，歐洲就有一些民主政權垮台；而在美國，富蘭克林・羅斯福（小羅斯福）則推出新政，將美國人塑造成經濟共同體，重建美國人對民主的情感。儘管有對美國的種族政治妥協，但它仍是以改革拯救民主的典範。二戰過後，西歐各國的政府也接受了民主國家應該對國內經濟負責的觀念，使各國選擇以稅收，而非國際借貸來籌措國家支出的資金。

但一九七〇年代的地緣政治和經濟變遷，卻逐漸瓦解了這種民主政治。在財政上，政府越來越依賴國際資本市場，對公民稅收的依賴逐漸降低。開放的國際資本流動，加上嶄新的貿易協定，讓北美和歐洲的製造業更容易將工作機會轉移到勞動力成本較低的國家，越來越多財富集中在高度國際化的金融部門。到了一九九〇年代以後，世界各地的民主國家都對提高勞動條件等經濟改革訴求越來越沒有反應。

在這種情況下，民主國家就變得非常容易受到財閥的意向左右，也更難以改革。以美國來說，這種變化就引發了各種和公民權有關的衝突。而在歐洲，貨幣聯盟和大量制訂的貿易協議削弱了民主選舉的影響力，侵蝕了歐盟民主的正當性。歐洲民主國家和美國之間出現了嚴重的分歧，並在過去十年間於大西洋兩側引發了各式各樣的潰亂。比方美國的選舉無法取得敗選者服氣的情況顯而易見地引發了混亂；而法國的老牌政黨則是軟弱無能，在選舉中絲毫沒有競爭力，使得法國的黃背心運動（Gilets Jaunes）比任何國家的街頭抗議都來得漫長。

無論是事件的細節，還是對當今政治動盪的解釋，本書對這三段歷史的書寫都稱不上詳盡無遺。[10]但我分析這些歷史是為了尋找綜觀的解釋，是為了勾勒藍圖，而不是要準備開庭用的證據。在談到民主時，本書的重點是美國、英國和歐盟的元老國。雖然我偏重討論經濟衝突和地緣政治的力量，而非文化和宗教，但我並非暗示政治可以簡化成這些物質因素。真要說的話，我會強調時間之所以是民主國家不穩定的根源，正是因為單從物質條件來解釋還不夠。自由主義相信歷史會逐漸遠離宗教、走向繁榮和民主，但這顯然是錯的，因此本書其實還需要補充一段歷史，才能說明二十世紀和二十一世紀初的宗教和文化歷程，對歐洲和北美的政治造成了什麼影響。[11]

如今氣候變遷已經成為火燒眉毛的問題，所以看到本書還把化石燃料當成前兩部的重心，甚至到了第三部仍繼續提及它們，或許會讓人覺得不太對勁。但就像物理學家傑弗里．魏斯特（Geoffrey West）在暢銷科普書《規模》（*Scale*）中嘴砲過的一樣：「笨蛋，重點永遠是能源。」這話說得一點也不錯，不先了解石油和天然氣的生產、輸送和消費，就無法了解二十世紀和二十一世紀初的經濟與政治史。[12]

要理解世界如何從過去發展到今天的樣貌，絕對沒有任何東西能比石油重要。它能推動船舶和飛機，所以擁有石油就是擁有軍事實力。此外我們也很清楚，石油是當今日常生活的基礎。從商業化農業必須的化肥和殺蟲劑，到陸地與海上物流的所需的卡車和船隻，食物生產的每一個環節都仰賴石油。從石油提煉的石化產品也是塑膠和醫療設備不可或缺的材料。對綠色能源的宏願來

各類能源占全球發電的比例

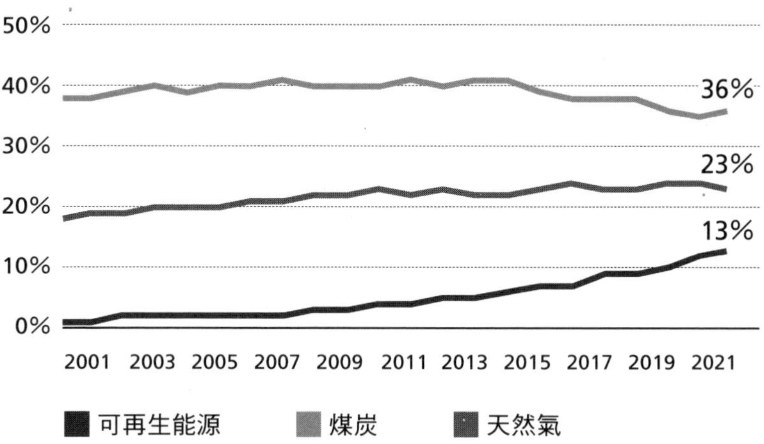

2021 年時，可再生能源供給的電力已占 13%，創下新高。

來源：*the Renewables 2023 Global Status Report* by REN21

2021 年天然能源使用量

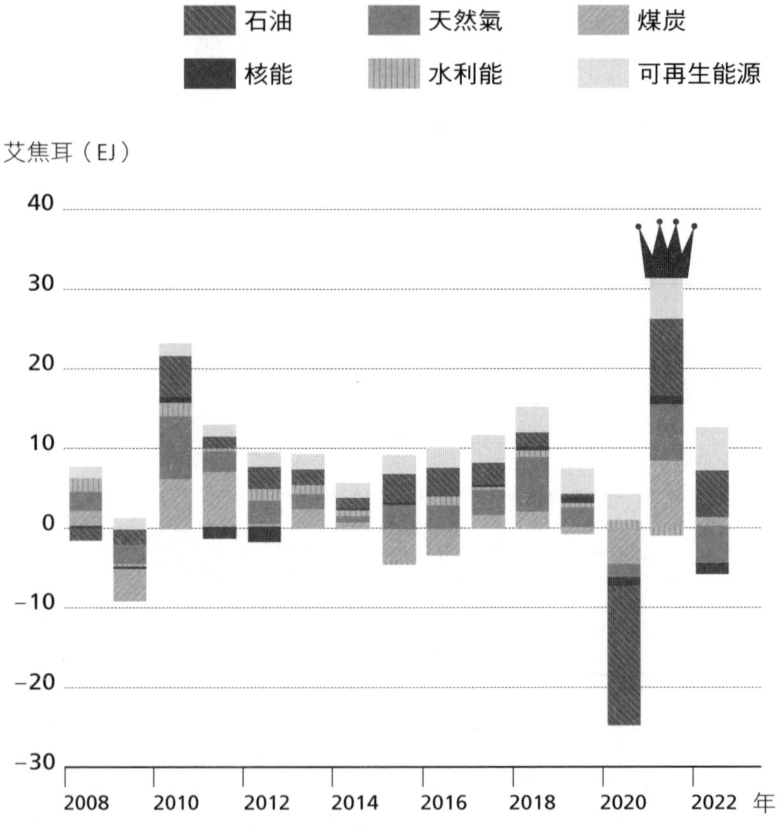

2021 年天然能源使用量為 2019 年的 1.3 倍，增長幅度創歷史新高，其中新興經濟體消耗的最多。除此之外，2021 年到 2022 年化石燃料的消耗水準維持不變，2021 年的大幅增加則源自於疫情後的爆炸成長。

來源：72nd edition of the Statistical Review of World Energy by EI

全球天然能源消耗量

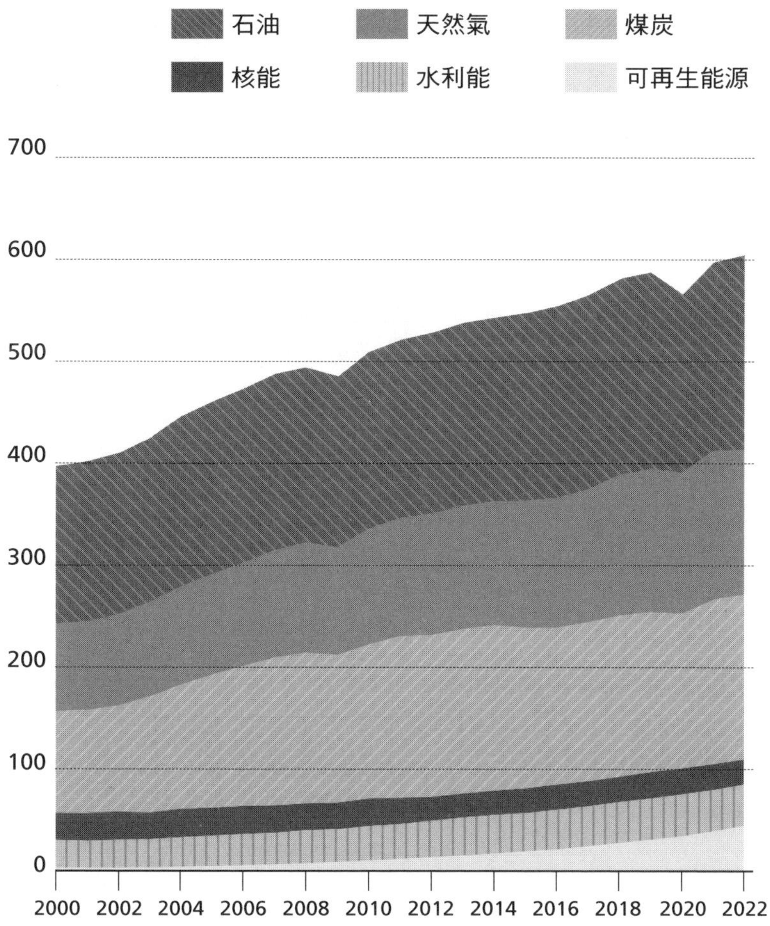

即便再生能源的生產增加，也是增加全球整體能源消耗。

來源：72nd edition of the Statistical Review of World Energy by EI

說，這也帶來一個問題，就是製造太陽能板、電池和電動車都需要石油。

儘管我們對新能源的未來懷抱希望，但石油和天然氣的重要性在短期內並不會因此下降。石油和天然氣很明顯是造成十年潰亂的一大因素。但同樣地，如果忽略了綠色能源，也很難理解這十年的政治。當能源成為所有文明的物質基礎，能源變化的重要性就不言而喻了。[13]人類歷史發展至今，所謂經濟發展就一直意味著消耗更多的能源。[14]而現在綠色能源的爭奪，其實就是人們希望能透過新的科技，改變兩者長久以來的關係。[15]

不過把能源和政治結合起來分析，往往都會發現兩者交互影響的時間並不連貫。工業革命讓人類學會使用古代儲存的陽光（化石燃料）當作能源，徹底顛覆了經濟模式和生態時間，也破壞了人類與生物圈的關係，使得經濟活動隨著資源枯竭而越來越依賴技術創新。[16]但這種改變也讓政治充滿了集體的物質和文化衝突。如果光談能源就可以充分解釋過去十年的政治潰亂，那麼本書第二部就可以拿掉很多章節，第三部也幾乎不用寫了。但當前政治的問題，也有不少是政治本身所造成的。就像我們每次使用能源都會產生熵，也就是額外逸失的能量；嘗試建立和維持政治秩序，也必然會埋下讓未來失去秩序的種子。

PART 1

能源與地緣政治

為什麼中東成為上個世紀「偉大博弈」的中心競技場？因為中東國家供應的石油和天然氣推動了二十世紀的經濟發展。如果在未來十年，從太陽獲取能量的太陽能晶片將取代大部分石油和天然氣，那麼最大的輸家將是誰？更重要的是——誰會是最大的贏家？

——格雷厄姆・艾利森（Graham Allison），前任美國國防部特別顧問，著有《註定一戰？中美能否避免修昔底德陷阱》（*Destined for War: Can America and China Escape Thucydides's Trap?*）

1 石油紀元的開端

二〇一八年五月，川普宣布美國將退出歐巴馬主持的《伊朗核協議》，恢復對德黑蘭的制裁，同時譴責該協議背叛了美國的利益，並指責「這項災難性的協議在美國掌握最多籌碼的時候，同意給予這個政權……離譜的數十億美元」，還讓「這個獨裁政權……打造能攜帶核武的飛彈、支持恐怖主義，並為整個中東及其他地區帶來浩劫」。[1]川普的行為不僅引來伊朗的反彈，英國、法國、德國、歐盟、中國和俄羅斯等締約國家也都齊聲反對，因為美國新公布的制裁內容中包含了各種限制與伊朗貿易的境外條款。二〇一九年，美國就依此制裁了購買伊朗石油的中國公司，中國對伊朗的進口量也大幅下降。歐盟則是積極尋求能避開制裁範圍與伊朗進行金融交易的途徑。但歐洲廠商很依賴美國銀行系統來用美元支付，所以歐洲的能源公司幾乎不可能跟伊朗的能源產業有什麼業務往來。

川普宣稱像這樣單方面展示美國實力可以造成「最大的經濟壓力」。[2]但是這些行動卻導致伊朗在波斯灣展開激烈的軍事行動，曝露出美國在中東的軍事部署十分脆弱。伊朗位於荷莫茲海峽（Strait of Hormuz）東岸，據有這段連接波斯灣與印度洋的狹窄水域，並掌控著大約兩成的每日全球石油供應。只要有心，伊朗隨時都可以重創世界經濟。由於擔心伊朗會干擾航運，川普政府增加了美國在波斯灣和阿拉伯海的海空軍部署。然而二〇一九年夏天，伊朗先是在海峽上空擊落一架美國軍用無人機，又扣押了一艘英國油輪，接著不知是直接派兵還是利用代理人，襲擊了沙烏地阿拉伯位於阿布蓋格（Abqaiq）的石油加工設施——這裡的穩定塔每天會處理七百萬桶石油——但美國卻沒有做出軍事回應。

與此同時，北約在中東事務上也各唱各的調。同年七月，川普政府提議北約應聯合監視荷莫茲海峽，但歐洲盟邦卻回絕了。由於懸掛英國國旗的船隻被伊朗扣押，英國政府主張歐洲海軍應出動保護油輪，但歐盟內部仍在討論，於是剛取代德蕾莎·梅伊（Theresa May）成為英國首相的鮑里斯·強森，便迅速命令英國海軍艦艇加入美國領導的任務。直到英國在二〇二〇年一月脫離歐盟，歐盟的分歧都沒有解決。雖然法國在另外八個歐盟國家的支持下，於該月成立歐洲海上監視團（European Maritime Surveillance Mission）前往荷莫茲海峽，但德國政府態度十分消極，根本沒有派出任何船艦或飛機。[3]

中東豐富的石油和天然氣蘊藏，導致波斯灣成為了地緣政治的熱點。熱點的起源可以追溯到二十世紀初，當時石油正迅速追上獨霸的煤炭，不但與煤炭分庭抗禮，也從根本上改變了歐亞大陸的地緣政治，以及歐亞大陸與西半球的關係。在煤炭時代，一如世界史學者彭慕蘭（Kenneth Pomeranz）所言，西歐因「能源革命所必需的地理機緣」而迅速發展。[4]但隨著石油也成為重要的能源，這些歐洲國家雖然家大業大，但石油資源還是落後美俄一大截。有些缺乏石油的歐洲國家開始在中東搜索能源產地，而他們的成敗也決定了整個二十世紀的局勢。時至二十一世紀，歐洲帝國早已隕落，輪到中國把目光轉向了伊朗。目前中東的地緣政治很大程度上是由美俄兩國塑造，但在石油時代剛開始時，這兩個國家幾乎不需要中東的能源。儘管美國現在已經不像一九九〇年代一樣積極把中東納入勢力範圍，但美國海軍至今在波斯灣周圍的部署依然影響著全球石油安全與地緣政治。俄羅斯也和十年前不同，頻頻展示在當地部署的軍事實力。

歐亞大陸外的歐亞霸權

美國霸權有一個根本的弔詭之處：儘管用歷史學家約翰・達爾文（John Darwin）的話來說，「現代世界史的重心」仍然是歐亞大陸，但整個二十世紀卻是美國逐漸稱霸世界的世紀。[5]這個遠離歐亞大陸的國家先是經歷了一段極其特殊的歷史，才成為如今的領土實體（territorial entity）。從北美十三州贏得獨立戰爭以後，美利堅合眾國就迅猛地朝大陸西部擴張，幾乎沒有受到歐亞大陸國家衝突的影響，唯一的重大武力抵抗來自墨西哥，而且時間很短。[6] 除了不斷擴張成為大陸帝國，美國也在英國的少量援助下，成功阻卻了過去殖民南北美的歐洲列強。

到了十九世紀中葉，美國已經確立其西半球霸主的地位，開始以軍事行動捍衛在太平洋地區的長期經濟利益，干預中英第二次鴉片戰爭，並出動海軍迫使日本開放歐美貿易商進出。到了一八八〇年代，一些美國決策者受到軍事戰略家阿爾弗雷德·塞耶·馬漢（Alfred Thayer Mahan）的影響，認為海軍力量可以幫助華府大幅增強美國在歐亞大陸的貿易地位。一八九八年，美國憑借現代化的海軍，贏得了兩場對抗西班牙的重大戰役，①奪得第一個歐亞地區領土，也就是菲律賓。西奧多·羅斯福在擔任總統期間組織了「大白艦隊」（Great White Fleet），並花一年多完成環球航行，以證明美國已經成為了海軍強權。

① 譯註：指古巴聖地牙哥海戰和馬尼拉灣海戰。

但儘管美國主張自己已是能夠介入歐亞地區的海軍強國，真正支配此地的仍然是擁有皇家海軍霸權支持的大英帝國。如果說美國能長期占有更勝英國的地緣政治優勢，是因為廣大的領土面積和龐大的人口規模，那麼讓美國直接翻身的就是石油了。[7]用能源學者暨歷史學家瓦茨茲拉夫．史密爾（Vaclav Smil）的話來說，石油徹底改變了美國的地緣政治處境，讓它從「一個用木材當燃料、國際進口量極小的農村社會」，在十九、二十世紀之交轉變成一個無論經濟還是科技，都令歐洲人目瞪口呆的工業強國。[8]

在一八六〇年代，賓州首先開採商用石油；到了一八七〇年代，標準石油公司（Standard Oil）已經成為煉油和運輸領域的領頭羊。起初，石油主要的用途是生產照明用的煤油。一八九一年的《大西洋》雜誌上就有一篇文章說，「我們使用的煤油比《聖經》還多」，而且煤油「因為廉價而照亮了全世界」。[9]

在十九世紀的最後幾十年裡，俄羅斯是世界上唯一大量生產石油的地方。由於俄羅斯石油的主要產地巴庫（Baku）位於內陸湖泊裡海的沿岸，原本無法出口。[10]但是當俄羅斯在一八七八年從鄂圖曼帝國手中奪得黑海東南岸的巴統（Batumi）後，就能用鐵路和輸油管，將石油從巴庫的油井運往歐洲。從這時候開始，美俄兩國的生產商就開始競爭消費市場。在一八九〇年代，銷售美國石油的標準石油公司便已開始和銷售俄羅斯石油的諾貝爾兄弟石油生產公司（Nobel Brothers Petroleum Production Company）與黑海石油公司（Black Sea Petroleum Company）爭奪歐洲市場。[11] 標準石油原本主攻亞洲市場，但隨著銷售俄羅斯石油的的公司開始使用油輪，穿過蘇伊士運河將俄羅斯石油銷往亞洲，雙方的商業競爭更加白熱化。儘管標準石油公司也有試著和對手一起瓜分全球市場，但每次合作都以失敗告終。[12]

在一八九八到一九〇二年之間，俄羅斯曾經一度超越美國，成為世界最大的石油生產國，[13] 但美國石油工業實力始終強健。一九〇八年，由於內燃機技術成熟，亨利．福特開始大規模生產T型車，大幅轉變了石油需求的層級；儘管福特汽車使用的燃料不只是汽油而已，但是由密西根州大型工廠所生產的汽油車，無疑是美國科技創新和工業消費主義的經典象徵。一九一一年，美國最高法院下令將標準石油公司分割成多家互相競爭的公司，但石油產業依然不受美國國內任何政治因素所阻礙。相反地，俄羅斯政治卻幾乎徹底摧毀了國內石油產業。巴庫和巴統成為革命中心，史達林正是在這裡學會了經營地方組織。在一九〇五年的第一次俄國革命期間，對亞美尼亞人懷抱殺意的韃靼人放火燒毀巴庫三分之二的油井，摧毀了俄羅斯往後將近十年的出口工業。[14] 因此，到了第一次世界大戰爆發時，石油的生產重心都在西半球，全世界有三分之二的石油來自美國，就連世界第三大的生產國，也是位於美洲的墨西哥。

美國對石油的支配引發歐洲強烈的恐懼。[15] 除了奧匈帝國以外，歐洲列強都不產石油，殖民地也只有荷屬東印度群島和英屬緬甸有產。於是，他們便將與美國競爭的希望寄託在中東，然而，不同於亞洲和非洲多數地區，中東相當排斥被歐洲國家統治。一九〇八年，波斯發現了石油，並在不久後正式施行君主立憲制，但實際上卻有大半國土被畫為英國和俄羅斯的勢力範圍。②接著，鄂圖曼帝國控制的美索不達米亞（今伊拉克），也探勘到了為數可觀的石油蘊藏。

英國和德國政府都想控制這些中東資源。儘管英國和德國廠商確實在一九一二年合作成立了土耳其石油公司（Turkish Petroleum Company），但兩國在第一次世界大戰前仍激烈爭奪中東石油。[16]英國在這場競爭中的優勢顯著許多，因為他們不但在波斯灣南部有軍事部署，還統治著印度；而德國皇帝威廉二世則是從登基那天開始，就積極與鄂圖曼蘇丹建立資源往來。為此，德意志銀行從鄂圖曼帝國取得特許權修建了一條鐵路，從安納托利亞高原上的科尼亞（Konya），一路延伸到兩河流域的巴格達（Baghdad）和巴斯拉港（Basra），並接上柏林通往君士坦丁堡的鐵路。重要的是，這分特許權還允許德國沿線勘探石油。

這些野心背後的動機，是建立一支以石油為燃料的海軍。從一九八〇年代開始，多數列強的海軍規畫都開始嘗試用石油當作船隻的燃料。[17]但這遠不只是將科技投入實用這麼簡單。如果讓其他國家搶先邁出關鍵一步，大英帝國身為全世界最強大的海權國，就會遭受最嚴重的損失，因此英國率先建立了生產純石油動力船舶的能力。[18]但投入這項新技術，就代表要放棄英國得天獨厚的煤礦資源，並向美國或緬甸進口石油。一九一一年，邱吉爾成為第一海軍大臣，並決定用石油徹底取代煤炭，成為英國海軍的能源。用邱吉爾的話來說，這是為了「對抗如浪濤般湧上的橫禍」。[19]邱吉爾認為，面對未來的世界，唯有善用英國海軍原本就負責保護的海上航線來保持能源補給靈活，才是唯一明智的國防戰略。[20]為此，當時的赫伯特．阿斯奎斯（Herbert Asquith）政府在一九一四年買下原本由私人經營的英波石油公司（Anglo-Persian Oil Company）的控股權，擁有優先開發波斯新油田的特許權，並和英國海軍簽訂了供給合約。

第一次世界大戰強化了石油在地緣政治上的重要性，並提升了美國石油的支配地位。[21]之後正如環境史學家丹．泰米爾（Dan Tamir）所言，第一次世界大戰期間，「石油成了二十世紀最搶手的資源」。[22]使用石油的艦艇和內燃機技術讓各國競奪石油，大戰就

②譯註：十九世紀開始，俄羅斯帝國不斷向南擴張，試圖支配中亞並將其當成入侵印度的跳板，和印度的宗主國大英帝國展開了一連串衝突，史稱大博奕（The Great Game）。一九〇七年八月三十一日，英俄為對抗德意志帝國，在聖彼得堡簽訂《英俄協約》，畫定了兩國在波斯和阿富汗的勢力範圍，大博奕就此告一段落。此協約也是一戰「三國協約」的一部分。

此展開。隨著德國人說服鄂圖曼帝國加入同盟國，並且封鎖了達達尼爾海峽，切斷黑海到地中海的通道，俄羅斯石油幾乎無法送往英國和法國，英國也因此沒有遵循邱吉爾的期望東進，改為依賴位在反方向的美國和大西洋航線；在德國這邊，指揮部則是使用燃煤鐵路運送部隊和補給，為歐洲大戰做足準備。[23]然而，在一場由使用石油燃料的船舶與潛艦，乃至於卡車和飛機主宰的戰場上，德國跟奧匈帝國位居劣勢。儘管威廉二世在鄂圖曼帝國費盡心思，但到了一九一四年八月，同盟國唯一控制的油田，只有奧匈帝國東北部的加利西亞奧皇領地（Austrian Crown Land of Galicia），而且沒有將當地石油運到海軍基地的簡便方法。[24]一九一五年，奧匈帝國在加利西亞戰役中敗給俄羅斯，導致在後來將近一年的日子裡，同盟國都無法獲得加利西亞的石油，為了生存下去，就只能出兵占領羅馬尼亞的油井。

為了對抗協約國結構性的能源優勢，德國必須阻止石油跨越大西洋。因此有好一陣子，德國利用潛艦獵殺了不少油輪。但等到英國海軍建立護航系統後，德國便窮途末路。時間來到一九一七年底，協約國靠著美國石油建立起摩托化運輸，獲得了遠勝同盟國的機動性。一九一八年，德國為了獲取更多石油，不得不孤注一擲，在和蘇俄簽訂《布列斯特－立陶夫斯克條約》③的六個月後，德國政府就與布爾什維克黨達成協議，取得巴庫四分之一的石油產量。德國名將埃里希．魯登道夫（Erich Ludendorff）立刻率領德軍疾馳巴庫，試圖阻止已經投降的鄂圖曼軍隊占領這座城市，但是功敗垂成。[25]戰爭結束後，英國外交大臣宣布，「協約國是乘著石油的浪潮取勝」，而這些石油有八成都是由美國提供。[26]

一個不太歐亞的新金融帝國

美國在歐亞大陸的金融力量讓美國控制了更多石油。這話要從一戰之前開始說起，當時英國還是全世界最大的債權國，而美國於一九一三年開始籌建聯邦儲備系統，認為可以用中央銀行體系削弱英國的金融力量，促使歐亞大陸以美元貿易。[27]沒想到隔年八月，一戰的砲火響起，英國和法國都需要美國的物資和食品才能作戰，更需要美國的信貸來補給，可謂天時地利人和。很快地，歐洲的黃金儲備就大量西渡大西洋，美國的貿易順差也急遽拉大。到了一九二〇年代初，世界上大部分的黃金儲備都在美國了；幾年

③ 譯註：十月革命後，蘇俄旋即與德國展開議和談判，最後於一九一八年三月簽訂和約，將波羅的海三國、俄屬波蘭等地哥讓給德奧，並承認芬蘭、烏克蘭、白羅斯等國獨立。

過後，美元首次超過英鎊，成為大多數中央銀行的外匯存底。[28]英國和法國的戰爭債務讓兩國對美國的金融依賴越趨嚴重。沃倫・哈定（Warren Harding）贏得一九二〇年美國總統大選後，英國駐華盛頓大使寫下一分備忘錄，哀嘆「只要債務仍未償還，【新政府】就會伺機將我們當成附庸國對待」。[29]最後在一九二三年，英國接受了一項債務協議，時任首相安德魯・博納・勞（Andrew Bonar Law）匿名投書《泰晤士報》，抱怨財政大臣雖然態度勉強，但還是同意了一堆過於嚴苛的條款。[30]

儘管美國的金融力量顯赫，但它在歐亞大陸能實際行使的地緣政治力量，卻受到地理位置、歐洲對石油殷切的企圖，以及國內民主政治等因素重重限制。[31]這些在戰間期限制美國的因素，和一戰後歐洲大國為了擺脫對美國石油的依賴所做出的種種努力，至今依然波動全球的地緣政治熱點。

美國力量有個最明顯、最直接的弱點，那就是中東。美國從一戰獲得的地緣政治利益中，最重要的就是從鄂圖曼帝國手中得到蘊藏豐富石油的中東地區，並取得君士坦丁堡和達達尼爾海峽的戰略控制權。[32]伍德羅・威爾遜雖然率領美國介入一戰，但他從未向鄂圖曼宣戰，不過他還是在《十四點和平原則》（*Fourteen Points*）中評論了鄂圖曼帝國與達達尼爾海峽的命運。大戰結束後，美國在法律上並沒有簽訂任何有關解散鄂圖曼帝國的條約。[33]然而在凡爾賽會議上卻有人建議，美國應該讓戰勝國託管而非併吞鄂圖曼帝國統治的領土。威爾遜對此表示，他「認為美國人民最不願接受的，莫過於負擔亞洲的軍事責任」。[34]

相比之下，從一九一四年夏天開始歐洲各強權間的軍事競爭越趨激烈，為的是將帝國版圖擴張到中東和安納托利亞高原，並控制穿越君士坦丁堡、連接黑海與愛琴海的水域。在將鄂圖曼帝國拉攏為戰友的時候，德皇威廉一世曾要求蘇丹發表針對英國、法國和俄羅斯的聖戰宣言，希望穆斯林會在中東到印度一帶發動叛亂，以便讓德國的勢力範圍從達達尼爾海峽延伸到波斯灣。[35]只是戰爭一開打，英國就調動印度陸軍部隊，保護波斯阿巴丹（Abadan）的煉油廠，並占領了美索不達米亞的巴斯拉（Basra）。接著，大英帝國的軍隊又奪下了巴格達和摩蘇爾（Mosul）。在一戰期間，英、法、俄三國曾有密約，要在戰勝後瓜分鄂圖曼帝國，並將君士坦丁堡交給俄羅斯，甚至約好將安納托利亞的南部畫給義大利。另一方面，如果德國在一九一八年的春季攻勢中獲勝，就能和鄂圖曼帝國共同主宰中東和高加索地區，並將波斯納為屬國。[36]只可惜事與願違，鄂圖曼帝國被英法逼得簽下停戰協議，使得英國得以控制達達尼爾海峽，並將鄂圖曼逐出高加索地區、巴庫和巴統。後續的歷史證明，協約國是人心不足蛇吞象：戰後英國無法保住達達尼爾海峽，蘇聯趁勢出兵奪取了高加索地區，而希臘奪取君士坦丁堡的寄望也因土耳其民族運動（Turkish National Movement）在獨立戰爭中獲勝而破滅。但英國還是在第一次世界大戰後重振旗鼓，接受國際聯盟的委託管理美索不達米亞和巴勒斯坦，這使得英國不僅可以保留在波斯的勢力範圍，而且比以前更穩固，不受其他列強影響。到了一九二三年，《洛桑條約》將達達尼爾海峽非軍事化，又讓英國獲得更多優勢。[37]儘管一九二〇年的伊拉克起義讓英國失去美索不達米亞託管地，伊拉克也在一九三二年獲得正式主權，但英國依然在地緣政治上控制著伊拉克。這讓倫敦得以控制從波斯灣出海口到沿岸每一個酋長國，將它們納入自己的獠牙。

華府在戰後就敏銳地意識到，美國已經不能從中東抽身，更不能忽略處心積慮爭取石油獨立的英法兩國。[38]先前為協約國提供大量石油的美國，在一九一九年搖身一變成為石油淨進口國，並且維持了三年。威爾遜對此表示「我們似乎沒有辦法能同時保證滿足國內和國外的需求」。[39]戰火歇止後，英國政府便阻止紐約標準石油公司（Standard Oil of New York）繼續開發巴勒斯坦地區，也不讓美國地質學家進入美索不達米亞。更讓美國抓狂的是，英國和法國隨後在一九二〇年締結了《聖雷莫石油協議》（*San Remo Oil Agreement*），將德意志銀行持有的百分之二十五土耳其石油公司股分交予法國。[40]結果在一九一九、一九二〇年之際，英國公司生產的石油雖然還不到全球供應量的百分之五，卻已經控制了全球已知蘊藏量中的五成。[41]接著，伊拉克託管政府打算和土耳其石油公司談判鄂圖曼帝國大維齊爾在戰前簽發的特許權，卻遭到美國國務院大力阻止、聲稱該特許權無效。[42]但土耳其石油公司仍於一九二七年重新獲得特許權，並於同年在伊拉克發現了石油。

到了一九二〇年代下半葉，美國的處境才有所改善。德州發現了大量石油，緩解了對石油供應短缺的憂慮。英國政府也理解讓美國資本投入伊拉克油田的好處，允許紐澤西標準石油（Standard Oil of New Jersey）和紐約標準石油等美國財團加入重組後的土耳其石油公司，組成伊拉克石油公司（Iraq Petroleum Company）。但美國企業依然受到英法兩國百般制肘。伊拉克石油公司在一九二八年要求每個合作伙伴都簽署《紅線協議》（*Red Line Agreement*），以便英國政府可以透過英波石油公司，否決任何在一九一四年以前的鄂圖曼帝國領土內獨立開採石油的行為。這項安排有效阻止了伊拉克石油公司中的美國企業在波斯灣西部地區探勘。到了一九二九年年，英國政府的態度才軟化下來，允許加州標準石油公司（Standard Oil of California）在巴林島周圍進行鑽探。該島在一九三二年發現石油後，各國也注意到了沙烏地阿拉伯的石油潛力。在英國籍官員傑克・菲爾比（Jack Philby）的雙面手法之下，沙烏地國王伊本・沙烏地（Ibn Saud）選擇將國內的獨家探勘特許權授予加州標準石油公司，而非伊拉克石油公司，[43]這個決定宣告了此地蘊藏的石油將成為華府撬動歐洲各國政府的槓桿。但美國之所以能打入沙烏地阿拉伯商界，主要原因還是沙國為了藉由拉攏地緣政治上較為弱勢的美國，來平衡英國在波斯和伊拉克的地緣政治優勢。

▪ ▪ ▪

在一九一四到一九四一年間，美國的國內政治也讓聯邦政府無法像歐洲列強一樣動用軍力和財力。[44]會有這些限制，很明顯也是因為第一次世界大戰。在大戰期間，對歐亞各國提供信貸的主力並非美國政府。因為在大戰之初，威爾遜堅決反對美國軍事干預，英國政府只好轉而請求華爾街為跨大西洋的補給線提供資金。於是，紐約的摩根大通銀行（JP Morgan）就成了英法和其他協約國的採購代理人和債權人。雖然沒有成功，但從威爾遜試圖限制摩根大通，就看得出他知道許多選民，特別是密西西比河以西各州的選民不喜歡、也不信任紐約的銀行。他在一九一六年總統大選中喊出「美國優先」（America First）的競選口號，擊敗了摩根大通支持的主戰派共和黨候選人。雖然他後來在一九一七年四月把美國帶入戰爭，卻是堅持主張要發行自由公債（Liberty Bond）讓數百萬美國公民認購，以支持這場戰爭的開銷。他認為美國不應捲入任何有「銀行家戰爭」之嫌的衝突，也不該去打一場得不到舉國支持的戰爭。[45]

美國會在一九一七年參戰，也是因為歐亞大陸上的衝突有可能會波及到西半球。德國在二月重返大西洋，發動無限制潛艇戰，確實曾讓威爾遜動了對德宣戰的主意。但是過了一個月，他還是把美國出兵歐洲參戰這件事說成是一種「犯罪」。[46]直到德國向墨西哥提議結盟對抗美國，而德國將支持墨西哥吞併德州、亞利桑那州和新墨西哥州，才逼得威爾遜起兵動眾；饒是如此，他也只有對德國宣戰。英國和法國仍必須自己對付奧匈帝國和鄂圖曼帝國。

後來，威爾遜也改變主意，開始支持美國爭取在歐亞大陸的領導地位，但此舉立刻點燃了國內的抗拒情緒。反戰情緒讓民主黨在一九一八年失去了參眾兩院的控制權。新的參議院也讓威爾遜無法批准《凡爾賽條約》中有關國際聯盟的條款。就連民主黨內部也分成兩派，親英人士和德裔與愛爾蘭裔互不相讓，這使得國會幾乎不可能對歐洲事務達成任何共識。

在一九二〇年代和一九三〇年代，認為世界大戰是場「銀行家戰爭」的說法屢見不鮮。國會議員經常攻擊紐約聯邦儲備銀行總裁班傑明・史壯（Benjamin Strong）是摩根大通的走狗，阻礙他與歐洲各國央行合作穩定貨幣並讓貨幣和黃金間的兌換恢復固定價格。[47]人們也常用「死亡商人」（merchants of death）一詞，描述那些靠著摩根大通參與英法補給鏈而發財的製造業公司，以及它們和華爾街之間的關係。在一九三四到一九三六年之年間，參議院組成了一個委員會調查華爾街是否介入了美國參戰的決定，促使國會於一九三五和一九三六年各通過一分《中立法案》（*Neutrality Act*），其中後者還禁止向交戰國提供貸款。

與此同時，反對一筆勾消協約國戰爭債務的美國民氣也影響了整個《凡爾賽條約》的賠償協議，讓威爾遜倡導的和平架構在本質上就不穩定。雖然負責處理歐洲國家債務償還和信貸申請的紐約聯邦儲備銀行支持減少甚至取消協約國的戰爭債務，[48]但國會仍堅持削弱行政權，並於一九二二年立法成立世界大戰國外債權委員會（World War Foreign Debt Commission），負責和英法談判償債條件。[49]既然美國總統不能在協約國的戰爭債務問題上讓步，因戰爭而財政拮据的英法自然也無法減輕德國的賠償壓力。當這些國家在一九三〇年代初拒絕償還債務時，美國國會便禁止拖欠貸款的國家在美國借款。[50]

矛盾的是，國內越限制美國的金融力量，美國就越無法逃避歐亞事務。為了逼迫德國賠款，法國和比利時在一九二三年出兵占領德國的工業中心魯爾（Ruhr），此時德國的惡性通膨已經把國家推向財政崩潰和戰爭的邊緣。哈定政府沒有正視這些風險，而是同意利用美國的金融力量，想靠道斯計畫（Dawes Plan）結束魯爾危機。他先請摩根大通提供法國大筆貸款，同時和聯準會一起籌畫為德國發行大規模債券，再由美國政府鼓勵公民認購。靠著美國信貸的支持，德國得以支付賠償金。[51]但如果這時歐洲沒有足夠的美元來償還債務，便會波及美國的金融穩定以及以儲蓄為中心的民主政治。[52]這也等於是為德國開了一條逃避《凡爾賽條約》的便道。而且，由於公民認購的債券獲利基礎來自德國償還的利息，美國政客也不可能讓英法優先向德國索賠，反而更有動機忽視歐洲的權力平衡和失衡的後果，要求英法放棄索取賠款，使債券優先獲利。[53]

一九二九至一九三二年美國民主政治的制約力，成為《凡爾賽條約》財政災難的部分原因。隨著大蕭條來臨，德國也失去了支付戰爭賠款或償還美元債務的能力。直到一九三二年的洛桑會議，赫伯特．胡佛（Herbert Hoover）總統才終於促成一項協議，以削減協約國的債務為條件，要求各國放棄德國的賠款，但美國國會卻拒絕了這個做法，也不打算批准新的信用貸款。這樣一來一往，德國不但擺脫了《凡爾賽條約》中的賠償要求，而且諷刺的是，德國還可以放心地拒絕償還欠美國的債務。[54]

一九三三年，大蕭條已經演變成大西洋兩岸所有銀行業的危機，此時富蘭克林．羅斯福的對策，又進一步削弱了美國的金融力量。在小羅斯福看來，增強地緣政治上的金融力量，必然會增強華爾街對國內政治的影響力。因此甫上任，他就關閉所有銀行，並禁止出口，也禁止私人持有黃金。④接著他又違背了幾乎所有人給他的建議，讓美元與金本位制脫鉤，希望藉此穩定銀行體系，並提高國內的生產物價。對許多人來說，這一步似乎難以理解，因為美國明明就擁有世界上最大的黃金儲備。[55]但羅斯福決心優先考慮國內經濟——這部分的原因將在第七章中討論。接著他又在新英格蘭海岸的遊艇上度假時，對金本位制揮出最後一記重拳：他發了一封電報給人在倫敦參加一九三三年世界貨幣和經濟會議（World Monetary and Economic conference）的談判代表，告訴他們不必擔心「國際銀行家長久以來迷戀的金本位制」。[56]

如果說美國的金融力量是由第一次世界大戰創造的，那麼摧毀它的就是戰爭過後的和平。在一九二四到一九三二年之間，美國總統、聯準會和摩根大通一直拚命用這分力量來穩定歐洲局勢。但國會對債務管理的限制和美國對德國提供的巨額貸款，使得美國無法應對一九二九年大蕭條在歐洲造成的經濟與地緣政治危機。[57]德國經濟崩盤所引發的貨幣不穩定又蔓延開來，直襲大西洋彼岸。此後，美國總統不得不在國內政治和地緣政治領域之間抉擇。小羅斯福憑著他驚人的眼光，做出了以美國最大利益為依歸的選擇。然而，由於一戰過後，美國政府對歐亞大陸採取的行動不受到國內歡迎，所以小羅斯福會在經濟困境下做出這樣的決斷，似乎也不足為奇。

美國能源力量捲土重來

大蕭條過後，歐州和亞洲的政治與經濟都一片混亂，德國、日本、義大利和蘇聯便藉機動用武力擴張領土。從這個意義上說，美國在歐亞的力量顯然已經極其衰弱。但同時，這幾個國家雖然正推著世界走向一場更恐怖的戰爭，但德、日、義三國的舉動，也讓美國潛在的能源力量脫韁而出。最後無論在軍事還是在金融上，歐亞兩洲多半成了美國力量的囊中之物。

和第一次大戰一樣，第二次大戰也跟能源的地緣政治關係密切。由於空軍技術的發展，戰爭需要極其大量的石油，日本帝國的擴張便是一例。歐洲的需求也不遑多讓。在一九一九到一九三九年之間，所有歐洲大國都渴望擺脫對西半球的石油依賴，並在歐亞大陸上找到自己可以掌控的石油來源，只是各國的做法截然不同。

和英法兩國不同的是，德國在中東沒有殖民地也沒有勢力範圍，在戰間期的前幾年幾乎完全仰賴西半球提供石油。[58]為了扭轉這個弱點，威瑪政府（Weimar）從一九二六年開始，就積極支持法本集團（IG Farben）在德國東部的洛伊納（Leuna）設立合成石油工廠，以氫化技術將煤炭加工成石油。對威瑪政府的外交部長古斯塔夫·施特雷澤曼（Gustav Stresemann）來說，這個從一九二九年開始、在紐澤西標準石油公司的協助下展

④譯註：一九三三年三月四日的《六一〇二號行政命令》，「禁止在美國大陸囤積金幣、金條和金券」，並陸續發布上繳辦法和處罰條例。

開的計畫，是為了確保德國國家利益。他甚至說，如果德國沒有自己的煤炭和化學公司，就沒有外交政策可言。[59]

對於想要發動戰爭的納粹來說，德國的當務之急則是徹底終止依賴外國能源。希特勒相信，正是因為需要從國外進口石油和原料，才導致德意志帝國在一九一八年大敗。[60]他在一九三六年制訂的四年計畫（Four-Year Plan）認為德國可在一九四〇以前完全達成石油獨立，[61]但其實納粹德國的石油問題從未解決。儘管有洛伊納工廠為德國空軍提供合成油，但希特勒在一九三九年閃擊波蘭時，德國仍未實現石油獨立。由於英國的海上封鎖，德國無法從西半球進口更多石油，只好轉而依賴羅馬尼亞、蘇聯以及一九四〇年六月攻占法國後奪得的儲備。

納粹的軍事戰略，也讓德國不得不再次發動潛艇戰來阻止美國為英國提供補給。但阻止英國從大西洋彼岸取得石油的作戰，在一九四〇年和一九四一年都未有決定性的突破。接著，德國越來越難從蘇聯取得石油，而蘇軍又在一九四〇年六月底占領了羅馬尼亞東北部，希特勒只好賭上一切入侵蘇聯。一直以來，史學界都在爭論希特勒為何這麼做。但考慮到美國源源不絕地向大英帝國提供石油，加上蘇聯的石油有九成都來自高加索地區，如果德國不設法控制這一帶，德國根本沒有機會取勝。[62]希特勒之所以會發動巴巴羅薩作戰，除了因為他對生存空間（Lebensraum）那種天啟般的痴迷，以及對布爾什維克主義的仇恨以外，最充分的動機應該還是缺乏石油的困境。然而史達林格勒的重挫，卻讓德國走上了必然的失敗之路。不久之後，同盟國就在北非擊敗了隆美爾（Erwin Rommel）欠缺油料補給的部隊，義大利戰役也就此展開。[63]

海峽另一邊的英國在戰間期也曾努力爭取能源獨立，但同樣沒有成功。英國政府在一九二〇、三〇年代花費了大量心力，試圖建立由英國公司經營的可靠供應鏈，在大英帝國和中東勢力範圍內開採和運輸石油。《聖雷莫協議》（*San Remo agreement*）簽署前向戰時內閣提交的一分備忘錄寫道：「我們在大戰期間極度依賴美國燃油，而且使用石油的商船迅速增加，導致每個國家都在努力開闢原本受英國控制的石油資源。」[64]

但直到一九三〇年代中期，英國雖然成功將美國石油的進口量壓低到總需求的百分之十左右，但還是有超過一半的石油來自西半球，特別是委內瑞拉和墨西哥。英國在伊拉克的油井產量有限，也無法憑自己的軍事力量保護伊朗油源。一九三五年義大利入侵阿比西尼亞（Abyssinia，今衣索比亞），還有美國不願支持對墨索里尼的石油制裁，在在突顯出英國在歐洲戰場上的重大弱點。只要義大利能在德國空軍的支援下，封鎖蘇伊士運河的地中海入口，不讓英國油輪進出，英伊石油公司（Anglo-Iranian Oil Company，即原本的英波石油公司）的石油就必須繞道好望角，走更遠的航程才能抵達英國。[65]阿比西尼亞危機過後，英國政府便開始規畫地中海遭到封鎖時的戰爭計畫，而這種預定也在一九四〇年六月義大利參戰，到一九四三年盟軍戰勝義大利之間派上了用場。儘管英國已經為了能源獨立投入一切資源，但只要碰到地緣政治危機，還是不得不用美元向美國公司購買美國石油。[66]

法國人同樣相信，未來要是再與德國發生戰爭，絕對不能再依賴大西洋供應鏈，因此他們利用《聖雷莫協議》中獲得的資金，創建了完全由法國擁有的法國石油公司（Compagnie française des pétroles），也就是後來的道達爾（Total）和現在的道達爾能源（TotalEnergies）。他們在伊拉克的產量比英國高一點，但仍依賴英國在當地的軍事影響力。然而，法國卻無法保護唯一控制得了的中東油源，只好從蘇聯大量進口石油。一九二〇年代初，蘇聯的石油工業還在面臨衰退。但從一九二〇年代中開始，紐澤西標準石油公司就幫蘇聯政府重建了這個產業。從一九二九到一九三三年，蘇聯向許多歐洲國家大量出口石油，其中也包括英國。[67]儘管蘇聯的出口量巔峰是一九三三年，但直到一九三六年，法國仍有一半的進口量來自蘇聯。[68]一九三九年夏天，法國終於在本土的西南部發現天然氣，政府立刻成立了數個國家機構勘探石油，但為時已晚，這點曙光早已無法帶來任何改變。[69]

雖然英國和法國政府無法實現戰間期之初開發中東的期望，第二次世界大戰倒打出了一片空間，讓美國未來能將影響力伸入該區。大戰初期，小羅斯福政府就判斷，儘管加州阿拉伯標準石油公司（Californian Arabian Standard Oil Company，一九四四年改名為阿美石油公司〔Arabian-American Oil Company〕）擁有石油特許權，但保護沙烏地阿拉伯油田的責任仍應歸於大英帝國。[70] 一九四一年，小羅斯福拒絕了沙烏地國王伊本．沙烏地的財政援助請求。但是到了一九四三年，戰爭中消耗的大量石油又改變了他的想法。雖然沙烏地阿拉伯是中立國家，但他還是將該國納入了「租借法案」（Lend-Lease Program），並主張該國對美國的國防「至關重要」。他主張未來美國應超越英國，主導中東的石油生產，並提出終止《紅線協議》，允許伊拉克石油公司的合作夥伴紐澤西標準石油公司加入阿美石油公司。[71]

美國與沙烏地阿拉伯之間的這種新紐帶，成為二戰後世界秩序中一個長久不變的特點。但這個結構也不怎麼穩定。為了石油，美國和一個阿拉伯國家建立了戰略聯盟，但國內政治卻強烈支持在英國託管地內建立一個猶太人的國家。[72] 在這兩種相互衝突的壓力下，小羅斯福在一九四四年大選期間放棄了建立猶太國家的承諾，並在一九四五年二月與伊本．沙烏地會面，接受了阿拉伯國家的反對意見。[73] 後來，國務院和中央情報局建議小羅斯福的繼任者哈瑞．杜魯門（Harry Truman）不要承認以色列，因為他們擔心這個猶太國家會成為地緣政治上的負擔。[74] 但是杜魯門拒絕了他們，華盛頓因此不得不延續大英帝國的中東戰略，設法同時維持阿拉伯和猶太人的支持。[75]

世局走向

自從戰間期以來，美國的地緣政治力量明顯變化劇烈。然而，美國首次朝歐亞大陸投射力量的特殊經歷卻影響深遠。其中的一大特點，就是美國民主政治一直嚴重制約美國對歐亞大陸國家的承諾。從經濟上來說，歐洲的商業和政治利益導致了華爾街與密西西比河以西的選民在第一次世界大戰中分裂；這在某種程度上，和二〇〇〇年代美國企業和勞工的分裂頗有相似之處，當時靠中國供應鏈發財的美國公司，和鐵鏽帶（Rust Belt）大量失去工作機會的製造業工人之間，也是分歧嚴重。小羅斯福因應國內政治生態推出的貨幣民族主義，和川普以重建國家製造業經濟為名發動的對中貿易戰，也有一些地方彼此呼應。而在軍事層面，此時中東戰爭所引起的國內爭議，絲毫不亞於當年參加第一次世界大戰的決定。國會也處處制約，不讓總統踏入中東的「永遠的戰爭」（forever wars），就像之前阻止總統全面干涉歐洲的戰爭一樣。

二戰過後，歐洲逐漸失去了對歐亞大陸的主導權，其中一個關鍵因素，或許是那些國內缺乏石油的歐洲列強終究沒能達成能源獨立。石油紀元的到來，讓歐洲無法出現世界強權或是囊括大陸的帝國。這也是為什麼綠色能源對歐洲這麼有吸引力：在二戰後的數十年裡，歐洲對外國石油和天然氣的依賴，使得美國總統和國會可以一直利用美國的金融力量，百般限制歐洲政治人物的行動。一九七〇年代，華盛頓開始容忍德國依賴俄羅斯石油和天然氣，一忍就是四十多年，這是因為美國既沒有足夠的國內油源，也沒有資金建立中東到歐洲的廉價供應鏈。但是到了二〇一〇年代，隨著美國和俄羅斯的石氣產業復甦，德國和俄國之間的來往就成了重要的地緣政治熱點，並與烏克蘭獨立、北約東擴和德國孱弱的軍事力量息息相關。俄羅斯、中國和伊朗的關係，又讓這些問題的影響變得更複雜，因為二〇一五年簽訂《伊朗核協議》的三個北約國家（德國、法國和英國），都希望和伊朗進行天然氣貿易。

追根究底，美國現在能夠涉入歐洲能源依賴的地緣政治，是因為第二次世界大戰後的發展。美國能在二十世紀中葉的歐亞大陸掌握此等地緣政治力量，有一個絕不能忽略的條件，那就是儘管蘇聯曾和德國一起在一九三九年入侵波蘭，又進攻芬蘭、波羅的海國家和羅馬尼亞的部分地區，但美國能贏得二戰歐陸戰場，還是得仰賴跟蘇聯的結盟作戰。這樣的前提，徹底彰顯了蘇聯是個強大的地緣政治對手。別忘了蘇聯曾在一九二〇年代末到一九三〇代初大量出口石油，這意味著它很有可能靠著供應能源給歐洲國家來爭取更強大的地緣政治力量。[76]

如果希特勒沒有入侵蘇聯，這兩個歐亞大陸上最強的陸權國家就可能會組成「軸心國」，共同瓜分歐洲和中東，而這樣的地緣政治聯盟也有其歷史基礎。在希特勒和史達林掌權之前，蘇德就曾經合作。雙方在一九二二年簽訂《拉帕洛條約》（*Rapallo Treaty*）之後，德國就依靠蘇聯恢復了一些武裝和軍事訓練，並重建了經濟往來。而在更早以前，俾斯麥也曾看見與俄羅斯和解的價值，並於一八八七年簽訂《再保險密約》（*Reinsurance Treaty*）。這分條約除了孤立法國，更重要的是保證如果俄羅斯干預博斯普魯斯海峽和達達尼爾海峽，德國將保持中立；儘管威廉二世沒有續簽該條約，但他在一九〇四、〇五年的日俄戰爭期間，仍向俄羅斯提出「大陸同盟」（continental alliance），以在遠東地區合作對抗英國，並暗示這計畫有可能發展成「歐羅巴合眾國」（United States of Europe）。[77] 英國地理學家哈爾福德・麥金德（Halford Mackinder）在一九〇四年發表了一篇〈歷史的地理支點〉（The geographical pivot of history），警告一旦俄羅斯與德國結盟，從兩國邊境開始鋪設鐵路，一路延伸到太平洋沿岸的符拉迪沃斯托克（Vladivostok，即海參威），俄羅斯就有能力成為「世界帝國」。[78] 石油更能讓俄羅斯的資源直通德國市場，進一步鞏固這種地緣布局。雖然希特勒為了他不可能的征途和恐怖的種族滅絕願景，破壞了兩國聚首共天下的機會；但為了預防蘇德軸心在戰後重新冒出頭，美國仍必須負責確保西德能夠從波斯灣獲得石油供應。[79]

2 不可能的石油保障

二〇一四年十一月，油價已經連續下滑了五個月。但是面對價格下跌，石油輸出國組織（OPEC）的反應卻是維持產量。然後油價就暴跌了。二〇一四年夏季的油價曾突破每桶一百美元，但到了二〇一六年初，油價已掉到每桶三十美元以下。

石油輸出國組織的這些行動是由沙烏地阿拉伯主導的。該國的動機很複雜，而且很可能自相矛盾。首先，沙烏地阿拉伯面臨著美國頁岩油的挑戰。頁岩油是很常見的一種石油礦藏，但傳統鑽井無法開採，通常需要使用水力壓裂（hydraulic fracturing）技術。雖然過程中有增有減，但整體來說美國的能源生產已經衰退了三十年，如今終於靠著頁岩油和頁岩氣，重回主要能源生產國的地位。二〇一〇年，美國每天總共會生產八百六十萬桶原油、液化天然氣和其他液體；二〇一四年的產量提升為一千三百萬桶；二〇一九年更上看一千八百四十萬桶。[1] 在二〇一〇到二〇一四年間，美國從OPEC國家進口的石油減少了三分之一；二〇一九年更將下降到二〇一四年的一半。[2] 同時，在二〇一〇到二〇一四年之間，美國的油氣出口量成長了大約四分之三，預計在二〇一九年會比本世紀初高出約百分之三百六十，超過沙烏地阿拉伯的出口量。[3]對沙烏地阿拉伯而言，出口能力不斷成長的美國石油業將成為該國在亞洲市場上的頭號競爭對手，這也會讓美沙關係變得更加複雜。

但這些不只是沙烏地阿拉伯的問題，也是中東地區其他國家的問題。儘管沙烏地阿拉伯大力支持敘利亞反抗軍，但敘利亞政權在俄羅斯和其競爭對手伊朗的支持下依舊完好無損。由於俄羅斯和伊朗政府都很依賴石油收入，油價下跌就是逼迫兩國撤出敘利亞的施力點。《紐約時報》在二〇一五年初引用了一位沙烏地阿拉伯外交官的發言：「如果石油能為敘利亞帶來和平，沙烏地阿拉伯就沒有理由放棄達成協議。」[4]

只是，無論哪一個動機比較重要，打壓油價都沒有達成任何目的。雖然頁岩油的產量下滑，但許多虧損的頁岩油公司都能輕易獲得廉價信貸以便維持運營。伊朗和俄羅斯也沒有被嚇得退出敘利亞。相反地，在石油輸出國組織拍板定案的十個月後，俄羅斯就出兵干預了敘利亞。同時，由於沙國對《伊朗核協議》十分不以為然，因為協議取消了針對伊朗石油出口的多項制裁，讓伊朗的石油收入大幅成長。

結果不出所料，原油價格戰和敘利亞問題的失敗，以及對伊朗問題的分歧，都讓美沙關係變得嚴峻。二〇一六年四月，美國國會正在審查一個允許美國公民為九一一事件控告沙烏地阿拉伯政府的法案。沙國威脅，只要該法案通過，就要拋售手中持有的美國公債組合。結果，國會通過該法案後，歐巴馬就否決了該法案，只是國會又推翻了他的否決。話說回沙烏地阿拉伯，即將受封王儲的穆罕默德・賓・沙爾曼（Mohammed bin Salman）宣布了一項計畫，以結束他口中「國家對石油的依賴」。[5]隔月，美國財政部就一反四十年來的拒絕態度，公布了沙烏地阿拉伯美元資產的詳細資訊，這彷彿是在警告沙烏地阿拉伯，以前那種不可或缺的地位可能宣告結束。

相比之下，沙國和俄國的關係從二〇一六年下半開始就明顯改善。隨著頁岩油在石油市場上已牢不可破，石油輸出國組織和俄羅斯都希望油價回彈。二〇一六年九月，普丁和沙烏地阿拉伯國王達成了石油合作協議。三個月過後，OPEC又同意和俄羅斯組成一個名為OPEC+⑤的新壟斷聯盟，並削減原油產量。二〇一七年十月，沙國國王前往莫斯科，進行了史上頭一次國是訪問，兩國領導人對於沙烏地投資俄羅斯能源計畫，以及俄羅斯出售防空飛彈等事都達成了共識。

然而，由於兩國聯盟背後的邏輯有問題，預期之外的影響也接踵而來。為了對抗頁

⑤譯註：OPEC+正式成立於二〇一六年，並於該年十一月宣布每日產量減少一百二十萬桶。

岩油而聯合調漲油價，反而是幫助了頁岩油生產商。況且，兩國政府在天然氣上的利益也不一致。因為沙烏地阿拉伯沒有出口天然氣，但俄羅斯卻是世界最大的天然氣出口國。美國必須靠天然氣船才能出口頁岩氣，而俄國除了船，還有管線可以使用。因此可以想見，普丁願不願意容忍OPEC+的政策惠及美國油商，取決於美國政壇如何對待俄羅斯在歐洲的天然氣利益。而他看到的是在二〇一九年十二月，美國國會針對參與鋪設北溪二號（Nord Stream 2）天然氣管線的公司實施了新的制裁，導致主要承包商停工。目前這條橫跨波羅的海、連接俄羅斯和德國，全長一千兩百三十公里的天然氣管線，大約還有一百五十公里尚未完工。

幾週後，沙烏地阿拉伯和俄羅斯的石油聯盟在Covid-19的侵襲下迅速瓦解。隨著中國需求下降、油價逐漸下滑，普丁也發現了一個重創頁岩油產業、打擊頁岩氣在歐洲市場競爭力的好機會。但是對沙國來說，石油需求下降的中國卻是最大的客戶，因此讓油價快速上漲至關重要。被普丁的拒絕後，穆罕默德決定在二〇二〇年三月七、八日這個週末大量出售沙國原油，以搶下市場上殘存的需求。這個決定導致了油價暴跌，美國頁岩油產業的未來也陷入危難。這樣的情況讓美、沙、俄三國決定共同建立一些底線，這可是史上頭一遭。有報導指出，為了逼迫穆罕默德讓步，川普曾在四月二日致電王儲，告訴他如果不照做，美國國會就立法撤回對沙國的軍事支持。[6]

從地緣政治的角度上來看，世界在過去十年間變得更不穩定，有部分原因是因為美國的能源力量增長，讓世界三大石油生產國之間的關係變得更加複雜。同時，美國與俄羅斯也開始爭奪歐洲的天然氣市場，就像兩國在十九、二十世紀之交爭奪石油一樣。想了解美國力量的結構性變化是如何攪亂原本的均勢，就要先回顧冷戰時期的美國力量。在這段歷史中，我們可以看到為什麼美國即便在軍事力量最鼎盛的時期，也難以持續在中東發揮地緣政治影響力，以及為什麼俄羅斯的能源力量對於北約地緣政治來說，一直都是結構性的分裂因素。

分裂的歐亞

在二次大戰後，要維持掌握世界的力量就得同時仰賴核武器、讓貿易航運維持自由的海軍、擁有各國用於進口的國際儲備貨幣以及國內的石油蘊藏，而同時掌握這一切的就只有美國。小羅斯福和杜魯門政府最初就是靠著美元，才能運用這分力量，穩定戰後的歐亞世界。在第二次世界大戰期間，小羅斯福政府便試圖建立以美元為基礎的國際貨幣體系。[7] 在一九四四年的布列敦森林貨幣會議上，美國首席談判代表哈里・懷特（Harry White）堅持美元只能兌換成黃金，或是其他匯率與美元掛鉤的貨幣。除了要求以金本位確立美元的主導地位，他還希望防止其他國家未經美國同意就大幅貶值貨幣。[8]事實上，在透過國際貨幣基金組織（International Monetary Fund）提供各國信貸以維持貨幣匯率時，懷特就想到美國可以藉此控制其他國家獲得美元信貸的條件。[9]他還希望以地緣政治來限制其他國家取得美元：作為盟國的蘇聯可以分配到信貸額度，作為敵國的德日則不會有信貸額度，尤其是在美國財政部想要徹底毀壞德國工業的前提下，更不可能核准。

然而，懷特對美國金融力量的信任卻幾乎沒有考慮一九四五年的軍事現實。小羅斯福並不希望美國持續以軍事介入歐亞大陸，因此承諾美軍會在兩年內撤離歐洲。他當年就在雅爾達會議（Yalta conference）上表示，他希望世界可以不再有聯盟、勢力範圍或是權力平衡；[10]為了維持秩序，他希望建立一個安全架構，讓美、蘇、英、中四個二次大戰的主要戰勝國共同管理全球事務。然而，這個集體安全架構並沒有手段能強迫蘇聯從東歐撤軍；美國的金融力量也同樣無能為力。當杜魯門當上總統並停止貸款給蘇聯以後，史達林就沒有繼續參與國際貨幣基金組織的動力了。[11]

眼見蘇聯擴張無法制止，杜魯門和其後繼者選擇訴諸戰爭以外的手段來遏制蘇聯繼續和美國競爭。於是在冷戰的前幾年，美國接受了蘇聯統治東歐、德國東西分裂，但美國也出兵保護了西歐、將紅軍拒於北緯三十八度線，更阻止蘇聯將地中海納為通往中東的門戶並如華盛頓擔心的那樣影響伊朗。[12]只是杜魯門深知，這些軍事和經濟的付出，就算是美國也難以獨自承受。原本地中海應該是英國的責任，但早在一九四七年，英國就已經無力繼續提供希臘和土耳其政府任何經濟和軍事援助。為了向國會證明這些承諾的合理性，杜魯門提出了被稱為杜魯門主義的策略，宣稱任何「自由的人民」都會指望美國提供經濟援助來保護他們。

為了鞏固戰後西歐安全的基礎，杜魯門政府並沒有急著成立軍事聯盟，而是先成立馬歇爾計畫（Marshall Plan），再一次提供各國經濟援助。再加上美國的核保護傘（nuclear umbrella），杜魯門希望藉著資助西歐經濟重建來消弭蘇聯的軍事威脅，並挫敗義大利和法國共產黨的氣勢。但他的希望，卻要仰賴西歐尚不存在的政治條件。杜魯門政府認為，如果要讓馬歇爾計畫成功，就必須以獨立繁榮的西德為中心，將西歐的經濟統合起來。因此，西德受到的待遇，和第一次世界大戰過後的德國完全不同——或者說，是跟小羅斯福時期財政部對戰後德國的安排完全不同：美國直接金援，而非提供貸款和融資，並且保證西德不會被要求賠款或償還債務。美國還準備利用自己的金融力量，推動其他西歐國家和西德合作，組成以關稅同盟為中心的經濟聯邦或是邦聯。[13]在背後的政治邏輯是，西歐國家在經濟和地緣政治上都處於弱勢，並面臨著共同的敵人；而在歷史上，美國人正是為了解決這種政治亂局，才會在一七七六年從邦聯走向聯邦。[14]

然而，不可能將美國經驗移植到西歐。儘管根據馬歇爾計畫的條件，西歐國家有義務制訂轉型為經濟聯邦的計畫，但他們始終只達成了一分減少貿易壁壘和建立歐洲支付聯盟（European Payments Union）的協議。而且由於英法在歐洲以外的貿易收入，都不是以美元來支付，所以兩國都是非常勉強才順從了這分協議。在他們看來，保障西歐安全的重點並不是建立經濟聯邦，而是依靠跟華盛頓之間的軍事同盟，因為該聯盟承認德國和蘇聯會威脅和平。[15] 一九四八年，英法和荷比盧聯盟（Benelux）簽訂了《布魯塞爾條約》（*Treaty of Brussels*），建立西歐聯盟（Western Union）承諾共同防禦，並希望最終能說服美國加入。接著，蘇聯封鎖柏林，讓杜魯門改變了主意，也證明了五國的遠見。於是北大西洋公約組織成立，美國（還有加拿大）明文承諾，一旦有任何人攻擊西歐聯盟的五個國家，以及丹麥、冰島、義大利、挪威和葡萄牙等國，就會採取回應。[16]

北約象徵著美國國策的重大轉向。這是美國第一次在和平時代和歐亞國家結盟。「北大西洋公約組織」這個名字，正是為了遮蓋西半球和歐亞大陸之間的鴻溝，讓人忽略這是場地緣戰略的巨變；而義大利和葡萄牙的加入，則暗示著門羅主義已經被重新定義，囊括了整個北大西洋。打從北約成立之初，包括駐歐美軍的基地在內的同盟軍事投資該由誰買單，就是個刺眼的問題。原則上，每個成員國都必須繳交一定比例國內生產毛額的國防開支作為會費。不過實務上，西歐國家這時都幾近破產，因此他們承諾提供的資金基本上都只是出一張嘴。[17]

除了這些像地雷一樣的地理和財政問題，北約也沒有立即解決西德的安全困境。直到一九五一年歐洲煤鋼共同體（European Coal and Steel Community，ECSC）成立，才為德法和解奠定了某種基礎。畢竟，法國和西德之所以大力支持煤鋼共同體，就是希望藉由超國家組織控制德國的煤炭資源和魯爾區的鋼鐵工業，來消弭兩國發生戰爭的可能性。但此一考量，也讓西德面對蘇聯的立場一直猶豫不決。關於這點，杜魯門從一九五〇年韓戰爆發開始，就相信西德必須重拾軍武能力，而北約的架構意味著，要將西德納入其中，西德就需要建立一支國家軍隊來維護完整的主權。但法國政府很難接受這點，於是他們提出了歐洲防務共同體（European Defence Community，EDC）作為替代。[18]但這個方案是直接要求每個成員國交出軍隊，由一個超國家機構來指揮，並期望在未來轉型為政治聯盟，英國當然不會考慮這種提案。一九五二年，法國政府終於和煤鋼共同體的其他五個成員國達成協議，準備成立防務共同體。但法國國會卻頂著美國施加的巨大壓力，拒絕批准這分條約。最後，由於艾森豪完全不打算對西德重整軍備一事讓步，西德終究還是加入了北約。

到了一九五五年，北約已經讓西歐安全有了基本架構，但地基並不穩固。西歐要建立安全聯邦（security federation）的難處，在於歐洲內部的地緣政治存在太多拉扯：為了財政艱難的北約，美國必須承擔龐大的支出；而且此時冷戰正在蔓延到歐洲之外，接受美國的核保護傘也會為西歐帶來龐大的風險。對歐洲內部來說，無論是關稅同盟還是防務共同體，建立聯邦的主要目的都是為了保障安全，因此北約一成立，這些措施都變得多餘了；然而，就算美國的防禦承諾被證明並不可靠，歐洲事實上也只能以經濟為基礎來組成聯邦。一九六〇年代，戴高樂就曾設法推翻這個難題，但是沒有成功。⑥因此，雖然歐盟確實在一九九〇年代靠著單一市場和局部的貨幣聯盟，建立了類似經濟聯盟的東西，它的防禦事務依然是外包給本質上不穩定的北約。

▪ ▪ ▪

石油成為世界上最重要的能源，正是發生在第二次世界大戰後這幾十年的時間。在一九五〇年，石油在全世界消耗的能源總量中只占了兩成；一九六〇年，這個比例成長到了百分之二十七；到了一九七〇年，這個比例就躍升到了百分之四十。[19]在美國，石油在一九五〇年便取代煤炭，成為最重要的單一能源，而且在一九五〇至一九七〇年間，石油的總消費量又翻了一倍。[20]在一九七〇年的法國，石油占了能源總消費量的五分之三以上；在義大利，這個比例幾乎達到四分之三。[21]雖然在兩次世界大戰和戰間期，石油的地位就至關重要，但主要仍是用於軍事領域；一九五〇年代之後，它的影響力則進入了國內經濟和日常生活，尤其影響了交通運輸。我們可以從汽車普及率來理解石油的影響：儘管一九二〇年代的美國，汽車已經相當普遍，但歐洲國家要到一九六〇年代才能看見美國的車尾燈，這也意味著此時歐洲的石油消費量大增。22

早在消費量大幅成長之前，國內缺乏石油蘊藏的西歐國家該從哪裡進口，就是地緣政治上的頭等大事。冷戰開始後，杜魯門政府鼓勵西歐各國使用更多石油，因為此時波蘭已經落入蘇聯掌控，他們不能再依賴波蘭出口的煤炭。但西歐在和平時期變得更依賴石油也有風險。杜魯門和他的幕僚希望控制西歐的石油來源，他們不希望西歐或日本購買蘇聯的石油，因此在一九四九年，美國政府就對蘇聯進口實施了禁運。23

但杜魯門也不希望西歐和日本像以往那樣依賴從西半球進口石油，打算將美國和委內瑞拉的產量保留給自己專用，畢竟相較於西半球，沙烏地阿拉伯、蘇聯、伊朗和伊拉

⑥譯註：為了保持戰略自主，法國於一九六〇年獨立完成核武，開始發展陸海空三位一體的核打擊能力，並要求讓巴黎和華府在北約擁有相同地位；遭到拒絕後，法國便於一九六六年十月退出北約，並驅逐駐法部隊，直到二〇〇九年才重新加入。

克才是全世界最大的油庫。[24]所以最好讓西歐轉而依賴中東進口的石油，美國則充當最後一線的應急供應商。[25]

這個戰略的基礎，是美國必須支援基礎建設，讓中東的石油能順利運送到歐洲和日本。在日本這邊，唯一的作法就是靠油輪將原油運出波斯灣。但在西歐這裡，杜魯門政府則是協助鋪設了一條跨阿拉伯輸油管（Trans-Arabian pipeline，Tapline），經由敘利亞將沙烏地阿拉伯的原油輸送到黎巴嫩海岸的西頓（Sidon）。在此之前，中東的石油運輸主要是依賴伊拉克石油公司的輸油系統，將原油從伊拉克輸送到地中海東岸；跨阿拉伯輸油管落成之後，就能補足該系統的不足。

從中東向西歐供應石油，也挑起了有關美元霸權的議題。因為英國可以使用英鎊，從伊拉克和伊朗的英國公司購買石油，而英國政治人物也很清楚，這些石油對於英國的國際收支（balance of payments）來說是非常重要的緩衝。[26]對手中缺乏美元的西歐國家而言，用英鎊計價的石油也很有吸引力。如果西歐要跟中東的美國公司購買石油，就必須使用美元。因此，馬歇爾計畫的一部分目的，就是提供美元讓西歐國家購買石油，其資金大約有百分之二十是在直接或間接地支援進口石油。[27]

但美國對戰後歐亞大陸的盤算，有一個根本問題。儘管中東也被視為冷戰戰場，但從杜魯門到詹森，歷屆美國總統都不願意在中東駐軍，也不願意派美國海軍前往波斯灣執行重要任務。他們擔心的是美國的軍事承諾過度擴張，以及國內民意反彈，因此儘管印度獨立讓英國失去了過往維持波斯灣地區安定的軍事資源，美國還是需要英國維持在中東的帝國勢力。[28]在冷戰初期對莫斯科的作戰計畫中，美國需要從英國的埃及基地部署空襲。[29]為此，杜魯門也提供金援，協助英國在蘇伊士運河興建阿布蘇耶基地（Abu Sueir base）。但華盛頓也擔心英國的帝國勢力持續留在中東會壞事。考慮到這點，艾森豪繼任後就選擇和反英國的阿拉伯民族主義妥協。一九五三年，埃及獨裁者賈邁勒・阿卜杜・納賽爾（Gamal Abdel Nasser）上台後，艾森豪便利用美國的金融力量促使英國撤出蘇伊士運河地區，並關閉阿布蘇耶基地。[30]後來當納賽爾投入蘇聯陣營，艾森豪也只能鼓勵英國和伊朗、伊拉克、巴基斯坦、土耳其等國組成反蘇聯的軍事同盟。但他仍拒絕考慮讓美國加入《巴格達公約》（*Baghdad Pact*）。⑦

土耳其在一九五〇年代也引發了一連串棘手的問題，至今仍影響著美國對待歐亞大

⑦譯註：一九五五年，英國和前述四國簽署《巴格達公約》，總部位於巴格達。一九五九年伊拉克退出，總部遷往安卡拉，改稱中部公約組織（Central Treaty Organization，CENTO），美國成為觀察員。一九七九年伊朗革命，伊朗也退出，中部公約組織隨之解散。

陸的方針。一九四六年，史達林對土耳其政府發出最後通牒，要求蘇聯和土耳其聯合控制達達尼爾海峽，導致杜魯門下令美軍艦艇進入地中海，並批准了空軍行動。無論杜魯門如何誇大援助希臘和土耳其對圍堵蘇聯的必要性，真正讓美國做出行動的依舊是能源現實主義；在私底下談及這些在地中海的承諾時，杜魯門的解釋是：「你拿地圖來看就懂了。」[31]儘管史達林幾乎沒給希臘共產黨什麼支援，但對於杜魯門來說，防堵蘇聯從中東獲取石油才是希臘和土耳其真正的價值。就在杜魯門要求國會撥款給希臘和土耳其的同一天，美國四大石油公司也簽署了共同經營阿美石油公司的集體協議，這並非巧合。[32]

然而當冷戰擴及中東，土耳其的缺席就暴露了北約以西歐為中心的侷限。於是在一九五二年，杜魯門政府讓土耳其和希臘加入北約，解決了這個矛盾。但此舉也讓北約內部發生嚴重的分歧，因為部分西歐成員國更傾向跟中東安全畫清界限。從這時候開始，有多少歐洲國家願意協防同為北約成員國的土耳其，就一直是個問號（關於這點我會在下一章深入討論）。[33]

儘管對內前後扞格，對外眾口難調，但美國在中東缺少軍事部署，並不代表美國打算避免在當地動用強制力（coercive force）——說真的也不可能避免。因此，杜魯門成立的中央情報局在該地區日漸活躍，而該機構的職權之一，就是在其他國家執行各種可能會被美國否認的秘密行動。當敘利亞國會拒絕批准跨阿拉伯輸油管通過敘利亞，中情局就策畫了一場政變，以確保政府繼續鋪設輸油管。[34]此外，中情局也代表美國，向英國在伊朗的勢力提供援助。一九五一年，伊朗新任總理穆罕默德·摩薩台（Mohammad Mosaddegh）將英伊石油公司收歸國有，並終止其特許權，英國立刻封鎖了波斯灣，禁止伊朗石油出口。起初，杜魯門政府一直嘗試居中斡旋，但後來上台的艾森豪卻被說服，認為中情局應該與英國情報部門合作，將摩薩台趕下台。[35]短期來看，這次干預讓艾森豪政府得以促成美國公司和伊朗國有企業組成一個新財團，合作重建伊朗的石油產業。但長期而言，這麼做卻重創了美國和伊朗的關係，並讓整個中東地區變成更沉重的戰略負擔。[36]

破碎大西洋

一九五六年，美國為保障盟國能從缺乏軍事力量的中東地區獲得石油供應，執行了一場充滿爭議的行動，除了引發嚴重的地緣政治危機，其深遠的影響更一直迴盪至今。[37]蘇伊士危機不只像常見的詮釋一樣，擊潰了戰後英國的帝國力量，也擊碎了美國永遠可以在最後關頭供應石油、不讓蘇聯石油重新流入西歐的願景，更終結了美國總統們不讓美軍接近中東的幻想。

危機的開端，是納賽爾將蘇伊士運河國有化，並禁止以色列的船隻進入。而在一九五六年，西歐約有七成的原油都是從波斯灣出口，再經由運河送達。時任英國首相安東尼・艾登（Anthony Eden）立即告訴艾森豪，他相信如果納賽爾不願退讓，就應該使用武力阻止，因為要是運河被關閉，就必須「暫時從你們那邊的世界補充石油」。[38]艾森豪在回覆艾登的書信時表示，除非徹底證明所有和平手段都已經用盡，否則「這麼做引起的反應，可能會嚴重影響我國人民對西方盟國的觀感」，而且很可能是「影響最深遠的後果」。[39]結果在一九五六年十月，英國、法國和以色列還是單方面對埃及發動了攻擊，這讓再過幾天就要面臨大選的艾森豪怒不可遏。眼見蘇伊士運河被封鎖、伊拉克石油公司的管線被敘利亞軍隊破壞，以及沙烏地阿拉伯禁止出口石油給英國和法國，艾森豪還是拒絕釋出美國的緊急石油儲備。[40]「讓他們在自己的石油裡著火吧。」艾森豪如是說。[41]原本一直用英鎊購買石油的英國，現在不得不用美元來進口西半球的石油。當赫魯雪夫威脅要對英法發動核攻擊（雖然只是虛張聲勢），艾森豪的財政部長又阻止英國提領國際貨幣基金組織的配額時，[42]英國政府立刻就停下軍事行動，完全沒跟法國或以色列協商。

這場危機不可避免地暴露出美國中東政策的矛盾之處：為了鼓勵西歐依賴中東的石

油，美國既要仰賴英國的軍事力量，又要和阿拉伯民族主義妥協，然而阿拉伯民族主義正是大英帝國勢力在中東逐漸衰落的原因。在蘇伊士危機過後，艾森豪為了重建美國的影響力，只好和更保守的阿拉伯國家結盟。根據艾森豪的方針，和伊拉克結盟的沙烏地阿拉伯應該要成為地區強權，取代埃及和敘利亞的聯盟，變成西方在阿拉伯世界施力的新支點。[43]但激進的阿拉伯民族主義無法靠國境遏制。一九五八年二月，埃及和敘利亞正式組成了阿拉伯合眾國（the United Arab Union）。在接下來的幾個月裡，沙國國王不得不任命更激進的王儲為首相，而伊拉克王國則被一群軍官推翻，和新成立的阿拉伯合眾國結盟。此時英軍在伊拉克已經沒有基地，無法自土耳其起飛前進波斯灣，只能依靠紅海東部入口亞丁（Aden）的作戰基地。[44]英國的地位衰落，使得艾森豪成為第一位在中東使用武力的美國總統。他下令軍隊進駐黎巴嫩，以支持當地的親美政府；[45]但這麼做只是為了應付亂局，並不代表美國的戰略有所改變。在接下來的十年裡，美國的政策變得更注重讓英國保住亞丁和位於波斯灣的小型保護國。

蘇伊士危機也重創了北約的凝聚力，長久不能恢復。西歐各國普遍對美國的行動感到失望。西德總理康拉德．艾德諾（Konrad Adenauer）表示英國和法國的軍事行動是「關乎歐洲整體利益的行動」。[46]艾森豪在蘇伊士危機時的作為，更加快了各國政府對於建立歐洲經濟共同體（European Economic Community，EEC）和歐洲原子能共同體

（European Atomic Energy Community，EURATOM）的討論。艾德諾相信他能說服法國果斷承諾推動經濟共同體和原子能共同體，因此他前往巴黎遊說法國總理居伊．摩勒（Guy Mollet）。此行中，他得知英國首相艾登已經致電摩勒，告知英國已經屈服於艾森豪的壓力；於是艾德諾告訴摩勒：「我們沒有時間可以浪費了。團結歐洲，你才能報一箭之仇。」[47]

但蘇伊士危機也暴露了西歐在安全議題上的分歧，讓各國無論要結為邦聯還是聯邦都更為困難。法國第四共和政府的結論是，法國需要核武器，才能減少對美國的安全與技術依賴。[48]於是，法國在一九五六年啟動了核武計畫，並從歐洲原子能共同體上窺見實現計畫的曙光。相比之下，艾德諾則希望在加強歐洲防禦能力的同時，不要損害北約，這也代表他需要吸引英國加入歐洲邦聯或聯邦。但哈洛德．麥克米倫（Harold Macmillan）領導下的英國政府則是希望保留北約，而且依舊不願加入歐洲關稅同盟。

這些蘇伊士危機後的衝突沒有解決之道。在戴高樂的領導下，法國的政策漸趨激進。戴高樂希望在地緣政治和經濟上都與美國和英國保持距離，這讓他最後在一九六六年決定退出北約的聯合指揮體系，並兩度否決英國加入歐洲經濟共同體的申請。他還希望歐洲經濟共同體的會員國能建立一個安全邦聯。但這個構想因為種種無法解決的問題而失敗了。在戴高樂看來，只要歐洲還因為冷戰而受美蘇之間的核對峙擺布，歐洲就不可能安全。但在西德總理艾德諾和其他歐洲經濟共同體成員國的領導人看來，北約和美國的核保護傘才是安全的屏障。因此，一九六〇年代的歐洲經濟共同體始終面臨著兩難：關稅同盟和共同農業政策體系需要依靠戴高樂的容忍才能存在，但戴高樂卻不接受繼續仰賴北約維繫歐洲安全。

英國在這場兩難中的角色，剛好和法國相反。麥克米倫政府從蘇伊士危機抽手，是為了修復和華盛頓的關係。雖然這次經驗也讓他們了解到擁有核武的必要性，但英國的選擇是和華盛頓進行雙邊合作以獲取核武。而在歐洲經濟共同體這方面，麥克米倫認為符合英國利益的作法，是建立由英國主導的歐洲自由貿易聯盟（European Free Trade Association），再與歐洲經濟共同體簽訂自由貿易協定。在一九五八至一九六一年間，他曾多次威脅要從西歐撤軍，誤以為歐洲經濟共同體可能會因為安全罩門而不得不同意英國的要求。[49]在約翰・甘迺迪（John F. Kennedy）擔任總統期間，英國一直飽受這兩個因運河危機造成的問題所擾。基於對戴高樂野心的擔憂，甘迺迪設法說服了麥克米倫申請加入歐洲經濟共同體。[50]但是一九六二年美國向英國提供北極星潛射飛彈的《拿騷協議》（*Nassau Agreement*），卻給了戴高樂現成的把柄，藉此痛斥英國申請加入歐洲經濟共同體，只是掩飾美國在歐利益的「特洛伊木馬」。

隨著法國退出北約指揮體系，英國又被歐洲經濟共同體排除在外，一九六〇年代中期的西歐地緣政治變得比蘇伊士危機前更破碎。[51] 歐洲經濟共同體成了一個局部性的經濟聯盟，結構上無法解決內部安全的問題，只能依賴外部的安全聯盟，偏偏又有一個成員對這聯盟執意不從。直到戴高樂卸任法國總統，英國加入的大門才跟著打開，而歐洲經濟共同體也已經改名為歐洲共同體（European Community，EC）。但在冷戰結束以前，法國一直沒有回到北約的軍事指揮體系。

▪ ▪ ▪

蘇伊士危機對能源的影響同樣重大。美國的否定態度促使法國再次尋求能源獨立。從一九四五年開始，法國政府就大力支持法蘭西帝國勢力在非洲探勘石油和天然氣。一九五六年，阿爾及利亞發現了石油。起初，法國政府希望阿爾及利亞石油能讓整個歐洲經濟共同體擺脫對中東的依賴，也擺脫中東和美國力量的關係——儘管法國需要美國的默許，才有能力靠武力持續統治阿爾及利亞。[52] 法國從未要求在法律上將阿爾及利亞視為法國的一部分納入歐洲煤鋼共同體，卻堅持要將阿爾及利亞和其他的法國海外領土納入歐洲經濟共同體。這麼做是為了讓法國公司生產的阿爾及利亞石油能夠自由進入歐洲經濟共同體，並讓保有北非殖民地成為其他成員國的共同利益。[53] 雖然一九六二年法軍狼狽撤離阿爾及利亞後，這個盤算就落空了，但戴高樂仍在承認阿爾及利亞獨立的《埃維昂協議》（*Évian Accords*）中保住了法國的能源利益，讓法國得以繼續控制撒哈拉的油田。

蘇伊士危機過後，英國政府也開始尋找新的能源選項，展開英國第一個核能計畫，並鼓勵英國石油公司（British Petroleum，也就是前英伊石油公司）前往包含阿拉斯加在內的西半球探勘石油。[54]儘管如此，英國在中東的地位仍然遠勝於其他歐洲國家。在一九五七年，英國有一半的原油來自其保護國科威特，而這些石油最重要的意義，就是它們都以英鎊結算。[55]隨著阿拉伯民族主義蔓延，美國對東南亞的介入又日漸加深，英國在中東的軍事部署對美國來說也就更形重要。蘇伊士危機並不代表美國可以不依靠英國，獨自保障西方的石油供應；而是顯示英鎊的脆弱大大限制了英國在當地軍事行動的能力。等到下一次危機到來時，美國很有可能無法仰賴英國。林登・詹森就是預見到一九六〇年代末即將發生的事，才在一九六四年批准了一筆支持英鎊的緊急貸款，以交換英國承諾續留波斯灣。[56]

蘇伊士危機最長遠的影響，是讓西歐各國政府不再樂意配合禁止進口蘇聯石油。其實早在蘇伊士危機之前，義大利的國家石油公司埃尼集團（Ente nazionale Idrocarburi，ENI）就已經從赫魯雪夫的石油出口工業決心中看到了機會。一九五八年，埃尼展開了一項大規模石油交易的談判。[57]很快地，義大利就加入了西德和奧地利，成為蘇聯的新市場。[58]

西歐轉用蘇聯石油也在北約掀起了另一場危機。為了將石油輸向東歐再轉輸至中歐，蘇聯開始著手修建友誼輸油管（Druzhba or Friendship pipeline），不過鋪設該管道需要使用西歐企業生產的大口徑鋼管。艾森豪決定不透過北約禁止出口鋼管。但蘇聯輸出石油的能力增大這件事，讓許多美國政客都備感驚慌。後來在一九六八年成為民主黨總統候選人的休伯特．韓福瑞（Hubert Humphrey）參議員就宣稱，蘇聯石油出口是「我們所面臨的一大威脅……甚至可能比軍事威脅還危險」。[59]是以在一九六二年底，甘迺迪就趁著古巴飛彈危機，要求西歐企業停止出售蘇聯需要的大口徑鋼管。為了獲得義大利政府部分配合，美國政府需要安排美國企業提供更便宜的石油給義大利。[60]至於西德這邊，照理說有駐德美軍在，要向波昂政府施壓應該更容易，但德國聯邦議院還是發起了杯葛，試圖逼政府拒絕禁運，最後是靠執政的基督教民主聯盟全體議員退席，才讓否決案無效。[61]就連對蘇聯石油不太感興趣的英國政府，也極不情願配合美國的指令。[62]最後這次禁運也沒有成功，只讓管道鋪設拖延了一年左右，接任的詹森政府就放棄了。[63]

蘇聯向西歐出口石油也破壞了中東的穩定。眼看就要失去在西歐的市場占有率，當地的美國石油公司直接調降了出口價格，完全沒有徵詢阿拉伯政府。[64]這引起了沙烏地阿拉伯、伊朗、伊拉克、科威特和委內瑞拉的憤怒，促使五國成立了石油輸出國組織。[65]儘管OPEC剛開始並不太能靠著降低產量迫使油價回升，後來新發現的油田更限縮了調節供需的能力，但它最大的意義在於讓中東三大主要產油國有了一個採取集體政治行動的平台，可以重新調配一九七〇年代以來的石油市場。

一九六七年，第三次以阿戰爭更進一步突顯了蘇伊士危機後的緊張局勢。戴高樂利用這場戰爭，再次強調法國不會接受美國的約束，並放棄了先前對以色列的支持態度，轉而採取親阿拉伯政策。[66]相比之下，美國的政策則是比一九五六年時對以色列更加寬容，對埃及則更加敵視。這樣的重新定位讓詹森政府不再沿襲艾森豪的路線，決定成為西歐在緊要關頭的石油直接供應商。

儘管如此，西歐將來要獲得中東石油只會更加困難。輸送沙烏地阿拉伯石油的跨阿拉伯輸油管會穿過戈蘭高地，而這片原屬於敘利亞的土地，現在正被以色列的占領，並成為巴勒斯坦人的目標。蘇伊士運河則一直封閉到一九七五年才重啟。更重要的是，第三次以阿戰爭徹底摧毀了英國在中東的布局。開戰前一年，亞丁的暴動就在納賽爾支持下日益增加，導致英國政府宣布將撤出當地。隨後的戰爭更讓暴動升級，南阿拉伯聯邦（South Arabian Federation）軍隊和亞丁警察也跟著叛變。一九六七年十一月，陷入困境的英軍倉促撤離，南葉門人民共和國隨即獨立，並於隔年由蘇聯支持的政權接手。除了軍事失利，英鎊在一九六七年也大幅貶值。蘇伊士運河關閉，加上阿拉伯國家對支持以色列的國家實行石油禁運，導致英國必須購買以美元計價的石油，引發了另一場國際收支危機。[67]眼見英國投射力量的實際基礎已經崩潰，威爾遜內閣很快宣布英國將在一九七一年結束所有對蘇伊士運河以東的軍事投入。英國撤離波斯灣讓華盛頓面臨了直接危機，[68]但詹森也無法再利用美國的金融力量改變英首相哈羅德・威爾遜（Harold Wilson）的想法。美國國務卿迪安・魯斯克（Dean Rusk）曾在一九六五年向威爾遜首相提出建議，希望英國能減少在西歐的駐軍，以便維持在波斯灣的部署，但由於法國已經在一九六六年退出北約共同指揮體系，這個選項也早已消失。[69]

這個僵局讓沙烏地阿拉伯和伊朗成為西方能源安全在中東的錨點。詹森的國安顧問華特・羅斯托（Walt Rostow）就在一分給總統的備忘錄中寫到：「我們不打算接替英國，但我們也不希望俄國把手伸入那裡，所以我們必須依靠伊朗沙阿（Shah）和沙烏地阿拉伯的國王。」[70]

但這個新方向從一開始就充滿挑戰。因為歐美大型石油公司在當地的政治爭議越來越多。一九六九年，利比亞的格達費上校打著泛阿拉伯主義旗號，攻入首都的黎波里（Tripoli）奪取政權後，便立即關閉美國和英國的軍事基地，並立即向蘇聯請求軍事援助。後來，非蘇聯產的石油經利比亞出口到西歐的比例日益增加，格達費也為了油價和拆帳跟歐美石油公司頻繁摩擦。其他ＯＰＥＣ國家很快也跟進，設法扭轉石油生產國和石油公司之間的權力平衡並達成新協議，獲得了更多的收入和控制權。有些ＯＰＥＣ國家的野心更大：阿爾及利亞在一九六九年加入了ＯＰＥＣ，並在一九七一至一九七四年間，取得了法國各大石油公司在阿爾及利亞的控股權；親蘇聯的伊拉克復興黨（Ba'athist）政府也將伊拉克石油公司收歸國有；沙烏地阿拉伯政府則買下了阿美石油公司的控股權，到了一九八〇年，阿美石油公司已經由沙國政府獨占經營。

與此同時，中東內部的地緣政治依然不適合外來勢力尋找穩定的盟友。美國一但拉拔伊朗，便會讓自己的名聲和伊朗連帶，但一九五三年的政變早已使得伊朗民間充滿強烈的反美情緒，而且這麼做也會鼓勵伊朗對伊拉克和波斯灣南部的領土露出獠牙。除此之外，如果更加依賴沙烏地阿拉伯，就意味著美國要依賴一個從一九六〇年代中期開始，就不斷有軍人叛逃到埃及的君主制國家。中情局就曾警告詹森和尼克森，該國很容易受到激進民族主義政變的影響。以阿戰爭結束後，沙國費薩爾國王就跟納賽爾和解，並大力支持巴勒斯坦的建國事業。伊朗和沙烏地阿拉伯的關係又讓局勢更加惡化，美國的新戰略也讓自己捲入了兩個海灣大國在ＯＰＥＣ內對於原油價格和出口的制度化競爭。[71]

在蘇伊士危機的十多年後，美國對西歐所謂的石油保證不但毫無條理，而且某種程度上也不受歡迎。美國總統無法持續在中東運使軍事力量，無法靠金融威脅和境外制裁阻止西歐國家購買蘇聯石油，也無法阻止英國撤出中東使美國對西歐從波斯灣進口石油以交換軍事支持的期望落空。一九六八年後，伊拉克倒向蘇聯陣營，蘇聯在中東的影響力也隨之增強。如今，太多事情都跟伊朗國王的命運息息相關，伊朗的任何野心都會刺激伊拉克向莫斯科尋求軍事協助。

低盪

這些錯綜複雜的地緣政治，都和整個美國力量所牽涉的地緣政治災難有關。最直接的原因是越南戰爭。這場戰爭對美國來說是一場巨大的災難，讓美國國內政治嚴重制約了美國對國外的力量投射。但這場戰爭也觸及了中東問題和能源分配的雷區，以及布列敦森林體系固有的問題，使得美國的冷戰戰略不得不改變，而這樣的戰略也一直也延續到冷戰後的世界。

越戰和蘇伊士危機一樣，揭露了北約的分裂。從美國地面部隊進入越南開始，詹森政府就試圖靠著支持英鎊將英國捲入戰爭，但這個企圖沒有成功。就算是威脅要撤回美國對西德的協防，也無法讓西德政府為戰爭提供資金。老實說，美國的施壓反而讓路德維希・艾哈德（Ludwig Erhard）手下的基民盟和自由民主黨（Free Democratic）聯合政府徹底退出這個議題。隨後，基督教民主黨和社會民主黨在一九六六年組成了德國第一個大聯合政府，不僅為西德在一九七〇年代與蘇聯和解埋下了伏筆，也在政治上鞏固了此前德國向蘇聯購買能源的傾向。[72]

同時，布列敦森林體系以美元為基準的政策，使得美國從一九六八年開始，就幾乎必須在戰爭時把減少損失視為唯一要務。一九四七年的美元短缺，早已預示了一九六〇年代的黃金短缺必然會發生（我們會在第七章討論這件事）。一九六八年三月發生黃金危機時，詹森立即判斷政府無法滿足軍方將領大幅增兵的要求——用他的話來說，就是美國的「財政狀況」相當「惡劣」。[73]當詹森接受黃金的限制後，便於一九六八年三月宣布要大幅削減對北越的空襲，且不會爭取連任。

越戰的失敗粉碎國內對國安的政治共識，但美國正是因為這分共識，才能在珍珠港事件以後繼續把力量投射到歐亞大陸。冷戰初年，杜魯門的馬歇爾計畫、《北大西洋公約》以及和平時期徵兵都贏得了國會支持，不像戰間期的總統那樣每次想投入歐亞都要面臨國內阻力。詹森在越戰問題上的處境也差不多。一九六四年，他在只有兩票反對的情況下得到國會概括授權，開始全面介入越南戰爭。沒想到這場戰爭的勝利遙遙無期，最後耗盡了美國選民參與歐亞大陸戰爭並為之買單的意願。尼克森意識到了這一點，並在一九六八年發起廢除徵兵制，儘管他花了五年時間才兌現自己的承諾。越戰過後，美軍全部都變成了志願役，而選民對於任何有傷亡風險的歐亞軍事行動也幾乎無法容忍。

一九七〇年代初，尼克森和國安顧問季辛吉開始設法減緩美蘇之間的戰略衝突，因為他們擔心一旦美國撤出中南半島，就會讓蘇聯趁勢崛起。這不僅需要在軍備限制條約等問題上跟莫斯科和解，還需要和共產中國建立外交關係，以便借助中國的力量牽制蘇聯。這便是後來所稱的低盪（détente）。

雖然低盪是由越戰導致的，但它也隱含著一套能源戰略。一九七〇年代末，美國的能源力量日漸衰落，而蘇聯的能源力量卻持續成長。美國原油產量在一九七〇年達到巔峰，而下次重登巔峰，則要等到頁岩油榮景的第八個年頭，也就是二〇一八年。產能沒有過剩的話，美國油商就連在緊急時刻象徵性地支援西歐都沒有辦法；而且因為美國自己也需要進口石油，因此石油經過波斯灣送往北約成員國，不但能夠穩定地緣局勢，也能直接進口到美國。[74]同時，西西伯利亞在一九六〇年代發現石油，更進一步推動了蘇聯石油工業的發展。一九六八年，蘇聯完成了友誼輸油管的增建工程，將其一路延伸至波羅的海沿岸的文次匹爾斯（Ventspils），大幅提升對西歐的出口量。到了一九七四年，蘇聯已經取代美國，成為世界上最大的石油生產國。[75]除了石油，西西伯利亞盆地的超級油田也蘊藏著大量天然氣，要是能將這些天然氣出口到西歐和中歐，莫斯科就可以引進歐洲的資金和設備開發此地的油田。長遠來看，出口天然氣遠比提高蘇聯石油的市占率更重要，更何況這些天然氣還能成為蘇德和解的經濟基礎——因為此時意義重大的環境運動正在西德政壇崛起，核電發展勢必大大受限。[76]

隨著美國能源力量下滑，尼克森逐漸傾向跟蘇聯合作。他為美國財團尋求開發西西伯利亞油田的商業機會，並放鬆了北約對於能源出口的相關規定。[77] 一九七三年六月美蘇高峰會後的公報提到了「許多涉及美國公司的具體（能源）計畫，包括將西伯利亞天然氣輸往美國」，兩國政府還「簽署了一項增加和強化核融合合作的協議」。[78]

但能源問題也嚴重妨礙了原本在國內就充滿爭議的低盪戰略，更何況尼克森和季辛吉大部分的做法，就連國務院和五角大廈都不支持。在與蘇聯的能源貿易協議中，莫斯科要求獲得最惠國待遇，而國會山莊的立場是通過與否，取決於蘇聯的人權表現，特別是蘇聯猶太人移民國外的自由。莫斯科還要求美國投入一定程度的資本，但國會則主張約束資本投入。[79]

這些制肘最直接的影響是，低盪戰略無法阻止中東全境陷入危機，而其後果更是波及了全世界。[80] 當埃及協同阿拉伯盟國在一九七三年的贖罪日襲擊以色列時，阿拉伯產油國擁有了他們在一九六七年怎樣都無法想像的優勢地位。在贖罪日戰爭中，親蘇和親美已經不是區分陣營的依據，儘管戰爭是由蘇聯支持的埃及發動，但是埃及組建的阿拉伯聯軍中，最積極的卻是美國支持的沙烏地阿拉伯。從OPEC國家進口石油，讓美國受到沙烏地阿拉伯的牽制。一九七一年美元貶值造成沙國慘重損失，加上華盛頓扶植其競爭對手伊朗，都讓沙國認為有必要調漲油價以為補償。[81]儘管費薩爾國王一開始並不打算跟華盛頓決裂，只是要求美國石油公司施壓尼克森改變方針，但隨著戰局漸漸傾向以色列這邊，他終於對美國實施了禁運。一九七〇年後，美國石油產量開始走下坡，再加上OPEC的崛起，原油價格和供應的壓力因此升高，高漲的油價劇烈衝擊了美國和西歐的經濟與民主制度——這部分我會在第四章和第八章繼續討論。

由於戰爭爆發前多數西歐國家就已經在調整對阿拉伯政策或保持中立，贖罪日戰爭的爆發便徹底粉碎了北約在中東問題上僅剩的團結精神。英國也和大多數的歐洲共同體成員一樣，迴避美國對以色列的支持，導致季辛吉暫停了華盛頓與倫敦的情報共享。[82]用政治學家伊桑・卡普斯坦（Ethan Kapstein）的話來說，一九七三年的阿拉伯國家靠著決定誰能買到石油，「瓦解並征服了西方聯盟」。[83]最好的證據就是當蘇聯似乎準備加入衝突時，大多數西歐政府選擇告訴華盛頓，如果美國要在中東跟蘇聯作戰，他們不一定會提供基地給美軍使用，英國更是直接拒絕讓美軍的偵察機從塞浦路斯起飛。最後，華盛頓只得在沒有盟友的情況下，派遣軍艦駛向波斯灣的入口。[84]

季辛吉後來抱怨說，西歐人的表現簡直「就像這個聯盟根本不存在一樣」。[85]然而，北約最初的構想本來就不是為了應付中東問題，日後除了邀請土耳其加入之外，北約也沒有再為此做過什麼調整。所以某種程度上，季辛吉這些美國官員的言論，就像在說美國擁有單方面掠取當地油田的力量。比如說有一次，季辛吉就告訴記者，除非阿拉伯國家學會再次跟石油消費國合作，否則他們將「重蹈希臘城邦國家的覆轍」。[86]但事實上，華盛頓並沒有足夠的力量要求阿拉伯國家逆來順受，而且經過越戰的摧殘後，美國國內的政治風向也根本禁不起再來一場中東戰爭。真要說起來，反而是美國的石油力量已經衰減到只能仰人鼻息。

而且這場危機對北約來說不只是作戰失敗，根本就是一場大清算。一開始，北約只是一個在雙極世界中，專門為了歐洲安全而設計的軍事聯盟，歐洲成員國的能源安全利益都掌握在中東手中，而整個聯盟裡幾乎只有美國能夠管住中東。然而此時美國軍方的財政卻嚴重受限，帝國力量也招致了抵抗。隨著英國從波斯灣撤軍，這些年來北約徹底從波斯灣缺席，美國也開始依賴從這個水域進口石油，結果便是莫斯科和巴格達的聯盟將蘇聯海軍帶進了波斯灣。原本應該還有沙烏地阿拉伯和伊朗可以保護北約的石油利益，現在他們只有在特定條件下才會避免北約成員國利益受損，而他們開出的條件，卻又恰好會破壞北約團結。

面對這個現實，季辛吉在一九七四年二月召集歐洲各國，舉行了華盛頓能源會議

（Washington Energy Conference）。這場高峰會的主題，是關於各大工業化石油消費國面對石油生產國時的集體利益。但這場會議仍然阻止不了歐洲國家選擇以鄰為壑的雙邊石油交易。比如說為了加強國際間的能源合作，尼克森政府在會議上力主成立國際能源署（International Energy Agency，IEA），但法國政府就是拒絕加入，完全不給美國一點面子。在國內產量下降的情況下，美國也開始和西歐國家競爭有限的石油供給。為了擺脫這種拉扯，尼克森便威脅如果西歐國家不同意採取集體行動，就要撤離駐歐美軍。[87]實際上，在一九七〇年代，西歐各國完全可以從蘇聯進口更多石油，以減少對中東的依賴，但美國不可能接受這麼做。儘管季辛吉在擔任傑拉德．福特（Gerald Ford）總統的國務卿時，又一次嘗試建立將來跟蘇聯進行跨大西洋貿易的基礎，並跟布里茲涅夫達成了初步協議，但該協議最後還是破裂了。[88]

一九七三年石油危機帶來的戰略威脅，讓尼克森政府只能回頭修復跟沙烏地阿拉伯的關係，並加強和伊朗的聯盟，因為伊朗雖然支持調漲油價，但並不支持禁運，還一直嘗試透過埃及促成以色列和阿拉伯國家之間和平共處。對於未來，尼克森在一九七三年十一月的全國談話中告訴美國人，美國必須擺脫對中東石油的依賴，並在二十世紀末以前透過開發頁岩油等能源，實現他提倡的「能源獨立計畫」（Project Independence）。[89]

奇異的勝利

如果說美國的能源力量在整個一九七〇年代已經不斷減弱，那麼二十世紀末的伊朗伊斯蘭革命以及隨後的人質危機，就是一串加重危機的連擊，目前中東最核心的一些情勢也是緣此而來。美國對埃及－蘇聯軸心的恐懼，也變成了對伊朗－蘇聯結盟的擔憂。然而，波斯灣畢竟地處要衝，這讓美國的政策變得更激進；[90] 在西歐各國政府看來，這反而讓中東的困境又進一步惡化。除了阿拉伯國家和伊朗可能會禁止出口石油，他們面臨的另一個風險是，一旦美國制裁中東政權，價格合宜的石油供應也會受到威脅。

伊朗革命的影響很快蔓延到波斯灣西側，並再次突顯出沙烏地阿拉伯有多容易受到其他中東國家的反西方情緒影響。一九七九年底，意圖推翻沙國王室的伊斯蘭基本教義派奪取了麥加大清真寺，沙烏地王朝不得不出兵奪回當地的控制權。此後，沙烏地王朝開始擁護更嚴格的伊斯蘭教規，並且和宗教保守派走得更近。伊朗也迅速展現出支持阿拉伯國家境內什葉派團體的意願，派遣伊斯蘭革命衛隊（Islamic Revolutionary Guard Corps）進入黎巴嫩，在敘利亞占領區建立基地，這些地方就是如今真主黨（Hezbollah）的發跡地。

卡特總統和他前任的尼克森一樣，認為重建能源獨立是美國擺脫地緣政治困境的唯一出路。他在有名的「萎靡演說」（malaise speech）中這麼宣稱：

我們不能容忍，這種對外國石油的依賴，威脅著我們的經濟獨立還有我們國家的安全……從現在開始，美國使用的外國石油永遠不會比一九七七年更多——永遠不會。從現在開始，每一個能源新需求，都要透過我們自己的生產和節約來滿足。

在實務上，他也對聯邦政府所支持的合成燃料公司（Synthetic Fuels Corporation）和頁岩油產業很有信心，他告訴美國人，「光靠頁岩油，我們的石油產量就能超過好幾個沙烏地阿拉伯」。[91]

但這一次，恢復能源獨立的宏願依然沒能改變現況。一九七九年底，蘇聯入侵阿富汗，並差點開闢了一條通往荷莫茲海峽的走廊；隨後，伊朗又藉著兩伊戰爭站穩腳跟，從一九八二年開始便劍指沙烏地阿拉伯與科威特的油田，也讓美國在中東的地位更加脆弱。卡特的國防部長表示，失去波斯灣的石油將造成「災難性的打擊」，「蘇聯一旦控制當地，就能將許多工業化國家和低發展國家收為經濟附庸」。[92]能源部長詹姆士．施萊辛格（James Schlesinger）更表示，「一旦蘇聯控制中東石油的開採，世界末日就會到來，正如我們從一九四五年開始就知道的那樣」。[93]但經過越戰之後，美國不可能再次出兵阿富汗，這讓卡特政府只能透過巴基斯坦為聖戰組織（Islamic Mujahideen）提供武裝；而對於伊朗，雷根政府也只能和伊拉克恢復外交關係，並由中情局向伊拉克政府祕密提供支援，以對抗伊朗的力量。

儘管卡特政府宣布了被稱為卡特主義（Carter Doctrine）方針，承諾如果有任何外部勢力想控制波斯灣，美國都會出兵，但無論是卡特政府還是後來的雷根政府，都缺乏決定性的資金來實踐承諾。[94]儘管卡特確實命令美國艦隊使入波斯灣，並建立了一支快速反應部隊，以便在西歐和東亞以外的地區作戰，但美國並沒有能力靠軍力在中東維持秩序。這點軍事力量也讓當地僅存的盟友感到困擾。比如當雷根政府在一九八三年設立美國中央司令部，統一指揮美國在中東所有的軍事行動時，就沒有任何一個波斯灣國家願意讓總部設在國境內。結果，美國的中東軍事部署只能選擇佛羅里達州作為後勤總部，至今依然如此。[95]

伊朗革命引起的波斯灣危機，也再次挑起了北約內部的爭端。蘇聯入侵阿富汗後，只有英國願意參加印度洋聯合演習，而法國政府更是盤算起專屬法國的解決方案，又一次考慮在波斯灣地區跟蘇聯和解。[96]而在兩伊戰爭初期，法國雖然有跟英國一起派遣護航艦，以保護荷莫茲海峽周圍的油輪，但西德卻政府拒絕參加這項行動。[97]

長遠來看，卡特的中東方針對「外部」的詮釋隱藏了一個未解的問題：如果伊朗在蘇聯支持下攻擊沙烏地阿拉伯會怎麼樣？[98]因為伊斯蘭革命後的伊朗顯然是一個重要的軍事力量。一九八八年，美國海空軍在伊朗水域大規模襲擊伊朗船艦，⑧逼得伊朗和伊拉克談判停戰協議。但兩伊戰爭終究還是鞏固了伊朗的政權，美國介入也使得該政權更加依賴反美民意來合理化統治。另一方面，伊拉克在戰爭中獲得的局部勝利反倒讓該國起心動念入侵科威特，並促使薩達姆·海珊襲擊庫德族。儘管老布希在一九八九年發表了一條國安原則，強調美國不會吝於動用武力遏止任何勢力涉入中東；但事實證明，這條原則主要是針對伊拉克而非伊朗。

■ ■ ■

話說回歐洲。蘇聯入侵阿富汗後，冷戰局勢再次升溫，北約在能源問題上的分歧也進一步加深。一九八一年，蘇聯政府和一個以德意志銀行為首的德國銀行財團達成協議，爭取到信貸來建設新的跨西伯利亞天然氣管（Trans-Siberian pipeline）。這條管道最後會將西西伯利亞盆地的烏連戈（Urengoy）氣田，連接到今天位於烏克蘭西部的烏日霍羅德（Uzhhorod），再從那邊將天然氣輸送到中歐和西歐。雷根政府當然反對鋪設跨西伯利亞天然氣管——當受蘇聯控制的波蘭政府於一九八一年十二月下達戒嚴令，他就立刻對參與該計畫的歐洲公司實施了嚴厲的境外制裁。這些制裁讓西歐各國政府非常憤怒。西德總理赫爾穆特．施密特（Helmut Schmidt）堅持，不管美國人怎麼想，都會繼續興建這條管道。英國貿易大臣郗飛勳爵（Lord Cockfield）憤怒地表示，美國的禁運「將美國的治外法權擴展到不可接受的程度，這在國際法上簡直是可憎的」。[99]但對雷根政府來說，這絕不僅只是甘迺迪時期的友誼輸油管問題再次上演，他的高級顧問都認為，出口能源會帶來強勢貨幣收入，而強勢貨幣收入會讓蘇聯能夠向海外投射軍力，這樣一來美國就會因為布局上的匱缺，蒙受戰略上的苦果。[100]雖然在西歐保證從蘇聯進口的天然氣不會超過三成後，雷根的態度就放軟了，[101]但只要冷戰持續下去，歐美之間的能源衝突，就會是北約內部無法矯正的齟齬。

當然我們都知道，一九八〇年代末已經是冷戰的尾聲，但弔詭的是，能源問題反而

⑧譯註：一九八七年，美國出動艦隊在兩伊戰爭中護衛科威特油輪。一九八八年四月，美軍護衛艦塞繆爾．B．羅伯茨號在波斯灣中立水域撞到水雷，事後發現水雷為伊朗所布，美軍遂展開螳螂行動（Operation Praying Mantis）以為報復。

加速了冷戰的終結。一九七〇年代的高油價讓北海油田的成本不再貴得離譜，終於能夠開採；西半球的墨西哥也發現了更多石油；再加上美國結束了國內的油價管制（這會在第八章討論），都讓英國石油公司和其他幾家美國的石油公司前往阿拉斯加，探勘成本較高的油源。以上種種讓非中東國家跟蘇聯的石油供應量增加，接連削弱了OPEC對油價的控制力。與此同時，紐約和芝加哥的證交所也推出了石油期貨，賦予買家在指定日期以指定價格購買石油的權利，讓沒有興趣實際買下石油，只想參與投機活動的投資客也能影響油價。面對這些發展，沙烏地阿拉伯先是帶領OPEC減少產量，試圖維持價格。但是到了一九八六年，隨著美元貶值，沙烏地王室的美元收入也跟著下降，該國又改變方針，開始大量生產爭奪市場占有率，造成了油價暴跌。

關於當年沙國為何選擇讓油價暴跌，有著各式各樣的揣測。一些從雷根政府卸任的官員聲稱，是美國政府鼓勵沙國採取行動，以對蘇聯施加壓力，[102]但沒有決定性的證據能證明此事。[103]儘管如此，雷根政府確實樂見其成，宣稱油價暴跌是「十三年來對人類最有益的事之一」。[104]但對於美國德州的生產商來說，這絕對沒有什麼利益可言。對他們來說，一九八六年的油價暴跌無疑是場災難，而德州的石油經濟也在一九八〇年代徹底崩潰，讓德州成為美國儲蓄和貸款危機的震央。[105]但雷根政府並未依循過去的作法來介入保護德州各家石油公司。[106]不過，即便是在一九八六年油價崩盤之前，雷根也不像尼克森和卡特一樣那麼熱衷恢復美國的能源獨立，甚至還放手讓合成燃料公司走入黃昏。[107] 在沙烏地阿拉伯引發的石油衝擊下，任何使美國減少從中東進口石油的計畫都成了泡影，直到二〇〇八年金融海嘯推動油價提升和低利率的信貸，頁岩油產業才終於贏來榮景。

無論沙國有什麼動機，油價崩跌都扭轉了地緣政治局勢。因為在一九八六年，蘇聯某種程度上可說是全球最大的石油生產國。但蘇聯政府卻高度依賴能源出口的收入，一旦少了能源出口，國家機器就無法運轉。低油價將阿富汗長期以來的軍事危機推到了頂峰，就像當年美元對越戰的影響一樣，蘇聯也因此必須依靠西方信貸才能進口糧食。儘管光談石油遠不能解釋為何蘇聯的帝國力量會在一九八九年徹底滅頂，但石油直接引起的經濟危機，確實讓戈巴契夫無法壓制東歐各國的起義，繼續捍衛蘇聯統治。[108]

正如鄂圖曼帝國在二十世紀初的末日一樣，蘇聯在一九九一年解體時，也留下了一枚地緣政治的能源未爆彈，而這次的炸彈是落在裡海沿岸。這二十年來，蘇聯的能源產業一直集中在西西伯利亞。然而到了蘇聯解體的前幾年，地質工程學家卻在亞塞拜然這一側的湖邊，發現了龐大的亞塞拜然－希拉格－古內什里（Azeri-Chirag-Gunashli，簡稱ACG）油田群，又在哈薩克發現了石油和天然氣。歐亞大陸又多了一個潛在的油氣供應源。但這也意味著美國和歐洲很可能因為北約應該如何共享能源安全利益的問題，而

▌自戰後以來油價波動與世界局勢的關係

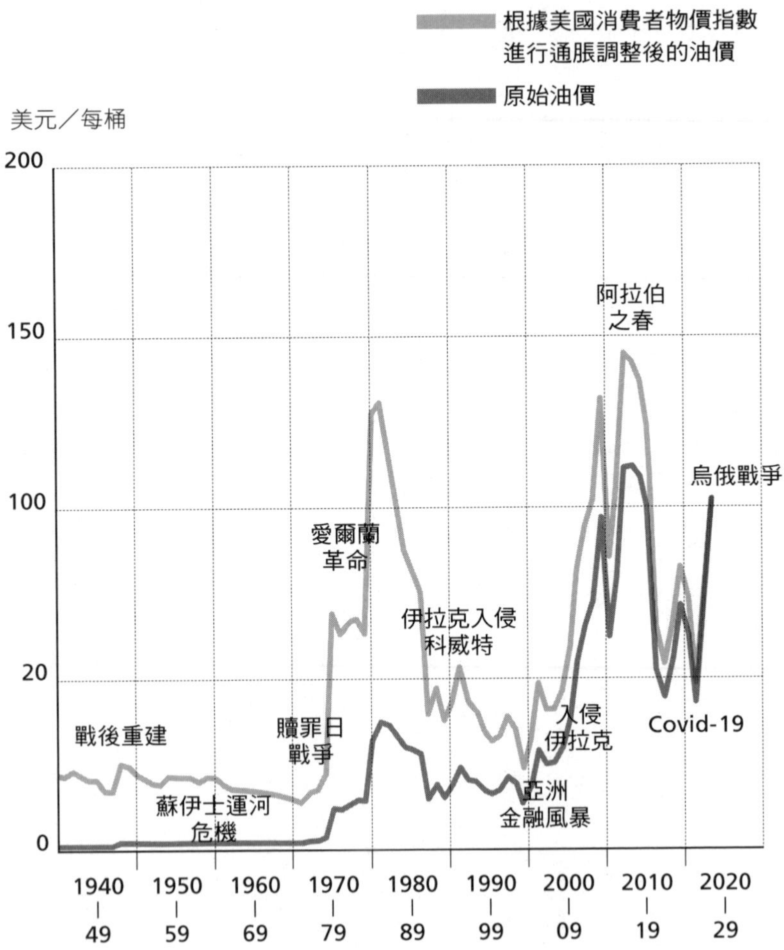

來源：72nd edition of the Statistical Review of World Energy by EI

再次引爆分歧。

■ ■ ■

如今，冷戰期間形成的舊能源隱憂，和冷戰結束後出現的新能源隱患，以及美國在二〇一〇年重返石油和天然氣生產大國地位所產生的潛在風險，已經開始互相影響。美國對進口石油的需求降低，最後的結果就是戰略性撤離在中東的部分部署。但美國仍維持著在波斯灣部署艦隊以及靠非戰爭手段威懾伊朗的戰略，部分原因是中國現在也需要中東能源，美國必須加以制衡。對北約的歐洲成員國來說，此種美國政策拉扯加劇了舊有的分歧。比如說在馬克宏看來，中東就是歐洲的「高風險鄰居」。他認為在這方面美國和歐洲的利益並不一致，因此不能依靠北約為這些利益提供軍事保障。從這一點，我們可以清楚看見蘇伊士危機的影子，不過更複雜的一點是，此時英國和法國早就不再擁有一九五六年那樣的軍力，卻依然有可能在美國金融力量的制約下捲入中東，特別是捲入伊朗問題。

但歐洲也很難報蘇伊士危機的一箭之仇。就能源的角度來看，這根本不可能，因為西歐國家無法停止從中東進口石油，而且歐洲經濟共同體沒幾年過後就失去阿爾及利

2022 年歐盟 27 國的能源來源

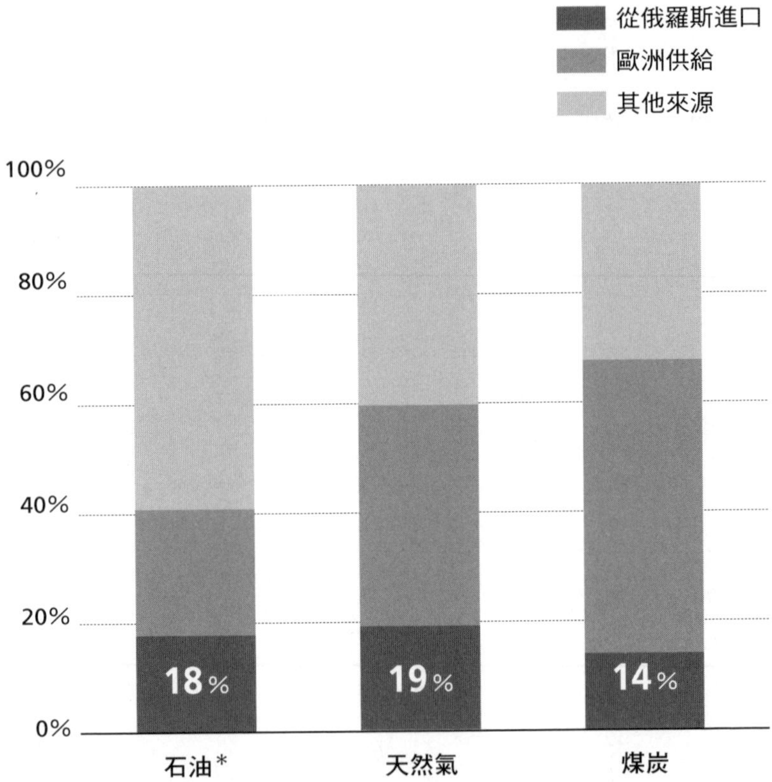

＊石油包括原油和加工產品。

2021 年時，俄羅斯在天然氣方面占了近 4 成的能源供給；2022 侵烏戰爭爆發後比例才快速下降。

來源：72nd edition of the Statistical Review of World Energy by EI

亞，經濟共同體同樣不可能和北約分手。儘管法國一度退出北約的指揮架構，但法國政府始終無法實現戴高樂的野心，建立一個獨立的歐洲安全邦聯。

蘇伊士危機對歐洲地緣政治最重大的意義，是讓歐洲重新從蘇聯進口能源。從一九七〇年代開始，蘇聯和德國之間的天然氣紐帶，不僅成了歐洲地緣政治格局中最重要的一個因素，更加深了北約內部的結構性分裂，因為美國對歐洲的能源需求根本是有心無力。儘管石油收入某種程度上促進了蘇聯的解體，但冷戰時期的能源紐帶卻一直影響著冷戰後的世界。不過，當時的蘇德能源關係，和如今的俄德關係之間有一個關鍵區別，那就是在一九九一年以後，天然氣流經的德國東部已經獨立加入德意志聯邦，既不是蘇聯的一部分，也不是它的臣屬。這個地緣政治變化，不僅讓北約的軍事力量對東歐安全來說尤其重要，也讓北約和歐盟註定不可能對進口俄羅斯能源一事達成共識，特別是此時裡海又開發了新的油源。在下一章我們會看到，儘管此時的美國還沒有辦法跟俄羅斯的天然氣競爭，也沒辦法利用金融力量迫使歐洲國家改變能源政策，但這個嚴峻挑戰的破壞性早已顯露。

3 歐亞大陸的重塑

二〇一五年九月，俄羅斯黑海艦隊穿過博斯普魯斯海峽進入東地中海，俄羅斯空軍也對美國支持的敘利亞叛軍組織發動空襲。但歐巴馬政府毫無回應，只有一名國務院的高級官員簡短表示：「如果俄羅斯準備進一步涉入這起事件，我們就必須通過軍事手段化解衝突。」[1]

俄羅斯介入之後，權力平衡重新倒向巴沙爾・阿薩德（Bashar al-Assad）政權；於是在二〇一六年夏天，歐巴馬決定跟俄羅斯合作，試圖結束敘利亞內戰。九月九日，美國國務卿約翰・凱瑞（John Kerry）和俄羅斯外交部長謝爾蓋・拉夫羅夫（Sergey Lavrov）宣布即將停火，並表示如果停火持續一週，華盛頓和莫斯科將開始計畫對伊斯蘭國（ISIS）展開聯合空襲。但九天過後，美國和英國軍機就在敘利亞東北部失手殺死大約六十名敘利亞士兵，導致敘利亞政府拒絕接受停火。隨後，敘利亞和俄羅斯軍機在阿勒坡附近襲擊了一支人道援助車隊，歐巴馬隨即中止與俄羅斯合作。

這並不是歐巴馬第一次在敘利亞問題上反反覆覆，川普和希拉蕊就為了美國在地緣政治的輕重緩急有過多次激烈交鋒。希拉蕊認為必須在敘利亞對抗俄羅斯。在第二次總統辯論中，她表示「問題的關鍵在於俄羅斯的野心和侵略性。俄羅斯已決定將一切都押在敘利亞」。而川普則相信仍有可能需要跟俄羅斯合作打擊伊斯蘭國。兩人都認為，俄羅斯問題證明了對方不適合成為美國總統。希拉蕊暗示川普是俄羅斯的走狗：「他們⋯⋯心目中當然有個理想的美國總統，但那人絕不是我。」川普則控訴，俄羅斯之所以能掌控敘利亞和伊朗，「是因為我們軟弱的外交政策」，而希拉蕊身為歐巴馬的第一任國務卿必須對此負責。[2]

希拉蕊和川普對於中國力量的相對重要性，看法也不相同。川普認為中國才是美國最嚴重的地緣政治麻煩。他大談中國是如何侵害美國的製造業，並指責「我們的政府中沒有人能夠對抗他們」。[3]而希拉蕊卻認為對美國經濟來說，中國依然利大於弊。她堅持絕不會撕毀維繫美國經濟的多邊貿易秩序。和俄羅斯問題一樣，兩邊都用中國議題作為武器，攻擊對方不適任總統。川普頻頻提醒選民，中國會進入世界貿易組織（World Trade Organization），都是比爾．柯林頓（Bill Clinton）的責任。希拉蕊為了報復，則指出川普集團在全美各地的大樓往往都是用廉價的中國鋼材建造。

但如果我們從地緣政治的角度，把二〇一六年總統大選看成是反中的在野黨候選人對抗反俄的執政黨候選人，也是一種偏頗的對比。歐巴馬政府後期已經對中國崛起有所警覺，進而決定重返亞洲，背後主導這項政策的人正是希拉蕊・柯林頓。而且直到大選的六週以前，歐巴馬一直都在奉行川普所倡導的政策，也就是和俄羅斯聯手打擊伊斯蘭國。川普獲勝後，歐巴馬政府也對俄羅斯實施了新的制裁。更別說，儘管川普希望跟普丁和解，儘管對手指責他和幕僚都為了勝選勾結莫斯科，他還是登上了總統寶座。因此二〇一七年八月，美國國會才對俄羅斯施加了更多制裁，並立法進一步限制總統解除制裁的權力。有趣的是在二〇一六年大選的最後，美國國內政治的風向，變成了同時對抗俄羅斯和中國。

不過，從歐洲之前發生的事，就已經可以看出要改變俄羅斯的行為有多困難。在俄國軍艦駛入東地中海那天以前，俄羅斯就已經因為二〇一四年烏克蘭的克里米亞還有後來支持頓巴斯的反政府武裝勢力，經歷了長達十八個月的制裁。這些制裁確實損害了某些人物的利益，但沒有阻礙俄羅斯出售石油和天然氣，因此普丁並沒有理由退卻。

這是因為美國的地緣政治選擇，和歐盟邊境的地緣政治弱點有所衝突。歐洲對俄羅斯能源的依賴，導致真正有效的制裁都無法落實。不久之前，德國和法國先是否決了烏克蘭加入北約的申請，接著歐盟又要求烏克蘭政府放棄加入俄羅斯主導的經濟聯盟，與歐盟建立正式的經濟關係——這些一來一往之下，引爆了烏克蘭危機，然而當俄軍在二〇一四年二月占領占領克里米亞議會大廈時，歐盟卻無力行動。

與此同時，俄羅斯在敘利亞的影響力也挑起了歐盟和土耳其邊境的問題。隨著俄羅斯船艦穿過博斯普魯斯海峽，敘利亞難民在土耳其的處境，也正演變成一場淹沒歐盟腳跟的危機。事情發生在二〇一五年的九月初，德國總理梅克爾宣布德國將無限制收容難民。於是，數以十萬計的人口離開土耳其難民營，穿越南歐和中歐。很快地，梅克爾的政策就行不通了。才幾個星期，歐盟就匆匆和土耳其達成臨時協議，阻止難民繼續流入。二〇一六年三月，梅克爾和土耳其總理雷傑普・塔伊普・艾爾段（Recep Tayyip Erdogan）雙方交涉後確立了協議，土耳其進一步承諾減少流入希臘和義大利的難民人數，交換歐盟同意再次提供大規模援助，以及加快陷入僵局的土耳其入歐談判。

這分二〇一六年初的協議可以說是歐土關係的轉捩點。在接下來的一整年裡，土耳其的地緣政治謀略又會戲劇性地重整。七月十五日晚上，土耳其軍官發動政變，試圖奪取政權，但沒有成功。事後艾爾段公開表示，他覺得普丁比歐巴馬或歐盟任何一國的領導人都還要支持他。政變後的清洗和恢復死刑的威脅，導致一些歐洲國家懷疑是否該讓土耳其加入歐盟。二〇一六年底，艾爾段派遣土耳其軍隊越過敘利亞邊境，攻擊美國支持的庫德族民兵，又和俄羅斯、伊朗聯合在聯合國發起了一項和美國對立的敘利亞和平進程。

經過這些事件，俄羅斯的力量成了二〇一六年美國總統大選的一大議題，而冷戰後一直存在於歐盟邊境的地緣政治雷區，也因此蒙受龐大的壓力。儘管冷戰將催生出北約和歐盟的地緣政治環境連根拔起，卻沒有真正重建一個新的環境，導致烏克蘭周邊的問題在冷戰結束的那一刻便徹底扎根。敘利亞周邊的局勢有部分可以追溯到美國長期以來反反覆覆的中東政策。至於土耳其周邊的隱患，還有歐洲從俄羅斯進口能源的歷史，則早在冷戰期間便已成形，並一直延續到冷戰結束之後。在一九九〇年代，以上種種都成了地緣政治上的艱困挑戰，雖然沒有人料到這些地雷的破壞性如此之大。相較之下，中國的經濟發展會在二〇一六年美國大選中掀起重大的地緣政治論戰，並幫助一位從不曾參選任何公職的商人贏得大選，反倒徹底震懾了大眾。因為在一九九〇年代末，美中貿易關係並不像是地緣政治問題，也不再是意識型態陣營的問題，而是一台發動機，推動美國領導下的單極世界經濟成長。

二十世紀最後的十年，常被誇耀成美國領導下新普世秩序的黎明；但實際上，世紀末是地緣政治凶險四起的前奏曲，隨後的變動重塑了歐亞大陸的局勢，將過往遍布大陸的地緣政治熱點接在了一起。儘管中國確實重要，但要了解這段地緣政治動盪，仍必須從歐洲開始說起。冷戰結束時，歐洲的地緣政治版圖也因為俄羅斯和土耳其的結局而改寫了。

哪裡算是歐洲？

一九九一年蘇聯解體後，許多問題依然存在，像是歐洲的邊界在哪裡？歐洲是否仍有哪個地方仍受到俄羅斯的威脅？如果威脅仍然存在，誰又能提供安全保障？這讓北約與（一九九三年由歐洲共同體轉型的）歐盟之間本來已經很艱難的關係，又變得更加複雜。如果歐盟主張要實現歐洲大一統的理念，就不能止步於德國與波蘭的奧得河－尼斯河（Oder–Neisse line）邊境線。但要將過去的華沙公約國家納入歐盟，就會有軍事安全上的問題，因為在過去幾百年裡，德俄之間這塊地理空間上的國家和帝國一直是歐洲動盪的來源。如果東歐各國加入歐盟，那麼按照冷戰的邏輯，它們也應該要加入北約。但如果北約真的讓它們加入，就等於是在宣稱，蘇聯不過是沙俄的翻版，而北約對這些國家的安全保障，也就不會只是表面文章了。一九九一年十二月的《馬斯垂克條約》（*Maastricht Treaty*）並沒有解決東歐問題。但是「共同外交和安全政策」（Common Foreign and Security Policy）的誕生，確實帶著歐盟朝安全邦聯的方向跨出了一步，儘管這不代表北約自此可有可無。

後來的南斯拉夫內戰（Yugoslav wars）也證明了歐盟沒有能力取代北約，同時也無法解決歐洲東擴的安全影響。一九九五年，奧地利、瑞典和芬蘭這三個非北約成員國加入了歐盟；⑨同年法國也重回北約軍事委員會，但並未加入指揮架構。同時，積極申請加入歐盟的東歐國家也向美國施壓，要求加入北約。到了一九九〇年代中期，這些都變成了僵局。法國擔心如果波蘭等國家加入，歐盟將會更依賴北約，而一旦北約深入作為德國和俄羅斯之間緩沖的東歐，便會讓德國不再重視安全事務。於是法國開始反對歐盟和北約東擴，[4]並在接下來的十年裡重新提倡歐盟應走向正式的安全邦聯架構。難得的是，當時的英國首相東尼·布萊爾（Tony Blair），竟也跟法國總統賈克·席哈克（Jacques Chirac）志同道合，提倡歐盟應擁有一些獨立於北約的軍事能力。於是，兩國政府在一九九八年簽署了《聖馬洛宣言》（*Saint-Malo Declaration*），主張歐盟應該擁有自主的軍事能力和相關的決策架構。這項法英雙邊協議催生了歐洲安全與防務政策（European Security and Defence Policy）以及二〇〇二年的《柏林附加協定》（*Berlin Plus Agreement*），允許歐盟在北約未參與的行動中使用北約資產。[5]隔年，歐盟軍隊首次投入了馬其頓的維和任務。但就算歐盟有了一定程度的軍事能力，東歐問題依然無法解決。

因為歐盟東擴，勢必牽扯到了歐盟與俄羅斯接壤的意涵。一九九六年，歐盟東擴的變得越來越難以逃避，而柯林頓政府的決定是美國應該優先處理波蘭、匈牙利和捷克加入北約的申請。於是，這三個前華沙公約國在一九九九年加入北約，接著在二〇〇四年，又有七個國家加入了北約，其中甚至包括曾經與蘇聯加盟過的波羅的海三國。靠著比歐盟早一步東進，北約成了民主價值觀的象徵。[6] 但歐洲選民，乃至於美國選民是否有足夠的政治意志保衛波羅的海三國，依然是懸而未解的問題。[7]

二〇〇四年，歐盟終於迎接了包括波蘭在內的八個新成員國。但安全問題始終是歐盟東進的隱患。法國一直擔心這點會妨礙歐盟成為獨立的安全邦聯，而第二次波斯灣戰爭也證實了法國的擔憂。在開戰的幾個星期前，席哈克斥責東歐各國政府支持美國在伊拉克問題上的立場是「幼稚」的舉動，並表示他們「錯過了閉嘴的機會」。[8]

但這些拉扯幾乎無法避免。對東歐國家來說，遵循舊時的邏輯將北約當作歐盟的安全部門，自然是符合國家利益的決斷。但法國之所以在一九八九年後考慮跟北約和解，是因為至少在某些法國政治人物看來，在蘇聯解體後的世界，北約只會越來越無關緊要。[9] 此外，北約內部拉扯的成因也不只是東擴。在伊拉克問題上，和東歐成員國站在同一邊的還包括英國、義大利、荷蘭、丹麥、西班牙和葡萄牙。雖然在冷戰期間，西歐

⑨ 譯註：本書出版於二〇二二年三月。芬蘭與瑞典則鑑於烏俄戰爭，於同年五月申請加入北約，其中芬蘭已在二〇二三年四月正式加入。

國家對於中東事務，特別是對於蘇伊士運河的立場一直跟美國存在嚴重的分歧，但從來不曾像伊拉克問題這麼嚴重過。新的衝突層次導致德法與英國對立，也破壞了英法重建安全合作的嘗試。為了將歐盟建立成一個安全邦聯，在地緣政治問題上法國需要更親近英國，減少放在德國的心力，因為德國在一九九〇年代統一後，就削減了將近三分之一的國防支出。但如果歐盟持續依賴北約，法國就得冒險抨擊東歐各國政府在伊拉克問題上跟隨美國的指揮，並倒向俄羅斯陣營；然而，若北約不再跟歐洲結盟抗衡俄羅斯，就會失去存在的理由。[10]

烏克蘭是歐盟和北約扞格的關鍵。[11]在一九九一年蘇聯解體後，烏克蘭正式成為一個獨立國家。但它在黑海的戰略地位，導致這次分手充滿隱憂。一九九七年，俄羅斯和烏克蘭同意瓜分駐泊於克里米亞賽凡堡市（Sevastopol）的前蘇聯黑海艦隊。根據協議，新成立的俄羅斯黑海艦隊可以使用賽凡堡基地二十年，並在克里米亞半島駐軍。這個協議導致烏克蘭的獨立受到俄羅斯在克里米亞的軍事權利牽制，但烏克蘭卻缺乏有意義的外部支援，因為烏克蘭並未成功加入歐盟或是北約。此外，歐盟在二〇〇四年東進過後，就針對與波羅的海、黑海、高加索、北非和中東國家的關係，制訂了「歐洲睦鄰政策」（European neighbourhood policy），防止有更多國家加入。

二〇〇四、〇五年的橙色革命，讓烏克蘭的困境演變成第一次烏克蘭危機。[12]二〇〇四年十一月，烏克蘭發生了大規模示威活動，抗議總統大選疑似圖利親俄羅斯的候選人；示威導致烏克蘭最高法院下令重新選舉，最後由提出親歐盟政綱的維克托・尤申科（Viktor Yushchenko）勝選。尤申科在二〇〇五年一月上任時承諾，政府的「首要任務」就是獲得歐盟成員國資格，另外他也承諾要把烏克蘭送進北約。[13] 於是，擴張後的歐盟陷入了圍繞烏克蘭的地緣政治分歧。波蘭、斯洛伐克和匈牙利等接壤烏克蘭的國家結為聯盟，持續從內部對歐盟施壓，要求和烏克蘭建立更深入的經濟關係。但如果將烏克蘭納入其經濟秩序，歐盟跟俄羅斯的關係勢必更加對立，屆時又需要讓烏克蘭也加入北約，而法國肯定會繼續抵制。

回到高加索和土耳其

除了烏克蘭獨立成一個國家外，蘇聯解體也讓一戰後有關黑海、裡海，以及分隔兩個水域的高加索地區的協議跟著瓦解。歐亞大陸的地緣政治又回到了一九一四年之前，也再度打響俄羅斯與土耳其在此地區的競爭。

蘇聯後期在裡海周圍發現石油，更是加劇了這個變局。原本亞塞拜然和哈薩克剛宣布獨立，老布希政府就試圖拉攏他們成為美國的能源盟友。但由於裡海位處內陸，亞塞拜然北接俄羅斯，南鄰伊朗，而哈薩克也跟與俄羅斯大範圍接壤，若要從兩國運輸石油和天然氣，勢必將帶來嚴重的後勤和地緣政治麻煩。[14]

在一九九〇年代的大半歲月裡，柯林頓政府都設法要在亞塞拜然修建輸油管，但同時也必須繞過俄羅斯和伊朗的國境。最後他們出資蓋了一條昂貴的油氣管，從巴庫出發穿過喬治亞，抵達土耳其沿海的港口吉漢（Ceyhan）。對歐洲來說，裡海天然氣讓歐盟中部、東部和南部的國家終於有機會減少對俄羅斯能源的依賴。二〇〇〇年，歐盟委員會發表了一分綠皮書，內容是關於歐洲國家獲取新能源供應的重要性，這也意味著要減少從俄羅斯進口能源。從二〇〇二年開始，奧地利就偕同土耳其等四個申請入歐的中歐及南歐國家，由各國公司組成財團，共同規畫了一條納布科（Nabucco）輸油管，準備將送往土耳其的天然氣沿著保加利亞、羅馬尼亞與匈牙利北送至奧地利。然而從一開始，這些財團就陷入了地緣政治困境：它需要跟亞塞拜然達成協議，將運抵土耳其的天然氣繼續北轉，但這件事卻因為歐盟也考慮透過該管路從伊朗進口天然氣而尚未定案。這點惹惱了美國。[15]

在圍堵俄羅斯和伊朗的過程中，柯林頓和小布希的策略除了讓一直舉足輕重的土耳其更有分量，也提升了喬治亞在地緣政治上的重要性。[16]因此，許多喬治亞人認為這是加入北約和歐盟的機會，並在二〇〇三年的玫瑰革命（Rose Revolution）中將親西方的政府送上台。對土耳其來說，新建和擬建的管路都能讓它有機會成為戰略上至關重要的能源過境國；[17]而土耳其在地緣政治上的分量增加，也加重了北約和歐盟在東方問題上的齟齬。從一九六四年開始，土耳其就一直是歐盟準成員，雙方也在一九九五年成立關稅同盟。但兩年後，歐盟卻拒絕給予土耳其申請國的地位，其他東歐、巴爾幹和地中海國家卻紛紛在二〇〇四年入歐。

這一決斷確實有地緣政治的道理。接受土耳其加入歐盟，會讓這個發展尚淺的安全邦聯直接與伊朗、伊拉克、敘利亞接壤；但排除土耳其卻接受其他更晚申請的國家，也讓歐洲的邊界有點文化中心主義。這個決議出爐後，歐洲議會中的基督教民主黨就發表聲明，稱「歐盟是一個文明計畫，而土耳其並非這個文明的一分子」。[18]德國總理海爾穆．柯爾（Helmut Kohl）還補充道，歐盟是以基督教原則為基礎建立的。[19]相反地，柯林頓的幕僚團並不想跟這種文明中心論攪和。國務院在一分文件中聲明，他們認為土耳其是一個「借鑒西歐和美國政治模式的世俗化民主國家」。[20]根據這個邏輯，既然北約和歐盟在地緣政治上協作互補，土耳其也該屬於歐盟的一分子。[21]外有華盛頓施壓，內又受到德國的社會民主黨－綠黨新政府抵制，歐盟終於鬆動，在一九九九年授予土耳其其候選國的地位。但歐盟內部依然缺乏認真推動土耳其入歐的政治意願。

俄羅斯能源又進一步加深了歐盟和北約在土耳其問題上的嫌隙，並讓這個問題和烏克蘭困境糾纏在一起。俄羅斯的油氣，特別是石油產量在一九九〇年代下降。裡海能源的開發意味著要跟蘇聯解體後的俄羅斯競爭歐洲市場；同時，蘇聯解體也讓輸歐油氣管路的地緣政治重新洗牌。德國和中歐進口的天然氣主要來自亞馬爾－歐洲（Yamal–Europe）管路，該管路從西西伯利亞經過白羅斯和波蘭，連接到德國和奧地利，除此之外還包括途經烏克蘭的跨西伯利亞手足（Bratstvo or Brotherhood）天然氣管。在烏克蘭和白羅斯獨立後，處理油氣過境兩國的相關事務就成了莫斯科的戰略負擔，俄國必須和另外兩國協調過境費用，否則兩國有可能將油氣引為己用。俄羅斯如何處理這些關係，也成為歐盟的邊界問題。

從俄羅斯的立場來看，土耳其就是一個潛在的解方。一九九七年，兩國政府達成協議，在黑海海底鋪設藍溪（Blue Stream）天然氣管路。該管路於二〇〇三年啟用，讓俄羅斯能夠增加對土耳其的出口量，並分散經烏克蘭和白羅斯供應歐洲市場的風險。但這條管路也讓歐洲對俄羅斯與土耳其相關問題的長期分歧加劇。某種程度上，這一切是由商業利益所驅動。負責經營藍溪油氣管的公司，是由義大利的半國營能源公司埃尼集團，以及俄羅斯的能源巨頭俄羅斯天然氣公司（Gazprom）合資成立。因此可想而知在土耳其正式入歐的談判中，義大利政府會比德國政府更贊同讓土耳其加入歐盟。但隨著俄羅斯為了應對競爭日益激烈的市場採取行動，並減少依賴從烏克蘭過境能源，歐盟國家對於要從哪一條管路進口俄羅斯能源也產生了分歧。

土耳其雖然從後冷戰的能源局勢裡看見機會，但也被揭開了歷史的瘡疤。一直以來，土國的油氣都非常依賴進口，但亞塞拜然發現新的油氣田後，土耳其就可以成為裡海生產國和中南歐消費國之間的樞紐。鄂圖曼帝國的滅亡讓土耳其失去了能源豐富的中東與高加索地區，而新的油氣管路會重新將往日的帝國串連起來。然而在接下來的三十年裡，儘管土耳其在北約的分量依舊，但歐亞能源的地理分布卻讓該國有很大的誘因和俄羅斯和解。

始終脆弱的中東

冷戰的結束和伊朗輸掉兩伊戰爭，都讓美國在中東地緣政治中薄弱的地位稍有恢復，但此時尼克森和卡特時代追求的石油獨立，卻被低油價和雷根不以為意的態度敲得粉碎。[22] 一時之間，美國先是阻止伊拉克軍隊進犯沙烏地阿拉伯的油田，接著又將他們逐出科威特，這似乎意味著美國的軍事力量可以成為地緣政治上的依靠，讓美國和一些歐洲國家能繼續依賴從中東進口能源。曾任尼克森和福特時期的國防部長，後來又在卡特時期擔任能源部長的詹姆士．施萊辛格的評論簡短精要：美國「做出了選擇，以軍事手段確保石油的來源」。[23]但這場勝利的意義不只如此，因為美國在聯合國授權下動員各國結盟參戰，讓法國等歐洲國家、沙烏地阿拉伯與埃及等阿拉伯國家，還有土耳其都加入了華盛頓陣營。

只不過，戰爭的後續效應也很快顯示，過去限制美國在中東部署軍事力量，以及妨礙北約對中東達成共識的沉痾，都不會就這樣消失。老布希放棄了延長戰事來推翻薩達姆．海珊，最主要的理由是他擔心國內可能無法容忍將士傷亡。況且，他雖然成功召集盟軍，但此舉仍無法掩蓋北約的內部分歧。當時北約的十六個成員國中，有十二國派軍參戰，但並沒有接受北約共同指揮。土耳其對於這場戰爭的後勤至關重要，該國不僅提供空軍基地，還截斷伊拉克的輸油管路以制裁巴格達；同時，土耳其還得處理戰爭造成東南部伊拉克邊境的難民問題。但土耳其和伊拉克如此鄰近，也讓人想到一個微妙的問題，那就是其他歐洲的北約成員國是否有心保護土耳其？老實說很難看得出來。

選擇避免涉入政權更替後，美國又在波斯灣做出了看似長久的軍事承諾，以約束伊拉克。這些措施包括在伊拉克北部和南部維持禁航區：前者是為了保護庫德族，而後者則是避免伊拉克飛過荷莫茲海峽上空；此外，美國也留下海軍來管控伊拉克的石油出口，並展開武器檢查（weapons inspection）。這些在波斯灣的新軍事承諾體現了卡特的政策方針（名為卡特主義）。但這些作法都只是在回應入侵科威特這樣的直接攻擊行為，而非長期駐軍監視波斯灣。一九九二年八月開始的「南方守望行動」（Operation Southern Watch），美、英、法三國在沙烏地阿拉伯支援下，使用土耳其空軍基地展開聯合空中行動，並一直持續到第二次波斯灣戰爭；但在戰爭爆發的前五年，「南方守望行動」背後的政治聯盟就因為各方分歧不斷加劇而瓦解了，法國政府也因此在一九九八年退出「南方守望行動」。

行使如此程度的軍事力量，也繼續加深美國在波斯灣地區長期面臨的困境。如果要持續在中東任何一地駐守陸軍，美國就必須在以色列和巴勒斯坦的衝突中採取行動，否則阿拉伯國家不可能團結一致；而如果軍隊駐守於聖城麥加與麥地那所在的沙烏地阿拉伯，又可能會進一步讓沙國政局失去穩定。美國政治人物和官員在整個一九九〇年代，都想方設法要緩解以色列與阿拉伯國家之間的衝突，並全力支持一九九三年《奧斯陸和平協議》（*Oslo Peace Accords*）中制訂的以巴和平進程。但美國持續駐軍中東，加上和平進程在二〇〇〇年宣告失敗，都讓激進好戰的宗教與政治勢力乘勢興起。我們至今仍不確定，基地組織（al-Qaeda）在二〇〇一年九月十一日發動的攻擊是否出於政治或宗教上的意圖，也不確定是否是為了回擊美國的行動，但九一一事件告訴我們，面對歐亞大陸非國家民兵的直接攻擊，核武器一點保護力也沒有。

■ ■ ■

在世紀之交，中東已經不再那麼容易受到美國的軍事力量影響，同時法國和美國在當地的分歧也再度加劇，石油壓力也捲土重來。石油的發現量急遽減少，未來的供應量也岌岌可危。在一九九九年，全世界最大的二十個油田中，有十七個是在一九二八到一九六八年之間發現的；而最後一次發現大型油田，就是一九八六年的亞塞拜然ACG油田群。在此同時，美國對伊朗、伊拉克和利比亞的實施的石油制裁也限縮了石油生產。就在供應限制越收越緊的時刻，亞洲的需求卻在中國經濟成長的推動下飛快增長。儘管中國燒的煤炭直到現在都遠比西方國家多，但其石油消耗量在一九九七至二〇〇六年間也成長了一倍有餘。[24]

二〇〇五年，石油危機開始顯現。那年，亞洲的需求迅速成長，原油產量卻陷入停滯。二〇〇五至二〇〇八年的油價飆漲可以說是意料之中。

自就任以來，小布希政府就認為石油是系統性問題，成立了能源任務小組（Energy Task Force），並在副總統迪克．錢尼（Dick Cheney）領導下做出結論，認為美國正面臨供需之間「根本失衡」而導致的「能源危機」，而這將會威脅到國家安全。為了讓中東和北非增加產量，該小組的報告建議檢視針對伊拉克、伊朗和利比亞的制裁。

華盛頓對石油危機到來的擔憂，是第二次波斯灣戰爭的重要脈絡。只要伊拉克不是由海珊統治，石油制裁就可以停止。而且在布希和他的幕僚看來，巴格達若能發生政權更替，對美國也有軍事上的好處。只要沒有石油制裁，「南方守望行動」就可以落幕，就像一旦庫德族不需要保護，美國就可以撤除伊拉克北部的軍事行動。而且只要海珊政權的統治結束，美軍也就能從沙烏地阿拉伯撤軍——事實上，小布希在宣布「任務完成」的前幾天，就下了這樣的命令。從這層意義上來說，第二次波斯灣戰爭扭轉了第一次波斯灣戰爭的能源邏輯：美國上次阻止伊拉克，是因為該國展露出控制波斯灣地區的石油蘊藏的意圖；而第二次攻打伊拉克，則是因為長期圍堵不但會限制石油供應、大幅提升軍事成本，又會在中東地區引起太多不滿。[25]

無論真正導致這場戰爭的是什麼動機，小布希都選擇以軍事必要性（大規模殺傷性武器的威脅）和威爾遜式的民主論調來證明這場戰爭的合理性。[26]他的每一句言語背後都有著同一個假設：美國的空中和地面武力仍有能力重塑中東，且二十多年來因為越戰而忌諱士兵傷亡的社會風氣，在九一一事件後已經大幅減弱。

但第二次波斯灣戰爭還是成了地緣政治的挫敗，以及國內的政治災難。美國的民主政治依然讓政府無法動員與任務相稱的軍隊和資金。[27]於是這場戰爭不但沒有實現其能源目標，反而造成了反效果。[28]戰後的伊拉克一片混亂，使得當地花了將近十年，才讓原油產能恢復到二〇〇〇年的水準。第二次波斯灣戰爭也讓伊斯蘭國趁勢而起，這支遜尼派叛軍在中東各國掀起戰火，志在建立一個遜尼派的哈里發政權。同時，伊拉克在二〇〇五年十二月的國會選舉後，新政府便由什葉派的政黨聯盟主導，不再像海珊統治時期一樣制衡著伊朗。隨著原油與天然氣價格上漲，伊朗開始用增加的收入來展開新的核武計畫，同時伊朗扶植的真主黨在黎巴嫩的影響力也不斷擴大，讓伊朗實力大增。

在北約內部，這場戰爭的破壞力同樣異常嚴峻。艾爾段的正義與發展黨（Justice and Development）在二〇〇二年首度執政，並與布希政府達成了一項協議，同意華盛頓從土耳其進攻伊拉克北部，但這項協議卻被土耳其大國民議會否決了。同一時期，德國總理格哈特·施羅德（Gerhard Schröder）則明言，即便有聯合國安理會授權，德國也不會支持這場戰爭。[29]德國、法國和比利時否決了若土耳其遭到伊拉克襲擊時北約出兵協防的計畫。時任美國駐北約大使將有關戰爭的分歧，描述為聯盟的「瀕死經驗」。[30]布希的國防部長唐納·倫斯斐（Donald Rumsfeld）則像是故意要找法國政府的麻煩一樣，盛讚「新歐洲」的東歐各國，將取代法國和德國等「舊歐洲」國家，成為北約在歐洲的重心。[31]

俄羅斯也憑藉地緣政治優勢崛起。戰爭發生後的能源環境讓俄羅斯的國力躍升，重回強國之列。靠著增加的油氣收入，普丁償還了俄羅斯在一九九〇年代向國際貨幣基金組織借貸的資金，使得美國無法再透過債務影響莫斯科。中國的能源需求快速成長又進一步讓俄羅斯把握機會，趁著中國成為石油和天然氣進口大國，俄羅斯成為了其最主要的供應國。

伊拉克戰爭讓中俄能源關係進一步深化，並促使中國重新評估自己的戰略處境。對中國領導階層來說，美國出兵伊拉克的動機，無疑是擔憂未來的石油供應。[32]而華盛頓為了能源安全方面投入大量軍事力量，顯然也讓中國有理由強化軍事能力，以鞏固自己的國外供應。是以在二〇〇三年十一月，中國國家主席胡錦濤提出了北京的「麻六甲困境」，意思是美國海軍身為實際維持公海開放航行的海軍強權，隨時有能力封鎖麻六甲這段連接太平洋和印度洋的狹窄水域，封鎖中國多數石油的進口航線。[33]「麻六甲困境」背後的擔憂，使得中國領導階層開始尋找替代方案，減少從該處進口石油。到了習近平時期，這分擔憂終於讓中國開始籌備可以繞過波斯灣的陸路。但在這之前，中國領導層就已經對安全抱有強烈的焦慮，並與莫斯科達成了建造東西伯利亞－太平洋石油管路（Eastern Siberia–Pacific Ocean pipeline，ＥＳＯＰ）的正式協議。中國自從在一九九三年成為原油淨進口國以來，就一直設法建立更多陸地油源。然而，儘管中國曾在一九九七年跟哈薩克達成協議，但跟俄羅斯在葉爾欽時代進行的談判卻不了了之。不過，雖然輸油管路至今都還未建成，中國從俄羅斯進口的石油早已經急速增加。[34]

歐洲俄習難移

在原油生產停滯的這一年，歐洲天然氣運輸的地緣政治也發生了重大轉變。在二〇〇五年，送往歐盟的俄羅斯天然氣，仍有百分之七十五是依靠經由烏克蘭的管路輸送。[35]自從蘇聯解體以來，莫斯科就一直很頭痛這種對基輔的依賴。正好在二〇〇〇年代初，柏林的社會民主黨–綠黨聯合政府也希望建立替代的輸送管路。於是在執政的最後幾週，總理施羅德與俄羅斯政府簽署了一項協議，決定建造一條經過波羅的海的北歐天然氣管路（North European Gas Pipeline），將天然氣從俄羅斯與芬蘭邊境附近的維堡（Vyborg），送到德國東北部海岸的格來斯瓦德（Greifswald）。這條管路就是後來在二〇一二年啟用的北溪一號（Nord Stream 1）。[36]

從一開始，北溪管路就和歐洲遠離俄羅斯、建立能源多元化的目標背道而馳。這件事在東歐大部分地區都引起了激烈的反彈，而施羅德幾乎剛一卸任，就立刻成為北溪公司的董事長，更讓事情雪上加霜。波蘭國防部長直接把這條管路比作當年瓜分波蘭的《德蘇互不侵犯條約》——正是這分條約讓原本由波蘭統治的烏克蘭，落入了蘇聯手中。[37]但就德國的立場來說，北溪管路正是為了解決烏克蘭問題而建。二〇〇六年一月，莫斯科和基輔之間發生爭端，俄羅斯接連三天切斷了經過烏克蘭的天然氣；儘管這次並沒有嚴重影響到德國的天然氣進口，但某種程度上也證實了先前的擔憂。

北溪也分裂了歐盟南北。對南歐各國政府來說，北溪計畫解決不了烏克蘭的風險。與土耳其合作的納布科計畫更符合這些國家的利益，但該計畫卻進展甚緩。由於普丁認為這條運送裡海和中東天然氣的管路，會威脅到俄羅斯在歐洲天然氣市場的主導地位，俄羅斯天然氣公司和義大利埃尼集團於二〇〇七年簽署了一分合作備忘錄，決定建造另一條南溪管路（South Stream），將俄羅斯天然氣從烏克蘭輸往南歐。這條水下管路會從俄羅斯黑海沿岸的一個港口，將天然氣輸送到保加利亞的瓦納（Varna，保加利亞已經在二〇〇七年一月加入歐盟），然後分為兩路，一路穿過巴爾幹西部地區進入匈牙利和奧地利，另一路則穿過希臘並經由亞德里亞海抵達義大利。在與俄羅斯天然氣公司合作開發第二條油氣管路的過程中，埃尼是整個計畫的核心，令人想起該公司在一九五〇年代與蘇聯達成的合作協議。[38]但不同的是，在歷經蘇伊士運河危機後，當時所有歐洲經濟共同體國家，乃至英國最後都清楚意識到蘇聯能源簡直是救命仙露，這使得後冷戰時期的歐盟永遠無法對俄羅斯天然氣和其輸送方式達成共識。隨著德國擅自同意開闢北溪管路，歐盟共同能源戰略的未來，也在納布科與南溪計畫的競爭中徹底消亡。

俄羅斯與烏克蘭的關係惡化，揭露了冷戰後北約和歐盟在歐洲的分歧與隱患。小布希政府認為從二〇〇七年開始，普丁的獠牙就越來越明顯，因此力主將烏克蘭和喬治亞納入北約。[39] 儘管美國方面能否兌現這樣的安全承諾確實令人懷疑，但歐盟的主要國家根本連考慮都不肯。二〇〇八年四月，德國和法國政府否決了兩國加入北約的議案。不過在一個月後，兩國又為了波蘭讓步，同意認真與烏克蘭談判入盟候選的事務，以便烏克蘭的經濟能和歐盟接軌。[40] 這個舉動顛覆了先前的慣例，因為自一九九〇年代末以來，前華約國和前蘇聯加盟國都是先加入北約，或是同時加入北約和歐盟。一方面承諾與烏克蘭結為經濟聯盟，一方面又在天然氣輸送問題上跟烏克蘭決裂並極力阻撓該國加入北約，都分明預示著歐盟和北約在二〇一〇年代的分歧。[41]

然而，烏克蘭身為能源過境國，烏克蘭問題依然系統性地影響了歐洲。二〇〇九年一月，俄羅斯一連三天關閉了途經烏克蘭的天然氣管路，歐盟委員會後來直稱這場天然氣危機是「刺耳的『警鐘』」。[42] 歐盟自然也重新開始關注能源多元化和納布科管路。同年，土耳其在歐盟的支持下與奧地利、匈牙利、保加利亞和羅馬尼亞簽署了跨政府協議，動工鋪設納布科管路。簽約儀式結束後，委員會主席若澤・曼努埃爾・巴洛索（José Manuel Barroso）還說納布科是一項「了不起的歐盟合作計畫」。[43]

但此計畫也不可避免地讓土耳其重新申請加入歐盟。[44] 雖然歐盟在一九九九年就給了土耳其候選國的身分，但這十年來的進度一直是拖泥帶水。光是入盟談判，就要等到二〇〇五年六月才正式展開；三個月過後，德國基督教民主黨又重新贏得大選，上台執政，而該黨有不少議員仍然抱持文明中心論的態度看待土耳其的加入。即便梅克爾本人拒絕以宗教為出發點討論此事，但她也反對土耳其加入，並多次表示土耳其只應擁有「優惠夥伴關係」（privileged partnership）。[45]不過，土耳其政府內部仍有一些人認為，納布科計畫重啟必定會讓歐盟接納土國；[46]只可惜這條管路雖然能提供更多非俄羅斯的天然氣，但卻不符合歐盟的「共同」能源戰略。德國和法國政府都沒有投資此計畫，英國的戈登．布朗（Gordon Brown）政府也不打算為此耗費任何政治資本。[47]就連支持土耳其加入的義大利政府，在天然氣輸送上也態度堅定地支持納布科的競爭對手南溪管路。由於歐盟對於天然氣問題不可能達成共識，土耳其加入歐盟的途徑也迅速斷絕了。到二〇一五年敘利亞難民危機爆發前，歐盟的大門都不曾為土耳其打開。

美國力量此衰彼盛

在大西洋另一頭，第二次波斯灣戰爭重新激起了美國民主政治的力量，開始限制政府該如何在中東部署軍力。原本在九一一事件以前，國內對於動用美國力量實現伊拉克的政權更替，就已經有了普遍的共識。國會在一九九八年通過了《伊拉克解放法案》

（*Iraq Liberation Act*），承諾華盛頓會支持推翻海珊政權的活動。由於海珊政權不允許任何反對派活動，該法案意味著美國雖然未必會採取軍事行動，但一定會做出某種形式的干預。[48]但是就像當年的越戰一樣，第二次波斯灣戰爭最終也摧毀了美國總統在歐亞大陸發起重大軍事行動時所必須的國內支持。在二〇〇六年的期中選舉，民主黨就趁著戰爭的民意支持下滑，贏得國會參眾兩院的控制權。二〇〇七年一月，小布希宣布增兵，並稱之為「戰備升級」（the Surge），新一屆國會議員立刻提出立法想要阻止他。儘管立法失敗，但隔年小布希就與伊拉克政府協商出一分時程表，預定在二〇一一年十二月三十一日前完全撤離美軍。[49]而戰備升級也成為二〇〇八年總統大選的主軸。歐巴馬就是先前反對增兵的參議員之一。這名伊利諾伊州參議員大力宣揚自己的反戰態度，成功擊敗希拉蕊獲得民主黨提名，又在大選中擊敗了約翰·馬侃（John McCain），當選第四十四任美國總統。[50]

雖然以反戰姿態勝選，但歐巴馬在二〇一四年以前，一直都支持美國在阿富汗持續作戰，而在此之後，也只是希望藉著所謂的「重返亞洲」（Pivot to Asia）戰略，將美國的戰略焦點移往到中國。[51]他在二〇一一年十一月告訴澳洲國會，美國是「一個太平洋大國」，並且「在此常駐」。[52]

歷任美國總統都認為，中國從一九九〇年代末以來和世界經濟的深入整合無關外交，而是經濟互利方面的事務（我們在第五章會進一步討論這點）；因此，歐巴馬的作為確實在某種程度上大幅推動了世局變化，但同時也擴大了冷戰過後一直存在於美中關係之間的地緣政治熱點。從華盛頓對氣候變遷的態度，以及北京對能源的態度，都隱約可以看出雙方的緊張關係。柯林頓未能讓國會批准一九九七年的《京都議定書》（*Kyoto Protocol*），因為幾乎所有國會議員都拒絕接受一分不適用於中國的溫室氣體減量承諾。自從加入世界貿易組織以來，中國的經濟就飛快成長，這也意味著該國的能源消耗大幅增加，其中又以製造業尤甚。中國的初級能源消費量在一九八〇到二〇〇〇年這二十年裡，成長了大約百分之兩百四十，又在二〇〇〇至二〇一〇年之間再次成長百分之兩百四十。[53]而中國領導階層一直認為中國的經濟發展不應受到美國力量限制。於是，中國從一九九三年開始需要進口石油的那一刻起，就把能源安全視為不可退讓的地緣政治要務——雖然在短期至中期內，該國依然需要利用美國海軍對海事公共疆域（maritime commons）的保護。在歐巴馬把目光轉向亞洲以前，中國最主要的變化發生在海軍能源安全的軍事布局：二〇一〇年，北京宣布南海是中國的「核心」利益，而全世界約有三分之一的海路貿易要經過南海。[54]

即使不考慮中國，「重返亞洲」也很難執行。歐巴馬首先推動建立一個由美國主導，將中國排除在外的新區域貿易集團——《跨太平洋夥伴協定》（*Trans-Pacific Partnership*，

ＴＰＰ）。但他不僅無法獲得國會支持，甚至連讓國會討論批准都辦不到。在二〇一六年大選期間，該條約就遭到希拉蕊、川普和伯尼・桑德斯（Bernie Sanders）這三大總統候選人，以及大多數的民主黨與部分共和黨議員候選人反對。在軍事層面，歐巴馬政府增加了美國在太平洋的海軍資源，制訂了與中國發生軍事對峙時的作戰準則，並改善了和其他太平洋國家的雙邊安全關係。但中國也對此做出戰略回應，在習近平上台之後更是大張旗鼓。習近平於二〇一三年宣布「一帶一路」倡議，意圖將中國的經濟重心從太平洋轉往歐亞內陸，一名中國將軍還直接稱這些地方為中國的「戰略腹地」。[55]這樣一來，要是美國持續向東壓進，導致在太平洋發生對峙的可能性大增，中國就還能向西轉進內陸。[56]

可以預見的是，石油和天然氣安全對習近平的戰略調整來說至關重要。因此在二〇一三年，中國就收購了巴基斯坦在阿拉伯海沿岸的瓜達爾（Gwadar）港，並與伊斯蘭馬巴德（Islamabad）達成協議，興建中巴經濟走廊。有了鄰近荷莫茲海峽的深水港，並取得協議獲准建設從巴基斯坦至新疆的油氣管路，中國就可以選擇從巴基斯坦走廊運輸來自中東和非洲石油，不必依賴麻六甲海峽。[57]二〇一四年五月，習近平也和普丁達成協議，準備建設從西西伯利亞通往中國東北的天然氣管路，該管路將由俄羅斯天然氣公司供氣三十年。這條西伯利亞力量（Power of Siberia）管路於二〇一九年十二月開通，是俄羅斯第一條向東的天然氣管。另外，中國也於二〇一六年在吉布地建造海軍基地，該基地位於就位於紅海與亞丁灣之間的曼德海峽（Mandeb），可藉蘇伊士運河連通地中海與印度洋。身為一個包羅海陸的大計畫，「一帶一路」自然也需要軍事改革：中國二〇一五年的國防白皮書就指出，其目標是成為「海洋強國」，並且需要一支更強大的海軍，因為「國家的（海外）利益不斷拓展到每一個角落」。[58]到了二〇二〇年，儘管最強大的仍是美國海軍，但中國海軍確實已成為世界上規模最大的海軍。[59]

中國的戰略轉向殺得歐巴馬政府無所措手足，只能看著許多歐洲和亞洲國家政府加入由中國發起、為「一帶一路」提供資金的亞洲基礎設施投資銀行。等到二〇一四年美國反應過來，早已慢了不只半拍，此時中國正開始在南海填海造陸興建人工島，甚至著手將這些島嶼建設成備有防空飛彈的軍事基地。

真要說起來，在習近平上任後，歐巴馬並沒有試圖進一步遏制中國的野心，反而是設法在氣候變遷問題上合作，因為中國的煤炭消費量在二〇〇八至二〇一三年間的成長實在大到難以忽視。二〇一四年十一月，歐巴馬和習近平北京會面，為隔年的《巴黎協定》（*Paris Agreement*）達成基礎共識，兩國共同發表聲明，宣布中國將從二〇三〇年開始減少碳排放，而美國也將大幅減碳，將排放量減少百分之二十六至二十八，以在二〇二五年恢復二〇〇五年的水準。二〇一六年九月，歐巴馬又和習近平在杭州二十國集團高峰會前一同表示美國和中國都批准了《巴黎氣候協議》。

到了歐巴馬的總統任期結束時，美中關係的整體結構動態已經截然相反。華盛頓在太平洋地區採取圍堵策略，而中國則設法將歐亞的廣大內陸收入經濟勢力範圍，以減輕麻馬六甲困境。但與此同時，兩邊在氣候議題上仍彼此合作。這兩種動態都跟能源息息相關。若說氣候變遷讓美中之間有理由維持低盪，那「一帶一路」不但牽涉了大量高碳排計畫，更讓中俄在石油之外又多了天然氣紐帶，美中對抗也自有其道理。

在二〇一六年大選中，抗中候選人比抗俄候選人更能夠有效利用地緣政治議題吸票，也反映了遷就中國造成了許多直接的政治問題。在川普的總統任期裡，採取更強硬的對中政策可以說是美國國會中普遍的跨黨派共識，就算是比川普更重視氣候變遷的政治家，也同樣贊成這個方向。儘管川普強硬的風格備受指責，但就像我們之後在第六章討論的一樣，幾乎沒有人會認真批評利用關稅壓力重建美中貿易關係，或是將科技競爭列為國安問題等方針。

■　■　■

如果不是頁岩油氣榮景帶來的震撼變化，歐巴馬不可能有自信認為他可以將中國列為比中東更優先的戰略目標，又同時在氣候變遷議題上跟中國合作。少了頁岩油，歐巴馬就不可能採取新的中東戰略，抵銷美國在伊拉克的挫敗。沒有頁岩氣，他也不可能找到燃煤發電的替代品，降低美國的碳排放量，並藉此向中國認真提議。美國能源力量的復甦，對歐洲的天然氣和中東的石油地緣政治，都引發了巨大的混亂。不過弔詭的是，美國的戰略選擇也因此變得更加困難。

頁岩氣產業快速發展，讓美國在國際液態天然氣航運市場不斷成長的時期，成為了天然氣出口國。這很快就讓歐盟的能源政治越演越烈，也讓原本就因為天然氣進口和運輸而有嫌隙的歐盟和北約面臨更大的壓力。對波蘭和立陶宛來說，進口美國天然氣是地緣政治的生命線。當第一艘運送美國天然氣的貨船於二〇一七年抵達時，波蘭總理甚至表示，波蘭終於可以自稱是「一個安全的主權國家」。[60] 相反地，對德國來說，從美國進口天然氣就沒有吸引力。到二〇一〇年代初為止，德俄之間的天然氣關係就已有了三十年的歷史。二〇一一年，梅克爾承諾會在十年內廢除核電，並保證在能源轉型期間，德國增加的能源消費會以天然氣為主，直到再生能源的儲存技術有所突破。[61] 進口液化天然氣比用管路輸送更昂貴，而且需要有技術先進的港口基礎設施。除此之外，歐洲國家也吸引不了天然氣船入港，這是因為亞洲除了中國之外，幾乎都沒有鋪設天然氣管，因此亞洲的出價比歐洲更高。梅克爾政府沒有擁抱新的美國天然氣，而是同意興建第二條北溪管路，更加依賴俄羅斯天然氣和波羅的海進口路線。

由於俄羅斯要和美國、亞塞拜然兩個新對手爭奪歐洲市場，南歐和中歐邊陲關於天然氣進口的衝突也隨之加劇。二〇一三年，亞塞拜然的國營能源財團拒絕簽署供應合約，納布科計畫隨之倒閉，[62]南溪計畫眼看就要成為贏家。但是二〇一四年，俄羅斯併吞了克里米亞，歐巴馬政府立即制裁承包南溪管路保加利亞段的俄羅斯公司，並向承諾興建南溪管線的歐盟成員國施壓，要求他們退出計畫。當年六月，保加利亞政府就暫停施工。[63]

當然，美國針對依賴俄羅斯能源施壓歐盟成員國，並不是什麼新鮮事。但這一次，華盛頓可以提出替代方案，而美國的能源公司則會從貿易中獲益。歐盟委員會甚至積極支持歐巴馬阻止南溪的行動，顯示出歐盟內部在地緣政治上有多不團結。一直以來，歐盟委員會都堅稱俄羅斯天然氣公司對南溪計畫的涉入不符合歐盟法規，並對保加利亞提起法律訴訟。但歐盟委員會選擇以反競爭法處理能源供應問題，激怒了原本能從南溪計畫受益，且比保加利亞更有能力抵抗美國的國家。奧地利政府不顧俄羅斯因進攻烏克蘭而遭受制裁，仍在保加利亞被逼退的前兩個月，和俄羅斯就南溪管路奧地利段簽署協議。義大利總理馬泰奧·倫奇（Matteo Renzi）也對委員會採取行動終止南溪，卻未對北溪採取果斷行動表示憤怒。[64]

但南溪計畫雖然失敗，普丁卻想到了借屍還魂的辦法。年底，他跟土耳其談成了土耳其溪（TurkStream）管路，這條新的黑海管路將會通往土耳其，而不是保加利亞的海邊。一個月後，俄羅斯天然氣公司致信歐盟委員會，表示一旦土耳其溪完工，俄羅斯就不會再從烏克蘭向歐盟各國輸送天然氣。[65] 這話雖然語帶威脅，其實不怎麼認真。二〇一九年十二月，俄羅斯天然氣公司就違反自己先前的聲明，和烏克蘭國家能源公司達成了一項新協議，確保經過烏克蘭的天然氣管路至少會沿用到二〇二四年。儘管如此，土耳其溪的建設過程確實繞過了歐盟的司法當局，並且順利竣工，在不久的將來與北溪一同分裂北約。二〇二〇年一月，俄國天然氣開始送往保加利亞和希臘，而就在一個月之前，美國國會才制裁了承包土耳其溪二號（TurkStream 2）的公司。蘇聯解體後，歐盟和北約隨即出現能源問題的路線矛盾，尤其是攸關土耳其與烏克蘭問題時，分歧更為嚴重。但早在冷戰期間，油氣過境烏克蘭和土耳其便讓北約內的美國與西歐盟國衝突不斷，而這些紛爭也逐步擴散到歐盟內部，加劇歐盟分裂。

梅克爾支持北溪二號的想法加劇了歐盟面臨的困境——按照她的原話，其邏輯就是堅持北溪二號「主要是一個經濟項目」，且「烏克蘭必須繼續成為能源過境國」。這話的意思就是，即便歐盟南部國家已經能從土耳其輸入大量俄羅斯和亞塞拜然天然氣，仍應當接受油氣從烏克蘭過境。[66] 但北約面臨的困難，遠遠不只是歐洲天然氣管路線造成的戰略影響，更在於從哪裡進口天然氣。只要美國能與俄羅斯競爭歐洲的天然氣市場，歐盟各大創始國對俄羅斯天然氣的依賴就會導致北約不穩定。

■ ■ ■

頁岩油的地緣政治影響是從中東開始爆發的。第一次世界大戰後，美國由於擔心本國石油的供應，開始在沙烏地阿拉伯一帶布局。二戰過後，美國首要的目標是確保西歐和日本能獲得波斯灣的石油，這也造成了對中東地區的承諾反反覆覆，最後又不得不因為國內對進口石油的需求，在一九七〇年代初期重新調整戰略。伊朗革命過後，美國政府奉行卡特總統的方針，不斷增加在當地部署的軍事力量，導致問題接二連三，不穩定局面隨之而來。因此當頁岩油興起，歐巴馬和他的幕僚就像是看到美國的能源獨立再次燃起希望，希望能藉此擺脫中東戰爭，以及對抗伊朗的擁核野心。但是最後，頁岩油產業崛起和華盛頓因為新油源產生的戰略謀畫，都帶來了破壞性的衝擊。

在這些動態開始發揮作用之前，中東和北非就因二〇一一年的阿拉伯之春而陷入混亂，也讓這些動態的影響加劇。此時美國仍有部分軍隊駐在伊拉克，於是歐巴馬立刻派遣海空軍，加入由數個阿拉伯國家在北約領導下組成的聯軍，回到利比亞展開行動。和第二次波斯灣戰爭一樣，這次軍事行動也導致了北約分裂。只是這次分裂和過去有幾個重大差異。光是歐洲三大國的態度就各不相同。英國和法國大舉投入利比亞戰爭，但德國甚至不支持聯合國安理會的軍事行動。而在華盛頓這邊，歐巴馬似乎認為干預利比亞是美國在「服務」英法，因為這兩國是北約前線國家，須對北非發生的事負責。至少事後看來，他確實將這場戰爭當成了檢驗歐洲能否停止「搭便車」的測試，看看當地理位置引發的熱點直接損及歐洲利益時，這些國家是否會承擔責任。[67]

敘利亞問題也有類似的狀況，只是歐巴馬賭得更大。他確實希望看到大馬士革政權更替，他的政府也大量軍援敘利亞反對派。但他對敘利亞的行動背，後依然假設波斯灣西側發生的事情主要是歐洲、土耳其和阿拉伯的問題，而非美國的問題。在歐巴馬看來，美國與歐亞大陸的關係已經發生了變化——用他的話來說，或許華盛頓手中「總統應該遵循的劇本」還沒有適應新情勢，但那麼他身為一個有自覺的「太平洋總統」，已經順應時局。[68]二〇一三年九月，敘利亞政府使用了化學武器襲擊叛軍，徹底越過了歐巴馬當初所畫出的紅線，他必須決定是否按計畫下令對敘利亞發動空襲；而在最後，他讓步了。

正如二〇一六年《大西洋》（*Atlantic*）在一次採訪中所言，這是歐巴馬在總統任期內最重要的一次抉擇，而他本人也主張這個判斷無可挑剔，讓美國擺脫了「中東是歐洲和美國共同的鄰居」這樣的陳舊思維。[69] 但無論歐巴馬的事後怎麼宣稱，造成這個政治時刻的，仍是民主政治對第二次波斯灣戰爭的強烈抵制，而不是美國能源力量的復興。一連串事件讓歐巴馬取消了空襲，而連鎖反應的起源，正是英國首相卡麥隆要求國會授權英國參與行動，卻在下議院表決中失利。不久後歐巴馬也請求國會支持軍事行動，但此時眾議院顯然不會通過這項法案，他為了讓阿薩德政府銷毀化學武器，只好接受了普丁提議的做法。

一九五六年，艾森豪對總統選情的擔憂，引爆了英國對埃及的戰爭，更進一步影響了美國戰後的中東戰略。六十年後的今天，英國國會又無意中協助了美國總統撤出中東。但歐洲這邊卻高興不起來。歐巴馬對敘利亞的態度急轉彎，使得法國政府像一九五六年一樣陷入了困境。在利比亞問題上，法國才剛接受北約架構，認同歐洲有必要在北非採取軍事行動，但卻旋即發現華盛頓已經無意維持在中東的軍事威懾力。除了自己的力量，法國沒有任何軍事手段可以在這依然事關自身重大利益的地區採取任何決定性行動。

不過實際上，歐巴馬並沒有擺脫中東戰爭，正如艾森豪在蘇伊士危機後也沒有把英國逐出舞台。二〇一四年，伊斯蘭國占領了敘利亞和伊拉克的大片領土，伊拉克政府也隨之分崩離析，歐巴馬只好繼續派美軍前往兩國打擊恐怖分子。由於全球反制伊斯蘭國聯盟（Global Coalition to Defeat ISIS）是以北約成員國為核心，而且德國也有加入，因此這次干預在北約的歐洲國家之間沒有造成太大壓力。但這場新的中東戰爭確實再次體現了美國要履行承諾在歐亞大陸執行軍事行動有多不容易。這一次，美國的民主政治依然約束了總統。由於擔心國會會拒絕批准戰爭，歐巴馬沒有在二〇一四年要求授權對敘利亞進行空襲，只有要求批准向敘利亞反抗軍提供更多後勤軍事支援。他也承諾不會在敘利亞部署美軍。由於部分空中掩護和特種部隊的使用都受到限制，華盛頓不得不利用當地民兵負責激烈的地面戰，而最後中選的是庫德族的人民保護部隊（The People's Defense Units，YPG）。這個戰術雖然必要，卻不可避免地導致美國與土耳其政府發生衝突，因為人民保護部隊是土耳其政府認定的恐怖組織。美土兩國在伊拉克問題上的分歧，在於土耳其大國民議會不願接受美國在與其接壤的國家採取軍事行動，以及一些北約成員國不願保衛土耳其；而在敘利亞問題上，儘管美國利用了位在土耳其的空軍基地打擊伊斯蘭國，但美國實際上並不願派兵打另一場中東戰爭，打算犧牲土耳其的安全考量。

這場戰爭也再次凸顯出，北約在能源以外的中東議題上同樣有各種難以跨越的鴻溝。為了證明干預的正當性，歐巴馬就把直接受到伊斯蘭國恐怖襲擊的歐洲，和較少受到威脅的「母國」區隔開來。[70] 二〇一五年十一月的巴黎襲擊案後，歐巴馬就警告「誇大」中東地區的風險可能招致惡果。[74] 但，對法國來說，向伊斯蘭國宣戰絕不是這麼簡單。從二〇一四年起，法國遭受了一連串死傷慘重的襲擊，還不得不設法對付響應伊斯蘭國哈里發號召發動聖戰的數千名穆斯林公民。這種困局讓法國於二〇一四年九月起開始在伊拉克採取獨立軍事行動。這場空襲是法國自退出「南方守望行動」以來，首次直接在中東地區的執行軍事行動。而且法國不只在中東對抗伊斯蘭國和其他伊斯蘭組織。二〇一三年，總統法蘭索瓦・歐蘭德（François Hollande）就曾派軍前往馬利，不久後又繼續前進撒哈拉南緣的沙赫爾地區（Sahel）。對法國來說，當地造成的問題並不下於中東，但對美國並非如此，北約也沒有足夠能力同時應付兩個問題。

說回能源問題。美國國內原油產能恢復後，照理說在地緣政治上就能和沙烏地阿拉伯拉遠距離，和伊朗的關係也能趨於和緩。為了擺脫自己提出的戰略方針，卡特想方設法要恢復能源獨立，並預言頁岩油是未來的能源。如今，頁岩氣終於有了足夠的經濟效益，人們也隨之期待政府不再延續卡特的策略。

對於伊朗問題上，歐巴馬希望能藉著展現國威，嚇阻德黑蘭發展核武的野心，為美國的戰略新方向奠定基礎。但要順利轉向，歐巴馬就必須先把歐盟也推上戰線。一九九〇年代時，美國曾對投資伊朗能源產業的公司實施境外制裁，此舉引起了歐盟的憤怒；到了二〇〇〇年代，歐盟雖然也有加入制裁伊朗，但並未限制進口伊朗能源，部分歐盟國家也很依賴伊朗石油。二〇一一年十二月，歐巴馬要求國會通過新的境外制裁。由於伊朗的石油收入都會經過伊朗中央銀行，因此歐巴馬這次利用了美元的力量，禁止和伊朗央行打交道的非美國公司使用美國金融體系。[72] 由於這時的美國有頁岩油可以緩解制裁帶來的石油衝擊，歐盟很快就同意了禁止進口伊朗石油。這是第一次有制裁能夠削弱伊朗靠出口石油賺取強勢貨幣（美元）的能力，逼得德黑蘭政府必須考慮談判放棄發展核武。

然而歐巴馬能夠調度的美國能源力量也僅此而已。二〇一五年的核協議雖然暫時限制了伊朗發展核武，但僅能延後核彈完工的時日，影響不了伊朗在周邊區域的活動，伊朗依舊可以在敘利亞投射力量，也能繼續替真主黨和哈馬斯輸血，在在刺激著美國國會不安的神經。歐巴馬知道，當時由共和黨控制的參議院不太可能批准條約，因此將《伊朗核協議》制訂為不需要立法機關同意的行政協議，但這也代表未來任何一個總統都可以直接撤銷協議。由於每一個競爭共和黨提名的候選人都反對這項協議，因此只要民主黨失去總統大位，《伊朗核協議》註定中斷。

歐盟這邊對《伊朗核協議》的盤算又是另一回事。對歐洲各國政府來說，減少對伊朗能源產業的制裁，意味著有機會和德黑蘭建立全新的經濟關係，特別是在中東建立更多元的天然氣布局，實現歐盟委員會在二〇一四年疾呼的「務實能源安全戰略」。[73] 因此，華盛頓和歐盟在與伊朗和解這件事情上能否姿態一致，就必須看二〇一六年美國總統大選的結果如何。

俄羅斯出兵介入敘利亞戰爭維持了伊朗和真主黨在該國的軍事部署，也打壞了經濟快速增長會使伊朗退出波斯灣西部的盤算。正如歐巴馬在公布《伊朗核協議》時所言，伊朗願意回到談判桌上，俄國的角色功不可沒；[74]但俄軍進入敘利亞也顛覆了中東的地緣政治環境，使得西方和伊朗重建關係的寄望破滅。

另外，歐巴馬政府對伊朗的行動和對敘利亞的態度也驚動了沙烏地阿拉伯。無論是《伊朗核協議》還是消極應對敘利亞內戰，都是因為頁岩油氣允許美國減少在中東的戰略部署。不過最直接影響沙烏地阿拉伯的還是新興石油。於是就跟第二章開頭提到的一樣，沙烏地阿拉伯在二〇一四年底，將本來就在下跌的油價進一步壓至新低。此舉重創了積弱已久的伊拉克政府，使得伊朗在伊拉克境內影響力大增，伊朗在阿拉伯半島南部扶植的胡塞叛軍（Houthi）更一舉奪下葉門的首都沙那（Sanaa）。最後，沙國仍舊未能扳倒美國頁岩油產業，不得不向莫斯科尋求合作，組成影響力更大的OPEC＋。很快地，伊拉克的西方石油巨頭除了得修復飽受伊斯蘭國摧殘的生產基礎設施，還得應付莫斯科施加的產量限制。到了二〇一九年，除了道達爾能源（TotalEnergies）以外，每家西方石油公司都在設法脫手在伊拉克的部分投資。

接著，這場以沙烏地阿拉伯為中心的潰亂又燒到了美國頭上。這是因為當沙國在二〇一五年出兵干預葉門時，歐巴馬政府提供了後勤支援，把美國捲入了另一場中東衝突。美國不在OPEC＋之中對頁岩油公司來說是一大優勢，這是因為OPEC＋在二〇一六年底到二〇二〇年三月之間的減產拉高了國際油價，這些公司的利潤也隨之提高。但沙國的力量疲弱，也使得美國的油價實際上取決於俄羅斯的判斷。如果說延續卡特總統介入中東的方針，要的是防止蘇聯介入波斯灣，那麼歐巴馬就幾乎是完美違反了目標，不但讓沙烏地阿拉伯和俄羅斯結成石油聯盟、俄羅斯軍力進駐敘利亞，還讓伊朗政權獲得俄羅斯的支持。

而川普政府在這方面，又比二〇〇八年上台的歐巴馬更失敗。[75]他在競選期間肆無忌憚地攻擊沙烏地阿拉伯，而當選後卻選了沙國首都利雅德作為首次正式出訪的地點。川普的放肆加速了中東局勢的逆轉，讓他認為自己家人與沙爾曼國王父子的關係也許能取代沙烏地阿拉伯的新戰略，讓他個人得利。因此，當王儲穆罕默德・賓・沙爾曼在二〇一七肅清沙國政府、折磨其他王室成員時，川普與王儲之間的利益往來，也讓國內政壇提起美沙關係就避之唯恐不及。但這背後的結構性問題便是美國不能強行施加秩序，也不能擅自退出中東。二〇一九年的波斯灣危機發生之初，川普曾發推文說：「我們不需要在那裡。」[76]但是後來他明明才剛從敘利亞北部撤離特種部隊，就又把他們派往沙烏地阿拉伯。

跟前任歐巴馬一樣，川普所面臨最直接的問題是伊拉克局勢不穩。二〇一九年十月，伊拉克國內爆發大規模示威，並持續到二〇二〇年底。抗議最初是針對伊朗在伊拉克境內的活動，以及從二〇一四年以來的經濟危機。在伊朗民兵和由伊朗支持的武裝部隊推波助瀾下，暴力逐漸升級，威脅到美國駐外人員的安全；最後，川普授權軍隊進行報復空襲，後來又以無人機發動了有名的巴格達機場襲擊，在二〇二〇年一月暗殺伊朗境外部隊⑩的指揮官蘇萊曼尼（Qasem Soleimani）將軍。在示威活動強烈的反美訴求下，伊拉克國會決議驅逐所有外國駐軍，讓美國再次稀稀落落地撤離當地。

重新成為能源生產國，並沒有讓美國擺脫卡特的中東方針。二〇一九年，美國經由波斯灣進口的石油，比一九七七年伊朗革命前的第一次高峰低了百分之兩百五十，也比二〇〇一年的第二次高峰低了約百分之兩百九十。[77] 但即使美國能完全停止進口石油，也不可能實踐能源獨立，而且這種事短期內也應該不會發生，因為美國煉油廠處理頁岩油的能力有限。如果油價漲得太高，ＯＰＥＣ＋的內部事務就會大幅影響美國消費者；而如果油價跌得過低，就會波及美國的生產商。因此沙烏地阿拉伯和俄羅斯的關係，以及伊拉克局勢的不穩定，都會左右美國總統與國會的作為。

頁岩油氣塑造的能源新局，不僅導致中國取代美國成為世界上最大的原油進口國，也矛盾地強化了美國總統延續卡特時期的中東戰略考量。[78] 如今大部分穿越荷莫茲海峽的石油，都是運往中國和其他亞洲國家。中國自從獲得瓜達爾港以來，就能夠監控途經荷莫茲海峽的船運。儘管中國在波斯灣地區沒有艦隊長期駐守，但中國領導人確實認為伊朗的地緣政治意義十分關鍵。無論陸路或海路，伊朗都是「一帶一路」的核心。二〇一七年，中國與伊朗在荷莫茲海峽附近進行了聯合海軍演習；二〇一九年的波斯灣危機爆發時，中國又與俄羅斯、伊朗舉行了三方演習。雖然目前尚不知中國是否有意願直接利用海軍力量捍衛自身在波斯灣的能源安全，但隨著美中地緣政治競爭逐日加劇，讓中國成為波斯灣的主要海軍勢力，對任何一位美國總統來說都是風險；然而美國若繼續著重波斯灣，看起來又像是在保護中國的石油進口，這也必定會受到國內質疑。

▪ ▪ ▪

Covid-19大流行觸動了美國在歐亞大陸的權力分野，並戲劇化地展現出這些分野是如何串聯。儘管川普政府和中國在二〇二〇年一月達成了結束貿易戰的初步協議，但過

⑩譯註：此指聖城旅。

沒多久，兩國關係又更進一步脫鉤。中國的需求在二〇二〇年第一季大幅下滑，無法購買其承諾的美國出口產品。同年五月，中國通過《香港國家安全法》，事實上終止了一九八一年《中英聯合聲明》內商定的治理安排，美中也關係進一步惡化。

同時，普丁在二〇二〇年初也打算暫時甩掉OPEC＋，報復華盛頓在二〇一九年十二月針對北溪二號和土耳其溪管實施的制裁，這表示美俄在歐洲天然氣市場的競爭，也可能會蔓延到原油市場上。雖然到了二〇二〇年四月，美、俄、沙三大石油生產國就達成和解並為油價設定了底線，化石燃料的地緣政治局勢卻依舊無法穩定下來。趁著三、四月的油價暴跌，中國收購了大量石油儲備。而俄羅斯天然氣公司顯然相信低油價已經重創美國的頁岩油生產商，在五月就派船前往德國的穆克蘭港（Mukran），準備完成北溪二號的最後一段工程。感受到國會在背後施加的壓力，川普只好下令實施更多制裁。幾天過後，他宣布將撤離四分之一的駐德美軍。

但川普一落選，國會就立刻採取行動，確保川普無法在卸任前實施撤軍計畫。拜登接任不到六個月，就宣布放棄對北溪二號的制裁；然而隨著液化天然氣船和OPEC＋的興起，美國政壇不可能放任歐洲國家大量進口俄羅斯天然氣，更何況德國政府還指望北約繼續在東歐擔任抵擋俄羅斯的壁壘。比起前後幾任總統，似乎只有川普對德國造成了真正的結構性衝擊。也只有這樣才能解釋，為什麼歐巴馬的幕僚總要擔心梅克爾常在聯合國對俄羅斯和中國公司勤勤懇懇，對美國公司卻相敬如冰。[79]對此，川普直接以行動昭告，美國不會像過去一樣留在歐洲，費盡心思替德國解決安全困境。

儘管如此，二〇一九、二〇二〇年的事件還是削弱了美國的能源力量。二〇二〇年三、四月的油價暴跌讓石油廠商流失大量投資，頁岩油公司紛紛遭到重創。儘管OPEC+在隔年二月就決定減產，讓油價漲回每桶六十美元以上，但頁岩油破產潮早已回天乏術；二〇二〇年底，美國的每日石油產量就比年初時少了約兩百萬桶。雖然為時甚短，但美國在二〇二〇年五、六月的石油進口量，又再次超過了出口量。[80]而拜登上任後提出的氣候計畫，也意味著他不會給頁岩油產業什麼鼓勵。但如果頁岩油產業不復甦，美國又會再度嚴重依賴外國，包括中東的石油。恰巧，在頁岩油前景黯淡的同時，共和黨也在二〇二一年一月將從伊拉克撤出部分軍力的任務交接給民主黨政府；在拜登的就職典禮之前，馬克宏又呼籲美國加強中東的軍事介入。

在疫情期間，美國的液化天然氣出口又興盛了起來，並在二〇二一年初，創下單月新高。[81]但這是因為氣候議題也成了美歐天然氣關係緊繃的另一個原因。二〇二〇年秋季，法國政府要求長期資助北溪二號的公股能源企業法國天然氣蘇伊士集團（Engie）不要簽署從美國進口天然氣的長期合約，理由是開採頁岩油氣的甲烷排放量過高。[82]

此後，氣候變遷的地緣政治和美中競爭以及競爭對歐洲的影響相互交織。如果大量

中國的稀土產量

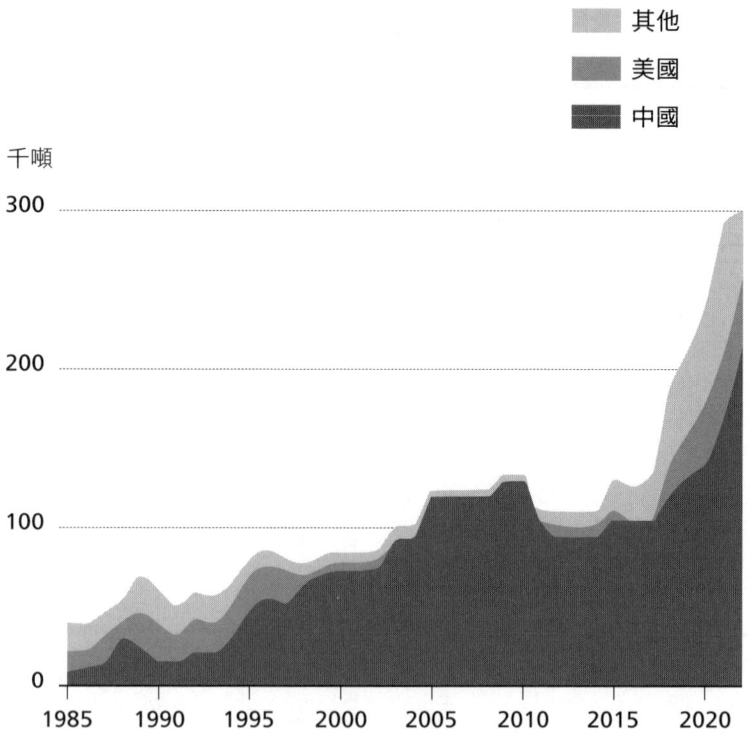

2022 = estimate Source: USGS

中國的稀土產量遠高於其他地區，而稀土正是綠色能源所需的重要金屬，即便美國這幾年已經加速開發，但依然比不上中國。

來源：美國地質調查局

進口化石燃料能源的歐盟和各成員國，選擇加強和中國這個最大碳排放國的氣候政策合作，並疏遠美國這個最大石油和天然氣生產國，美歐的能源關係就會在環保壓力下進一步動搖。此外，美國越是設法改善其在綠色能源上的弱勢經濟地位，美中競爭就會越激烈。拜登在就任總統時，曾經承諾為綠色能源製造業投資數十億美元，而他的氣候特使約翰．凱瑞則表示希望氣候議題能與其他美中關係議題脫鉤。但這種假定只不過是幻想，因為目前世界上大部分再生能源設備的生產，以及生產設備所必須的金屬原料，都掌握在中國手裡。美國如果要使用更多綠色能源，勢必會讓中國製造業獲利更豐，而這勢必會引發怨恨迴圈——正是因為這道怨恨迴圈，才讓一個「勇於」對抗中國的政治外行人當上總統。

歐洲離心離德

二〇一〇年代的潰亂，使得中東對歐洲來說，不再只是某個為經濟發展提供豐富能源的地方。數百萬名來自敘利亞的難民為歐盟帶來了政治和人道危機。雖然梅克爾與艾爾段在二〇一六年談成了協議，土耳其阻止更多敘利亞人進入歐盟以換取加快土耳其的入盟談判，但梅克爾需要這分協議的理由，卻恰恰是土耳其無法加入歐盟的理由。事實上，梅克爾本人在談成協議後不久，便表明此事不會有任何進展，並在二〇一七年德國大選期間表示：「土耳其很明顯不該成為歐盟的一員。」[83]然而，由於在移民跨越歐盟海陸邊境的問題上，歐盟還是需要土耳其配合，因此也不能正式結束入盟談判。

這種亂七八糟的地緣政治境況，也是推動英國脫歐公投的其中一項因素。無論是哪個政黨，英國政府從一九九〇年代開始，都一直支持土耳其加入歐盟。二〇〇九年的歐盟天然氣危機，又讓這件事變成卡麥隆政府的當務之急。[84]就任總理後不久，卡麥隆就在正式出訪安卡拉時表示，自己是土耳其加入歐盟「最強有力的倡導者」。[85]一年過後，英國政府又與土耳其簽署了新的雙邊軍事合作條約。但儘管兩黨對土耳其入盟的地緣政治有所共識，但這件事卻不受英國民氣支持，支持率僅僅略高於歐盟平均值。[86]卡麥隆的聯合政府顯然是擔心這個議題會進入英國民主政治，才會將新國家入盟從二〇一一年的《歐盟法案》（*European Union Act 2011*）中排除，因為該法案規定，如果英國國會準備讓渡更多權力給歐盟，就必須先通過全民公投；此時的法國和奧地利則是已經立法承諾，任何關於土耳其加入歐盟的協議都要通過全民公投。

在這樣的背景下，土耳其自然會影響到英國留歐與否的公投。但二〇一五到二〇一六年的難民危機以及梅克爾作為，又讓土耳其問題的影響力陡然增加。當然，在公投前幾個月突然有大量難民移入歐洲，多少有些影響，但梅克爾對歐盟如何應對危機的決斷，也突顯出英國在聯盟中有多無力。即使英國可以選擇不加入難民收容計畫，也遲早會受到其他國家推動的歐盟決策牽動。這些危機讓脫歐陣營的火力大增，逼得卡麥隆緊急改口，聲稱對手只是在散布恐懼，因為土耳其「要到西元三千年」才能做好入盟準備。[87]就跟二〇〇五年法國舉辦《歐盟憲法條約》公投時一樣，土耳其再次挫敗了支持歐盟的主張，並吸引到了足以影響公投結果的選民。

除了英國，德法之間新的分歧，也讓土耳其入歐的僵局越來越尷尬：對德國政府來說，土耳其經濟是德國和歐盟不得不考慮的一大風險。二〇一八年美國聯準會升息時，土耳其就經歷過一次金融危機。由於土耳其央行的美元互換額度不足，無法在緊急狀況下供應美元，各銀行只好自行借貸大量美元，這反映了在二〇〇八年金融海嘯過後，土耳其經濟結構十分脆弱。隨後，川普實施的貿易制裁又加劇了這場金融災難。由於擔心土耳其經濟崩潰使得二〇一六年的難民政策協議也跟著失效，德國政府便開始考慮提供土耳其經濟援助。但對馬克宏來說，土耳其已經成為法國在中東的勁敵。他認為土耳其從二〇一六年開始軍事干預敘利亞，違反了北約歐洲國家對抗伊斯蘭國的利益。後來，有人問起他二〇一九年那段北約「瀕臨腦死」的言論，是否代表他認為土耳其總有一天會不再屬於北約，而他回答的回答是：「我不能說。」[88]

這些分歧必然會加劇歐盟在能源上的衝突。時至二〇一八年，土耳其已經沒有機會成為俄羅斯天然氣的過境國，無法扮演歐盟南部能源的樞紐。相反地，土耳其和幾個歐盟國家，還開始爭奪開發東地中海能源的權利。這種緊張關係在二〇一〇至二〇一一年首次顯露，起因是以色列、埃及和賽普勒斯周圍的黎凡特地區（Levant）⑪發現了天然氣，而土耳其是唯一承認北賽普勒斯獨立的國家。二〇一五年夏天的難民危機發生之際，義大利埃尼公司正好在埃及水域發現了大量的新天然氣蘊藏，導致東地中海局勢繼續升級。由於這片新的天然氣田有部分位於歐盟境內，歐盟委員會立刻就表態支持興建新的管路，將賽普勒斯和以色列近海的天然氣輸送到希臘和義大利，並轉送往其它歐洲國家。二〇二〇年初，賽普勒斯、希臘和以色列政府簽署了建設協議，但土耳其政府卻被排除在所有的東地中海天然氣開發計畫之外，於是開始積極維護起所謂「在北賽普勒斯的正當權利」。二〇一八年初，土耳其軍艦強迫埃尼公司停止在賽普勒斯附近的鑽探作業；隔年，土耳其船隻又進入此處開始作業，導致歐盟決定制裁土耳其。而艾爾段的回應則是：「大門就要敞開，將伊斯蘭國散布混亂的踐踏者（Da'esh）送到你們面前。」從二〇一六年開始，這就是他標準的報復威脅。[89]眼見土耳其四面受敵，艾爾段在二〇一九年十一月和陷入困境的利比亞政府達成協議，畫定兩國新的海上邊界，歐盟的回應則是譴責該協議侵犯了希臘和賽普勒斯的主權。過了不久，土耳其大國民議會又授權在利比亞部署軍隊，開始和俄羅斯支持的當地叛軍對峙，馬克宏立刻強烈抗議，但梅克爾卻無動於衷。

法德在土耳其問題上的分歧日益加劇，甚至超過了歐盟與北約之間舊有的紛爭，而在此同時，英國脫歐反而讓歐盟得以開闢一條停止依賴北約保護的路徑。英法在第二次波斯灣戰爭期間的不合，一直讓使歐盟成為一個後冷戰安全聯邦的願景無法實現。但經過二〇〇八年金融海嘯後，倫敦和巴黎的雙邊關係就有明顯的改善。二〇〇九年，法國重新加入了北約的統一軍事指揮架構。一年過後，英國和法國政府又同意在歐盟架構之外，進行五十年的雙邊軍事合作，當然這有部分也是為了減少國防開支。這次納入利比亞的合作維持了一段時間，直到二〇一三年秋天才破局，原因是美國從敘利亞化學武器事件中退縮後，讓巴黎重拾歐洲戰略自主的議題，「歐盟應該在安全領域掌握更多權力」的想法也再度獲得了一些聲量，但英相卡麥隆始終反對成立獨立的歐盟軍事總部和聯合防衛資產。英國脫歐公投通過後，歐盟高級代表（EU High Representative）就在同一個月

---

⑪ 譯註：阿拉伯文稱為「沙姆」（al-Shām），是一個邊界模糊的地名，原意為「太陽升起處」。廣義而言包含整個東地中海，政治上通常指小亞細亞南方、阿拉伯沙漠北方、美索不達米亞以西，扣除西奈半島後的東地中海國家。

國防支出占多少比例的GDP

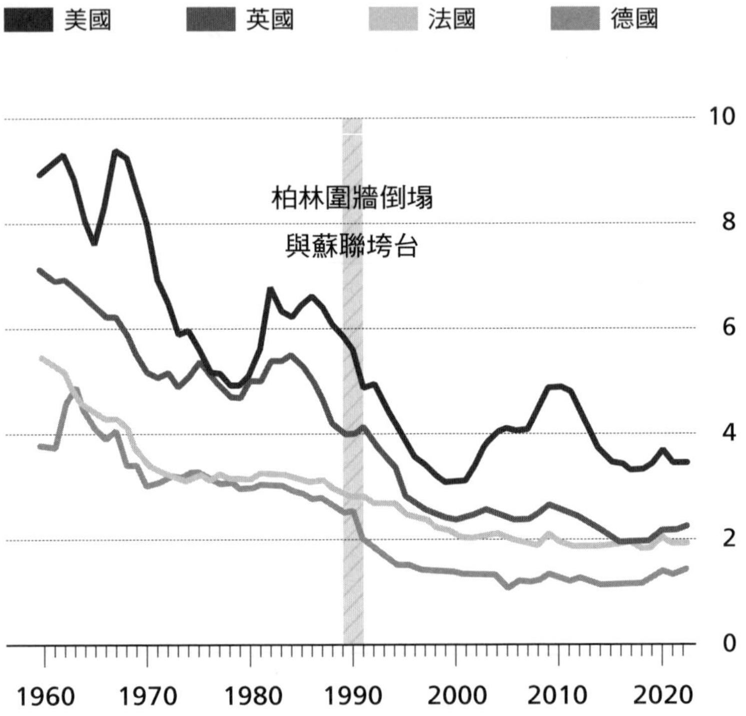

雖然西方大國在蘇聯垮台後都相繼大幅削減的國防支出，但從中可發現，在東西德合併以後，德國的國防支出比其他國更低。

來源：斯德哥爾摩國際和平研究所

公布了自波斯灣戰爭開始以來歐盟的第一分安全戰略。沒有了英國的反對，歐盟便在接下來的一年裡通過了許多加深國防合作，並允許部分成員國發展聯合軍事能力的措施。

在馬克宏看來，這似乎是德法兩大國投入安全領域的好時機，如此一來歐洲就能像他後來所說的一樣，「重新掌握軍事主權」。[90]而在德法於二〇一九年簽訂的《亞琛條約》（*Aachen Treaty*）中，他確實也說服了梅克爾接受更多雙邊安全整合。但歐盟想要走向戰略自主，德國就必須跟北約一樣，提供歐盟東部成員國安全保障，並支持法國投入中東和北非的行動；然而，德國軍隊在冷戰結束後就失去了最基本的作戰能力：二〇一八年初只有不到一半的戰車和三分之一的戰鬥機具備作戰能力，而且到二〇一七年底為止，德國沒有一台潛艦能執行作戰命令。[91]

隨著馬克宏的地緣政治野心與德國的施政方向之間差距越來越大，歐盟在安全問題上結構性的無能，也讓北約與歐盟越來越分歧。二〇一九年，馬克宏開始主張要重新評估與俄羅斯的關係，似乎是打算重拾戴高樂的冷戰戰略。然而即便戴高樂面臨比今日更有利的地緣政治環境，他的運籌帷幄卻依然失敗了。當初的歐洲經濟共同體有三分之一的創始成員是地中海國家，而且阿爾及利亞也還未獨立；如今的歐盟已經直接與俄羅斯接壤，其成員國永遠不可能像法國一樣拒絕北約的命令，也不會像西德一樣跟莫斯科和解。對於歐盟的某些地區來說，中東和北非的距離實在太遠了。

最後，飽受挫折的馬克宏採取了單方面的行動。首先，他在二〇一九年十月戲劇化地否決了之前承諾北馬其頓的入盟談判，又與其他國家一起擋下阿爾巴尼亞的入盟談判，理由是如果歐盟繼續擴張，就無法發展一致的戰略或決策能力。但這又更加深了德法之間的僵局。根據報導，梅克爾在否決過後告訴馬克宏，她「厭倦了收拾」他「破壞性政治造成」的碎片，以及「將他打碎的杯子黏回原狀」。[92]

但此時梅克爾最重要的任務，是遏制川普對北約帶來的風險，因為這位美國總統老是對歐盟與北約充滿矛盾的關係大肆發表各種公開言論。對此，梅克爾的策略是爭取時間。但是要替德國守住北溪管路，就必定會放大歐盟對於依賴俄羅斯天然氣這件事的衝突。二〇一九年底，美國國會通過了新一輪對北溪二號的制裁，德國財政部長立刻攻擊這些制裁不僅是對德國「主權」的「嚴重干涉」，也是對歐洲「主權」的「嚴重干涉」，完全忽略其他歐盟國家對主權有不同的考量。[93]隨後，在二〇二〇年八月底和九月初，白羅斯爆發了針對總統選舉的抗議活動，俄羅斯反對派領導人阿列克謝·納瓦尼（Alexis Navalny）也遭人暗殺未遂，這些事件把歐盟的分歧推進了德國內政討論之中。德國大聯合政府內各黨的相對共識似乎就此破裂，梅克爾對北溪管路的堅持遭受到國內前所未有的批評，連基民盟的黨內同志也沒有放過她。[94]

這些爭端的源頭可以追溯到蘇伊士危機最核心的能源問題，以及石油成為地緣政治一大重心後的歐洲歷史。五十年來，中歐和南歐依賴俄羅斯能源，一直是地緣政治上的無奈。而且老實說，從第一次世界大戰結束以來，德國就很少能拒絕俄羅斯和蘇聯的石油與天然氣。雖然狀況完全不同，但希特勒進攻蘇俄和冷戰前十年的局勢，才是罕見的例外。如今德國與俄羅斯的天然氣關係，是在蘇聯時代建立的。這段關係自冷戰結束迄今的三十年始終維持著，莫斯科也依舊將天然氣當作權杖來操控德國，因此，對於俄羅斯諸多鄰國的各種遭遇，無論那些國家是已經加入歐盟，還是像烏克蘭一樣被拒於門外，德國都難辭其咎。

艾爾段效法鄂圖曼帝國將影響力推向歐洲和中東，也使得當前的地緣政治環境對歐盟而言比一九五〇年代艱難許多。二〇二〇年六月，土耳其第二次軍事干預利比亞內戰，讓當地政府得以驅逐由俄羅斯和法國支持、盤據於西北部的叛軍，土耳其也趁此機會在地中海南部建立了海軍與空軍基地。接下來的幾個月裡，艾爾段又在東地中海採取了一系列挑釁行動，[95]好幾艘土耳其測量船駛入賽普勒斯和希臘海域，一旁護衛的土耳其海軍艦艇都有著鄂圖曼風格的名字。被要求解釋這些行動時，艾爾段的副手回答：「我們正在拋棄把土耳其囚禁於大陸的東地中海地圖。」[96]同年夏天，艾爾段也頒布法令，將聖索菲亞大教堂和其他拜占庭時代的教堂從博物館再次改建為清真寺。

由於擔心和土耳其關係的破裂，德國便設法居中調解。但在歐盟內部，德國的作法又受到希臘政府掣肘，因為希臘政府於二〇二〇年八月逕自與埃及達成了海洋主權協議。相對於德國，法國的馬克宏則是擺出強硬姿態，派遣法軍船艦和飛機前往東地中海與同為北約成員國的土耳其對峙，並提供賽普勒斯有效的雙邊安全保證。不久後，法國便在希臘和賽普勒斯的支持下，敦促歐盟對土耳其施加實質性制裁，包括終止歐盟與土耳其的關稅同盟，但卻受到有義大利和西班牙支持的德國政府阻撓，因為德國堅持在各方面都應採取更溫和的措施。

德法之間的分歧讓歐盟不可能對土耳其的戰略野心做出集體回應。馬克宏認為艾爾段的新鄂圖曼主義言論，證明了他懷抱著挑戰既有秩序的領土野心。這種批判可說是踐踏了兩國同為北約成員國的盟約，但在馬克宏眼中，這樣倒是能突顯北約有多麼沒用。不過，就算歐盟也沒有能力遏制安卡拉，法國仍有沙烏地阿拉伯和阿拉伯聯合大公國等非歐洲盟友，並在這兩個國家設有海軍航空站。[97]相比之下，德國是土耳其最大的貿易夥伴和外資來源。在石油和天然氣方面，德國比法國更依靠俄羅斯，也比較沒有意願轉由北非或東地中海進口。

這些差異並非偶然，而是反映了歐盟在冷戰後往東部和南部擴張、長久以來對石油和天然氣的依賴，以及各國明明需要北約卻又與北約不同調的困境，是如何不斷加深地緣政治上的分歧。如果說美國和土耳其的關係破裂，意味著歐盟在和土耳其打交道時，無需顧慮華盛頓的壓力進行入盟談判，那麼土耳其的新國策，也意味著土國將成為歐盟南部國家的地緣政治競爭對手，並使歐盟各國對「當地是否重要」意見相左。

▪ ▪ ▪

儘管程度各有不同，但過去三十年裡，幾乎所有地緣政治困境都因為經濟議題變得更難以忽視。在世界經濟中，美元信貸是成長的核心，企業不可避免要進入美國的銀行體系，這也讓美國擁有了龐大的金融力量。某種程度上正是因為美國的金融力量，過去十年的政治潰亂才會在結構上彼此牽連。但一九七〇年代以來的數次重大經濟變化，同樣是限制地緣政治選擇、破壞西方民主國家政治安定的獨立因素之一。這要從布列敦森林體系的崩潰說起。不過會這麼談，並不只是因為一九四五至一九七三年是所謂的布列敦森林體系時代，而是因為布列敦森林體系的崩潰背後，有著一系列相互關聯的因素，包括美國能源力量衰落、冷戰趨向低盪、國際美元信貸環境日益重要，以及債務水準大幅上升。

一九七三年，浮動匯率取代了布列敦森林協議的固定匯率，國際貨幣秩序或貴金屬本位一去不復返。只有美元與黃金脫鉤，量化寬鬆才能實行，而只有如此寬鬆的信貸條件，才能重振美國的能源力量。接著，中國加入了這個失去匯率規則的國際經濟，而中國的外匯管制，又成為二〇〇〇年代美中貿易關係緊張的第一個病根。如果布列敦森林體系沒有終結，就不會有歐元區成為補救措施的貨幣問題，德國也不會以現在這樣的模式在歐盟內施展力量。美元、貨幣政策、債務和能源，是經濟變革、地緣政治和民主政治三者最關鍵的相交點。一九七〇年代是當前政治潰亂的經濟源頭，本書的第二段故事也由此展開。

PART 2

最後的救世主

關鍵在於，一個國家只能從資本自由進出、固定匯率與獨立自主的貨幣政策三者中選擇兩個。政府可以在不削弱央行的前提下維持固定匯率，但這樣就得限制資本進出（如今天的中國）；也可以讓資本自由進出並保留貨幣政策自主權，但這樣就只能讓匯率浮動（如英國或加拿大）；如果政府想在資本自由進出的同時固定匯率，就只能放棄利用貨幣政策來緩解通膨的可能（如多數歐洲國家）。

——保羅·羅賓·克魯曼（Paul Robin Krugman），諾貝爾經濟學家，此為國際金融不可能的三位一體理論（Impossible trinity）

4 我們的貨幣，你們的問題

二○一一年初夏，義大利政府債券的利率升高至如果歐元區不再紓困，義大利將無法繼續借款，但當時歐元區並未有紓困能力。八月五日，即將卸任的歐洲央行總裁尚－克勞德．特瑞謝（Jean-Claude Trichet）與即將上任的總裁馬里奧．德拉吉，同時寫信給義大利總理西爾維奧．貝魯斯柯尼（Silvio Berlusconi）。信中呼籲義大利「面對目前金融市場的嚴峻局勢」，在六個政策領域「盡快制訂法令，並於二○一一年九月底獲得國會批准」。這封信也進一步建議憲政改革強化財政管理，最後寫道「我們相信貴政府將採取所有適當措施」。[1]貝魯斯柯尼在二十四小時之內就承諾行動。八月七日，特瑞謝公開感謝貝魯斯柯尼的善意，並透露歐洲央行將間接認購義大利國債。該月不久之後，貝魯斯柯尼要求義大利國會通過撙節預算與結構性改革法案，但該項立法未能完全通過，貝魯斯柯尼最後只好放棄。八月七日之後，義大利債券價格一路下跌，九月與十月出現拋售壓力，歐洲央行認購的比例杯水車薪。十一月三日與四日，德國總理與法國總統共同在

G20高峰會上，對貝魯斯柯尼發出最後通牒，威脅義大利如果不做出決斷，他們便不再支援。[2]高峰會結束之後，歐洲央行也停止認購義大利國債，梅克爾總理打電話給義大利總統喬治・納波里塔諾（Giorgio Napolitano），建議他重組內閣。[3]幾天之後，貝魯斯柯尼辭職，納波里塔諾總統找了前歐盟執委馬力歐・蒙蒂（Mario Monti），籌組了一個全都是技術官僚的內閣。自那天起至二〇一九年九月為止，義大利的經濟部長與財政部長全都不是擁有選舉經驗的政治人物。

在蒙蒂就職之後的第一次大選，深具革命性格的五星運動黨（Five Star Movement）拿下四分之一選票。該黨宣稱整個義大利政界都充斥著專制腐敗的政客，拒絕加入擁有最多席次的民主黨所領導的中間－左翼聯盟。於是，義大利變成了一個以中間－左翼聯盟、貝魯斯柯尼的中間－右翼集團、以及兩個中間派政黨共同組成的大聯合政府。在五年後的下一次大選中，五星運動黨拿下第一高票，與右翼疑歐派政黨北方聯盟（Lega，原名Lega Nord，崛起於倡議北義大利獨立建國）共組聯合政府。北方聯盟黨魁馬泰奧・薩爾維尼（Matteo Salvini）在競選期間表示「每個人都知道使用歐元對義大利來說是一個經濟錯誤」，因為「他們所謂的歐元，其實根本就是德國馬克」。[4]

在貝魯斯柯尼已下台、五星－北方聯盟尚未上台之時，德拉吉撐住了義大利的國債問題，他在二〇一一年十一月執掌歐洲央行，二〇一二年初成為義大利總理。二〇一二年七月，德拉吉在諮詢歐洲央行其他委員的意見之前，就直接於倫敦表示「歐洲央行將於職責範圍內，採取一切必要措施來保護歐元」，停了幾秒之後又說，「相信我，這樣就夠了」。[5] 然而他的表態並未立刻結束歐債危機（Eurozone crisis），而且根本就不可能，因為不僅歐洲央行內部並未達成協議，德國政府更是完全反對歐洲央行採取激烈的做法。承諾落空之後，德拉吉只好在該年夏天制訂一個梅克爾願意接受的債券承購計畫，[6] 也就是所謂的「直接貨幣交易」（Outright Monetary Transactions，OMT）。在梅克爾的同意下，這招幫義大利爭取了更多時間，但歐債危機還是沒有解決，因為這不是政治能處理的。歐元區從規畫到實現的過程中，都暗藏一系列的死結，其中許多死結甚至在概念出現之前就存在了。

布列敦森林不再

歐元區的建立，跟目前世界經濟體系的形構一樣，都始於一九七〇年代，尤其是布列敦森林體系的終結。布列頓森林體系是一種美元秩序，使美元成為唯一能兌換黃金的貨幣，以及許多國際貿易使用的貨幣。這項體系當然對美國相當有利，因為這樣歐洲國家就無法用貶值的方式拚經濟（競爭性貶值），而且華府可以利用國際貨幣基金組織，在貸款給歐洲國家時要求借款國改變經濟政策。當然，這也讓西歐國家得以用美元信貸來彌補小額的收支逆差，同時能夠控制本國資本流入美國。布列敦森林會議的英國首席談判代表是約翰·凱因斯（John Maynard Keynes），他認為要穩住歐洲的民主政治，首要之務就是讓歐洲國家擁有一套貨幣系統以緩解資本外流問題，並且能夠根據失業率設定該國利率。[7]

但事實證明，布列敦森林體系不僅無法在美元短缺的環境下支持各國經濟復甦，甚至不能讓羅斯福卸任之後的美國政府接受。杜魯門總統在一九四七至一九四八年的歐洲經濟危機中啟動馬歇爾計畫，繞過布列敦森林體系向西歐國家提供美元，而且他也不阻止紐約的銀行吸收歐洲非法外流的資本，只是宣稱歐洲貨幣短期內不可兌換成其他貨幣，只能用於交易。

另外，在一九四七至一九四八年爆發歐洲經濟危機之後，美元就無法順利掛鉤黃金，布列敦森林體系最後也終於崩解。布列敦森林會議的首席美國談判代表哈里·懷特（Harry Dexter White）為了維護美元的主導地位，以及使體系繼續仰賴黃金，設計了一個以先天上受到制約的某國貨幣作為國際儲備資產的新方案。但這種體系註定遇到兩難，要麼像一九四七至一九四八年那樣遇到美元短缺，要麼就會像一九六〇年代那樣面臨黃金不足。[8]

而且歐洲美元（Eurodollar）成為境外貨幣的現象興起之後，黃金不足的現象大幅加劇。一九六〇年代末，全球市場上流通的美元數量，遠遠不是美國聯準會儲備的黃金能夠對應。[9] 歐洲美元始於戰後初期，是存放在美國以外的銀行且不受美國政府監理的美元。[10] 一九五〇年代末，各國銀行開始在倫敦交易和放貸這些境外美元。[11] 這些倫敦市場上的資本，既不受戰後歐洲各國政府的資本管制，又不受美國財政部的利率管制，到一九六〇年代中期，一個重要的歐洲美元信貸市場已形成。越來越多美國銀行在倫敦設立分行，開放歐洲公司申借境外美元。人們完全不知道這些市場到底如何不斷生成大量美元。貨幣學派經濟學家米爾頓．傅利曼（Milton Friedman）在研究歐洲美元的重要文章中認為「這根本是某種鑄幣魔法」，大部分歐洲美元「都是記帳人虛構出來的」。[12] 一九六八年十二月，聯準會討論了有可能成為這些信貸市場最後貸款者（lender of lost resort）的風險問題。⑫[13] 然而整個歐洲美元體系，已經複雜到任何國家的中央銀行都無法管控。美國政治經濟學家傑佛瑞．弗里登（Jeffry Frieden）說得好：「有哪個國家，能夠監理德國銀行英國分行所持有的美元存款？」答案很簡單：這種國家不存在。[14]

歐洲美元市場使得美元與黃金之間的掛鉤難以運作，對美國決策者來說，這相當於布列頓森林體系失效。在一九六五年後，美國對地緣政治的考量更是加劇這種困境。詹森總統決定向越南派兵時，增加了美國政府的借款，並在聯準會的慫恿下允許通膨率上升。這種完全無視美元外部性的決定，激怒了法國總統戴高樂。戴高樂從一九六五年起，要求美國將法國的美元存底轉換成黃金，並指責美國濫用這種制度「大幅舉債」準備戰爭資金，把「爛攤子」扔給其他國家。[15]戴高樂的反美元立場和詹森實質的反黃金儲備立場，成為無法解決的結構性衝突。[16]正如第二章所述，黃金危機迫使詹森在一九六八年三月改變越戰政策，恰恰說明了美元黃金掛鉤制度本身的強大拘束性。

一九七〇年代之後的石油問題使美國更加困窘。在前頁岩油時代，一九七〇年是美國國內石油產量的最高峰，之後就只好不斷增加石油進口，[17]而這結構性地加劇了貿易逆差，使布列敦森林體系搖搖欲墜。因為該體系的成立前提，是美國在國內穩定的石油供應下掌握巨額貿易順差，而非使全世界最大的石油消費國逐步成為全世界最大的石油進口國。

美國石油貿易逆差的壓力，加劇了另一個存在已久的問題。懷特在負責談判時，以為布列敦森林體系本身就能保障美國的出口競爭力。但局勢在一九六〇年代末卻已轉

⑫譯註：聯準會除了承擔「被視為這些信貸市場的最後貸款者」的風險外，在這些信貸市場搖搖欲墜時，也提供相對應的資金來維持金融流通。

變，當時的西德與日本即使不進行貨幣貶值，只要防止大幅升值，就顯著利於出口。美國政客見狀，只好祭出貿易關稅來保護國內產業，尤其是國際競爭最嚴重的紡織業。但這也意味著美國必須在國際貨幣體系，與國際貿易秩序之間二選一。[18]某種意義上，美國掉回了一九三〇年代的兩難，只是沒有德國賠款帶來的額外問題。當時胡佛與國會支持課徵關稅，羅斯福則希望讓美元脫離金本位。[19]此時正值政治動盪不安的一九六八年，決斷的重擔落到理查．尼克森肩上，尼克森認為自己在一九六〇年大選時輸給了約翰．甘迺迪的主因，就是當時聯準會過於謹慎的貨幣政策。

一九七一年八月，尼克森總統驟然終結美元黃金兌換制度，並宣布在其他國家同意美元貶值之前，對進口商品徵收關稅。四個月之後，他又將美元貶值納入史密森協定（Smithsonian Agreement）。這項協定原本是為了重整布列敦森林體系，而且當時的美國政府裡面確實有些支持體系重整的聲音，但尼克森並不同意。一九七二年，尼克森的財政部希望撤銷資本管制，允許資金自由進出美國。因為石油進口擴大貿易赤字之後，美國需要海外美元回流來平衡，但美國沒有採取任何管制，使得其他國家之間的匯率也無法穩定。一九七三年三月，所有國家都放棄了固定匯率制，改採浮動匯率，貨幣的價格由每天的外匯市場交易決定。隔年年初，尼克森政府取消了美國所有的資本管制。貿易戰變成了一場長達數十年的匯率競爭。華府和聯準會所制訂的美元政策則自此成為各國貨幣政策的重擔。[20]

布列敦森林體系崩解之後，美國靠著歐洲美元市場和石油來維繫金融實力。歐洲美元體系的存在，讓美國更容易用低成本的方式保持美元的國際地位，因為這些國家都以美元為存款與放貸的主要貨幣。而下一章將提到的一九七三年石油危機，使歐洲美元變得更為重要。[21]美國精心策畫了一個計畫，把OPEC賺取的大量美元收回美國。[22]為了防止沙烏地阿拉伯將口袋裡的美元借給歐洲國家，尼克森的財政部長在一九七四年與其簽約，允許該國在常規市場外額外購買美國國債，而且美國無需公布購買規模。在此同時，美國則給予沙烏地阿拉伯更多的軍事援助，並允許其購買新的美國軍武。[23]尼克森以後的美國總統繼續用這種方式收回石油國家手中的美元。美元在一九七〇年代後半葉疲軟之後，沙烏地阿拉伯與其他OPEC國家，一度將油價與一籃子世界主要貨幣掛鉤。但卡特政府與沙烏地阿拉伯斡旋，提高沙國在國際貨幣基金組織中的發言權與投票權，以及給予更多軍事援助，藉此讓油價重新掛鉤美元。[24]也就是說，一九七〇年代，沙烏地阿拉伯躍升關鍵角色，幫忙穩住美國在波斯灣的能源安全，讓美國能以美元購買石油。在這段期間，OPEC成員國的國營企業開始逐步接管中東地區的石油生產和銷售業務，取代了之前由大型美國和歐洲公司主導的局面。

布列敦森林體系垮台之後，人類進入了前所未有的貨幣環境，沒有任何法定貨幣能夠兌換成全球通用的金屬。而這樣的貨幣環境遇到石油危機，勢必引發經濟劇變。在後布列敦森林時代，公債與私債的比例激增，二〇一六年全球債務總額占GDP的比例，是一九七四年的兩倍以上。[25]過去通常只有在戰爭時才會出現的通膨，也變成家常便飯。照凱因斯經濟學的說法，通膨上升時失業率會下降，但當時幾乎每個西方經濟體，通膨率與失業率卻都同步上升。

全新的通膨與舉債環境，引發了各種複雜的政治影響。光是局勢為何如此演變，以及政治上對誰有利對誰有害，都成了激烈爭論的焦點。其中一種常見的說法讓一九七〇年代政壇開始流行訴諸經濟並反對國家介入，[26]其中的分水嶺便是保羅・沃克（Paul Volcker）在一九七八年當上聯準會主席、柴契爾夫人（Margaret Thatcher）一年之後當上英國首相、雷根（Ronald Reagan）一九八〇年當上美國總統。這三位決策者，以及柴契爾和雷根的顧問團隊，都支持奧地利學派弗里德里希・海耶克（Friedrich Hayek）和美國貨幣學派米爾頓・傅利曼（Milton Friedman）的觀點，認為戰後各國的政府干預，是一九七〇年代通膨飆升、經濟成長不振的罪魁禍首。因此英美兩國在一九七〇年代末至一九八〇年代減少了干預，但失業率也跟著上升。批評者認為這些政策是意識型態的產物，而這種意識型態正是多年以後所謂的新自由主義（neoliberalism）。新自由主義的思想起源可以追溯到哈布斯堡王朝的滅亡，也可以像是支持者所說的那樣來自有害的民族主義對通貨膨脹的反噬，而且這種民族主義的誕生，跟民主取代了君主立憲制很有關係。[27]但若將一九七〇年代的經濟局勢，視為意識型態的產物，就會忽略當時各種危機背後的結構性物質原因。當時那些危機的發生都與政治人物和各國央行的信念無關，[28]一九七〇年代對於國家能夠與應該做哪些事的意識型態爭辯恐怕只是表象，能源才是問題關鍵。[29]當時石油的需求不斷增加，英美兩國的政界人士恨不得趕緊放棄管制資本流動，以方便取得美元來支應石油進口。本書第八章將提到，一九七〇年代的美國去除管制派，主張先撤銷聯邦政府的能源價格管制，以及由聯邦政府來分配各州特定用途石油的作法。[30]雷根入主白宮之後簽署的第一分行政命令，就是取消油價與石油分配的所有聯邦控制，以結束他口中的「美國能源黑暗期的一九七〇年代」。[31]人們經常提到的新自由主義大將傅利曼，也對能源問題相當執著，認為美國的能源短缺完全來自政府的油價控制和聯邦的石油配給制。[32]傅利曼認為通膨完全只是貨幣現象，與能源的供需無關，然而這樣的觀點在政治上的意思就是，要解決石油短缺，就一定得讓油價上漲。上述種種都顯示，在解釋一九七〇年代至一九八〇年代的經濟局勢轉變、政治影響以至於歐元誕生的時候，都必須思考能源的角色。

此外，過於強調英美兩國在新自由主義形成過程中的角色，也會讓我們忘記一九八〇年代最反對通膨的人並不在華盛頓、紐約、倫敦，而是在法蘭克福和波昂。而且這些事情之所以彼此相關，正是因為西德央行沒有打算趁一九八六年油價暴跌時終結反通膨措施，法國政府才會重拾共同貨幣的想法，試圖建立布列敦森林體系最後幾年一度提出的歐洲貨幣聯盟。

歐洲肩上的兩個貨幣重擔

在尼克森一九七一年八月的行動使西歐各國像保羅．沃克形容的那樣「嚇了一跳」之後，[33]這些政府就希望修復布列敦森林體系，不要讓它崩毀。但這些國家雖然身處相同困境，對於危機的看法、應對危機的能力，以及各國貨幣在匯率浮動環境可能的走向，卻都大不相同。

當時的西德政治人物與官員都認為歐洲美元市場是釀出布列敦森林危機的主因。如果銀行與公司能在倫敦用更低的利率借入美元，德國央行就無法真正收緊信貸條件。西德總理威利．布蘭德（Willy Brandt）認為，歐洲美元市場侵害了歐洲貨幣主權，或者說西德的貨幣主權，因此必須成立歐洲中央銀行來應對。法國決策者則認為，布列敦森林體系之所以會崩潰，主要是因為美國霸占黃金。在尼克森決定終止美元黃金兌換制的前幾天，法國總統喬治・龐畢度（Georges Pompidou）甚至派出一艘軍艦，去大西洋彼岸的紐約取回屬於法國的黃金。[34]

而這些國家的實際狀況，使政治人物的判斷變得更加複雜。多年以來，西德馬克一直不像法國法郎那麼容易通膨，原因除了西德的貿易順差以外，也包括西德央行擁有獨立性，不像大多數西歐國家的利率是由政府所決定。時間過得越久，這兩種優勢甚至越加相得益彰：西德央行優先穩住國內物價，使得經濟部門能夠繼續維持出口導向。

一九六九年，歐洲共同體成員國在各自不同的看法下，開始討論貨幣合作。一九七〇年的《魏納報告》（*Werner Report*）建議分三個階段締造歐洲貨幣同盟，而且不去觸碰德法兩國的可能紅線：由誰來決定整個歐洲的貨幣政策。[35]一九七一年初，德國馬克兌美元的匯率面臨巨大的升值壓力，西德公司利用歐洲美元市場借入大量美元，兌換成德國馬克，享受比西德國內大多數環境更低的利率。[36]一九七一年五月，歐洲共同體正式實施魏納計畫兩個月後，西德與荷蘭都自行宣布該國貨幣採浮動匯率。這種行為被法國總統龐畢度痛斥為無視「共同體倫理」，因為它同時也改變了西德與荷蘭貨幣與其它共同體成員貨幣之間的匯率。[37]當時一位西德官員甚至認為，德國馬克的單方面浮動「使歐洲共同體瀕臨崩潰」。[38] 法國對這件事情的怒火，迫使西德總理布蘭德尋找一個統合歐洲的貨幣方案。然而，根本就沒有任何政策能夠同時處理歐洲美元與歐洲內部匯率之間不穩定的問題。一九七二年，歐洲共同體推出稱為「蛇行區間」（Snake in the Tunnel）的狹幅波動匯率制度，使成員國彼此之間的匯率波動程度，小於布列敦森林的其他成員國。而這些貨幣之間的匯率波動，自然也各自小於它們對美元的波動。歐洲共同體的最初六個創始國（比利時、德國、法國、義大利、盧森堡、荷蘭），以及一九七三年加入的英國、丹麥、愛爾蘭、再加上挪威，都採用了「蛇行區間」制度。

但「蛇行區間」沒過多久就陷入困境，畢竟本來就沒有任何方法能夠兼顧美元匯率與德國馬克匯率問題。尼克森終止美元兌換黃金（金本位制）之後，歐洲共同體大多數國家的貨幣都面臨對美元的升值壓力，影響了以美元為基礎的生產商的出口競爭力，因為共同體內國家出口的美元定價產品會變得更加昂貴；同時又面臨了對德國馬克的貶值壓力，導致進口德國產品的價格上升，因而加速了通貨膨脹。因此，西德政府一方面必須承受德國馬克對其它歐洲貨幣與美元的升值壓力，一方面又得因應歐洲共同體成員國希望德國央行降息的呼籲。固定匯率制在一九七三年結束時，這些彼此衝突的矛盾一觸即發。在尼克森讓美元再次貶值、日本允許日元浮動之後，歐洲共同體各國暫停了外匯市場，開始慎重討論該怎麼辦。西德政府對一九七一年五月的分裂仍心悸猶存，因此希望歐洲團結。西德總理布蘭德認為，歐洲有機會可以建立貨幣聯盟；但「蛇行區間」已經證明，一旦限制聯盟成員之間的匯率波動程度，就相當於要求貨幣較為弱勢的國家，推出一些違反國內政治現實的政策改革。因此無論怎樣的制度，都不能將九個成員國同時納入。當下的解決方法，是把歐洲共同體暫時分成兩個貨幣集團，一個集團以西德為首，使用改良後的「蛇行區間」方案，貨幣繼續彼此掛鉤。另一個則包括英國、愛爾蘭、義大利，讓它們的貨幣同時對美元浮動，也對德國馬克浮動。

上述的畫分方式，將法國留在西德貨幣集團，但這是因為法德之間的政治協議，而非考量到兩國的總體經濟狀況是否能允許。沒過多久，法國政府就因為無法繼續跟隨德國央行的貨幣政策，而於一九七四年一月宣布退出蛇行區間集團。一九七五年五月，法國重新加入，這次要求德國央行進行改革，但德國央行未有回應，法國又在一九七六年三月再次退出。早在一九七四年，後來擔任總統的法國財政部長瓦勒里・季斯卡・德斯坦（Valéry Giscard d'Estaing）就對龐畢度總統表示「我們終究無法阻止法郎和馬克漸行漸遠」。到了一九七六年，布蘭德之後的西德總理赫穆特・施密特發現西德集團與其他歐洲國家之間陷入了更大分歧，整個歐洲共同體已經「分為高低兩層」（two-tier Community）。[39]

要讓歐洲貨幣共同體重新團結，就得祭出所有人都得面對的美元問題，但這勢必會使西德的貨幣在共同體內部正式獲得特權。美元在一九七七至一九七八年的長期貶值，讓施密特忍無可忍，他認為西德已經無法同時達到一邊在亞洲國家的競爭下守住外貿市場，一邊購買美國國債來緩解美國赤字問題，一邊降低德國馬克對美元與歐元區以外貨幣的升值壓力，一邊在人們不斷借貸歐洲美元的情況下控制國內的貨幣穩定。他在一九七八年德國央行表示，美元問題雖然短期內無解，但如果要減輕美元對歐洲經濟的中期影響，就必須將法國和德國整合到「同一個貨幣環境」。[40]

施密特建議成立一個以匯率機制（Exchange Rate Mechanism，ERM）為核心的歐洲貨幣體系（European Monetary System，EMS）。他找來了一個有點尷尬的盟友：時任法國總統季斯卡。季斯卡認為，當時的法國必須在繼續讓通膨加劇或者接受德國主導的貨幣紀律中二選一，而他選擇後者。所有參加這個新固定匯率制度的成員國都假裝看不見背後的貨幣權力結構，各國將匯率與一種新貨幣ECU掛鉤，金融史學家查爾斯・金德堡（Charles Kindleberger）稱ECU為「有著法文名字的德國馬克」。[41]

但只要看看義大利，就會發現打從布列敦森林崩解之前幾年一直到創立歐元為止，歐洲各國貨幣的條件整合時都會遇到困境。歐洲匯率機制若要納入義大利，就必須量身訂做，讓里拉對成員國的匯率波動程度，比其他貨幣更大。西德、法國和義大利政府都想處理這項問題。如果歐洲共同體要整合成為單一貨幣區，匯率機制就必須納入義大利，否則就必須讓共同體內部擁有整合程度不同的會員制度。

．．．

不過無論歐洲共同體想締造怎樣的未來，歐洲匯率機制都沒有納入英國。英國一開始就沒有加入貨幣整合計畫，原因不是該國政府的立場。帶著英國加入歐洲共同體的愛德華．希思（Edward Heath）政府並沒有強烈反對未來的歐洲貨幣聯盟，希思首相與財政大臣在一九七三年三月危機時，甚至還非常期待建立這樣的體系。42 英國之所以沒有加入，是因為整合英鎊與馬克所需的經濟成本與政治成本，高到幾乎無法跨越。

打從英國第一次申請加入歐洲經濟共同體開始，英鎊區（Sterling Area）就一直是其他歐洲國家的燙手山芋。英鎊區是源於一九三〇年代的一種貨幣和匯率制度，由前英國殖民地以及其他英國密切往來的國家，將其貨幣與英鎊掛鉤，把外匯結算換成英鎊存在倫敦，並與英國實施相同的資本管制。英鎊這麼巨大的國際影響力，讓法國總統戴高樂認為，英國在布列頓森林體系中的利益比較接近於美國而非西歐國家，只要英鎊發生任何通貨危機，海外國家的英鎊資產（sterling balances）就會連累到整個歐洲經濟共同體，因此堅決不讓英鎊區加入歐洲共同體。英相哈羅德．威爾遜在一九六七年決定讓英鎊貶值之後，戴高樂第二次祭出否決權來阻擋英國，他說「我們這個穩定、堅實、彼此扶持的環境，是由法郎、馬克、里拉、比利時法郎和荷蘭盾組成的，不允許目前的英鎊加入」。[43]英國第三次申請加入時，希思首相向季斯卡保證，英鎊區的國家正在逐漸轉向持有美元，英鎊存底的議題將逐漸消失。[44]但直接結束英鎊區制度，可能會導致嚴重的資本外流。此外，英國的通貨膨脹率比較接近義大利而非德國，即使是親歐的希思政府也必須考量選票問題，不太可能為了讓英國留在歐洲共同體，而提高英國自己的利率。

雖然希思首相在一九七二年五月讓英鎊加入「蛇行區間」，卻在下一個月問題剛浮現時就立刻撤回。希思在一九七三年三月的討論中指出，法國已經向德國表示，只有在歐洲共同體九個成員國全都加入的情況下，歐洲才會嘗試整合各國貨幣，使其聯合浮動。[45]但這也就表示，能決定英鎊是否留在「蛇行區間」的人，將是英國政治人物而非德國央行，而且法國政府不會允許德國自行浮動匯率。自此開始，希思以降的英國政府在二十年來一直得面對一個兩難：要承擔高到難以想像的總體經濟與國內政治成本，加入歐洲貨幣制度？還是守住國內的經濟與選票，犧牲英國對歐洲的政治影響力？當西德總理施密特開始推動歐洲匯率機制，英國工黨首相詹姆斯．卡拉漢（James Callaghan）把希望放在法國，期待法國的反對能讓歐洲的貨幣區繼續分成兩邊，這樣英國就能留在法國這邊。但季斯卡最終決定接受了貨幣整合，這種可能性也從此消失。後來就連義大利和愛爾蘭都決定加入歐元區，英國變得形單影隻。[46]

沃克衝擊

如果說歐洲匯率機制是為了對抗美元貶值，那麼歐洲各國的恐懼之源，就是美國的通貨膨脹。但在歐洲匯率機制啟動之後，聯準會也開始思考能忍受通膨多久？到什麼程度？在卡特總統任命保羅・沃克領導聯準會之後，美國的貨幣政策徹底翻盤。一九七九年十月，沃克以減少貨幣供應的方式，重新定義何謂系統性消滅通膨，[47]使得利率在一九八四年秋季之前基本上維持在兩位數，美元價格在一九八一年至一九八五年春季之間也因而相對強勢。

這場「沃克衝擊」（Volcker shock）為歐洲共同體帶來許多問題。即使以美元計價的油價在一九七九至一九八〇年的第二次石油危機衝擊之後逐漸下跌，美元的強勢依然使這些歐洲國家在購買石油時必須付出更高成本，還讓一九八一至一九八四年的法國財政部長雅克・德洛爾（Jacques Delors）將一九八一年至一九八五年這段期間稱為第三次石油危機。[48]正當以英國與西德為首的幾個歐洲國家逐漸取消資本管制之際，美國的高利率吸引歐洲國家資本不斷外流。

歷史重演，美國的貨幣政策在歐洲再度掀起軒然大波。德國央行在一九八一年提高利率，並試圖阻止薪資上漲。而且由於央行使施密特政府無法獲得沙烏地阿拉伯的信貸，不用等到選舉，施密特領導的社會民主黨與自由民主黨的聯合政府就破局。[49]自由民主黨改變立場，讓基督教民主聯盟重新掌權，從此就執政了十六年。

相較之下，法國的央行並不獨立，未能逼迫執政者採取同樣的貨幣緊縮政策。雖然無論是怎樣政治的條件，德國與法國的路線分裂都會使歐洲匯率機制搖搖欲墜，但法蘭索瓦·密特朗（François Mitterrand）在一九八一年贏得總統大選，以及社會黨在第五共和時代首次拿下國民議會之後，這項機制更是有如風中殘燭。在這種狀態下，即使德國央行沒有實施貨幣緊縮，密特朗與政府部長也會顧忌前總統季斯卡擁護的體制。而且密特朗上任時，歐洲匯率機制成員國更是都得維持非常高的利率。於是在連續幾次貶值法郎之後，密特朗在一九八三年面臨關鍵兩難，如果不以德國馬克作為貨幣基準，讓德國央行決定如何回應美元衝擊，就必須直接與西德斷絕貨幣關係。密特朗衡量兩者利弊之後，決定繼續待在歐洲匯率機制之中，推出「強勢法郎」（franc fort）穩住法郎與馬克之間的匯率，並以此決定法國的總體經濟政策。從此之後，法國的貨幣政策必須與德國央行維持同調，控制外銷產業的薪資漲幅，以及維持經常帳盈餘。

沒有加入歐洲匯率機制的英國，則必須用另一種方式因應沃克衝擊。當時柴契爾政府所採取的貨幣政策其實已經跟沃克差不多，而且在沃克不顧一切打擊通膨的那個月，柴契爾政府還取消了資本管制。這兩項事件的影響在英國彼此加成，一九七九至一九八一年期間，還沒等到美元整體升幅加速，英鎊就急遽升值。英國的製造業與就業率也跟美國一樣，因為高利率和強勢貨幣而屍橫遍野。在一九八一年大部分的時候，德國央行都在設法讓歐洲匯率機制成員國提高利率，柴契爾政府卻絞盡腦汁，設法用不會重新引發通膨的方式讓英鎊貶值。

但在美元不斷加速升值時，這種策略只會讓英國的處境更接近那些必須處理美元問題的歐洲匯率機制成員國。因此柴契爾政府只好從一九八一年秋天起不斷提高利率，設法減緩英鎊貶值。這項不得不然的手段，讓政府內部開始嚴肅辯論要不要加入歐洲匯率機制。一九八五年之後，柴契爾夫人與高階官員之間的辯論變得異常尖銳，直到一九九〇年加入歐洲匯率機制才緩和。[50]但無論是一九八一年還是一九八五年，柴契爾內閣都沒有把匯率機制問題當成英國在歐洲共同體中的地位問題。這件事證實了開放資本流動的情況下，光是要維持法幣地位與匯率本身便深具挑戰。等到一九八六年，整體經濟環境緩和之後，柴契爾政府就利用英國在總體經濟上的彈性，讓英國經濟與歐洲匯率機制進一步脫鉤，藉此處理重新浮現的歐洲問題。也就是說，讓英國加入歐盟的地緣政治考量與總體經濟因素，一直都各自為政，從未對齊。

不那麼德國的單一貨幣體系

沃克衝擊的結束，加上第二任雷根政府對強勢美元將影響美國出口競爭力的擔憂，讓歐洲共同體的貨幣壓力暫時緩和下來。正如之前尼克森選擇用美元貶值而非設立關稅來保護美國出口，第二任雷根政府也決定用貨幣政策來處理迅速增長的美國貿易逆差，即使一九八六年期中選舉之後由民主黨控制的參眾兩院都想訂立貿易保護主義法律，雷根也不為所動。[51]雷根政府為了讓美元順利貶值，尋求西德、英國、法國和日本的合作，在一九八五年的《廣場協議》（*Plaza Accord*）⑬中五國政府同意採取集體行動，讓美元穩步貶值。之後又找來加拿大，用《廣場協議》與一九八七年的《羅浮宮協議》（*Louvre Accord*）設置了美元貶值的實質底線。[52]

但《羅浮宮協議》使美德兩國的貨幣政策再次分歧。美元貶值之後，貿易逆差幾乎沒有改善。美國財政部長詹姆斯．貝克（James Baker）認為，美國如果繼續用貨幣政策來解決貿易逆差，其他國家的政府與央行就只好設法提高國內的消費，來消化美國出口的產品。雖然日本央行願意配合政府採取相應的貨幣政策（結果把之後的日本經濟搞得滿目瘡痍），西德央行卻獨立決策，不願配合西德政府接受協議承諾。於是在西德央行不願放鬆貨幣政策，甚至於一九八七年十月提高利率之後，《廣場協議》與《羅浮宮協議》的匯率合作就此破裂。

由於此時油價迅速下跌，這件事使法國與德國的貨幣政策再次分歧。之前在第二章提過，一九八六年的反向石油危機（reverse oil price shock，意指油價暴跌），只有一部分是美元貶值造成的。[53]這場成因非常複雜的事件，結構性地降低了通膨，也使西德央行接受了零通膨。反觀法國，原本想要把握油價下跌的機會來降低利率、提高經濟成長，而且這時候的聯準會貨幣政策比十年前更為友善，但歐洲匯率機制迫使法國必須跟隨西德央行的政策。

這時候的法國已經不想再繼續被西德所建構的歐洲匯率制度牽著鼻子走。法國總統密特朗在一九八七年底說服西德總理海爾穆・柯爾（Helmut Kohl）建立一個法德委員會（Franco-German Council）來協調兩國的總體經濟政策，尤其是貨幣政策。但當德國央行發現柯爾讓步過多之後，就使協議變得有名無實。一九八八年一月，法國財政部長愛德

---

⑬ 譯註：目的在聯合干預外匯市場，使美元對日圓及德國馬克等主要貨幣有秩序性地下調，以解決美國巨額貿易赤字，從而導致日圓大幅升值。

華．巴拉杜（Edouard Balladur）在歐洲共同體的財政部長會議中提議建立貨幣聯盟，開啟了《馬斯垂克條約》（又稱歐盟條約）與歐元的道路。[54]這時候的法國已經放棄了之前對歐洲貨幣的想法，開始倡議貨幣整合。如果說之前的《魏納報告》和歐洲匯率機制，是為了處理美元給歐洲國家帶來的問題；巴拉杜提議的貨幣聯盟，就是想要解決德國央行對其他歐洲國家的掣肘。[55]

有些人認為，法國提議的這個貨幣聯盟，是為了結束西德央行在歐洲共同體中的大權，同時藉由要求西德放棄德國馬克，引發大量西德人民的反對，刻意使談判破局。但西德柯爾政府認為貨幣整合的利益比守住馬克更重要，因為這樣可以讓其他歐洲匯率機制成員國不再競爭性貶值來促進出口，還能重新校準歐洲共同體。因此，即使兩德統一給了德國一個退出的藉口，柯爾依然堅持單一貨幣的路線。[56]表面上看來犧牲似乎很大，但貨幣聯盟定然符合德國的重大根本利益。

從單純貨幣政策的角度來說，這項協議試圖根據歐盟條約建立一個歐洲央行，無視任何國家的政治影響，全心維持幣值。這實質上就是複製德國央行的模式，但實際上的歐洲央行可能無法像德國央行那麼獨立，因為德國央行可以自行制訂利率，是因為德國國內有強大的政治共識，認為貨幣政策的首要之務是價格穩定；[57]而歐盟各國在簽訂《馬斯垂克條約》決定建立央行時，卻沒有類似的共識。真要說起來，如果歐盟各國在簽約時已經有類似德國的貨幣政策共識，其實就根本不需要建立貨幣聯盟，各國分頭並行就好。所以想當然耳，貨幣聯盟建立之後沒多久，各國全都開始抨擊歐洲央行自行其是。[58]

雖然德國政府沒有明說，但實際上依然堅持貨幣聯盟不能納入歐洲共同體的所有國家。因此一九九一年簽訂的《馬斯垂克條約》，要求使用共同貨幣的國家，在通貨膨脹、匯率穩定、預算赤字、國債上，都必須嚴格遵守相同標準。[59]這讓德國在貨幣聯盟中的立場，與過去的布蘭德與施密特完全不同。一九八八年開始推動貨幣聯盟時，歐洲共同體的南歐成員，只有義大利加入了歐洲匯率體系，而且還是使用寬鬆標準。這樣的義大利想要跟西德保持永久固定匯率，勢必只會引發經濟災難，其他國家當然更不用說。[60]情況已和一九七八至一九七九年截然不同，若要用之前納入法國的方式，把義大利納入貨幣聯盟，就一定得讓歐洲央行大力支撐義大利的債務，或者得建立一個財政聯盟把其他國家的收入分給義大利，而這兩種方法在西德政治上都完全行不通。所以依據《馬斯垂克條約》而建立貨幣聯盟的德國路線，似乎又要把歐盟變成高低兩層。

而且《馬斯垂克條約》訂立的標準，實際上似乎無法真正畫出門檻。打從一開始，德國政府與德國央行對於要讓哪些國家聯盟，就沒有共識。加入聯盟的國家越少，這個聯盟就越有可能像德國央行想要的那樣壓低通膨；但也可能會讓聯盟以外的國家繼續貶值拚出口，讓德國的出口競爭力下滑，生意流失。[61]另外，統合的標準無法在字面上直接針對南歐國家，例如若是用一九九一年訂定的預算赤字門檻來決定成員資格，比利時就會出局；而且即使能夠藉此排除義大利，卻無法排除西班牙。德國政府為了要讓自己在歐元區的力量大於德國央行，在《馬斯垂克條約》中加入了一項條款，讓歐盟理事會可以「靈活」地判斷每個成員國是否滿足資格。[62]但由於條約中寫明的條件是，⑭加入歐洲匯率機制至少兩年且期間貨幣沒有貶值，德國央行還是有辦法不讓南歐國家加入。

結果在馬斯垂克高峰會結束短短九天之後，德國央行就為了緩和兩德統一帶來的通膨，而提高了德國利率。此舉為歐洲匯率機制成員國帶來了十八個月的動盪，使英國永久退出；義大利暫時退出；西班牙、葡萄牙、愛爾蘭貨幣貶值，並且在一九九三年七月，除了德荷兩國間之外，其他所有貨幣的相對匯率區間制度都被暫時凍結。巨大的震盪使人們好一段時間都認為貨幣聯盟根本不可能建立，只有少數幾個國家會繼續前進，把歐洲共同體分裂成核心與邊緣。但事實上，一九九九年歐元區實施之後卻納入了大部分國家，沒有進入的國家只有合法退出的英國與丹麥，以及暫時在圈外的希臘。

這個龐大的貨幣聯盟引發了德國內部的政治分歧。首先，反對者針對《馬斯垂克條約》向德國聯邦憲法法院提出一系列違憲爭議。一九九三年，法院裁定該條約的判斷標準合憲，但也主張一個國家能不能加入貨幣聯盟，應由德國國會決定。這使得貨幣聯盟的規模大小，在德國民主政治內部引起爭議。一九九四年，德國社會民主黨在聯邦選舉中提議將南歐國家踢出單一貨幣聯盟，看起來就要因此勝選。[63]柯爾為了挽救選戰頹勢，只好祭出一個從未出現的說詞，把貨幣聯盟解釋成歐洲國家團結一致的象徵；他隔年更進一步地說，貨幣聯盟的成敗「將決定二十一世紀的戰爭與和平」。[64]於是，基民盟與自民黨的聯盟在一九九四年的大選中守住了執政權。然而，這並沒有搞定該如何決定歐元區的成員標準。一九九五年，柯爾的財政部長特奧．魏格爾（Theo Waigel）宣布義大利不符合加入貨幣聯盟的條件。在一九九七年之前，德國政府內部一直都有人不承認義大利。[65]不過由於兩德統一之後，德國的財政困境無法同時遵守條約中的國債標準與預算赤字標準，魏格爾與德國央行找不到好理由把義大利趕出去。這種沒有清楚客觀的標準來剔除某些成員的情境，使柯爾的「歐洲國家團結一致論」意外得到一種神奇的魔力。

不過龐大貨幣聯盟帶來的風險，還是讓柯爾政府重新思考是否值得為了遵守《馬斯

---

⑭譯註：此指四項融合條件：(1)達到物價穩定條件：通膨率不得超過三個通膨最低歐盟會員國之平均通膨率百分之一點五；(2)符合公共財政健全且永續要求；(3)符合匯率穩定要求：加入歐洲匯率機制（ERM-II）至少兩年，且其貨幣無兌歐元貶值等情形；(4)符合長期利率要求：長期利率不得高於三個通膨率最低歐盟會員國之平均利率的百分之二。

垂克條約》而放棄德國馬克。一九九〇年代中期，柯爾政府試圖在歐元推出之後要求成員國遵守財政規則，並推出了日後的《穩定與增長協定》（*Stability and Growth Pact*）。此舉讓法國政府不知所措，尤其是法國在為了遵守統合標準而降低預算赤字時，遇到了國內強烈的政治阻力。一九九七年五月，剛上任兩年、主張戴高樂主義（Gaullist）的法國總統賈克．席哈克為了獲得更大的改革力量以讓法國符合《馬斯垂克條約》的標準，而解散國民議會提早舉行選舉，卻反而使議會的多數席次落到社會黨手中。本書第九章將提到，隸屬社會黨的新任總理萊昂內爾．喬斯潘（Lionel Jospin）並不信任貨幣聯盟，甚至在競選期間公然反對《穩定與增長協定》。不過喬斯潘上任之後還是接受了《穩定與增長協定》的財政標準，以此為條件要求德國允許義大利加入，藉此盡量擴大貨幣聯盟的規模，防止法國淪為聯盟中實力最弱的國家。[66]

《馬斯垂克條約》對南歐各國而言是一項沉重的負擔。它們加入了一種比歐洲匯率機制門檻更高的單一貨幣，而且希臘和葡萄牙完全沒有相關經驗。南歐各國知道無論做出多少政治犧牲，其他國家也不見得歡迎他們加入。當然，南歐各國之所以努力想加入，有部分原因是能夠提高獲得歐盟結構基金援助金額（義大利除外），[67]但主要還是現實上別無選擇，畢竟一旦失去成員資格，幣值可能就會大幅波動、通貨膨脹率上升、利率也會上升。反倒是努力符合資格之後，外匯市場將更肯定本國的抗通膨能力，給予更低的利率，這樣一來必須支付的利息也就減少，更容易符合《馬斯垂克條約》規定的百分之三預算赤字上限。

但對義大利來說，背後的問題存在已久，還嚴重影響了民主政治（也是本書第九章的主題）。義大利在一九九二年九月退出歐洲匯率機制，直到一九九六年十一月才重新加入，在這期間里拉貶值了將近四分之一。[68]而且從一九九二年嘗試加入歐元區，到一九九九年實際進入之間，平均經濟成長率僅略高於百分之一。反倒是一九八〇年代一直低於百分之十的失業率，在這之間大幅上升。

義大利政府認為，接受《馬斯垂克條約》的要求限制經濟成長，比讓歐盟分裂成兩個貨幣集團更安全。當時的總理羅曼諾．普羅迪（Romano Prodi）在一九九七年二月表示，「如果我們沒有在第一波就加入貨幣集團，我們的貨幣就會遭受狙擊，經濟無從防禦，信用嚴重受損」。[69]他向德國呼籲放寬統合條件的理由，跟德國的柯爾面對選民時如出一轍：「加入歐洲共同體不只是共同使用一種貨幣，我們無法想像歐洲跟偉大拉丁文化決裂。」[70]

義大利在加入單一貨幣時的掙扎，很大部分預示了歐元區日後的崎嶇命運。法國賦予這個貨幣聯盟總體經濟目標，期待能夠超越過去的德國央行。但《馬斯垂克條約》賦予歐洲央行的價格穩定權力，實質上就是造出另一個德國央行，歐元勢必無法滿足總體經濟目的，以德國為中心的結構也勢必會形成另一個更小的貨幣聯盟。而且自從德國的貨幣實力在一九九〇年代下降之後，歐元區的南歐友好策略就不斷考驗著各國對歐盟的支持程度，即使對這些國家來說，使用歐元所需的總體經濟政策明顯和維持國內經濟與政治穩定背道而馳。

▪ ▪ ▪

至於英國，則是因為另一些理由而沒有加入歐元區。雖然英國政府與義大利政府都在一九九二年九月上旬努力留在歐洲匯率機制中，現實卻並不理想。身為歐盟會員國的英國堅持走在自己的貨幣路線上，這跟反向石油危機有關。自一九八六年以來，柴契爾政府就跟雷根政府與聯準會一樣，都認為不應該在通膨下滑、失業率居高不下的情況下繼續優先控制通膨。所以英國並沒有沿用德國央行的貨幣政策，即使柴契爾政府願意放棄她非常堅持的貨幣主權，也不會想像法國那樣追求歐洲共同貨幣。

但這並不表示英國沒有匯率問題。在歐洲共同體國家一九八九年六月決定建立貨幣聯盟時，英鎊相當疲軟，英國必須把利率調得比大部分成員國更高。但英鎊此時疲軟的理由與其他成員國完全相反，是因為柴契爾政府利用油價下跌來解除反通膨政策。因此，柴契爾政府在一九九〇年十月決定為了暫時穩定英國的總體經濟與英鎊，而退出歐洲匯率機制。但此時各國即將召開貨幣聯盟會議，批評者質疑關上加入貨幣聯盟的大門，會使英國淪為歐洲共同體中的次等公民。前任財政大臣傑佛瑞・侯艾（Geoffrey Howe）甚至在柴契爾表示自己永遠不會放棄英鎊或貨幣主權之後，氣得辭去內閣職務，之後的一系列事件也導致柴契爾夫人最後辭職。

但即使如此，英國的總體經濟狀況依然很難避免英鎊被孤立。柴契爾辭職之後，首相約翰・梅傑（John Major）選了一種看似退出《馬斯垂克條約》的方法，來爭取時間設法加入。但當英國經濟陷入衰退需要貨幣刺激時，德國央行正在收緊貨幣政策，如此一來英國勢必無法留在歐洲匯率機制之中。一九九二年九月的黑色星期三，政府決定不再向保守黨議員與英國選民承諾未來將加入共同貨幣，暫時的退出變成了真正的退出。[71]

英鎊的疲軟，讓梅傑政府在好一段時間之內都想要嘗試重新加入，但到了一九九五年中，美元的上漲帶動英鎊上漲，使得之後的政府成功擺脫了一次大戰結束以來幾乎從未消失的英鎊重擔，而且擺脫了十年以上。另外，貨幣聯盟的規模雖然龐大，直到二〇〇一年為止，只有英國、丹麥、瑞典三國沒有加入歐元，但這些國家的貨幣並不弱勢，所以英國也不至於太難看。雖然英國失去成員資格之後，布萊爾政府在歐盟內部處處受制，但在一九九三至二〇〇八年間，英國每年都在通膨沒有提高的狀態下享受經濟成長，大有助益於工黨政府的執政。成因之一，就是下一章要提到的中國所促成的通貨緊縮力量，雖然這與英國與歐元都無關，但沒有通膨的環境卻能讓英國把英鎊相關的總體經濟問題，和英國在歐盟的地位之類的地緣政治問題分開來處理。此外，歐元區成立之後，倫敦失去歐洲金融中心地位的擔憂也跟著煙消雲散。這原本是柴契爾夫人下台的原因與藉口，但歷史卻走向相反的結果：倫敦很快成為了歐元區的金融樞紐。72

▪ ▪ ▪

早在歐元區規畫之初，就一直有人認為歐元太偏德國，並不適合義大利；也有人認為歐元太偏義大利，德國無法接受。這個始於一九九九年的貨幣聯盟，到了二〇一二年只好在德拉吉的主持下進行改革。歐元區原本的規畫，是建立一個以法國為首的制度，以解決布列敦森林以美元為基礎的貨幣秩序崩潰之後，西德的因應之道所引發的一系列問題。只要聯盟符合德國的利益，德國政府也勉為同意，前提是沒有納入負債累累的義大利。但到了最後，貨幣聯盟不但依然納入了義大利，也設計了一套沒有考量到義大利債務問題的規則。所以在二〇一二年，德拉吉試圖用歐洲央行內部的政策來來擺脫歐元的困境，這樣就不用重新討論《馬斯垂克條約》。

到了二〇一五年，歐洲央行大轉彎，以量化寬鬆政策直接購買歐元區國家的債務。這使得根據《馬斯垂克條約》建立、原本符合德國利益條件的歐元區，轉變成德國政府無法接受的貨幣聯盟：一九八六年，德國央行將德國通膨率壓至負值，三十年後，歐洲央行提供了負利率；一九九三年，德國聯邦憲法法院裁定《馬斯垂克條約》符合德國憲法，二〇二〇年，在Covid-19使歐盟委員會暫停單一市場規則時，德國憲法法院裁定德國政府與聯邦議院沒有反對歐洲央行，是侵犯了德國公民的權利。當然，讓歐洲央行擔任所有成員國的最後貸款者，也會使應該支援哪些國家的債務，以及應該支持一個國家中的哪些政黨，都成了一大哉問，義大利和希臘的政治人物對此應該深有所感。

如果原本的歐洲央行在二〇一〇年後已經被改組成別的東西，它就失去了原本建立的理由，不再是解決通膨問題的工具。到了二〇〇〇年代，德國已經不再需要對抗來自其他地區的通膨壓力；事實上，全球經濟的結構性力量與德國內部經濟的走向，已經朝著反方向的通貨緊縮前進。即使世界正在醞釀著另一場石油危機，從中國進口的廉價商品依然能壓低通膨。此外，德國的金融機構已經無法穩定歐洲美元市場，深度涉入這些市場的德國大型銀行，甚至本身就是助長歐債危機、逼迫歐洲央行轉型的原因之一。所以接下來真正該思考的是，在中國與歐元體系的影響下，世界經濟將產生怎樣的結構性變化。

5 中國生產，美元支撐

二〇一五年五月，聯邦隔夜拆款利率（federal funds rate，聯準會的主要利率）已連續七年半保持在百分之零點二五的水準。聯準會主席珍妮．葉倫（Janet Yellen）該月在羅得島普洛維敦斯（Providence）的演講中表示，如果經濟繼續照她預期的方向改善，聯準會將在年底之前調高聯邦隔夜拆款利率。[1]

葉倫所說的這種「貨幣政策正常化」，會讓匯率與美元掛鉤的國家陷入麻煩：利率調高之後，這些國家的資本會流入美國。[2]中國就是一個例子，該國自二〇〇八年之後就有許多公司大舉進軍歐洲美元市場，災難正緩步前來。中國經濟成長速度已經降至二十五年來的低點，撐起經濟成長的出口產值也在下降。因此中國央行決定在聯準會之前搶先出手，於二〇一五年八月十一日大幅貶值人民幣，導致中國和全球大部分地區的股價暴跌，新興市場陷入匯率浩劫。[3]之後為了避免資本外逃，中國央行又再度貶值了人民幣，並在兩週內清算了約一千億的美元儲備。

在那之前，大多數觀察人士都認為聯準會將於該年九月的會議中升息。但中國的金融衝擊使聯準會決定暫緩。葉倫在記者會上表示，中國的「成長憂慮」已經「導致金融市場顯著波動」，「鑑於國際上的不確定性增加」以及「（因為油價下跌使）原本預期的通膨略有放緩」，「委員會認為在出現更多證據之前應暫緩升息」。[4]

在沒有升息的情況下，美中貨幣關係二〇一五年底再次陷入緊張。中國央行在十二月十一日宣布，將使人民幣與一籃子貨幣掛鉤，而不僅是美元。聯準會在十二月十五日至十六日的會議上，則將聯邦資金利率調高了百分之零點二五。為了防範隨之而來的資本嚴重外流，中國央行再次讓人民幣貶值。這讓美國擔心中國貨幣政策開始大轉向，歐巴馬政府的財政部長在二〇一六年二月說服二十大工業國（G20）的央行總裁與財政部長簽署《上海協議》（*Shanghai Accord*），承諾「不進行競爭性貶值」。[5] 在那之後，美元的上行壓力連續減弱了幾個月，但聯準會在二〇一六年十二月前依然不敢再次提高聯邦隔夜拆款利率。

如果說歐巴馬任期的最後一年，是想伸出合作之手來緩解美中貨幣與匯率的緊張關係；那麼川普上任的第一年，就是全面展開美中貿易戰。二〇一七年八月，川普開始調查中國對美的貿易措施。二〇一八年初，他先是對中國進口的太陽能板和洗衣機徵收關稅，隨後又將關稅擴大到一千三百多種商品。一個月後，中國還以顏色。接下來美中兩度開啟貿易談判，都以破裂告終。最後美國財政部將中國列為匯率操縱國。

川普的政策剛好搭上了中美經濟關係中地緣政治論調的轉變風潮。二〇一七年十二月出版的《國家安全原則》（*The US National Security Doctrine*）表示，「大國競爭已經回歸」，之前的華府在錯誤的「假設」下「採用非常自大的戰略」，誤以為「全球貿易」能將「競爭對手」轉變成「善意的參與者，可信的合作夥伴」；所以美國接下來將會「振興國內經濟、造福美國勞工、重建美國製造業、創造中產階級職缺、鼓勵創新、保持科技優勢、保護環境、取得能源主導（energy dominance）」。[6]之後不到一年，副總統麥克・彭斯（Mike Pence）在演講中宣稱中國正在追求「國際霸權」，而且北京「惡意影響干涉了美國的政治與政策」，程度是俄羅斯的好幾倍。[7]演講結束後，一位中國官員表示宛如冷戰鐵幕的「竹幕」（bamboo curtain）已經降臨。[8]

川普的這種戰略在美國政界左右逢源。雖然有一些民主黨人批評他煽動民意，卻幾乎沒有人認可現狀。只是對歐洲來說，美國對中政策的轉變是另一幅光景。二〇一八年七月，有人問起川普為何沒有和歐盟聯手抵制中國貿易，川普說「歐盟大概跟中國一樣惡劣，只是規模比較小」。[9]到了二〇一九年，川普拿中國科技巨頭華為開刀，要求歐盟和英國一同加入制裁，這些國家全都拒絕。

無論要了解聯準會的貨幣政策為何受到中國的美元問題的牽制，還是川普為何對中國發動貿易戰與科技戰，都得回到二〇〇七至二〇〇八年金融海嘯。這兩個問題都與海嘯之前累積幾十年的沉痾，以及海嘯之後幾年的演變有關。其中故事可以分為兩則，一則是中國經濟成長帶來的影響，另一件則是出現了一個以歐洲美元計價的全球美元信用市場。這兩件事的加乘，促成了國際貨幣和金融環境的板塊移動，造成巨大油價震盪，並使美國經濟嚴重失調。國際環境與油價衝擊的交互作用，引發了二〇〇七至二〇〇八年的金融海嘯；而美國經濟的混亂，則使川普這種反中素人得以入主白宮。

中國衝擊

中國經濟在二〇〇〇至二〇〇七年間突飛猛進，年成長率最高曾經到達百分之十四。這大幅影響了全球經濟，其中最明顯的就是貿易。在中國政府貶值人民幣後緊盯美元的策略成功之後，中國進入了出口導向型成長。而在美國國會二〇〇〇年同意與中國貿易關係永久正常化，以及中國二〇〇一年加入世界貿易組織之後，中國成長更是迅速。從此之後，中國變成了世界工廠，出口以製造業為主。至於美國與許多歐洲國家，則因此陷入巨額對中貿易逆差。美國對中國的商品貿易逆差，從一九九九年到二〇〇八年擴大將近四倍。[10]

中國強大的製造業出口榮景，嚴重影響了北美與西歐國家的勞動力市場，尤其是美國。[11]雖然各界評估的衝擊規模各不相同，但都同意中國出口大宗的美國產業失業大增，而且蔓延到美國當地供應鏈。[12]美國製造業就業人數從二〇〇一年開始暴跌，二〇〇〇年十二月還有一七二〇萬，二〇〇九年十二月僅剩一一五〇萬。這些數字與過去幾十年相距甚大，製造業在一九七九年的高峰期有一九五〇萬勞工，一九八九年底降至一七九〇萬，一九九九年底則為一七三〇萬。然而，製造業工作機會的快速流失，大部分都發生在二〇〇〇年代初期，二〇〇一年直接從一七一〇萬降至一五七〇萬，二〇〇三年二月更降到一四三〇萬。[13]無論這些消失的工作機會實際上有多少是被中國人搶走，在受到影響的人眼中，美中貿易關係正常化的時間點，顯然跟製造業的雪崩脫不了關係，貿易關係正常化對他們來說形同一場災難。[14]

失業衝擊可不是柯林頓政府承諾美中貿易關係永久正常化所會帶來的好處。柯林頓在二〇〇〇年表示「這件事對美國經濟來說，完全只有好處沒有壞處」。[15]他的農業部長也說，美中貿易關係永久正常化的法律「是一筆簡單至極的買賣」，而且美國市場當時早就對中國開放，「代價一律他們承擔，好處由我們一網打盡」。[16]

但沒過多久，現實的殘酷演變就在美國國會燒起巨大怒火。這場怒火指向中國的匯率政策。如果中國允許人民幣浮動，中國對美貿易順差擴得越大，人民幣匯率就會升得越高，從中國進口商品的價格也會不斷提升。但人民幣在一九九四年之後就一直和美元掛鉤，維持固定匯率。中國央行不但沒有讓人民幣升值，更從二〇〇三年起大舉介入以壓低匯率。在那一年，美國的重量級國會議員開始不滿中國以貿易創匯為核心的匯率政策。民主黨參議員查克・舒默（Chuck Schumer）與共和黨參議員林賽・葛瑞姆（Lindsey Graham）提出一系列草案，其中第一項就是在中國讓人民幣升值之前，對中國產品徵收高額關稅。[17]他們的支持度在二〇〇五年上半達到高峰，幾乎爭取到夠多的參議員票數通過立法。

但由於二〇〇〇年後的美中貿易關係，很快成為了華府的既定立場，舒默與葛瑞姆的法案得不到小布希政府的支持。在沒有安全依賴的情況下，小布希不敢用之前三位總統對待日本的態度，要求中國做出改變。此外，當時中國已經是美國最大的債權國，中國央行購買大量的美國國債作為總體經濟策略，以壓低匯率。而且為了防止舒默－葛瑞姆法案真的通過，中國也在二〇〇五年七月調整了匯率政策，乍看之下停止繼續以固定匯率掛鉤美元，給予一定的浮動空間，但實際上只讓人民幣對美元升值百分之二。隔年秋天，小布希政府的財政部長亨利・鮑爾森（Hank Paulson）說服中國接受一個制度性框架以共同討論美中匯率與貿易議題，表明其目的就是促成人民幣放大升值空間。[18]但會議之後，中國還是只有微調人民幣。二〇〇七年五月，中國同意擴大人民幣浮動區間，之後人民幣也確實升值，但由於此時美元對其他貨幣的貶值，人民幣升值的效果明顯縮水。

乍看之下，這時候華府之所以在政治上動彈不得，只是在重演胡佛至雷根時期被國會的貿易保護主義施壓的結果。但與過去不同的是，以中國為核心的龐大生產供應鏈，如今已是許多美國企業難以捨棄的重要優勢。美國科技業與電子業之所以能保持優勢，是靠中國的廉價組裝；沃爾瑪（Walmart）這種廉價大賣場也是靠著從中國進口的便宜商品才得以壯大。[19] 像蘋果這樣的品牌，過去幾乎所有產品都在美國生產，在一九八〇年代，共同創始人史蒂夫．賈伯斯甚至還以「美國國產電腦」之名吸引顧客；[20] 但從二〇〇四年起，蘋果幾乎所有產品都在國外生產，其中最大的就是中國。一位蘋果高層曾對《紐約時報》表示，「美國有哪家工廠可以在一夜之間找來三千名員工，而且搬進工廠宿舍？」[21] 這些好處某種程度上降低了反華言論的擴散，因為即使把iPod搬到中國製造會擴大美國貿易逆差，大部分的利益依然會回到美國人身上。[22] 然而，由於獲利的是股東與公司裡的高薪經理人，失業的卻是工廠勞工，反而深化美國民主政治中的階級對立。[23]

．
．
．

除了中美貿易變成了美國的政治議題以外，中國也連帶衝擊了油價。中國的石油在一九九三年前自給自足，而且國產石油使它得以在早期工業發展的過程中，走上與其他東亞國家，尤其與日本不同的軌跡。但到了二〇〇〇年中期，中國石油消費量上升，開始影響其他國家。二〇〇八年，中國用掉的石油相當於沙烏地阿拉伯產量的七成。由於此時其他亞洲國家（尤其是印度）的需求也在加速增長，世界每天的石油消費量從一九九四年的六千八百萬桶，飆升至二〇〇〇年的七千七百萬桶，而且即便在二〇〇八年某些歐洲經濟體需求減少的時候，石油消費量依然飆至八千七百萬桶。想想一九七三至一九九三年之間，消費量只從五千七百萬桶增至六千七百萬桶，就知道這增速有多麼誇張。[24]二〇〇五年，在中國需求繼續增加時，石油產量卻如第四章所述陷入停滯，直到頁岩油革命才突破了困局。[25]所以自二〇〇〇年中期以來，油價不僅擺脫了過去十多年的低迷，更漲至前所未有的高點。二〇〇六年五月，油價達到每桶九十美元，通膨調整後相當於一九七四年三月第一次石油危機尾聲時的百分之一百八十。在這波漲幅達到高峰時的二〇〇八年六月，每桶石油約為一五〇美元，通膨調整後大約比第二次石油危機的高峰高出三分之一以上。[26]

這次油價衝擊與一九七〇年代的兩次石油危機、一九八一至一九八五年美元帶來的衝擊，以及伊拉克入侵科威特引發的小幅價格飆升都截然不同。上述衝擊的結構性肇因都無關乎石油需求面因素：阿拉伯石油禁運是暫時的；伊朗的產量在革命之後恢復了一部分，伊拉克也是（直到一九九〇年後的制裁為止）；至於美元從一九八五年開始下跌之後，帶動一九八六年油價開始狂跌。但這次的油價上漲來自中國與印度的大規模需求，這些需求不會消失，除非出現新的石油供給，或者經濟成長明顯減緩，否則高油價勢必成為常態。矛盾的是，為滿足加速的石油消費需求而擴產的情境條件（高油價），卻蔓延至二〇〇七至二〇〇八年的金融海嘯；本章後面也會提到，油價問題正是金融海嘯的推手之一。

歐洲美元借貸

歐洲美元借貸的故事可以追溯到一九七〇年代。這個終結布列敦森林體系的兇手之一，在兩次石油危機中可說是大鵬展翅。中東石油生產商所吸納的大量美元，使得美國和歐洲的銀行坐擁巨額美元存款，而發展中國家等諸多石油進口國都陷入巨額貿易逆差。在這樣的環境下，歐洲美元市場變得非常有用，而且國際貨幣基金組織無力應對如此龐大的結構性赤字，美元的需求就由銀行放貸補足。[27]結果金融業，尤其是國際銀行對美國與西歐國家的經濟影響力，當然就比二戰之後的三十年以來更加巨大。[28]但歐洲銀行的歐洲美元業務大增之後，誰來監理這些放貸業務，以及誰來當這些銀行的最後貸款者的老問題，就比一九六〇年代更加明顯。[29]美元的最後貸款者似乎註定是聯準會，但沒有人想正視這項事實。一九七四年十大工業國（G10）的央行總裁們齊聚討論這個問題卻沒什麼成果，只是要大家相信即使危機發生，也很快會有解決方案。[30]

二〇〇七年八月，這樣的危機果然到來。當時歐洲美元市場已經完全失控。這些市場的擴張，使得銀行融資越來越依賴附買回交易（repurchase agreements，repo）：一種短期（通常是隔夜）抵押借款，讓人能夠出售證券換取現金，之後再以稍高價格購回。在一九九〇年代，這些銀行為了在歐洲美元市場放貸而創造出更多美元，影響國家利率的程度已經讓德國央行無計可施；現在同樣的情況在聯準會上演。當時的聯準會主席艾倫·葛林斯潘（Alan Greenspan）在一九九六年的演講中指出，「整體來說，我們必須承認過去幾年的貨幣供給趨勢已經偏離正軌，無法作為總體經濟的有效指標」，而且「未來制訂貨幣政策時，不太能依靠貨幣供應量了」。[31]葛林斯潘認為，如今要制訂貨幣政策前，得先衡量銀行的財務狀況和資產價格。[32]

但這說起來容易做起來難。葛林斯潘在同一場演講中也提到，「非理性繁榮」已經「把資產價值抬得太高」。[33]而且監理銀行的財務狀況極為困難，根據十大工業國一九八八年簽訂的〈巴塞爾資本協定〉（Basel Accords），銀行監理的內容主要集中在資產負債表中的資產面。但到了一九九〇年代後期，銀行與金融公司已經學會用各種衍生性金融商品來掩飾資產負債表的實際規模。此外，許多參與歐洲美元市場的都是歐洲國家的銀行，美國聯準會無權過問。

事實上，就連葛林斯潘也不想根據資產價格的波動來調整利率。資產價格的波動從一九八〇年代中期就開始擴大，[34]尤以開發中國家與新興市場最為明顯，最後導致了一九九七至一九九八年的亞洲金融風暴。而在西方經濟體，資產價格的明顯波動也導致了一九八七年的股市崩盤。在葛林斯潘發表這場「非理性繁榮」演講時，網路新創公司的網路泡沫，已經把美國股市吹得過於巨大；即便在二〇〇〇年三月泡沫破滅後，葛林斯潘仍然堅稱，泡沫不但無法提前預警，出現之後也無法遏止。[35]

回到銀行界本身，銀行業的國際化業務從一九九〇年代後期開始一日千里。而且這波深度國際化浪潮的先行者，同樣是歐洲的銀行，尤其是德國的銀行。[36]這些銀行越來越大、越來越國際化的資產與負債，使得流動的國際資本在千禧年之後大幅增加。[37]其中很大一部分流量都來自歐元區，自從歐元讓大部分歐盟地區的信貸條件趨於一致，西北歐銀行便向歐元區南方和愛爾蘭的公私部門提供大量貸款。

而且這些西北歐銀行也藉由在美國放貸、購買債券與證券，大幅擴增資產負債表中的國際資產。它們利用來自貨幣市場的短期美元融資（包括歐洲美元，以及用附買回協議借來的錢）提供貸款，因而背負大量外幣債務，手中持有的長期美元資產卻無法支應短期美元負債。[38]亞洲金融風暴就是這種條件引爆出來的，所以到了二〇〇〇年代，東亞各國，尤其是中國的央行，就都知道要儲備大量美元以防萬一。但這時候的歐洲央行與英國央行卻對該國銀行體系面臨的巨大貨幣失衡袖手旁觀，似乎認定自身不用提供任何外匯支援，相信世界會像一九七四年的假設那樣，當危機降臨時聯準會自有妙方。

大穩健暫時重現

在二〇〇七到二〇〇八金融海嘯之前的十年，由於中國經濟快速成長，加上銀行業的日益國際化，使全球的良性貨幣和信貸環境，似乎變得比美國一九八〇年代中期因低利率與低油價而進入的榮景更好。尚未擔任聯準會主席的班・柏南奇（Ben Bernanke）在二〇〇四年的演講中認為，一九八〇年代的大穩健（Great Moderation）來自「總體經濟波動的大幅縮小」，也就是通膨比一九七〇年代至一九八〇年代初降低許多。[39]這場變化的成因眾說紛紜。柏南奇等人認為通膨的降低，是因為經濟政策的制訂，尤其是貨幣政策有顯著改善。[40]其他人則認為只是油價下跌或結構性經濟變化（例如金融新創、製造業影響力下降）帶來的好運。[41]但到了二〇〇〇年代，無論這些因素的相對影響力如何，都不能否認中國在二〇〇一年之後的大量出口降低了服裝與消費性商品的成本，成為壓低通膨的重要力量。而且有鑑於當時的能源價格已經被中國不斷增長的石油需求推高，這個年代能夠維持低通膨，顯然跟中國的廉價出口有關。[42]

而且至少從一九九〇年代開始，大穩健環境的全球利率下降，就無法光靠通膨率的預期變化來解釋。[43]這在歷史上似乎相當反常，二十世紀確實有某些實質利率降低的時期，但都沒有跟低通膨、銀行監理寬鬆同時發生。[44]這種全球結構性貨幣寬鬆環境的成因，當然也有許多不同說法。[45]葛林斯潘與柏南奇等人，都認為關鍵是中國的貨幣和匯率政策。柏南奇在二〇〇五年表示，中國是利率下降造成「全球儲蓄過剩」的成因之一。[46]無論根據什麼標準，中國等東亞國家都以低利率向美國提供了大量資金。中國購入大量美國國債，甚至買下房利美（Fannie Mae）和房地美（Freddie Mac）這兩家國會特許抵押貸款公司所發行的債券和證券。聯準會也因此能夠在二〇〇一年將聯邦資金利率壓至百分之二以下，並一直維持到二〇〇四年下半。寬鬆的信貸環境，使得第一任小布希政府能夠快速擴大美國預算赤字，但美國的財政也因此更加依賴單一國家，這是史所未有的事。[47]此外，撐過網際網路泡沫的亞馬遜、谷歌、eBay這些科技公司也因此得以輕易獲得資金，讓當時還無法獲利的商業模式得以繼續成長。

在某些人眼中，在二十一世紀初的世界經濟局勢中，美國獲得的貨幣優勢和中國獲得的貿易優勢，似乎就是新一代的國際貨幣秩序，能夠在可預見的未來中維持低利率。某些人認為這種秩序跟布列敦森林體系有很多重疊。[48] 經濟史學家尼爾・弗格森（Niall Ferguson）和莫里茲・石里克（Moritz Schularick）稱其為「中美共同體」（Chimerica）。[49] 柯林頓的前財政部長羅倫斯・薩默斯（Lawrence Summers）則將其視為「金融恐怖平衡」，他相信中美雙方都擔心美元崩潰帶來的大崩壞，所以都會設法維繫，這種平衡「在短期內依然極為有用，也使人相當安心」。[50]

但其實即使只看短期，還是有一些不穩定因素會影響全球經濟。其中最大的隱憂，就是中國靠著石油推動的經濟成長，並不會創造出良好的信用環境。打從二〇〇〇年代中期開始，中國的石油需求加上日益吃緊的石油供應，就在二〇〇四年六月拉抬了油價，逼得聯準會收緊貨幣政策，以防止油價上漲可能帶來的通膨。[51] 對大國的央行總裁來說，油價一旦回漲，世界整體局勢就會改變。所以對葛林斯潘來說，為了壓抑油價，必須繼續伊拉克戰爭。[52] 他在《華盛頓郵報》的採訪中表示，為了石油市場正常運作，「一定得」結束海珊統治。[53] 英國央行總裁莫文・金恩（Mervyn King）在二〇〇五年的演講中更為悲觀，他說油價上漲之後，一九九二年以來的零通膨持續擴張型成長（non-inflationary consistently expansionary，NICE）的好日子已經結束。在新的環境下，通膨與經濟成長將比之前幾年更不穩定，而且完全不可能靠央行的貨幣政策來維持穩定。[54]三年之後，歐洲央行總裁特瑞謝說得更狠，「財神爺已經從商品進口國，移動到商品出口國」，西方國家的政府與人民必須「認清事實」。[55]

但美元金融業務的國際化，使問題更加複雜。金恩與特瑞謝認為在新的環境下，世界經濟有點接近一九七〇年代，只是全球資本報酬率增高，北美和西歐國家的勞動報酬率降低。但他們沒有考慮到各國央行已經無法維持貨幣政策。葛林斯潘在二〇〇五年二月對參議院委員會表示，當時有一個「難題」：聯準會自二〇〇四年六月開始為了因應石油油價升高而實施的貨幣緊縮政策並沒有影響長期利率。[56]在此同時，美國財政部發行的十年期債券收益率，甚至也比聯準會調高隔夜拆款利率之前更低。即使無法確定這種狀況是否如他所說的那麼反常，或者是不是因為中國等亞洲國家購買美國債券所引起，葛林斯潘都點出了一個問題：聯準會的貨幣政策已效果有限。油價上漲帶來的貨幣緊縮，即使影響了房地產這類非金融經濟市場，卻幾乎完全沒有影響到金融業的信貸環境。某種意義上，信用違約交換（credit default swap）以及其他衍伸性商品的創造貨幣的能力，減緩了貨幣政策變動影響信貸環境的效果，降低了金融市場投資人所面臨的風險。但另一方面，聯準會的緊縮政策本來就只能影響美商銀行在美國國內的美元信貸，對歐洲美元信貸的影響很小，而且歐洲美元很容易回流到美國銀行體系。[57]葛林斯潘也找不到方法解決國際美元信貸市場削弱美國貨幣政策的問題，到了二〇〇六年初只好把這個問題留給下一任總裁柏南奇。

多重的崩壞

在中國經濟崛起、石油生產吃緊之後的油價上漲、歐洲美元市場以及相關信貸影響的複雜交互作用之下，終於釀出二〇〇七至二〇〇八年的金融危機。很多人認為這場危機是美國次級貸款、一九八〇年代後金融業放鬆管制、東亞央行等因素直接引起的，但事實沒有這麼簡單。而且這種說法出自歐洲人口中更是不公平，因為西北歐銀行對歐洲美元市場的影響，正是這場危機的關鍵成因。[58] 這場金融危機與其說是來自柏南奇所說的那樣，是因為中國造成「儲蓄過剩」，還不如說是因為歐洲造成的「放貸過剩」，而且德國、法國、英國的銀行在這方面同樣難辭其咎。[59] 當然，用這種非黑即白的方式來分析二〇〇七至二〇〇八年的金融危機沒有意義，因為這場危機其實是好幾場危機累積出的結果。

第一場危機是美國房地產崩盤。美國房地產價格從一九九七年開始一路飆高，到二〇〇六年初觸頂，之後六年內一路下滑，尤以二〇〇七年至二〇〇九年初的跌幅最大。

[60]二〇〇〇年代上半葉製造業就業萎縮時期，房地產增值為美國經濟成長的重要推手。[61]增值的主力之一（但非唯一成因）就是次級房屋貸款，它讓原本信用不佳的人也能夠借錢買到房屋。但在聯準會於二〇〇四年六月至二〇〇六年為了應付油價上漲而收緊利率（升息）之後，許多次級房貸的借款者開始還不出錢。在次級貸款的規則設計中，只要房價還在上漲，借款人隨時可以再找融資財源；但房價一旦下跌，就再也借不到錢。次級房貸違約數量不斷增加之後，銀行取消了房屋的抵押贖回權，使房價下跌更快，更多借款者陷入困境。到了二〇〇七年底，已經變成全國性的次貸危機。[62]

在房地產危機剛爆發時，聯準會未能及時反應。隨著銀行陸續取消房屋抵押贖回權，聯準會明明知道收緊貨幣政策會衝擊到房市，而且油價上漲會加劇衰退並惡化抵押貸款壓力，卻依然只關心油價，沒有要處理房市問題。二〇〇七年九月，聯準會在油價加速上漲的同時降低利率。但在降低利率的過程中，也清楚意識到自己忽略了油價引發的通膨，以及通膨帶來的抵押貸款危機。簡單來說，要控制通膨就要升息，要控制貸款危機就得降息，而二〇〇七年的聯準會，不可能用貨幣政策同時處理兩個方向相反的問題。[63]

第二個危機是經濟衰退。美國從二〇〇七年第四季開始衰退，歐元區與英國在二〇〇八年第二季也開始。衰退的原因是油價上漲，以及各國央行的反應。央行調高利率壓低了經濟成長，於是隨著油價在二〇〇七年下半至二〇〇八年上半加速上漲，消費者信心和消費者支出都雙雙下滑。[64]這種發展把歐洲決策者嚇了一跳，因為歐洲央行在二〇〇八年七月為了預防油價造成通膨而提高利率時，歐元區其實已經陷入經濟衰退。

雷曼兄弟破產前的那個夏天，整體環境似乎真的就像金恩說的一樣，已經告別了零通膨持續擴張的好日子。各國央行的擔憂，演變成更麻煩的停滯型通貨膨脹：通膨率與失業率同時上升。這引爆了歐元區的政治與經濟浩劫。一九七〇年代的教訓告訴我們，歐洲各國在面臨降低通膨或促進經濟增長二選一的時候，通常都沒有共識。照理來說，歐元區建立之後應該更容易解決這方面的衝突，也就是力持物價穩定這一邊。而且在二〇〇七年聯準會與英國央行放鬆政策直到二〇〇八年七月採取貨幣緊縮之前，歐洲央行總裁特瑞謝也確實沒有跟著放鬆，而是堅守《馬斯垂克條約》的精神，根據上漲的油價調整政策。[65]但這種物價穩定優先的立場，卻遭到西班牙和法國政府的強烈反對。[66]二〇〇八年七月油價暴跌之後，歐元區各國對貨幣政策的歧見暫時緩和。但下一章我們就會看到，油價上漲在歐元區造成的結構性貨幣矛盾，如今又再次暴露出來。

第三種危機則是銀行崩潰。二〇〇七年八月九日，證券回購市場爆發危機。從法國巴黎銀行（BNP Paribas）開始，銀行紛紛無法用不動產抵押貸款證券（mortgage-backed-security）進行融資，同業拆借成本迅速飆升。因為提到不動產抵押貸款證券，這場二〇〇七至二〇〇八年的銀行業危機，似乎跟美國房地產泡沫化緊密相關，但事實並非如此。柏南奇在二〇一〇對美國國會金融危機調查委員會（Financial Crisis Inquiry Commission）表示，「有鑑於全球金融市場的龐大規模，光拿次級抵押貸款可能造成的損失不足以解釋這次危機的嚴重程度」，「金融體系的脆弱性」，其實來自「貨幣市場環境的巨變」。[67] 歐洲銀行在這方面特別脆弱，他們需要外幣融資，但仰賴的歐洲美元信貸市場卻早已失靈，且無法修復。該年八月九日，倫敦同業拆款利率（LIBOR，實質上的歐洲美元利率）與聯邦資金利率脫鉤，之後聯準會即使為了解決銀行融資壓力而推出任何貨幣措施，都再也無法緩解歐洲美元的困境。[68]

在聯準會的貨幣政策無法拯救歐洲美元信貸市場之後，三十年前十大工業國央行總裁擔心過的危機，便在歐洲美元體系爆發出來。在二〇〇七年結束之前，聯準會高層都在處理倫敦同業拆款利率與聯邦資金利率之間的巨大利差。到了該年十二月，他們承認既有政策全都沒用，轉而向歐洲央行、英國央行、瑞士央行提供美元互換，藉此將美元轉移給歐洲美元市場中的那些歐洲銀行。這種美元流動性援助，使聯準會變成歐洲銀行的最大救主，也回答了一九七四年提出的問題：聯準會確實是歐洲美元市場的最後貸款者。

但美元互換並沒有擋住金融危機的蔓延。東亞國家購買的房利美、房地美抵押貸款，把美國房地產市場崩潰、銀行融資危機、油價上漲引發的經濟衰退，這三場危機全都串在一起。中國為了尋求更高的美元投資回報率，在二〇〇七年初成立了主權基金，並於下半年投資多家美國銀行進行資本重組，包括美國五大投資銀行之一的貝爾斯登（Bear Stearns）。但在二〇〇八年初，當貝爾斯登的融資危機進一步加劇，中國完全拒絕討論注入更多資金，迫使貝爾斯登出售給摩根大通。貝爾斯登垮台之後，證券回購市場迅速惡化。中國和日本央行為了因應流動性風險，賣掉了手中的房利美和房地美債券，使這兩家抵押貸款公司更快破產。二〇〇八年九月，美國財政部和聯準會接管了房利美和房地美，為所有全部債務提供擔保。

美國政府出手紓困，成功避免「中美共同體」的崩潰引發全球性的美元危機。但由於房利美和房地美的房貸抵押證券規模太大，銀行融資和歐洲美元市場依然動盪不安，致使將歐洲美元導入美國信貸市場的美國投資銀行雷曼兄弟面臨破產。[69]然而在雷曼爆出危機時，剛剛擔下大量債務的美國政府，不可能冒著巨大政治風險來紓困。於是，美國政府允許這家擁有一百五十八年歷史的投資銀行倒閉，也使銀行籌資市場完全凍結，致使布希政府與歐洲各國只能將紓困對象從銀行擴大到各種金融公司，其中包括美國保險巨頭「美國國際集團」（AIG）。

為了因應美元銀行籌資市場的新危機，聯準會將提供給歐洲各國央行的美元互換規模增為兩倍。並在一個月後表示，將增加與歐洲央行、英格蘭銀行和瑞士銀行的美元互換，落實之前「無論需要多少美元都會支援」的承諾。[70]但就在聯準會試圖穩定這些市場時，銀行業的危機卻進一步助長了油價帶來的衰退。北美、歐洲、許多亞洲經濟體的產值與就業都再次下降。國際需求大幅縮水，貿易也迅速萎縮，打擊到中國的出口部門。中國政府為了撐住經濟增長、維持政治穩定，於二〇〇八年十一月決定舉債近六千億美元，刺激中國對於製造商品與原物料的內需需求，其中也包含許多燃煤計畫。

問題並沒有消失

在二〇〇七至二〇〇八年的這幾場危機結束之後，經濟逐漸復甦。而且美國的復甦到二〇一九年為止持續了十年，是一八五〇年代以來的最長紀錄。但這場復甦的樣貌並不自然，某些時候甚至緩慢而詭異。在這十年之間，頁岩油革命給予美國強大的支撐，但經濟成長率卻從未回到百分之三；相比之下，在一九九一年衰退之後的復甦期，有好幾年的成長率都超過百分之四；在利率與油價雙漲之前，二〇〇四年的成長率也接近百分之四。此外，勞動參與率（labour participation rate，就業中與正在找工作的勞工數量，是衡量勞動力的指標）在二〇一五年年底之前也持續下降，到了Covid-19疫情爆發時，勞參率依然比二〇〇七年低好幾個百分點。[71]義大利在這段期間還額外經歷兩次衰退，二〇一八年衰退之後隔了好一段時間才開始復甦，然後立刻遇到二〇二〇年疫情。即使在疫情之前，該國的人均GDP仍遠低於二〇〇七年的水準。

而且這十年內的貨幣政策一直非常寬鬆，先是美國與英國，二〇一一年後歐元區也跟進。無論是什麼原因阻礙了寬鬆貨幣政策進一步推動成長，大量的貨幣依然使美國公司有錢開採頁岩油，緩解了能源危機。貨幣政策與石油供給重新同步之後，聯準會的貨幣政策成為中國的金融束縛，與二〇〇四至二〇〇六年期間的情況相反，當時聯準會必須用升息來因應中國石油需求增加而造成的油價上漲問題。

但事實證明，這種作法會引發一系列新問題。英國央行總裁馬克．卡尼（Mark Carney）在二〇一九年即將退休時演講指出，聯準會只要稍微提高利率，全世界的經濟就會陷入困境。[72]根據英國央行的研究，雖然美國國內生產毛額（GDP）在全世界經濟中所占的比例已大幅縮水，但如今聯準會緊縮政策的外溢效果卻是一九九〇至二〇〇四年間平均水準的兩倍。[73]卡尼認為美元的長期主導，已經「使貨幣決策者越來越無法落實原本穩定國內通膨、維持國內生產潛力的任務」。[74]

卡尼質疑貨幣政策無效的理由，跟前總裁金恩在十四年前說零通膨成長已死的判斷，可說是異曲同工。金恩認為問題在於油價而非美元，但只說對了一半，他沒想到美國的貨幣政策可以增加石油供給。特瑞謝也有類似的誤解，他認為石油會讓權力從西方國家分散到其他國家，卻沒有考慮到美國靠著自己生產的石油，在二〇〇八年之後同步提升了能源實力與金融實力。但這種結構的問題，就是會讓石油與美元不僅造成地緣政治動盪，更引發新的經濟衝擊，尤其在美國決策者於二〇〇八年底孤注一擲採用新的貨幣政策之後，問題更是嚴重。這就是下一章的主題。

2020 年美國的全球GDP占比跟美元國際儲備分額

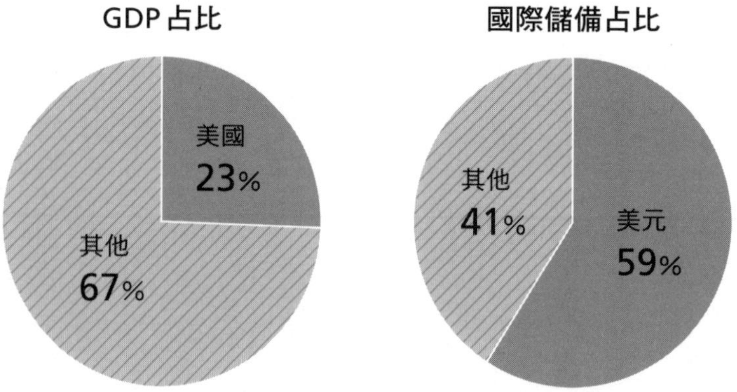

美元自戰後便掌控全球金融主導地位，不僅多種國際能源與原物料以美元計價，美元也成為拯救歐債危機、亞洲金融風暴、疫情經濟的重要主力。

來源：FED

6 美好舊日已遠

二〇二〇年三月七日至八日那個週末，沙烏地阿拉伯王儲穆罕默德・賓・沙爾曼決定向需求驟減的石油市場注入大量石油。週一上午油價立刻暴跌，股價和債券價格隨之下降，仰賴美元信貸市場的非美國銀行和企業只好爭先恐後從其他地方籌募資金。之後引發的金融衝擊，規模大到絕對會列進史冊。三月十六日，道瓊指數迎來史上第二大跌幅，僅次於一九八七年十月的股市崩盤；三月十二日的跌幅也明顯高於二〇〇八年金融海嘯時的所有紀錄。兩週之後，標普500指數比一個月前的歷史高峰低了接近百分之三十。[1] 美國長期國債收益率，也在三月九日至十八日之間上漲超過百分之兩百二十五。[2] 照理來說，這類國債在金融風暴中都是安全資產，但這次也無法置身於恐慌之外。

聯準會在這場金融危機中，再次搬出二〇〇七至二〇〇八撰寫的劇本。它在三月十五日週日晚上，啟動第五次量化寬鬆，將利率降至零，並重新啟動之前與其它央行之間的貨幣互換協議，試圖在市場重新開放前，平息投資者的不安情緒。但這些措施這次完全無效，投資者繼續把手上的幾乎所有東西賣光，就連黃金也不留，把一切換成美元。

在危機爆發的第一週，一股過去的既識感席捲歐洲。三月十二日，五個月前剛剛上任的歐洲央行總裁克里斯蒂娜・拉加德（Christine Lagarde）在記者會上表示「我們現在不會收斂利差」。[3] 拉加德的意思是，她不會像前任總裁德拉吉在二〇一二年夏天說的那樣「不惜一切代價」要捍衛歐元區。此言一出，義大利債券收益率飆升，義大利也群情激憤。但無論拉加德說了什麼，都無法翻轉德拉吉所建立的歐洲央行體制。不到一週之內，歐洲央行就推出「疫情緊急債券收購計畫」（Pandemic Emergency Purchase Programme）：七千五百億歐元的量化寬鬆。

而在各國央行疲於因應Covid-19疫情之時，美元兌換幾乎所有其他貨幣的匯率依然繼續攀升。中國二〇一五至二〇一六年的金融危機就已經證實，新興市場的資本很容易出逃至美元，但匯率限制已經不再是先進國家的專利。疫情金融危機演變到的第二週，歐元、英鎊、加幣似乎全都面臨跟開發中國家相同的貨幣困境。在歐洲央行宣布量化寬鬆的當天，英鎊也大幅下跌，使英國債市陷入混亂。聯準會向更多國家的中央銀行提出貨幣互換。但美元信貸市場依然繼續惡化，外匯市場動盪未減。

這些方法都無效之後，聯準會推出更激進的政策。它在三月二十三日宣布「無限量化寬鬆」（QE Infinity）：購買幾乎所有投資人的資產，包括公司債。這平息了美國金融市場的動盪，也穩定了那些能從聯準會獲得美元的國家貨幣兌美元的匯率。然而這項舉措還是沒有解決一個懸之已久的大問題：如果真有必要，聯準會能跟中國互換美元嗎？它以迂迴的方式給了一個重要的回應：聯準會在三月三十一日宣布，無法互換美元的國家可以用其持有的美國國債，來抵押借入美元。中國不能互換美元，但它持有大量美國國債。[4]

某種意義上，二〇二〇年三月的金融危機，規模相當於二〇〇七至二〇〇八年的金融危機、二〇〇九至二〇一二年的歐債危機、或者二〇一五至二〇一六年的中國金融危機，但發生時間卻壓縮成短短幾天。在這次危機中，各國央行的回應力道，遠遠超過上述幾次危機。聯準會購入所有可能的投資人資產。歐洲央行雖顧及威信但在三天之內就跟進，比英國央行還早了一天。至於中國央行，它利用美元儲備來守住人民幣，而且大方地接受了聯準會的援助。

但這並沒有完全解釋二〇二〇年三月的危機，與過去十二年來的經濟變遷和地緣政治變化之間的所有關聯。中國與歐洲在國際金融的影響力，在這十二年內部分逆轉。中國銀行的重要性，已經使歐洲銀行黯然失色。二〇〇七年，全球資產規模排名前十的銀行中有九家來自歐洲；沒有一家來自中國。[5]但在二〇二〇年三月，全球資產規模前四大都是中國銀行；市值排名前十大的銀行中，中國則占了五家，歐洲只有一家，而且還是大幅仰賴香港市場的匯豐銀行。[6]中國銀行的大幅成長，使得中美關係更加複雜。中美的經濟關係被地緣政治競爭大幅影響，卻同時使中國更加融入了以聯準會為最後貸款者的國際金融世界。

二〇二〇年三月發生金融危機發生之後幾週，香港發生的政治風暴，將中國融入世界金融的門檻拉進中美貿易戰與科技戰之中。香港是中國通往世界的金融窗口，但在整個二〇一九下半年，整個城市卻持續處於民主抗爭之中，經常出現暴力衝突。當時川普說香港是中國的家務事，一直不願插手。[7]但到了二〇二〇年五月，重返街頭的香港抗議者，將香港推進美中對峙的棋盤。中國實施《港版國安法》，實際上終止了一九八四年與英國簽訂的香港自治協議。這時候，川普政府宣布取消香港的特殊經貿地位，今後在經濟上把香港當成中國的一部分，以對待中國的標準來處理。

油價風暴、美元互換加上香港身為國際金融中心，使得世界經濟的地緣政在疫情之前已經呈現高度緊繃狀態。Covid-19 爆發後，自二〇〇八年以來的貨幣問題，在二〇二〇年三月全都爆開。但正是各國央行的購債能力，使得各國政府能夠按下國際經貿的暫停鍵好幾個月。二〇〇八年之後的經濟出現哪些動盪，而這些亂源在 Covid-19 疫情期間又如何反過來變成優勢？這些問題都跟聯準會處理二〇〇七至二〇〇八年金融危機的方式有關。目前的經濟和能源秩序，完全是建立在聯準會當時的那些處置之上。[8]

聯準會打造的世界

二〇〇七至二〇〇八年的金融危機改變了整個世界。在正常的信貸環境中，聯準會只要大幅放鬆貨幣政策，就能重振信貸市場活力，使實體經濟重新成長。但歐洲美元市場嚴重擾亂了金融體系的運作。光靠降息完全無法穩定銀行融資市場，聯準會只好成為歐洲美元市場的最後貸款者，歐洲重要銀行因此沒有倒閉。但地緣政治自此形塑了金融與貨幣的位階體系。二〇〇八年之後，聯準會能夠決定哪些國家的央行借得到美元，[9]而在亞洲，它選擇了新加坡與南韓，拒絕了印度與中國。[10]

聯準會雖然拯救了歐洲美元市場，但該市場並沒有恢復到二〇〇七年八月之前的正常功能。[11]整體說來，國際信貸環境緊縮。二〇一九年國際資本流動占全球GDP的比例，比二〇〇七年低一大截。但資本流動縮減的區域集中在歐洲，尤其是與英國的銀行相關的區域。反觀中國這些新興市場的跨國信貸，流動都有增加。[12]這也表示，即使聯準會並不支援中國借貸美元，中國經濟在二〇〇八年之後依然更容易受到美元信貸環境

▌2008年金融海嘯期間FED美元交換額度

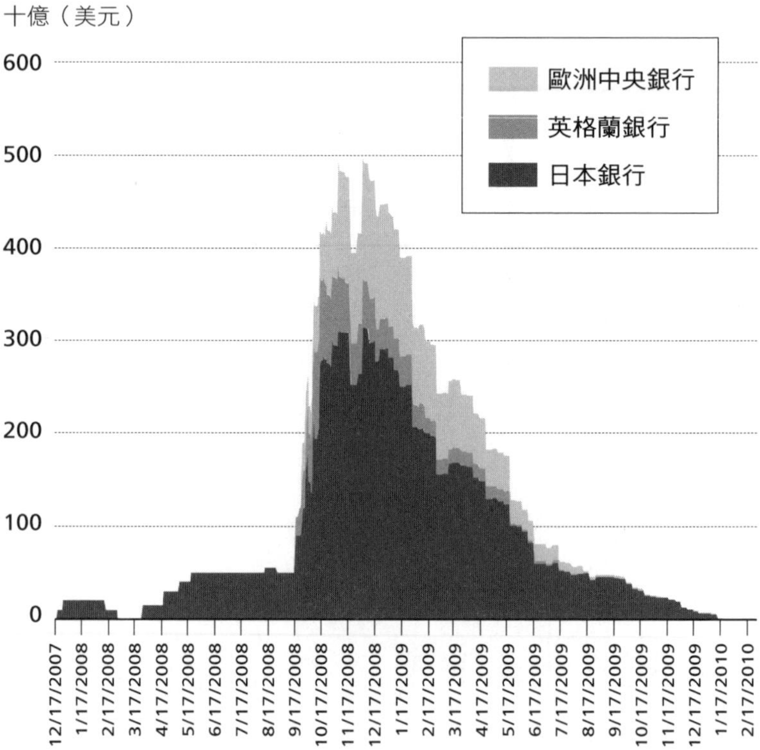

2008年金融海嘯期間，FED為了緩解國際美元融資市場危機引發的壓力開啟央行之間的美元互換。

來源：FED

2020 年疫情期間 FED 美元交換額度

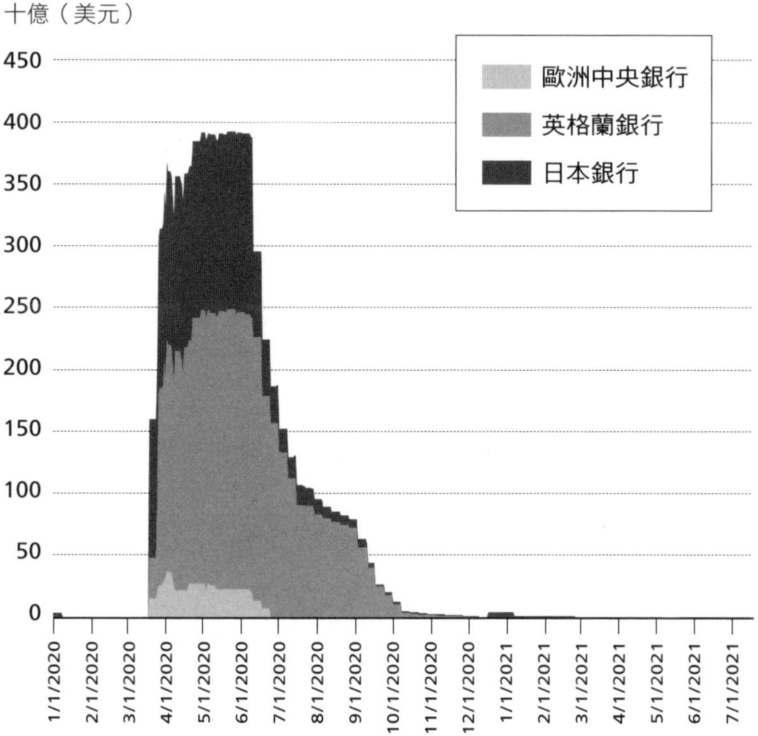

隨後，疫情期間為了防範各國資金不足，FED 再次增加了美元互換的額度。

來源：FED

的影響。

聯準會的三次量化寬鬆，加上連續七年的零利率政策，使得貨幣環境與金融環境和從前的差異越來越大。[13]第一次量化寬鬆來自美國房貸危機。二〇〇八年十一月，聯準會開始購買房利美和房地美的債務與不動產抵押貸款證券。[14]在接下來的六年內，購入的不動產抵押貸款證券總價高達二·三兆美元。[15]第一次的量化寬鬆，使這兩家公司相關的房貸名目長期利率降至了歷史低點。但這種做法無法結

美國跟中國 10 年期債券收益率

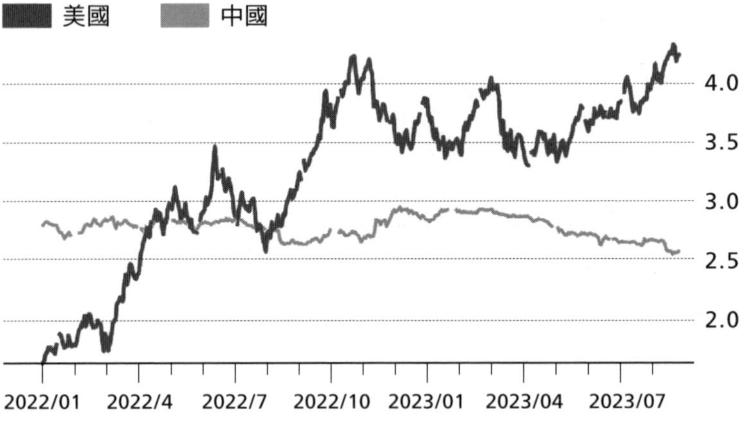

自 2022 年以來，美國國債收益率逐步上升，而中國國債收益率則因逐步低於市場預期，使得外資持續外流、人民幣價格也逐步下探。

來源：彭博社

束房貸危機，甚至使得房貸的持有者彼此之間產生嚴重的利益分歧。已經申請到房利美和房地美這兩家國會保障機構的貸款以及符合申請資格的人，都能用更低的利率重新融資；但那些已經背負次級房貸的人，卻沒有這種餘裕。這嚴重衝擊了美國的民主政治，之後將在第九章細述。

另外，量化寬鬆出現之後，很快就成為聯邦政府的借款管道。聯準會在二〇〇九年三月的第一次量化寬鬆中購買了美國財政部發

2023 年美元兌人民幣匯率

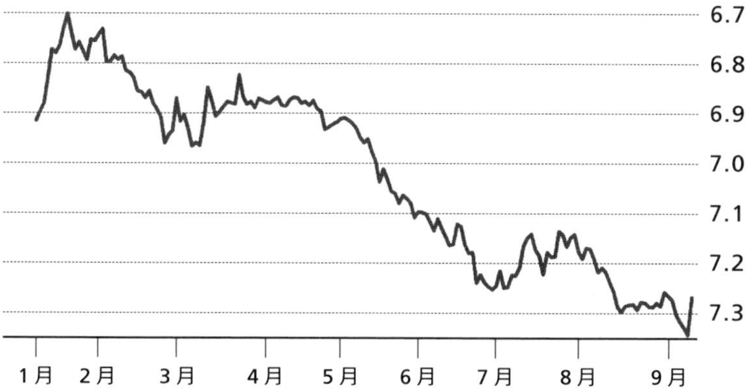

2023 年中國陷入流動性危機，經濟不但沒有因為疫情後復甦而爆炸成長，更陷入了通貨緊縮的危機，導致人民幣價格下跌。

來源：彭博社

行的國債。而二〇一〇年十一月至二〇一二年六月的第二次量化寬鬆，以及二〇一二年九月至二〇一四年十月的第三次量化寬鬆，都有一大部分是用於購買國債。這使美國政府財政支出的負債，比二〇〇八年之前明顯高出許多。

無論量化寬鬆有沒有達成總體經濟目標，它都系統性地改變了環境。其中之一就是資產價格通膨。聯準會壓低債券收益率時，勢必推高資產價格。這讓銀行的資產負債表變得更好看，給予它們大量現金，也使借款利率壓到趨近於零。但當資產價格高漲，信貸成本又低，企業勢必會把借來的錢用於回購自己的股票，而非投資在生產能力。國際貨幣基金組織在二〇一九年《金融穩定報告》（*Global Financial Stability*）中就警告，股票回購的急劇增加，已經導致美國許多大企業的財務風險飆升。它們的現金儲備很少，難以應對Covid-19疫情衝擊。[16]此外，資產價格上漲通常對擁有資產的人較為有利。[17]而老年人比年輕人更容易擁有資產，量化寬鬆勢必加劇世代之間的財富差距。[18]這兩種現象很快都在房地產市場出現。某些國家的房地產成為外國投資標的，大城市的房價大幅上漲，房價上漲又大幅推升了貸款買房所需的現金頭期款，使得年輕人越來越買不起房。[19]於是租屋客就這樣變多，租金自然也跟著房價一起飆漲。

量化寬鬆也影響了投資資本流動。由於美國國債收益率極低，人們只好尋找其他投資標的。二〇〇八年之後的幾年內，大量資金前進新興市場，[20]公司垃圾債券也因此蓬勃，因為這些違約風險高的債券擁有更高的收益率。[21]在實體經濟面，最大的受益者則是頁岩油公司，它們靠著大量的現金開始營運，即使二〇一一至二〇一四年底的高油價時期，公司也無獲利跡象，全靠大量資金存活著。[22]第一次波斯灣戰爭時期，詹姆斯・斯勒辛格（在尼克森與福特政府擔任國防部長，在卡特政府擔任能源部長）認為「我們還沒找到方法降低頁岩油的開採成本，這個國家也還沒準備好為了擴大石油自給能力，而支付更高的能源價格」。[23]但後來中國穩住了石油需求讓油價回升之後，加上聯準會應付金融危機的量化寬鬆政策，無意間提供了新動能，解決了傳統鑽井石油產量停滯不前的問題。

照理來說量化寬鬆應該只是為了應急，實際上貨幣環境卻再也沒有回到常態。二〇一三年五月，聯準會主席柏南奇對國會某一委員會表示，如果經濟繼續成長，聯準會可能會在之後幾個月的會議上縮減債券購買規模。投資客聞言大驚失色，紛紛拋售債券，推高了國債殖利率。「縮減購債恐慌」（taper tantrum）導致市場瘋狂蔓延，使得聯準會在九月十七日至十八日的會議上決定不縮減購債規模。三個月之後，購債確實逐漸減少，但聯準會變得謹慎，第三期量化寬鬆一直延長到二〇一四年十月。

油價幾乎立即限制了可用的貨幣政策。正如第二章和第三章所述，二〇一四年底頁岩油引起的油價崩盤，讓通貨膨脹率跌得更快。二〇一五年中，國際貨幣基金組織警告出現了債務型通貨緊縮螺旋（debt-deflation spiral），聯準會為了讓貨幣正常化，試圖提高利率。[24]聯準會最終在二〇一五年十二月升息，當時美國的通膨率僅有百分之零點一，短期內經濟再次衰退似乎近在咫尺。

量化寬鬆與零利率環境太晚退場，使得世界其他經濟體受到了地緣政治和經濟衝擊。對當下無法獲得美元互換的國家來說，聯準會的回心轉意是一場災難，只會讓投資客相信美國國債收益率即將上升，把手頭上的債券賣掉拿錢去買美債。而在其中，那些具有地緣政治風險的國家，例如烏克蘭，壓力最為沉重。柏南奇才剛暗示美國可能縮減購債規模，投資客立即拋售烏克蘭債券。由於烏克蘭無法籌到足夠資金來還債或借新債，國際貨幣基金組織與歐盟的支援又不夠強，維克多·亞努科維奇（Viktor Yanukovych）政府只好轉而找莫斯科借錢，並向其購買便宜的天然氣。[25]至於其他國家，尤其是中國，則陷入了金融動盪與經濟成長減緩。二〇一五年夏天，聯準會進行金融海嘯之後的首次升息，使中國陷入金融危機。中國因應大量資本外流的方法就是出售其美元儲備，使得聯準會更難繼續升息。在二〇一六年美國總統初選開始之際，人民幣的貶值，甚至使美國國會出現了保護主義的呼聲。

歐元區塑造的歐洲

如果說聯準會在二〇〇七至二〇〇八年的貨幣與金融政策改變了全球經濟，那麼歐洲央行就是用毫無作為，或至少做不到的事情改變了歐盟。[26] 歐債危機始於二〇〇七年八月，當時歐洲銀行業陷入危機，美國聯準會必須出手大規模支援好幾個西北歐國家的銀行，卻沒有充分意識到危機規模多大。[27] 等到二〇〇九年底希臘出現國債危機，歐元區才發現自己身上揹了兩個重擔。首先，債券市場的蔓延，使得南歐國家和愛爾蘭的借貸成本大幅上升。其次，那些收購大量美元資產，並依賴短期美元融資的銀行，之前都因為借了太多錢給南歐與愛爾蘭而被連累。這些貸款的違約風險，使得投資者和其他銀行不願貸款給西北歐國家的銀行。因此，在二〇一〇年中至二〇一二年夏季期間，每當南歐政府和企業無法還債或借新債，西北歐國家的銀行在美元市場也會難以融資。[28]

歐債危機把歐元區切成兩邊。投資者不再用相同的標準，看待德國與其他成員國的貸款條件。於是每個政府只好盡量縮小本國借貸利率與德國之間的「利差」。當時法國總理弗朗索瓦·費雍（François Fillon）甚至說，他「每天早上第一件事，就是看看法國和德國之間的利差」。[29]

各國貸款的利差，其實和之前歐洲匯率機制的內部分歧，在結構上如出一轍。德國的強勁經濟與隨之而來持續增長的貿易順差，都讓該國像之前匯率機制時期的荷蘭一樣，與其他國家的差距越拉越大。二〇〇四年，德國經常賬盈餘刷新了一九八九年的歷史紀錄。之後更不斷上升，成為全球第一名。這種發展並非偶然，而是德國社民黨－綠黨聯合政府在一九九八年至二〇〇五年推動勞動市場改革，在二〇〇五年結束了之前發放優渥失業津貼的老派福利國家制度後的結果。德國這種結構性改革締造的巨額貿易順差，必然使歐元區許多其他國家陷入貿易逆差。[30]

對於經濟實力較弱的歐元區國家來說，隨後的壓力比歐洲匯率機制時期更大。這些政府若要維持與德國之間的利差，就得捍衛該國在金融市場的信譽。但在歐元區體制下，各國的央行無法再用貨幣政策減輕該國國債賣壓。而且因為《馬斯垂克條約》禁止歐洲央行直接購買成員國發行的債券，歐洲央行也不能為任何一國的國債擔保。既然國家央行與歐洲央行都無法成為最後貸款者，借貸成本當然就會各自分歧。[31]於是希臘、愛爾蘭、葡萄牙這些無法融資而資金短缺的國家，都先後在二〇一〇至二〇一一年間需要紓困，但這時《馬斯垂克條約》又禁止了紓困。

在二〇一〇至二〇一一年，希臘、愛爾蘭和葡萄牙先後與歐盟執委會（European Commission）達成協議。歐盟執委會在協議中代表歐元區國家財政部長、歐洲央行、國際貨幣基金組織這三個債權人組成的「三頭馬車」（Troika）。這台由德國主導的「三頭馬車」在貸款援助希臘、愛爾蘭、葡萄牙時，要求這三國政府削減公共開支、增加稅收、改革勞動和福利政策，以複製德國的創匯模式。但只要德國不降低貿易順差，這些要求勢必以失敗告終，而且反而會加劇利差問題，動搖歐元區存在的根本。[32]

換句話說，歐洲央行必須改變方針，才能維繫歐元區。在二〇一〇年五月首次希臘紓困協議之後，它立即開始建立證券市場計畫（Securities Market Programme，SMP），在次級市場間接購買各國國債。但這種政策馬上遇到政治問題：每個人都看得出它違反《馬斯垂克條約》的精神。[33]即使某些歐元區國家能夠假裝無視，德國也絕對不能容忍。德國央行先是投票反對證券市場計畫，之後德國央行總裁與歐洲央行執行理事會的德國代表也為此辭職。更致命的是，要在既有的法律結構下改革歐元區，一定會點燃潛藏已久的政治爭執，因為德國聯邦憲法法院在一九九三年裁定，所有擴大歐盟權力的行為都必須符合《德國基本法》（*German Basic Law*）。歐洲央行為了避免觸碰德國的政治逆鱗，只好以極為謹慎的方式，進行好不容易建立的證券市場計畫。如眾所皆知，它在開始購買希臘國債的幾週之內，就不再買了。[34]

二〇一一年，歐債危機以及之前累積已久的貨幣衝突，都因為不斷上漲的油價而越演越烈，直到德拉吉打破僵局。在中國需求持續增長、頁岩油尚未大規模生產的環境下，油價再次於二〇一一年初回升至每桶一百美元以上，並且基本上維持在這水準直到二〇一四年年中。雖然這可能會加劇通膨，但聯準會並未同意升息。與之相反，歐洲央行忠實執行了穩定物價的法律使命，總裁特瑞謝在二〇一一年兩次升息辯護時，都大體沿用他在二〇〇八年七月提出的論點，認為油價會加劇通膨危險。但歐洲央行的升息，這次顯然讓許多歐元區經濟體陷入困境，第一次升息時希臘、西班牙與葡萄牙已經陷入衰退，第二次升息時義大利、斯洛維尼亞和賽普勒斯也跟著衰退。[35]歐洲央行的升息讓經濟更難恢復成長，二〇一一年底，整體歐元區經濟全都陷入衰退直到二〇一三年初。

如果歐洲央行為了維持物價穩定，無法真正協助成員國解決債務危機，那麼歐元區就需要強力的條款，去限制成員國舉債，並要求各國不得任意通膨。但這兩個條件在現實中都沒有發生。《穩定與增長協定》規定歐元區成員國的財政規則，但二〇〇三年，法國與德國都違背了條款卻未遭到制裁，使該協定變得有名無實。[36]另一方面，那些陷入經濟衰退的成員國政府，也絕對不希望有任何政策變動會妨礙到短期的經濟成長。

二〇一一年夏天，義大利與西班牙即將陷入希臘、愛爾蘭和葡萄牙那樣的債務危機，採取行動刻不容緩。[37]這兩國的規模更大，紓困希臘的框架根本不夠用，法國和德國銀行也因為借給這兩國許多錢，而再次遇到要去哪裡融資美元的問題。那年八月，歐洲央行改變了策略。正如本書第四章所言，當時的歐洲央行總裁特瑞謝與即將上任的總裁德拉吉，寫信給義大利總理貝魯斯柯尼，要求義大利改變政策，但也因此引發了一系列事件，導致義大利總統任命馬力歐．蒙蒂，打造了一個完全由技術官僚組成的新內閣。

在梅克爾與法國總統尼古拉．薩科齊（Nicolas Sarkozy）拜託歐巴馬的財政部長幫忙處理貝魯斯柯尼之後，這位財政部長爆出了歐元區運作的殘酷內幕。他在自己的筆記中寫道，「只要貝魯斯柯尼繼續領導義大利，德國社會就不會同意築高金融防火牆，不會同意貸更多錢給歐洲」。[38]簡單來說，如果歐洲央行實際上想繼續擔任歐元區的最後貸款者，就得看德國的臉色。每個歐元區成員國要出於什麼目的、發行多少國債，都得經過德國的同意。

相比之下，歐洲央行在二〇一一年夏天處理西班牙債務危機的方式，就沒有義大利那麼引人注目，經濟問題也沒有因此成為西班牙民主政治的攻防焦點。在特瑞謝和德拉吉致信貝盧斯科尼的同一天，特瑞謝和西班牙央行總裁也寫信給隸屬社會工人黨的西班牙首相荷西．路易斯．羅德里格茲．薩巴德洛（José Luis Rodríguez Zapatero），要求在八月底之前進行多項改革，尤其是爭議頗大的勞動市場。當時薩巴德洛已經宣布將在十一月提前舉行大選，而且反對黨人民黨很可能獲勝，政府在卸任之前能做的事其實不多。[39]當改革期限即將到來，薩巴德洛還是無法將歐洲央行要求的勞動市場修法訴諸國會投票。在沒有辦法的情況下，他接受人民黨黨魁馬里亞諾·拉霍伊（Mariano Rajoy）的方案，用緊急立法程序為未來的預算赤字上限設定一憲政框架。大選之後，人民黨果然獲勝，勞動市場議題落到了拉霍伊頭上，但拉霍伊和薩巴德洛一樣，其領導的政黨都沒有單獨過半，只好採取行政命令來執行歐洲央行的要求。[40]

在民主國家，這類明目張膽的政治干預無異於宣布進入「緊急狀態」。[41]二〇一一年，歐元區證明了自己根本無法按照《馬斯垂克條約》的原則正常運作。如果由歐洲央行制訂貨幣政策，由成員國的民主政府自行決定該國的其他經濟政策，歐元區就註定要崩解；但如果為了維繫歐元區的整體經濟條件，而繼續任由歐洲央行干預成員國的民主政治，歐元區的政治風暴就會永無寧日，而且歐洲央行對此心知肚明。用特瑞謝的說法，歐洲央行並不具備「堅實的民主支柱」，無法理直氣壯地向成員國提出要求。[42]反倒是德國憲法法院隨時都能裁定其他成員國的舉債行為，違反《德國基本法》或違反歐盟法律。所以歐元區無論怎麼做，都可能會跟德國衝突。如果要讓歐洲央行買下義大利的國債，就必須照著梅克爾的意思換掉貝魯斯柯尼。但在向義大利總統施壓，要求換掉貝魯斯柯尼的過程中，歐洲央行也可能會觸犯到許多德國選民，使他們向德國憲法法院請願，指控歐洲央行濫用職權。

如果真的要拉近歐元區貨幣制度與經濟需求之間的巨大鴻溝，就只能修改歐盟條約。但這麼大的改革一定得面對嚴酷的政治障礙。一旦重新訂約，非歐元區成員國就會攪和進來，一起討論那些僅有成員國才需要作出的改變。而且任何改變歐洲央行法律使命的行動，都無法獲得德國的政治支持。所以對梅克爾來說，唯一的方式就是締結一項條約，要求成員國以各自的法律和憲法，要求政府恪守財政紀律。在二〇一一年底和二〇一二年初，她說服了英國和捷克政府以外的成員國簽訂《財政協定》（*Fiscal Compact*）。但這分協定與歐盟法律之間有所扞格：有兩個成員國沒有簽約，所以只能當成各國政府間自己簽定的條約，不能當成全歐盟的法律文件。更麻煩的是，要讓歐盟各國平衡自己的收支，全歐盟就得對經濟政策達成共識，但各國顯然沒有共識，法國的歧見更是明顯。前提一旦不滿足，這種協定就是未爆彈。法國總統薩科齊勉為其難支持《財政協定》，但也因此在二〇一二年總統大選中遭到社會黨對手大力抨擊。法蘭索瓦·歐蘭德在競選中承諾重新談判（之後第九章將提到），並成功勝選。他上任之後確實重新簽署了協定，但並沒有立即遵守的打算。

最後，德拉吉與梅克爾在二〇一二年夏天終結了歐債危機。他們找到一個辦法，讓投資者相信歐元區的存續對投資有利。這次德拉吉的致勝一擊不是「不惜一切代價」拯救歐元，而是「我們認為歐元是不可逆轉的」、「不可逆轉不是空話」。[43]他推出直接貨幣交易（OMT）計畫購買更多債券，但成功的關鍵並不是這套計畫的出現，而是梅克爾與德國財政部長沃夫岡．蕭柏勒（Wolfgang Schäuble）公開相挺。一位波蘭外交官在德拉吉發布計畫之前說得好：「德國可能做出的傻事，是把嬰兒跟洗澡水一起倒掉，造成歐元毀滅。市場依然需要一個明確的訊號，表明德國將竭盡全力拯救歐元。」[44] 梅克爾與蕭柏勒給出的訊號相當明顯。

但對希臘政府而言，即使歐洲央行在德國總理和財政部長的支持之下進行了實質重整，也無法使希臘經濟從廢墟中重生，而且無法確定希臘未來能否繼續留在歐元區。至二〇一一年夏天為止，歐洲央行只買了一點希臘債券，而希臘需要另一波紓困。[45] 二〇一一年十一月，希臘總理喬治．帕潘德里歐（George Papandreou）宣布將希臘第二次紓困條件草案交付公投。此言一出，梅克爾與薩科齊立刻警告這會讓紓困計畫卡關，兩人認為希臘該公投的是要不要繼續留在歐元區與歐盟。在此同時，歐盟委員會官員默默聯絡希臘反對黨新民主黨（New Democracy）領導人，要求籌組一個新的聯合政府，由歐洲央行前副總裁盧卡斯．巴帕德莫斯（Lucas Papademos）出任總理。[46] 巴帕德莫斯上任之後，歐洲央行又籌組了一個希臘脫歐小組，裡面沒有任何希臘政府或希臘央行成員。[47] 據報導，梅克爾在隔年希臘大選前幾天對希臘總統表示，應該在大選中公投是否要繼續留在歐元區。[48] 當然，希臘沒有舉行這種公投。並不滿意的梅克爾，在那年夏天的幾個月內繼續討論希臘是否脫歐，直到確定這會引發太多未知變數，才決定留住希臘。[49] 但即使德國站在希臘這邊，只要歐洲央行沒有同意，希臘就沒有真正被歐元區接受。[50]而且當德拉吉表示希臘不符合直接貨幣交易的條件時，「不惜一切代價」保護歐元區的範圍便很明顯並不包括希臘。[51]

二〇一五年夏天，當德拉吉決定轉向量化寬鬆，希臘危機終於找到政治解方。大約在聯準會二〇一四年六月考慮結束第三波量化寬鬆時，歐洲央行宣布正在加緊準備新一波購債計畫。六個月之後，希臘政府垮台，宣布將在二〇一五年一月二十五日重新選舉。如果激進左翼聯盟（Syriza）獲勝，希臘債務問題就可能再次蔓延到義大利與西班牙。[52]所以歐元區只能用量化寬鬆政策來進一步刺激經濟成長，同時藉此防止希臘債務危機蔓延到其他南歐國家。二〇一五年一月二十二日，歐洲央行宣布將在該年三月啟動量化寬鬆。三天後，激進左翼聯盟成為希臘國會第一大黨。歐洲央行立即表示，希臘和賽普勒斯不符合量化寬鬆的購債條件，[53]而且還限制希臘銀行面臨資金短缺等流動性問題時能獲得的緊急援助。

激進左翼聯盟領導的政府面臨的困境，是如何繼續留在歐元區，因為他們給了德國人一個驅逐希臘的新機會。該政府首任財政部長亞尼斯．瓦魯法克斯（Yanis Varoufakis）說得好，這已經不是能不能用違約威脅來重組希臘債務或推動歐元區改革的問題，而是希臘的存亡問題；而且自從希臘選民在二〇一五年六月的公投中拒絕了第三次紓的條件之後，存亡的危機更是明顯。此時，德國的蕭伯勒不但沒有讓步，還讓其他成員國的財政部長一起提出更多嚴格的貸款條件，藉此讓希臘總理亞萊希思・齊普拉斯（Alexis Tsipras）無法接受，轉而將希臘退出歐元區。但希臘的兩難比蕭伯勒設想得更為艱困。即使希臘獲得更多貸款，甚至重整債務後退出歐元區，過程也勢必充滿痛苦，希臘將背負巨額外幣債務，而且未必能夠繼續留在歐盟。這恐怖的深淵使得齊普拉斯讓步，他在梅克爾某些小幅妥協的協助下，接受了蕭伯勒原本認為一定會拒絕的條件，讓希臘繼續留在歐元區內。[54]

希臘的教訓告訴我們，大型貨幣聯盟一定會有無法彌合的內部分歧。照蕭伯勒的判斷，希臘一開始就不該被允許加入歐元區，加入歐元區必須遵守的條件跟希臘民主政治有很大的衝突。雖然後來讓義大利加入歐元區的歐洲團結口號，避免了希臘被趕出去，但希臘還是沒有被納入直接貨幣交易之中。二〇一八年夏天，希臘從紓困中退場時，德拉吉明確表示該國仍不符合量化寬鬆條件。[55] 一年之後，歐洲央行重新啟動量化寬鬆，再次將希臘排除在計畫之外。

但除了歐盟和歐元區本身的機制問題，希臘的狀況更為複雜。希臘明明沒有直接獲得歐洲央行的支持，卻依然能在二〇一八年八月按表結束第三波紓困，並於二〇一九年三月再次在國際資本市場上出售十年期債券。這顯示歐洲央行口中那種不可逆轉的歐元整合大勢，顯然不適用於希臘。但是在聯準會創造的國際信貸環境下，能賺錢的都能吸引投資者，讓希臘得以發行國債，這在二〇〇八年之前是難以想像的，畢竟希臘背負了接近GDP規模百分之一百八十的龐大債務。希臘借得到錢這件事改善了希臘在歐元區內的處境。不久之後，歐洲央行在Covid-19期間推出緊急債券收購計畫時，納入了希臘，希臘過去將近十年被歐洲央行排除在購債援助架構之外的情境終於告一段落。

▪ ▪ ▪

反觀英國，歐債危機使它走向脫歐的道路。當然歐債危機並非決定性因素，而是和好幾項跟既有的成員國身分矛盾交互作用，才將該國推出歐盟之外。其中最直接的就是下列三項現實彼此對撞：英國沒有加入貨幣聯盟、英國屬於歐洲單一市場、倫敦是歐元區金融中心。歐洲央行想要在歐元交易上擁有更多監理裁量權，而且不想讓倫敦交易所繼續擔任歐元計價金融工具（尤其是衍生性商品）的主要買賣中介。至於英國政府，則認為歐洲央行在二〇一一年提出的新版歐元結算規則草案，以不同標準對待歐元區成員國與非成員國，已違反了單一市場法。英國政府向歐洲法院提起訴訟並且勝訴，但法院判決的根據並非不歧視原則。換句話說，歐洲法院並沒有像英國長期相信的那樣，認為歐洲單一市場和歐洲貨幣聯盟兩個體制可以彼此獨立。[56]

歐洲單一市場與歐元區在歐債危機中的交互作用，產生了不同的結果，因此歐盟內部的主要政治局勢也轉而對英國不利。德國在多次紓困與容忍各種財政目標跳票的過程中，獲得一系列額外補償（side payments）的好處可以利用。反觀英國，則是連非歐元區國家都沒有人要當它的經濟盟友，因為只有英國需要處理倫敦作為歐元金融中心卻不想受歐盟管制的問題；就連瑞典與丹麥這兩個非歐元區北歐國家，在金融海嘯之後也幾乎都照著歐洲央行的方向來決定自己國家的貨幣政策。

二〇一一年十二月的歐洲高峰會，充分顯示歐債危機把英國的政治影響力削弱到什麼程度。在這場會議中，除了英國以外的歐盟成員國，都同意了《財政協定》的內容。[57]英國首相大衛・卡麥隆希望利用梅克爾推動的歐盟新條約，來讓英國的金融服務業留在歐洲單一市場，同時不被歐元區主導的監管政策所拘束。但對梅克爾而言，讓英國參與這項新條約只會壞事，因為根據英國國會二〇一一年通過的《歐盟法案》，英國將權力移交給歐盟前必須進行全民公投。[58]在發現無法保障倫敦的金融地位之後，卡麥隆否決了這項歐盟級的新條約。眼看歐元區的整合大業即將被英國的民主政治卡死，梅克爾另闢蹊徑，改簽一分成員國政府間的條約，繞過英國的同意。[59]

在經歷二〇一一年十二月的失敗之後，卡麥隆在二〇一三年一月做出承諾，若未來的保守黨重回多數便重新談判英國的歐盟成員資格，舉行脫歐公投。但到了二〇一五年，保守黨贏得大選並兌現卡麥隆的承諾時，歐債危機給英國帶來的改變，已經不只是受限於歐元區金融監管的問題。

歐債危機使英國與歐元區成員國之間的總體經濟衝突再次浮上檯面。二〇〇八年秋天，金融海嘯之後的那幾個月，英國央行採取了更接近美國聯準會，而非更接近歐洲央行的做法。它於二〇〇九年三月開始實施量化寬鬆，而且在二〇一一年油價上漲、英國的通膨率已經比歐元區高出好幾個百分比時，卻依然不提高利率。這些決定使英國和歐元區的總體經濟出現明顯差異。二〇一二年起，英國經濟開始復甦，歐元區陷入衰退，促使南歐人大量前往英國工作。當英國央行和歐洲央行之間存在已久的貨幣政策差異，逐漸成為歐洲單一市場內部的勞動力差異時，英國實際上就跟德國一樣成了歐元區內最後能找到工作的地方。這讓英國保守黨與自由民主黨的聯合政府原本打算實現保守黨二〇一〇年減少外國移民的政見落空。因此，英國獨立黨（United Kingdom Independence Party）的民調從二〇一二年開始抬頭，在各種歐盟議題上讓卡麥隆承受越來越大來自黨內的壓力。二〇一五年大選之後，卡麥隆開始與其他歐盟國家談判，希望能管制移動自由與減少歐元區金融監理，但他的要求並不符合歐盟法律，而且梅克爾早就表示不會列入考慮。[60]

這使英國與歐洲的關係陷入僵局。由於歐盟各國憲法保障遷徙自由，英國的民主政體無法獲得足夠的政治支持限制歐洲移民進入，唯一能減輕政治壓力的就是英國成長減緩，同時歐元區經濟復甦。此外，英國政府不太可能允許歐洲單一市場體制成為歐元區政策向外擴散的途徑。如果英國繼續留在歐盟，勢必危及單一市場，而且歐元區國家必須接受那些不利於倫敦的金融法規很難通過。而且卡麥隆在重新談判之後，也確定英國政府確實沒有政治本領透過歐盟來解決相關問題，所以卡麥隆只好讓英國選民自己決定要不要脫離歐盟，要不要接受一個比現況更糟糕的未來。[61]

▪ ▪ ▪

經過了二〇〇九至二〇一五年的歐債危機之後，歐盟的樣貌已經大幅改變，而且政治依然充滿危機。不管是歐盟抑或歐元區，歐債危機讓哪些國家得以加入或不加入的議題變得更加尖銳。

有許多歐洲國家從二〇〇四年開始才陸續加入歐盟。其中的賽普勒斯、馬爾他、斯洛維尼亞、斯洛伐克都是在歐債危機發生前加入歐元區；愛沙尼亞、拉脫維亞、立陶宛則是在二〇一一至二〇一五年間大幅緊縮財政，然後進入歐元區；東歐的捷克、匈牙利、波蘭則被排除在貨幣聯盟之外。根據法律，所有歐盟國家都應該停止使用本國貨幣。但在歐債危機發生之前，捷克就知道轉換貨幣之路困難重重。至於波蘭與匈牙利，則是原本似乎有一種方法可以快速加入歐元區，卻因為歐債危機而在政治上舉步難行。到了英國舉行脫歐公投時，無論是匈牙利的維克多・奧班（Viktor Orbán）政府還是波蘭的法律與正義黨（PiS）政府都已經不想繼續申請加入。不過因為在沒有加入歐元區的歐盟成員國中，英國的政治問題最為尷尬，脫歐公投逼得歐盟開始思考，要怎麼解決名義上追求的更緊密整合，與現實中多種貨幣並存之間的衝突。

歐盟執委會主席尚－克勞德・容克（Jean-Claude Juncker）認為這是一個必須把握的機會。他在二〇一七年的歐盟年度咨文中表示「歐元是為了整個歐盟的單一貨幣而建立的」，落實這個目標的時機已到。[62]這項宣告當然讓人懷疑是不是想要求其他國家加入歐元區。但之前義大利與希臘的故事已經證實，只要歐洲央行決定購債，都會遇到要買「哪個國家」以及「哪個政府」發行的問題。若要將波蘭和匈牙利納入歐元區，這類問題勢必加劇；而且德國憲法法院尚未宣布量化寬鬆合憲，德國反對的可能性也會增加。此外，某些國家的政府希望歐元區集體承擔債務。容克發表咨文的幾週之後，法國總統馬克宏呼籲積極改革歐元區，設立共同預算、共同財政部長、共同議會、共同銀行存款保險。[63]而且他與容克的看法完全相反，容克希望用單一貨幣整合整個歐盟，馬克宏則認為共同承擔債務的歐元區歐盟成員國，必須跟歐元區外的成員國畫分開來。[64]

他們兩人的願望都沒有成真。歐盟沒有強迫任何成員國加入歐元區。至於馬克宏的改革大計，則被歐債危機所導致的政治失衡、歐元區擴大以及英國即將脫歐的事實毀滅大半。反倒是在二〇一七年九月馬克宏提出倡議的幾個月後，一群歐盟國家成立了「新漢薩同盟」（New Hanseatic League）這個政治集團，包含歐元區的最初成員荷蘭、芬蘭、愛爾蘭；最近加入的愛沙尼亞、拉脫維亞、立陶宛；以及一直沒有加入歐元區的丹麥、瑞典。當然，裡面沒有英國。[65]「新漢薩同盟」主張歐元區應該沿用《馬斯垂克條約》的方式將貨幣政策與經濟政策分開處理，反對共同債務；而且都宣稱自己國家的人民不會支持歐盟為了處理債務問題而進一步擴張權力。二〇一九年十月，歐元區各國政府同意了一些小規模改革，但馬克宏的激進訴求明顯遭「新漢薩聯盟」的閹割，德國政府對此議題的態度也已經不重要了。

歐債危機發生十年之後，歐盟依然像之前一樣，是一個政治體制比貨幣體制強健許多的多貨幣聯盟。這個現象一直延續至今，是因為一直找不到政治手段能夠整合貨幣分歧。徹底改革實在太難，只能見招拆招，摸著石頭過河。

■ ■ ■

但到了二〇二〇年，當義大利成為第一個面臨Covid-19危機的歐洲國家，大家似乎又開始責怪歐元區的不作為。雖然歐洲央行啟動大規模量化寬鬆，但義大利舊債太多，能發的新債相當有限。反觀德國，政府在二〇二〇年三月初暫停了憲法中的聯邦債務上限，並通過一項大規模的全國財政刺激計畫。至於法國的馬克宏，則試圖用這場危機來重新討論歐元區的共同發債議題。他在二〇二〇年三月下旬找了義大利等其他八個歐元區成員國政府，共同致信歐盟理事會主席，要求成立一個全歐盟的機構來發行「Covid債券」（coronabond）。德國政府堅決反對這種聯合債務方案，幾個「新漢薩同盟」國家也一起公開反對。[66]但德國的立場要能站得住腳，就得確定歐洲央行可以進一步支撐義大利國債。在歐洲央行宣布緊急債券收購計畫後不到兩個月，德國憲法法院對第一次量化寬鬆政策的最終裁決，把這種先決條件完全打翻。它出乎意料地裁定，之前德國政府和德國聯邦議院接受歐洲央行要求的作為，違反了德國憲法。更重要的是，它首次宣布歐洲法院的判決在德國不具備法律權威。而且法院的判決書強烈暗示，既然之前的第一次量化寬鬆違反德國憲法，當下的Covid-19緊急債券收購計畫也違憲。

當時的德國政府似乎已經找不到任何方法，去克服《馬斯垂克條約》所合法建立的貨幣聯盟體制與維持歐元區運作所需的必要措施兩者間的落差。初春時，梅克爾才發言反對馬克宏，如今卻改變了路線。她在憲法法院作出裁定的幾週之後，與馬克宏共同提出了一個驚人的建議：建立一個新的歐盟集體借貸機制。[67]她用「推進歐洲整合」這句話，來回應德國憲法法院對歐元區決策施加的限制以及對其他歐元區國家債務產生的影響。[68]某些「新漢薩同盟」國家提出反對。但梅克爾與馬克宏在二〇二〇年七月讓整個歐盟達成協議，建立歐盟復甦基金（EU Recovery Fund），允許歐盟執委會用歐盟的名義借款，去資助成員國的經濟復甦計畫。

歐盟復甦基金似乎是個突破，有些人甚至將之類比為「漢米爾頓時刻」（Hamiltonian moment），也就是一七九〇年美國聯邦共和國成為各州債務共享的聯盟。[69]但我接下來將在第八章提到，如果稅收方面沒有相應整合，這個類比可說是過度誇大了。德國最後背離了《馬斯垂克條約》訂下的承諾，同樣是因為不得不然的救火之舉。梅克爾堅持為了讓歐元區成員國復甦的基金必須先經過歐盟預算審議，但這只會加劇歐盟內部多元貨幣體制的問題。雖然她的做法避免了新的歐元區體制，但也給予非歐元區國家否決權，讓原本就債務纏身的歐元區國家無法刺激經濟。這樣一來，匈牙利和波蘭政府就能夠針對非歐元區事務來討價還價，因為歐元區國家需要他們支持這筆預算。這樣的討論，讓歐盟復甦基金的條款花費了數月才終於確定，使得成員國在表定開始的二〇二一年一月之後才拿得到資金。

疫情也向世界證明，在英國脫歐之後，歐元區發展與歐洲單一市場之間的緊張關係，依然沒有完全消除。歐盟執委會為了回應二〇二〇年的經濟危機，暫停實施單一市場中的某些規則，例如成員國的補助規定。但最能因此受益的，並不是義大利這種需要歐洲央行支持才能低成本借款的國家，而是德國這種債務水準低很多的國家。[70]

這樣的變動讓二〇二〇年的歐債危機像二〇一〇年的第一次危機一樣，衍伸影響了整個歐盟秩序的結構。當時隨著德國在歐盟的影響力增強，人們越來越擔心德國聯邦憲法法院成為歐洲央行行動的仲裁機關。在歐洲單一市場架構下，這樣的情況也帶給英國政治一系列難題。英國政府和其他歐元區國家要削弱上述影響都相當困難，這種無法撼動的局面更大大凸顯了英國政府在歐盟內的無力程度。十年之後，歐盟內部最緊迫的問題，變成了如何處理波蘭、匈牙利與歐元區國家之間的關係。而德國這次的決定，增強了非歐元區國家的否決權，避免這些國家像英國一樣因為無力反對而決定脫歐。但對其他歐元區國家而言，這反而拖慢了改革的步伐。[71]更不利的是，這把歐元區成員國和非成員國之間的利益衝突，和那些涉及北約的衝突綁在了一起。

中國的改變與破壞

中國二〇〇八年後的戰略轉向，使得歐盟的凝聚力和避免陷入兩難的能力出現了許多差異，二〇〇九年的歐債危機與二〇二〇年三月重現的危機早已今非昔比。自二〇〇八年起，中國努力賺取外幣、調整經濟結構、轉向高附加價值製造業、提高國內消費、並將經貿的地理重心朝向歐亞大陸。這些改革全都是為了鞏固中國的經濟發展、增強中國的實力。但如果把二〇〇八年後的變化，說成美國發現擋不住中國崛起之後，為了地緣政治考量而重新調整了中美關係，卻實在過於簡化。這次的中國崛起，在某種意義上動搖了一部分的世界經濟穩定，因為中國進入了美國聯準會打造的金融世界之中。二〇〇八年起，積弱的中國貨幣實力，加上中國的製造業實力和能源野心，都深深影響了全球經濟。經過十年之後，這些機制彼此角力的影響，在香港抗爭中爆發出來，許多地方都受到了衝擊，尤其是歐洲。

在二〇〇八年的金融海嘯之後，北京領導班子認為中國陷入了「美元陷阱」，中國持有太多美元儲備，幾乎完全以美元進行貿易，然而華府卻讓美元趨貶。[72]二〇〇九年三月，時任中國央行行長的周小川發表《關於改革國際貨幣體系的思考》，呼籲用一種

「超主權儲備貨幣」取代美元。這篇引起熱議的文章認為，以「主權貨幣」為國際儲備貨幣已造成許多問題，建議創造一種與主權國家脫鉤，能夠維持長期價值穩定的貨幣。[73]但中國不可能改變美元的地位，[74]只能藉由推廣人民幣的境外使用來緩和美元陷阱，讓中國能夠用人民幣進行更多貿易，例如進口石油和天然氣。[75]但這意味著中國必須開放債券市場、允許外國人購買中國國債並允許人民幣境外交易。[76]

在這部分中國成功了一半：以人民幣計價的外貿支付比例，在二〇一六年已從原本的零上升到百分之三十。[77]二〇一八年三月，中國政府在上海國際能源交易所發行了人民幣計價的原油期貨，試圖建立一個獨立於歐美系統的亞洲油價基準，讓中國交易員可以用人民幣買賣原油期貨。

但這些做法都有代價。開放人民幣境外交易，提高了香港的經濟談判籌碼。長久以來，香港一直是外國資本投資中國、中國企業募集美元的金融門戶。[78]比起上海和深圳，實施普通法的香港讓外國資本更加放心。法學家蕭大衛（David Donal）一針見血地說，香港這個「境外金融中心，使中國境內有一塊地方繼續沿用英國的法體系」。[79]但當中國想要利用香港，進行人民幣境外交易，這座城市就得面對九七回歸一國兩制之後從未面臨過的巨大政治掙扎。二〇一四年，中國政府宣布限制二〇一七年香港特首候選人的資格，引發香港年輕人的雨傘抗議。自此之後，政治情勢逐漸開始削弱香港作為中國

各種幣值作為國家外匯儲備的比例

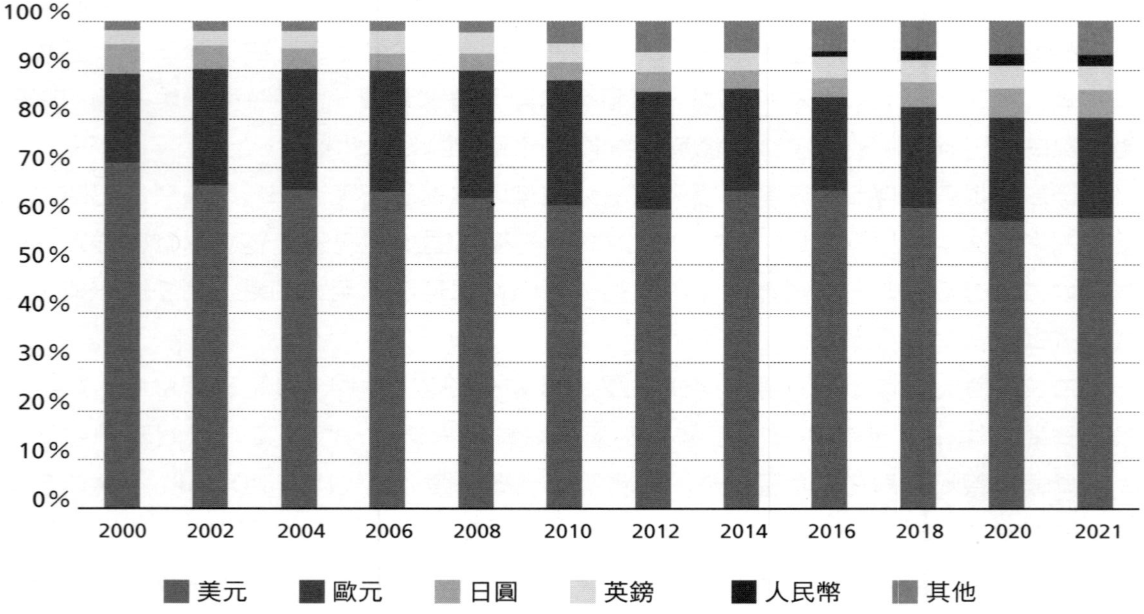

2021 年美元占全球外匯儲備的 6 成，雖然跟 2000 年的 7 成比有明顯下滑，但依然主導金融市場。

來源：FED

的國際金融中心的地位，抗議活動甚至一度在香港金融市場引發恐慌。

另一方面，中國在這段時間不但沒有擺脫「美元陷阱」，反而陷得更深。[80]正如英國央行總裁馬克・卡尼（Mark Carney）退休前於二〇一九年的演講所言，在二〇〇八年之後，聯準會用美元把全世界的貨幣權力收得更緊，中國也未能倖免。[81]中國在舉債刺激經濟之後，金融體系的成長速度遠遠超過其GDP。這些中國銀行與中國企業比過去更加仰賴美元信貸。到了二〇一四年，中國的外債總額比二〇〇八年多出百分之四百五十以上，[82]大部分外債都以美元計價，而且這還是官方統計數字，實際上很可能更高。二〇一五年夏天，由於預期聯準會可能升息，大量資本逃出中國，迫使中國政府在維護國內金融穩定和守護人民幣國際信譽之間二選一。中國領導班子決定穩定金融，於是加強了資本管制，導致二〇一五年起，人民幣計價的貿易，以及離岸人民幣債券發行量都銳減。[83]

不斷累積的金融風險，終於大大地箝制了中國的經濟增長。首先在二〇一一年，由於歐洲銀行無法順利在歐洲美元市場上獲得美元，中國經濟的成長被拖累而減緩。後來二〇一五下半年至二〇一六年，中國經濟走弱，二〇一八下半年起又再次限縮。二〇一六年五月，中共官媒《人民日報》的一篇匿名投書（作者據說是習近平的首席經濟顧問）指出「樹不能長到天上」，顯示當時的人已經注意到美元陷阱嚴重拖住了中國成長步伐，威脅到中國未來的經濟發展與政治穩定。[84]

至少從二〇一五年起，甚至更早之前，全球經濟的成長速度似乎就經常與上述的中國金融狀況有關。二〇一七年與二〇一八上半年，當中國經濟在另一次財政刺激下復甦，國際貨幣基金組織開始談論「同步化的全球經濟成長」，將進入二〇一〇年之後的最佳狀況。[85]但希望之光很快就熄滅。二〇一八年底至二〇一九年，中國經濟增長跌至三十年來的低點。這時雖然聯準會放鬆貨幣政策，國際貨幣基金組織卻依然指出「全球經濟同步放緩」。[86]

到了二〇一九，香港經濟也陷入危機。該年六月，香港政府試圖修訂《逃犯條例》，引發一波更大規模的抗議，而且即便當局撤回修訂，抗議卻仍沒有結束，一直延續到該年年終。這個時候，川普政府開始研議將中國科技公司踢出紐約證券市場。二〇一九年十一月，中國的電子商務與人工智慧公司阿里巴巴，在顯然不需要資金的情況下於香港股市第二上市。這樣的舉動，顯然就是中國政府在宣示要將香港塑造成中國的金融中心，以及在向中國企業喊話期待他們離美歸中。[87]但那年年底，香港經濟已陷入衰退，商業信心也一蹶不振下降。到了二〇二〇年五月，抗議者再次走上街頭。美國參議院也在同一個月投票一致通過，要求中國企業從美國證券交易所下市，並阻止這些企業在美國募資。參議院通過法案兩天之後，中國政府實施了《港版國安法》。

然而，雖然中國經濟在二〇一五至二〇一六的金融危機和香港問題之下向內限縮、拖累成長，中國卻在習近平的領導之下訂出了更大的經濟發展野心，尤其是能源自給計畫。二〇一五年五月，中國領導層頒布「中國製造二〇二五」戰略，要以政府規畫的方向，將中國升級為高科技製造強國。「中國製造二〇二五」列出機器人、綠色能源、電動車等十大發展重點，要讓中國成為這些產業的全球霸主。該計畫將使中國比金融危機之前更加傾向貿易保護主義，同時試圖將中國的高科技產業切入全球供應鏈。[88] 在德國與美國眼中，這擺明了就是要搶生意。德國是舉世聞名的工業大國，中國公然宣布製造業升級，就是想爭奪德國的飯碗。對美國來說，中國對供應鏈的野心高度涉及國防工業因此危及了美國國家安全。所以早在川普還沒競選總統之前，「中國製造二〇二五」的地緣政治威脅就已經傷害了中美貿易關係。中國一旦開始跨足高科技製造業，美國國防官員和情報機構就會對中美之間經濟的深度交流更加懷疑。之後果不其然，川普在競選過程中不斷重提中國人在二〇〇〇年代搶走美國藍領工人飯碗的問題。但他在二〇一六年當選之後之所以能夠建立新共識，說起來都是「中國製造二〇二五」的高科技製造業野心，讓美國人意識到地緣政治威脅的結果。

而且照習近平的說法，中國試圖重新調整自己在地緣政治上的經濟地位。他要將出口的重心從美國轉向歐亞大陸，第一步就是加強對歐洲的經貿交流與投資。二〇〇九年之前，中國在歐洲國家的直接投資幾乎是零；該年之後卻快速增加，二〇一六年已經明顯超過了對美國的直接投資。[89] 二〇一三年，習近平更宣布了第三章提到的「一帶一路」計畫，戮力開發並保護從中亞與中東來的能源供應路徑。此外，歐洲也是「一帶一路」中的重要角色，中國投資建造新的鐵路與港口，將中國產品賣給歐洲。除此之外，中國也鼓勵歐洲國家加入新成立的亞洲基礎設施投資銀行，後者從二〇一三年開始注資「一帶一路」的基礎建設計畫。

中國向歐亞大陸伸出的手，引起了歐洲的分裂。其中一部分的分裂甚至是制度性的：中國在二〇一二年促成了「中國－中東歐國家合作平台」（Cooperation between China and Central and Eastern European Countries，在立陶宛二〇二一年退出之前又稱為「十七加一」），⑮加入其中的歐洲國家不一定是歐盟成員國，但都因此跟中國加深了經貿交流。從二〇一六年起，中國為了因應聯準會引發的二〇一五至二〇一六年金融危機，而實施了資本管制，大幅減少了對歐洲的投資。[90] 但總額雖然減少，希臘、義大利以及巴爾幹半島西部國家的投資額度卻增加。某些受益於中國投資的南歐國家也加入了中國的「一帶一路」計畫。就這樣，歐盟逐漸被中國經濟分化。例如塞爾維亞把中國當成經濟外援的新救主，但它原本就未加入歐盟，所以讓人無從置喙。[91] 但到了二〇一九年三月，連義大利也加入「一帶一路」，難怪德國和法國政府會痛批羅馬當局。

當然，德法兩國的聯合譴責也遭人批為偽善，畢竟歐盟的經濟分裂就跟德國的兩面手法有關。德國雖然沒有正式加入「一帶一路」，卻是中國歐亞貿易路線的重要成員：德國城市杜易斯堡（Duisburg）已成為中國出口到歐洲的鐵路和河港樞紐；俄國用來建造北溪天然氣管道的德國穆克蘭港，更是一條通往中國中部的新鐵路線的終點站。不斷擴大的德中貿易規模和供應鏈規模，改變了歐洲單一市場對德國的相對重要性。德中獨特的經濟關係從一九八〇年就開始，德國與其他歐洲國家不同，早在二〇〇八年之前對中國的出口額就已開始成長，德國汽車製造商逐漸依賴中國龐大的汽車市場，供應鏈也擴及到中美兩國。雖然歐洲依然是德國貿易的最主要對象，但如果只計算單一國家而非整個區域，那麼中國從二〇一〇年代之後就成為了德國最大的貿易夥伴。二〇〇九年歐債危機爆發時，德國在歐元區內的貿易總額遠超過與其他國家的貿易總額。但二〇一二年，與非歐元區國家的貿易額已經超過歐元區，直到二〇一七年為止。92

到了二〇一〇年代中期，德國經貿的特殊性，使得歐元區特別容易受到不對稱性衝擊。該國從二〇一五年起，就接連因為二〇一五至二〇一六年的中國金融危機、美中貿

⑮ 譯註：愛沙尼亞跟拉脫維亞在二〇二〇年八月退出了，只剩下十四加一。

易戰（導致德國汽車製造商從其美國工廠出口到中國的汽車受到中國關稅的影響）和「中國製造二〇二五」之後的增長，而受到嚴重打擊。甚至在二〇一八和二〇一九年大多數歐元區經濟體都大幅成長的時候，德國卻瀕臨衰退。[93]

但德國政府不但沒有削弱與中國的經貿交流，甚至反過來花更大力氣進入中國市場。在義大利加入「一帶一路」的那一個月，梅克爾與馬克宏共同主張，歐盟應完成與北京的投資條約。當時該條約已經在談判六年之後陷入僵局，德法兩國領導人試圖藉此打開中國市場，讓歐洲公司進中國投資，以平衡仍不斷流入南歐與東歐的資本動向。談判若成，德國與法國的公司就能比那些參與「十七加一」平台的歐洲國家獲得更大的利益。梅克爾甚至很想促成德國電信（Deutsche Telecom）這個全歐洲最大的電信業者跟中國的華為更密切的合作，但華為剛好就是川普在二〇一九年施壓歐洲各國點名要求踢出5G網路的企業。梅克爾的企圖讓北約內部的衝突有可能影響到歐盟與中國未來的關係。[94]

德國在二〇一五至二〇一六年為了維繫德中經貿關係而造成的地緣政治影響，到了二〇一六年，更因為英中經貿關係的變化而進一步放大。英國在二〇一〇年至二〇一八年間，都是中國投資額最大的歐盟成員國。[95]其中最重要的，就是卡麥隆時期的英國政府希望利用倫敦與香港之間的金融網路，讓倫敦成為人民幣的國際交易中心。[96]卡麥隆大為吹噓英中情誼，說「西方世界沒有哪個國家，能比英國更開放中資入境，更能滿足中國消費者的需求」。[97] 二〇一五年，習近平前往倫敦進行國是訪問，乘著皇家馬車穿過林蔭大道，英國首相與中國官員表示英中關係進入了「黃金時代」。[98]

但卡麥隆政府對中國示好的決定，從一開始就是個地緣政治風險。二〇一五年初，英國在其他歐洲國家之前，搶先一步加入亞洲基礎設施投資銀行，使歐巴馬政府相當失望。當特蕾莎．梅伊政府與鮑里斯．強森政府先後希望與美國達成脫歐後的貿易協議時，川普對中國發動的貿易戰與科技戰又進一步提高了風險。在二〇一九年六月之後不斷延續的香港抗議活動，更是進一步指出這個前殖民地是英國的一大弱點。香港群眾開始抗議時，英國政府比其他歐盟國家還更加批評中國，使中國公開譴責英國干預其內政。到了那年秋天，民間的社運人士開始要求強森政府，賦予海外護照持有者完全的英國公民權。

之後 Covid-19 疫情爆發，英國的決斷在頭幾個月變得更加明確。強森在二〇二〇年一月，原本還決定讓華為參與開發英國 5G 網路，試圖最後一搏挽救中英經濟關係。但到了該年五月，強森政府在看到中國對疫情的回應與川普的行動之後改變決策，將華為踢出英國 5G 建設；同時也為三百萬持有英國海外護照的香港公民，提供了獲得英國公民身分的途徑。[99]

至此，英國在二〇一六年前的對中政策已然崩潰，而歐洲各國的對中立場也因此分成兩邊。歐盟僅以相當溫和的制裁，回應中國終結香港自治的行徑。梅克爾則因為主張不應因為香港受難而減少與中國這個最大貿易夥伴之間的經濟關係，而在國內受到強烈批評。而且在受到批評後，她還把整個歐盟拉下水，以維持歐盟集體框架的名義來反對改變德中貿易關係。[100]此外，她明知川普政府即將在二〇二〇年十二月將權力移交給拜登，卻依然在該年的最後幾週與馬克宏合作與中國簽署《歐中全面投資協定》（*EU–China Comprehensive Agreement on Investment*）。對梅克爾而言，該協定只是現實的商業考量：這樣德國科技公司就能進入中國市場，同時解決德國老牌企業無法進一步提升產能與市占率的問題。對馬克宏而言，該協定則至少會讓歐洲在面對美國的科技競爭時，擁有一些能夠自主應用的戰略籌碼。然而，許多歐盟國家在協定公布後立刻表達不安，其中有些參與「一帶一路」的國家就指出，他們無法一邊用中國投資來強化國內基礎建設，一邊與華府繼續維繫關係。某些國家也認為，梅克爾與馬克宏不應該單方面與中國談判，不該自行發布歐盟與中國關係的象徵性聲明。[101]但在很多意義上，德法兩國真的這樣先斬後奏了，而且因為英國政府在七個月前已經與中國撕破臉，德法這樣做也表明了歐盟在英國脫歐之後不再顧慮英國的立場了。

整體來說，二〇〇八年之後的歐中經濟關係，已經影響了好幾項其他經濟動盪與地緣政治亂局。中國把經貿重心轉向歐亞大陸，以及在二〇一六年之後因為嚴加管制資本而降低投資，都讓歐洲各國在經濟利益上更加分崩離析。而這前後兩項變化也都使德國的經濟地位，在歐盟內部以及歐元區內部都更加獨特。在此同時，當中美關係從「中美共同體」變成戰略競爭，加上香港不再扮演中國的聯外門戶，各國之間的經貿關係就因為地緣政治考量而變得更加派系對立：中國加入了俄羅斯的陣營，在歐盟內部爭取到一些經貿盟友，與北約分庭抗禮；更使英國的地緣政治戰略走上了與歐盟截然不同的道路。

我們回不去了

二〇二〇年爆發的 Covid-19 疫情，尤其是源自中國的疫情，使過去十年的所有動盪成為今日人們的關注焦點。二〇二〇年春天，聯準會拯救了它在二〇〇七至二〇〇八年金融危機後打造的全球貨幣與金融環境，主要方法就是再次扮演最後貸款者。這次與二〇〇八年的差異，在於試圖間接緩解中國的危機。以歐洲美元市場的角度來思考，這種判斷相當合理。雖然各種中美關係都在瓦解，但只要境外美元信貸市場上的每一個人都在爭奪美元，就必須有一個人擔任最後貸款者，而無論中美的地緣政治局勢如何改變，中國的信貸市場都過於脆弱，很容易引發系統性危機，不能放任不管。

但從其他的角度來看，聯準會這次的決定重新燃起二〇〇九年之後的貨幣政策所造成的混亂。「無限量化寬鬆」實際上就是讓聯準會接管整個信貸市場。一位評論者開玩笑說，聯準會已經從「最後貸款者」變成了「全能貸款者」。[102]當然，這其實是過去一連串決策累積下來的結果。債台高築又沒有現金儲備的企業，收入一旦銳減就只能靠借錢來度小月，所以聯準會必須購買企業的債券來防止經濟垮台。麻煩的是，這種作法會鼓勵企業肆意發行公司債券，甚至借錢來回購自身發行的股票。果不其然，自三月二十三日起的幾個月內，公司債券發行量大幅增加。[103]

結果二〇〇八年之後的劇本，大部分都在Covid-19期間再次上演。股市一旦發現聯準會將會買下所有東西，就很快只靠貨幣政策來決定市場走向，完全無視股價背後有沒有實體經濟支撐，也完全不管將引發什麼政治風險。二〇二〇年四月，美國失業率飆升至百分之十五左右，但就業市場月報卻沒對股市造成什麼影響。此外，能夠靠著聯準會這個「全能貸款者」獲得廉價籌資的大企業，也與無法這麼做的小企業之間差距越拉越大。

在二〇二〇年春季急需獲得更多信貸的企業中，有一些就是頁岩油公司。由於聯準會宣布願意購買企業的垃圾債券，它們獲得了實質紓困。但石油生產業的未來，卻與二〇〇七至二〇〇八年金融危機之後的頭幾年有很大差異。在那幾年，石油與天然氣產業，尤其是頁岩油公司，吸收了不成比例的投資資本。而二〇一一至二〇一四年間居高不下的油價，以及當時的量化寬鬆提供了較低成本的資金，更是使頁岩油公司一飛衝天。相比之下，在疫情之前的油價，幾乎只夠頁岩油公司用來還債，而且此時投資人已經轉向綠色能源，石油公司在資本市場相當吃癟。即便川普政府努力推升油價，聯準會也推出新的採購計畫，還是有三家大型頁岩油公司在二〇二〇年中宣布破產。

如果全球很快地放棄使用石油，那麼美國頁岩油產業的衝擊就不會影響到整體結構。但事實並非如此。二〇一九年全球經濟成長，尤其是中國的成長疲弱，所以該年石油減產的影響不大。但二〇二〇年底至二〇二一年初的那個冬天，雖然歐洲大部分地區依然實施外出限制，大部分其他國家的活動也不如以往，油價依然攀至二〇一九年的高峰。但美國頁岩油企業這次卻因為投資轉向而無法獲得足夠資金來增產穩定油價，全球的油價持續居高不下。疫情之後，世界經濟很可能會進入二〇〇八年中之前的狀況，各國央行必須一邊擔心能源價格（天然氣、電力、石油）推高通膨，一邊擔心能源價格削弱消費需求。

自二〇一四年以來，各國央行總裁都試圖用適度的通膨，來暫時削減債務的實質價值。但在升息的同時，能源價格也上漲的話，許多債務人可能會倒債。如果只考慮國債，唯一的方法就是中央銀行提供無息直接融資給政府。

頁岩油產業能否暫時復甦，不僅會影響經濟，也會影響政治與地緣政治。目前的能源市場既複雜又分裂，一邊是以石油與天然氣為主的既有地緣政治與商業競爭；另一邊是以再生能源和電動車製造生產為主的商業火拼與地緣政治角力。兩種陣營的成王敗寇關鍵，則和自古以來一樣，都是誰能搶到私人投資資本。十年前這顯然是頁岩油能源公司的擅場，現在卻勝負未分。

▪ ▪ ▪

在地緣政治不斷影響全球經濟的這個時代，歐盟必須面對一個根本問題：區域合作所帶來的規模經濟優勢，能否彌補個別成員國在整合妥協之中做出的犧牲。[104] 歐盟最大經濟體的利益，已經和那些與中國交流的其他成員國之間明顯分歧。

這些地緣政治問題已經變成了歐盟的結構性困境，因為歐盟是由民主國家組成的，一旦有人想要把某些原本屬於這些民主國家的權力轉移到歐盟手中，結果就有可能讓其中最強大的成員國，去塑造整個歐盟的外部環境。歐元區建立之後，這個矛盾更加棘手。它的體制限制了成員國各自因應經濟變遷的能力，也限縮了各國政黨在民主政治中能夠選用的經濟戰略。而且歐元區並未涵蓋所有歐盟成員國，所以成員國與非成員國之間又出現了更多利害衝突。歐債危機影響英國的地位之後，動盪很快就從經濟領域蔓延到其他領域，變成英國民主政治無法解決的問題。之所以會有這種困境，是因為歐盟憲法為了保障歐洲單一市場的運作，而將部分經濟事務隔絕於成員國民主政治決策範圍之外。但是否接受歐盟的憲政秩序，卻取決於各國內部的民主同意，所以當憲政秩序波及英國利益，勢必只會讓英國民眾爭辯要不要脫歐。

這告訴我們，英國脫歐其實只是當代民主體制面臨挑戰的一個例子。地緣政治與經濟變遷不斷衝擊民主體制，如果民主國家無法順利適應，體制就有可能崩毀或變質。此外，這些國家必須設法讓那些在權力重整過程中利益受損的人，繼續接受國家的權威，這其實很不容易。本書第三部分的開端就是試圖處理：民主如何因應時代的變遷，以及與民族國家之間的複雜關係。

PART 3

國債體系與代議崩解

「（推動淨零排放將引發）西方政治中的下一場民粹主義大叛亂。」

—— 馬修·古德溫（Matt Goodwin），肯特大學政治和國際關係學院政治教授

「他們談論世界末日。我們正在討論週末的事情。」

—— 法國黃背心運動抗議者

7 民主時刻

在Covid-19剛爆發的那幾個月，曾經參與脫歐運動的英國部長麥可・戈夫（Michael Gove）發表了一場公共服務的演講。演講之初，他從一九三〇年代「經濟全球化」和「貴族式自由主義」的逐漸消亡，開始闡述小羅斯福的理念，主張下一個時代將屬於「擁有社會福利體系的民主國家」。戈夫說，這位美國總統「喜歡做實驗」的個性，「成功拯救了資本主義，並恢復了社會對民主的信心」。對戈夫來說，脫歐後的英國保守黨政府，就是要以羅斯福的方式復興民主，讓國家不再像四年前脫歐公投時人民反對的那樣，「被幾乎充斥在政府各部門，擁有強大聲量的人」把持。[1]

戈夫口中的英國脫歐過於簡化。畢竟他在脫歐公投時就已經是政府官員，而且跟國會中超過三分之一的保守黨議員站在同一陣營。英國脫歐的確代表選民不再相信目前的體制，尤其是不再相信代議制民主的條條框框。選民以多數票通過了脫歐公投，從此改變了英國的憲政秩序、地緣政治傾向以及英國與其他國家的經濟關係。當時英國國會有七成以上的議員都主張留歐，卻有百分之五十二的英國選民選擇脫歐，足以表示公民與代議士之間出現了嚴重的鴻溝，顯示民主陷入了危機。

在經歷這樣的危機之後，戈夫會引用羅斯福的觀念，用這位史上任期最長的美國總統的頭銜來支持「民主國家」，反對「經濟全球化」和「貴族式自由主義」，說真的也不奇怪。[2]羅斯福新政是復興民主的典範，因為這是歷史上少數幾個真正成功改革民主制度的例子。羅斯福拋棄了金本位制，使戰後美國逐漸成為「擁有社會福利體系的民主國家」。但羅斯福打造民主國家的故事，其實比戈夫口中的複雜很多。美國在推行新政之後，至今依然沒有弭平種族之間的經濟機會差異，因為羅斯福打造出的公民福利制度，並沒有讓自古以來都被排斥在外的非裔美國人能夠真正享用。

民主只能在具體的時間，存在於具體的地域。民主運作的過程中，地緣政治與經濟條件都會不斷變化，因此民主就像所有形式的政治體制一樣，都會擔心變化帶來的動盪。許多局勢變化會讓人想要改革，而有些改革就像羅斯福新政那樣，試圖在公民之間的利益差距隨著時間不斷擴大之後，試圖將其縮小。但那些跟美國一樣維持過去的憲政型式，並藉由擴大選舉權來變得更加民主的國家，在進行這種民主復興時都會遇到一個問題：無論它想如何用民主的起源來喚醒意識，藉此縮小人民之間的不平等，它當下要呼籲的人民早已不是民主剛建立時的人民。

在二十世紀的大部分時間中，幾乎所有政治觀察家都知道時間造成的局勢改變，會讓民主政治面對挑戰。但從一九九〇年代之後，自由民主（liberal democracy）卻變成了永恆的普世觀念。[3]這種觀點扭曲了政治分析，讓人看不清當下政治混亂的起源，無視民主國家各自誕生的歷史脈絡，以為民主會自然而然地在世界各地出現。在這種敘事下，民族之間的差異就成了拖累民主的絆腳石。要真正了解當代西方民主國家為何陷入動盪，我們就得回頭看民族、民主以及政治轉捩點之間的關係，在歷史上如何交互作用。

民族

歷史學家班納迪克・安德森（Benedict Anderson）將民族描述為「想像的共同體」（an imagined community），一個由明確起點累積而成的共同過去。[4]在很多時候，對於民族的想像都會形塑集體的族裔敘事。但民族並不需要用這些說法來了解自己。在歐洲，語言與文學確實經常強化了彼此之間的認同，因為共同的語言總是能夠把共同經歷的歷史講成一套故事。[5]早在代議制民主出現之前，早在人們用「民族」來建立政治身分之前，民族就是一種想像的共同體。但在法國大革命之後，一種關於民族的全新政治語言開始抬頭。從那時開始，歐洲國家不斷聲稱自己代表了統一的民族，以民族之名來搶占國內的權威和權力。所有想從帝國中解放出來的人，無論是要脫離英國、法國、俄羅斯還是鄂圖曼，幾乎都抬出了民族的建國大義。雖然自十九世紀以來，就經常有人懷疑民族並不能讓政治權威正當化；但除了伊斯蘭世界以外，民族至今依然是政治權威的唯一基礎。歷史學家麥可・霍華（Michael Howard）說得好，就連共產革命都無法打倒任何一個民族國家。[6] 冷戰的結束，就是各民族強烈反對蘇聯帝國統治的結果。柏林圍牆倒塌後，西德總理柯爾也在兩德統一計畫中直接援引民族主義，稱德意志聯邦共和國必須「繼續努力運作，增強民族團結意識」，他的政府正在設法「使德國人民以自由自決的方式，重新團結起來」。[7] 即使歐盟顯然想要以歐洲大陸上諸多民族之名，建立一個超越民族國家之外的政治權威，但這個政治權威還是得靠各成員國的公民各自選出代表，才能行使行政權力。

只要沒有民族提供的政治資源，代議民主就不可能在歷史上出現。[8]「民族」這個概念，在所有代議民主國家中的意思都是「人民」。古代民主的基礎是人民自己決定公共事務，代議民主的基礎則是人民集體選出代表來決定，如果必要的話就建立一部憲法。所以哪些人有權選出代表？歷史的答案是同一個民族的人。很多時候，「民族」與「人民」兩個詞甚至可以直接交替使用。[9] 而且民主政治上所謂的民族，未必要等於文化上所謂的民族。許多民主國家長久以來都在文化各異，語言分殊的狀態下正常運作，瑞士就是個很好的例子。但只要代議民主想要用民族來代表人民，就必須制訂一套包容和排斥的標準。而這套標準實際上就是公民身分。[10]

人民只要擁有同一個公民身分，就能用代議制民主防止成員繼續爭奪國家的權威。而要讓代議制民主順利運作，就得找到一些政治方法讓敗選者服氣。這種方法就是建立一個政府，要求所有成年公民共同決定要讓誰來管理這個政府，然後選出一些代表來做這件事。這樣一來，選舉就成為輪替政治權力的方法，那些連選民都無法說服的敗選者，自然找不到好理由去訴諸暴力或分裂國家，最後就會摸摸鼻子接受選舉結果。歷史告訴我們，源自於民族的公民身分就是維持代議民主的關鍵。

依此觀之，美國之所以會爆發內戰，原因之一就是沒有建立一個足夠有用的「美國民族」。雖然憲法的第一句話就是「我們美利堅合眾國的人民」，但美國是一個聯邦共和國，各州之間的經濟衝突相當嚴重；有著公民與奴隸之間的種族鴻溝；對於奴隸制的道德看法也相去甚遠。「人民」與「奴隸制」這兩個概念在古羅馬共和國不會產生什麼衝突，在美利堅共和國卻無法共存太久，因為美國很多公民都信奉新教，相信這個國家的建國基礎，就是上帝賦予人人平等。[11] 美國一直沒有解決一七八八年建立的體制能不能永久的問題，因為最初制訂的憲法，並不代表合眾國公民之間的最終協議，並沒有讓公民相信自己無論具有多大的政治影響力，都同意服從同一個政治權威。於是當蓄奴州的政治權力分配越來越不平等，南方各州大多數白人就開始認為，自己在成為美國人之前先是一個南方人。這成了一個嚴重的政治問題，因為每個聯邦層級的決定，都會影響蓄奴州與自由州的政治權力平衡。於是在一八六〇年大選之後，十一個南方州就為了防止政府宣布廢奴，而直接脫離聯邦。

如果民族身分是鞏固代議民主的重要政治工具，那麼兩者應該會在歷史上同時出現。而回看歷史，民族確實是推動代議民主的第一步。在英國這個同時具備君主與獨立權威議會的國家，改革者確實以民族的大義，要求將參政權擴大到更多的階級。[12]一七八九年法國的人民也曾集結起來，在民族的號召下共同從君主手中奪走主權，在法國《人權宣言》（*The French Declaration of the Rights of Man and of the Citizen*）中宣稱「一切主權屬於人民」。雖然雅各賓派（Jacobins）原本想把革命推向世界而反對民族主義，但他們很快就變成了民族主義者，因為他們發現可以用民族主義來建立一支比其他歐洲國家強大許多的法國國民軍。[13]

在雅各賓派首開先例之後，公民權與徵兵在政治上就一直密不可分。[14]歐洲各國政府在一九一四年徵兵時，都注意到戰爭結束之後必須擴大民主。正如古雅典海軍的兵員需求，推動了古雅典的民主；那些被國家推上前線犧牲殺戮的人民，未來都必須擁有選舉權。[15]因此除了西班牙與葡萄牙這些非交戰國以外，幾乎所有交戰國都在戰爭期間或戰爭結束之後，立法規定全國成年男性都有完整選舉權。而那些徵召女性進行戰備工作的國家，更是一併開放了女性選舉權。[16]法國甚至為了徵兵，而允許北非穆斯林移民到法國，獲得法國公民身分和投票權。[17]

▪ ▪ ▪

但如果要說民族身分都跟代議民主制有關係，卻會產生危險的誤解。某種意義上，民族的功能就像是古老的神話歷史故事，用來解釋一群特定的人為什麼可以正當地統治一塊特定的領土。湯瑪斯・霍布斯（Thomas Hobbes）認為，人們在擔心即將死亡時，最容易認可國家的權威，但實際上民主國家的權威往往延自於共通的過往，延自於某個共同的起源。[18]

古羅馬花了很大的功夫，去把羅馬民族描繪成特洛伊神話中倖存者羅穆盧斯（Romulus）與瑞摩斯（Remus）的子孫，並說這些祖先建立了羅馬城，藉此建立羅馬共和國與之後羅馬帝國的權威。[19]但歷史事實顯示，建立羅馬民族的說書大業，比神話中的羅馬起源更真實，因此也就更危險。把這個推論套用到歐洲，就知道歐洲的困境更大。歐洲大陸並沒有根據共同語言、共同歷史記憶、共同神話來畫分每個群體各自要住在哪裡，所以各國必須根據國家實際的行為，以及一些真實發生過的故事，才能讓說不同語言、相信不同神話的人凝聚為同一民族。

有些時候，這種托克維爾（Alexis de Tocqueville）所說的「愛國精神」對大部分的公民不會造成什麼負面影響，除非你的國家正被歐洲的帝國所宰制。[20]俾斯麥（Otto von Bismarck）在十九世紀後期國家剛統一的時候，就用福利國家制度讓每個公民都獲得某種程度的經濟保障，如此一來，德意志民族即使沒有任何共同的起源，也能成為一個共享命運的現代共同體。

但現實中要建立一個民族，往往都得讓國家對本國公民施加強制力。若是沒有夠強大的文化基礎，就得用某些方式使人民同質化，形塑對歷史的共同看法，才能使人民在政治上成為同一民族。[21]所以各國政府都會想要統一國內語言、在共同教育中加入對民族歷史的特定詮釋、統合國內的宗教信仰和習俗，並且從一八九〇年代開始就拒絕承認國際社會主義等跨國政治承諾。[22]換句話說，國家會用法律來強制統一語言與宗教，並將某些行為列為政治顛覆。過去的法國政府強迫巴斯克人和布列塔尼人講法語，並禁止非法語文學。英格蘭與蘇格蘭血統的美國人，則認為自己繼承了開創《大憲章》（*Magna Carta*）的自由血液，不僅沿襲了英國的政治制度，更認為自己跟創造共和國的開國元老擁有同樣的淵源。[23]他們在美墨戰爭之後，很快就強制全國講英語。[24]國家的這種強制力，有時候會演變成對少數族裔和少數民族的暴力，許多強迫遷徙、大規模驅趕人口甚至種族滅絕的暴行，都是因此而生。[25]

強制脅迫與編造歷史，在民族建構的過程中並不衝突。林肯用聯邦政府的強制力在軍事上擊敗南方邦聯、摧毀了奴隸制並在憲法中強制各州重新加入聯邦，重新統一了美利堅合眾國。但他也在《蓋茲堡演說》（*Gettysburg Address*）利用美國內戰流下的鮮血重新詮釋美國建國的歷史，把建國故事說成在這片土地上建立一個屬於每個人的民主國家。在這個新的故事中，「美國民族」變成了祖先「為了實現人人生而平等的理想」而創立的東西，當代這些子孫應該繼續守護「民有、民治、民享的政府」，防止它「從世上消失」。[26]

此外，如果你要強化原本薄弱的民族意識，甚至是從零開始建立民族意識，你做出的脅迫行為也許就得比民主國家能承受的更多。英國建立民主國家時，因為從未認真思考如何吸收愛爾蘭天主教徒，最後一直無法將愛爾蘭納入憲政秩序之中。在第一次世界大戰之前的幾十年內，「愛爾蘭問題」一直在國會裡爭論不休，最後還在一九一〇至一九一四年期間引發嚴重的憲政危機。一九一八年，英國通過法案在愛爾蘭進行徵兵，並試圖強迫那些基本上並不認為自己屬於英國民族的愛爾蘭人加入英國軍隊，結果英國政府就成了日後愛爾蘭獨立的強力推手。

民主國家必須以政治的角度思考民族，因此總是會不斷面對沉重挑戰。「人民」有時候被視為「民族」的代名詞，但這種連結有時候過於輕率，甚至被曲解。[27] 用屬於同一「民族」來高呼「人民」的團結，原本是為了爭取敗選選民的服氣，但卻經常被用來剝奪某些人的政治權利，使國內的某些人一方面必須服從於民主國家，一方面又無法參與規則制訂。那些不認為自己屬於某個民族的人，或者做出一些行為讓人懷疑並不忠誠的人，可能會被這個民族排除在外。[28] 事實上在選戰期間，那些用公民權以外的定義來重新描述民族的人，往往都能贏得選票。

新型態的反猶主義就是這種機制養出來的。總是會有人懷疑猶太人不接受民族融合，而且不忠於國家。這種論述是民主政治中的選舉武器，而且因為猶太人一直給人一種有權有錢的印象，想要煽動群眾來圍攻更是容易。這種政治現象在十九世紀末至二十世紀初的維也納最明顯。當時魅力型領袖卡爾·盧格（Karl Lueger）領導的基督教社會黨（Christian Social Party）在一八九五年和一八九六年的選舉中，將市政社會主義、天主教、對哈布斯堡王朝的忠誠心和反猶主義結合起來，結束了自由黨在帝國首都長達三十年的統治。雖然盧格在當上維也納市長之後，並沒有剝奪猶太人的法定權利，但他公然支持一個由基督宗教組成的奧地利民族，並向基督教社會黨選民保證，將把維也納的果實與工作分配給這些奧地利人，其中當然不包括猶太人。[29]

到了一九一四年，已經有大量證據顯示「民族」在新興民主政治中非常好用，可以讓人用和平的選舉來爭奪權力；但同時也會製造分裂，削弱公民心中的國家權威。民族認同雖然是民主政治的推手，卻也是民主政治中的未爆彈。

時間與失衡

即使我們不管民主與民族之間的這種結構性緊張關係，時間的流逝也註定會衝擊所有民族願景。即使某個民主國家真的建立了強大的公民信念，人民與國家之間的立場也很難維持一致，因為聲稱自己代表「想像共同體」的是國家，但真正願意且能夠認同這個共同體的卻是人民。在時間的推移之中，地緣政治和經濟條件可能大幅改變，個人或群體都有可能從一個國家遷移到另一個國家。如果民主國家限制這種人口流動，就會違背過去將移民納入公民範圍的民族神話。

歷史學家約翰·波卡克（John Pocock）曾說，過去的政治思想曾經一度普遍將時間視為政治中的「不穩定維度」。[30]早從波利比烏斯（Polybius）開始，歐洲就有人認為任何政治制度都免不了被時間沖垮，這種觀念之後又在馬基維利時期發揚光大。希臘歷史學家波利比烏斯，在公元前二世紀描述了羅馬共和如何崛起。他認為「『所有存在的事物終將衰亡』是一個幾乎不證自明的命題，大自然所施加的這種必然規律，讓我們完全無從辯駁」。[31]國家的衰亡，永遠來自劇變之後的混亂。「無論何種形式的國家，都會被外部的衝擊，以及內部的演變所擊倒」。他認為外部的衝擊沒有跡象可循，但內部的變化「卻總是大同小異」：建制淪為渾沌之後，就會有一個人帶來和平成為君主，然後君主建立王權，王權被僭主推翻，接下來貴族制、寡頭制、民主制以及暴民政治就依序上演，最後暴民讓世界回歸渾沌，強大的煽動者再次成為君主，然後所有事情再來一遍。[32]

波利比烏斯認為，每種形式的政府都會被自己特有的業障壓垮。[33]所以終結悲劇循環的唯一方法，就是用「平衡狀態」保持中庸，讓君主制、貴族制、民主制三種比較像樣的政體彼此制衡。[34]此外，他認為外部力量的增強與國內物質繁榮的增長，會威脅到所有形式的憲政平衡。以羅馬為例，他成功預言該國將在國際力量不斷增強、「國內社會長治久安」之後，將從貴族轉為寡頭，再由寡頭變為民主。[35]他相信當人們彼此競爭財富與官位，「逐漸愛炫耀、擺排場」，政治環境就會在群眾的影響下「大幅惡化」，因為人民「將對那些既有大老的貪得無饜忍無可忍，同時又聽信那些奪權者的蠱惑妖言，以為自己最認真最正義」。[36]

當然，波利比烏斯提出的模式只能預言羅馬，無法套用在所有地方的政治演變。但即便如此，古今中外的所有政府依然都會在時間的推移之下崩毀，而且就像法國大革命之前的「舊制度」（Ancien Régime）一樣，崩毀的原因之一都是既有體制的沉痾無法因應地緣政治與經濟的衝擊而失去平衡。即使不採用波利比烏斯想像的政體循環模式，我們也能分析一旦貴族制或民主制過頭了、失去平衡，會如何危及政府的穩定。

所以代議民主制特有的問題是什麼？這就得回去問這個制度到底比較接近民主制還是貴族制。用波利比烏斯的說法，歷史上最早出現的代議民主國家，顯然都是偏向貴族制的。歐洲在剛出現議會政治時都是嫁接在君主制身上，而且都用財產為門檻，來限制選舉權與被選舉權。像德國之類的某些議會國家，一開始還讓君主維持任命和罷免政府的權力，而且同時是法律上與實質上的權力。至於美利堅合眾國，一開始則是允許了奴隸制，而且用憲法當成人民與民代之間的緩衝，用各州議會選出的參議員以及選舉團來選總統，而非全民直選。

當然，時間隔得越久，代議制民主看起來也越來越民主。法國、德國、奧地利都拔掉了君主的權力；美國則禁止了蓄奴、剝奪了奴隸莊園主的財產。所有代議制民主國家都逐漸讓每個國民都有參政權，立法機關則開始徵收個人所得稅和財產稅，試圖從富人身上收取稅款，重新分配給窮人。

不過如果說代議民主制隨著時間而逐漸「真正實現」了民主，就離事實有一點距離。雖然美國因為採取聯邦體制而比較複雜，但代議民主本來就是現代國家的政府形式，一開始就能夠強制向富人徵稅，只是統治者未必會實際徵收。[37]此外，雖然某些政治改革讓代議民主在憲政體制上變得更民主，但實際上卻可能產生相反的效果。例如英國一八三二年的《大改革法案》（*Reform Act*）乍看之下擴大了投票權，其實卻奪走了英國一些老行政區的男性勞工以及女性有產階級持有已久的投票權，而且使國會更不在乎那些沒有投票權的人的請願。[38]美國在內戰之後通過的憲法修正案，雖然使非裔美國人獲得投票權，並且大量選上南方各州的公職人員，但南方各州依然在最高法院的支持下使出各種手段，系統性地剝奪了非裔美國人的投票權。直到一九六〇年代為止，美國有一整批人都只有名義上而非實際上的公民權。

在經濟上，擴大投票權也未必能帶來有利於貧困階級的改革。古羅馬的格拉古兄弟（Gracchi brothers）試圖遏止共和國貴族化，他們倡議恢復過去的土地法，限制元老院階級能夠擁有的土地面積，並將過程中收歸國有的土地發放給沒有土地的士兵。但英國從一八三二到一九一八年歷經四次選罷法改革，不斷擴大選民人數之後，卻沒有把過去三百年來圈出的地還給公眾。[39]美國也是一樣，它在內戰時期以及不斷侵占西部原住民土地的過程中，確實讓大約一百五十萬美國公民獲得了土地，但內戰之後的南方各州土地改革，並沒有縮減這些地方種族之間嚴重的土地不平等。[40]

事實證明，代議民主未必能帶來經濟重分配，反而經常與那些造成嚴重物質不平等的經濟體制長期共存。有時候民主國家內部的權力制衡甚至在政治上促成了這些不平等。[41]古代那些想要削弱富人政治權力的政治改革，往往以失敗告終。一八九四年，美國國會在和平時期首次投票通過徵收所得稅，[42]而且專門向富人徵收。但一年之後，最高法院就裁定該法違憲，直到一九一三年憲法第十六修正案（Sixteenth Amendment）才允許國會直接徵收所得稅。第一次世界大戰期間，國會用這項權力對富人徵收高額所得稅，同時也徵收了戰時利得稅與遺產稅。但那些最有錢的美國富豪依然利用政治手段，降低了自己在戰後要繳交的所得稅。[43]回顧歷史，能向富人徵收重稅，或能用稅收提高勞工所得比例的必要條件，一直都是戰爭，而不是擴大投票權。[44]

無論代議民主制有多少漂亮的說詞，實際上它通常都比較接近貴族制，而非民主制。該體制將人民與民代明確分為兩邊，民代的數量遠遠少於人民。此外，該體制讓行政部門的少數官員進行權威決策，其中某些官員在總統制國家甚至不是民選的，而是政府任命的；反倒是廣大人民選出的民代，往往被憲法所限制而無法做出關鍵的政治決定。如果國家設置了違憲審查，憲法法院甚至可以撤銷民選立法機關制訂的法律。這種設計當然是為了保障少數族群，但請別忘了坐擁大量財產的有錢人也是少數族群。[45]

所以隨著時間不斷推移，代議民主制很容易變得越來越貴族化。轉變的方式可以分為以下幾類：(1)行政官員會奪走原本屬於立法機關，或者原本被立法機關限制的權力；(2)經濟菁英會操弄行政官員與立法機關，進而影響政策；(3)憲法法院直接介入民主政治中的爭議政策進行裁決；(4)選舉會淪為有錢人收買民代的手段，只要提供競選經費就可以了；(5)最後，那些能夠進行決策、造成影響、提供建議的人，總是會濫用權力中飽私囊。

即使如此，代議民主依然具備許多民主特質，最明顯的就是平等投票權。但隨著時間拉長，這些民主特質往往會威脅到制度的穩定，嚴重到需要加以制衡：(1)立法機關可能會讓行政人員無法施政，多數選民選出的代表也可能會任命親信的法官，讓他們以政黨利益為出發點來詮釋法律；(2)政府可能會挪用公有財產、拖欠債務、撤銷少數族群的憲法保障；(3)政黨在選戰期間可能會亂開支票，並且煽動選民的報復情緒。二十世紀初的德國政治經濟學家和社會學家馬克斯．韋伯（Max Weber）就說，代議民主制是一種讓人不斷煽動選民的體制。他認為民主國家只要實施普選，人民便註定拜倒在魅力型領袖的煽動之下，放任他專斷獨行。[46]

自古以來，民主過頭最後搞倒民主的政體主要都敗在舉債過多。某種意義上，這是因為「債務」這種東西本身就是一種時間魔法，是把未來的錢提撥到當下來使用。提撥的數量越多，未來能夠自由支配的收入就越少，償債的壓力也越大。正因如此，許多古代社會都會定期免除債務，防止債務代代相傳，導致土地集中在極少數人手中。[47]古雅典就認為民主體制要能順利運作，一定要定期強制免除債務。十九世紀之所以有些人將民主視為一種煽動民眾的手段，也是因為法國與美國在革命期間爆發了債務違約，並發行過多紙幣。[48]英國在一八三二年和一八六七年的擴大選舉權，打破了國會與有錢債主之間的共謀關係，使債主不再能相信來自各階層的國會代表會為了償還國債而支持徵稅。[49]十九世紀中葉各國政府在發現這種改革帶來的問題之後，就開始用公民儲蓄、公民債券之類的辦法，盡量將國債分散到所有選民手中。[50]林肯說得好，「人民只要知道政府欠的債掌握在國民自己手裡，就會不那麼覺得舉債是在壓迫人民」。[51]當然，代議民主政府在十九世紀下半葉至二十世紀初除了發行公民債券之外，也在國際資本市場上借款。但公民債券的出現，確實防止了國債問題威脅到代議民主制的穩定。

借新債還舊債的以債養債，使得修復和改革民主變得相當困難。馬基維利曾經爬梳歷史的教訓，系統性地整理出時間如何對政治造成衝擊，其中最重要的一點，就是無論共和國或其他形式的國家，都必須不斷調整體制與時俱進。很多時候，外部環境的衝擊都會打亂國家內部的變化週期。但如果國家主動「革新」，用法律回到「建國初衷」，或者出現高風亮節的政治人物，就可以度過難關。[52]當然「革新」總是困難重重，但馬基維利認為比起革新，改變一個已經嚴重貴族化的共和政體更為困難，羅馬共和的悲劇就是很好的例子。公元前二世紀末，身為護民官（tribune）的格拉古兄弟面臨在戰場上幫羅馬開疆擴土的士兵負債累累又缺乏土地，而安然待在家中的元老院議員卻逐步坐大的窘境。為了解決這種階級矛盾，他們試圖恢復過去的土地法，限制每位公民最多能夠擁有多少土地。馬基維利認為，其實這類改革是必要的，但由於元老院每次都投票反對土地改革，格拉古兄弟的行為最後把「整座城市搞得天翻地覆」，甚至釀出「武裝衝突和流血事件」。[53]所以格拉古兄弟不但沒有穩住羅馬的共和，反而讓共和更快倒向了軍事獨裁。[54]

美利堅合眾國的失衡方式

無論用馬基維利還是其他人的說法，羅馬共和衰亡的故事都是早期代議民主制的惡夢。初期的美國就相當擔心此事，因為美國跟羅馬有很多共通點：早期不斷擴張領土、允許奴隸制、不同階級因為債務而產生利益衝突。這段歷史本身就預言了民主政治會面對哪些衝突、這些衝突與同胞有什麼關係，以及貴族過頭與民主過頭的制度各自會使人們在試圖改革的過程中進行怎樣的競爭。我們也可以用這些故事來反思美國當下的民主危機，因為當下危機中的某些固有衝突，就是從美國憲政體制衍生出來的。

從冰冷的利益角度來看，試圖改革美國憲政體制的政治鬥爭，都源自不斷舉債與領土擴張。美國剛從英國獨立時，是一個各州互相保障彼此安全的邦聯。這個在一七八七年根據《邦聯條例》（*Articles of Confederation*）建立的國家，根本無力償還債務。此外，它的信用爛到無法維持軍隊開銷，無法建立一個足以壓制美洲原住民並讓美國從阿帕拉契山脈一路向西侵略擴張的軍隊，以實現許多美國人獨立建國之後想要的江山。[55]當時為了支援獨立戰爭，不論是立憲前的中央權力組織邦聯國會（Confederation Congress）還是十三州，都分別從國內外借了大量款項。《邦聯條例》允許北美十三州自行徵稅，所以這些債務照理來說都還得出來，但許多州的債務人或納稅人抗爭徵稅，讓立法機關只能放棄。反倒是邦聯國會，它在《邦聯條例》之中不但無權直接徵稅，又無權強迫各州交出部分稅款，這樣美國的債務當然還不出來。眼見美國的信用疲弱不興，那些在一七八七年起草《聯邦憲法》的人決定解決各州「過於民主」的問題。他們在新憲法中收回各州大部分的徵稅權，並讓聯邦政府有一個強大的徵稅工具來償還國債，最後還讓參議員與總統無法全民直選。

聯邦黨人（Federalists）為了捍衛新憲法的內容，指出過於民主的制度在歷史上都帶來了怎樣的災害。詹姆士．麥迪遜（James Madison）認為之所以要設立參議院，就是為了防止美國像古雅典那樣喜怒無常，同一群人在「民粹的自由下，今天決定要把某人毒死，明天又決定為他立雕像」。[56] 亞歷山大．漢密爾頓（Alexander Hamilton）則指出，「大部分毀滅共和體制的人，都從向人民獻殷勤中起家的，他們一旦成功煽動民意，就會逐漸成為暴君」。[57] 至於反對新憲法的人，大部分則認為聯邦政府一定會淪為貴族的玩物，而且時間越久，貴族化就會越嚴重。其中一個人以刺殺凱薩的布魯圖（Brutus）為筆名指出，這種憲政體制會讓窮人無法參政，而我們都知道富人當權之後一定會中飽私囊。無論憲法用多少詞藻來強調政府會遵從公正，「最後都只會少數掌權者人來掠奪大多數人」。[58]

那些擔心體制過度貴族化的人，很快就發現美國遇到了羅馬歷史上的老問題，而且原因再次源於債務。一七九〇年，美國第一任財政部長漢密爾頓發表了《公共債務報告》（*Report on the Public Credit*），建議聯邦政府擔起各州債務，按面值支付所有債務的利息，並建立償債基金將債務分期還完。詹姆士．麥迪遜與好友湯瑪斯．傑佛遜（Thomas Jefferson）一看到這項建議，立刻譴責它違反憲政精神。他們認為這種制度會成為寡頭貪腐的根源，而且漢密爾頓甚至遊說北方各州的銀行家在《公共債務報告》公開發布之前，提早以極低的價格購入聯邦債券與各州債券。[59] 但漢密爾頓認為，這種指控最後只會讓民粹政客摧毀整個共和。

某種意義上，美國政治每隔一段時間就會吵起債務問題，接著引爆階級之間的衝突以及對於美國民族的不同想像。自從南北戰爭以來，無論是工業化、鐵路的出現、標準石油公司的興起都是因為有人成功從紐約的銀行獲得大筆融資。但這也打造了一群經濟集中的新貴族，他們在接下來的幾十年內不斷用錢買到政治影響力，把金融業變成自己的禁臠，藉此主導全國的政治。這種有目共睹的貴族行徑當然引發了強烈反彈，抗議者認為美國已經背叛了建國初衷。

在一八九〇年代的經濟蕭條期間，美國人民黨（American People's Party）集結了農民和欠債者的聲音，要求政府終結貪腐、進行幣制改革、調降借款條件。一八九二年，該黨刻意在美國國慶日提出《奧馬哈政綱》（*Omaha Platform*），宣布共和體制已經名存實亡，債務已經讓「這個國家的道德、政治，都即將與經濟同時破產」。人民黨認為《奧馬哈政綱》列出的改革訴求都是為了恢復憲法精神，無論是調降借款門檻、參議員直選、限制總統任期、大量鑄造銀幣、徵收所得稅、縮短工時，都只是讓美國政府回到打造它的「普羅大眾」手中。[60]

但在之後的幾年內，民粹派嘗試的民主改革反而往往破壞了穩定，尤其是跟之前維持了好一段時間的共和傳統相距甚遠。[61]原因之一，就是民粹派口口聲聲高喊著民族團結，說這樣才能挽救共和，他們在《奧馬哈政綱》中宣稱「要讓國家擁有一個自由的政府，全體人民就必須珍愛彼此，熱愛國家」。但他們用民族的詞藻來爭取特定公民群體的選票，卻只會造成分裂。民粹派用階級的角度來思考這個合眾國，認為只有動手實作的農民與工廠工人才是民主的「美國人」；有錢的債主都是不事生產、沒有祖國、寄生在美國土地上的貴族。[62]這種語言很容易助長反猶主義。民粹派的威廉・布萊安（William Jennings Bryan）在一八九六年獲得民主黨總統候選人提名時，直接把所有經濟貴族都說成對美國不忠的世界主義者，傷害美國民族的團結。他說紐約的銀行家裡有一群崇英媚外者（Anglophile）和猶太人，手握大量黃金，讓「外來勢力」摧毀了美國的主權。[63]這些黃金造成的壓力，讓美國農民像耶穌一樣戴著「荊棘的冠冕」，「為人類背負十字架」。[64]身為正統美國人的生產階級不該使用黃金，只有白銀才是「美國人的美國貨幣」。[65]附帶一提，他們雖然夸夸其談地說要恢復美國建國之初的階級平衡，但顯然沒有納入那些一出生就是奴隸的人，即使一開始南方有某些民粹派組成了跨種族階級聯盟並爭取非裔美國人的投票權。

當然，不是只有民粹派才會使用建國初期非常狹隘的民族概念。即便是重視民主的美國政治人物，在提倡內戰後南北和解大團結的時候，語言依然帶有強烈的種族歧視；一七九〇年的《入籍法案》（*Naturalization Act*）與一八八二年的《排華法案》（*Chinese Exclusion Act*）更是先後明定亞裔移民不能成為美國公民。[66]民粹派跟這些人的主要差異，在於把民族團結的本土主張，跟威脅共和憲政體制的債務問題綁在一起。接下來我們就會知道，這種反抗論述在民主政治中相當常見，不是美國的專利。

發生民粹派運動之後，美國政治進入了一段蠻長的民主改革期，試圖解決政治貴族化的問題。進步派把經濟上的改革重點，放在鐵路大亨和標準石油公司的壟斷，並通過了憲法修正案允許聯邦政府徵收所得稅。在政治上，他們也設法降低選舉中的貪腐與賄賂，他們引入初選制、在某些州進行了全民公投並賦予人民發動公投的權利，還用憲法修正案規定參議員全民直選，甚至給予了女性投票權。67 老羅斯福從共和黨出走，另創進步黨（Progressive Party）參與一九一二年總統大選時，提出了「新民族主義」（new nationalism），要用「民族的政府」促進全民均富，使產業不再被巨頭把持。但無論這種經濟民族主義聽起來多麼進步，都沒有把非裔和亞裔人士納入他的美國民族。68

此外，進步派的改革也證明了代議式民主可能會演變成另一種貴族制：專家獨攬政治大權的技術官僚制（technocracy）。進步派雖然認為財富的集中與政治人物的貪腐會威脅到共和，但其中也有一些人主張擴大國家的行政權力，養出一批擁有大量科學與科技知識的技術官僚，他們還相信這些技術菁英不會隨著時間而走向貪腐。69

二十世紀初，美國為了同時解決債務問題與民眾對金融界的反彈，而把紐約金融貴族原本手中掌握的大權，結合當時民眾支持的技術官僚願景，建立一個新的政治權威。美國建國之初就一直在討論要不要建立中央銀行，但每次提案都被否決，因為大家都說央行遲早會被貴族把持。一七九一年，漢密爾頓無視巨大的反對聲浪，建立了美國第一銀行（First Bank of the United States）。但到了一八一一年，美國第一銀行授權即將到期時，副總統的關鍵一票讓參議院決定授權不再續簽。一八一二年，聯邦政府在對抗英國的戰爭中背負沉重債務，於是國會在一八一八年通過了法案，給予美國第二銀行（Second Bank of the United States）二十年的營業授權。但一八三六年，美國再次決定不續約，因為安德魯・傑克森總統（Andrew Jackson）認為第二銀行實質上已經變成了美國「政府」，可以任意控制人民。[70]直到七十年後，美國才終於在一九一三年通過《聯邦儲備法》（*Federal Reserve Act*），建立了聯邦儲備系統。

支持建立聯邦儲備系統的人，認為央行是一種必要的漸進式改革，這樣才能防治一九〇七年那樣的金融恐慌重現，也才能讓美元成為國際貨幣。[71]但建立這種體制一定會遇到自古以來的階級衝突。《聯邦儲備法》草案是一群華爾街銀行家在喬治亞州外灘的私人島嶼上秘密制訂的，主要發起人尼爾森・奧德里奇（Nelson Aldrich）還涉嫌因利益輸送而獲得鉅富。[72]

在設計聯準會結構時，政治需要考量的各種問題再次重現：為了防止它倒向貴族制，總統任命了一個理事會；同時為了防止倒向民主制，十二家儲備銀行都歸私人銀行所有。雖然美國的貨幣政策在名義上交由理事會決定，實際上的權力卻是留在摩根家族

（House of Morgan）主導的紐約聯邦儲備銀行（Federal Reserve Bank of New York）手中。一次大戰發生後，這些內在衝突立刻引爆。正如第一章所言，當時摩根大通借了錢給英國和法國，而且在一九一六年的總統大選中支持了主戰派的候選人，之後又轉為支持反戰的威爾遜，這讓美國自一九一四年開始在歐亞大陸上的地緣政治衝突，接連引爆了長年來因債務問題誘發的階級矛盾。

兩次大戰期間的發展

早在納粹德國入侵消滅了好幾個歐洲民主國家之前，戰間期的發展就把代議制民主的弱點展現的淋漓盡致。威爾遜孤注一擲地堅持，歐洲各族應該根據民族自決原則組成民主國家，他說既然歐洲的帝國已經垮台，就是各民族建立民主國家的時代。但民族是把雙刃劍，建立民族的過程往往會嚴重威脅政治穩定，而且如果過程中強力脅迫了少數族群，威脅就更嚴重。

第一次世界大戰結束時，歐洲的民族認同問題已經超出民主國家所能承受的範圍。無論是奧匈帝國與鄂圖曼帝國這兩個多民族國家的終結，還是德國的領土縮減，都讓繼承國國內的民族認同，註定和過去斷裂。在戰後的新興國家，主流民族一定得跟少數民族共存，但這些少數民族都是不認同舊帝國的人，再不然就是在德國境外的德意志人。

所以許多國家的政府就沿用俾斯麥的方法，試圖用福利國家制度提供的物質安全網，來協助建立新的民族認同。但債券市場的限制、銀行債權人的要求以及維持金本位的貨幣需求，使得這種方法困難重重。在金融危機發生之後，各國政府只好在犧牲國貿利益以進一步落實經濟民族主義與削減福利國家之間二選一。

當國家很難以共同的經濟利益來建立民族，政治人物就會開始用更狹隘的民族定義來鞏固權力，而且如果可以把民族歧視說成是在反布爾什維克，就更為有用。就這樣，某些歐洲政府剝奪了少數民族的完整公民權。美國國會則在一九二〇年代初的經濟蕭條時期，立法限制了南歐與東歐的移民（包括絕大多數美國猶太人的故鄉），並禁止日本人移民。[73]

但民族在民主政治中的影響力，也在兩次大戰期間充分體現出來，尤其是在民族剛剛建立的時候。奧地利在第一共和時期有兩個勢均力敵的政黨，「黑派」的基督教社會黨和「紅派」的社會民主黨（Social Democrats），掀起了一場被後人稱為天主教與反天主教之間的文化戰爭。黑派掌握農村，紅派掌握首都維也納，兩方都想用自己建立的文化和宗教認同來重塑奧地利共和國，兩方也都建立了自己的私兵。一九三三年，基督教社會黨總理恩格伯特·陶斐斯（Engelbert Dollfuss）建立了獨裁政權，以嚴格的天主教標準要求奧地利統一，查禁所有其他陣營的聲音。一年後，奧地利陷入內戰。在戰後浩劫終於結束之後，昔日的黑派與紅派終於找到了共識，讓奧地利獲得民主的唯一方法，就是某位社會主義者所說的「我們都是奧地利人……我們要讓人民自主決定」。[74]

另一方面，當所有公民都可以投票之後，誰應該納稅、如何在國際貨幣體系下處理戰爭軍費與福利國家支出的問題，就勢必引發激烈的民主衝突。有錢人非常害怕全民投票會讓國家開始課稅。畢竟正如亞里斯多德所言，多數人掌控的政府就是窮人掌控的政府，有錢人經常以為這樣的政府會沒收他們的財富。因此，十九世紀末出現了我們現在都很熟的避稅港（Tax havens），以低很多的稅率吸引境外的個人與公司資金入駐。瑞士與荷蘭這兩個在戰爭中保持中立的國家，以及英國的皇家屬地，都在戰後成為了避稅港，從歐洲各國富人那裡吸收了大量資金，讓他們避開民主立法機關訂定的稅收。[75]

這種趨勢把當時的法國民主搞得很慘，一九二〇年代中期的法國政府，無法讓法郎重新符合金本位的要求，因此幾乎無法從資本市場借款。國家沒錢，民主當然就陷入動盪，政府一直換來換去，更讓有錢人出售短期金融資產，將資本移到國外。結果法郎不斷貶值，資本外移也一直停不下來。[76]

避稅港與資本外移的故事告訴我們，實施普選的民主國家處理稅收問題時會同時引爆民主過頭與貴族過頭的隱憂。直到一九二〇年代中期，各國政府在制訂財政政策之前，都會先確保富人有方法真正逃過財產稅與所得稅。美國大富豪的避稅手段，厲害到國會試圖用減稅的方式減少富人避稅，完全無視憲法第十六修正案背後要求富人交稅的宗旨。[77]一九二八年，法國政府也大幅削減所得稅，因為法國總理收到的報告指出，有錢人繳交所得稅的方式「實際上已經越來越傾向於自願捐款」。[78]

但雖說如此，兩次大戰期間人們卻越來越相信債務違約的風險完全是民主造成的。最臭名昭著的例子，就是威瑪共和（Weimar Republic），它一開始用印鈔來應付德國債務問題的方法，被認為是極為不負責任的重大疏失。但只要知道德國當時的民主狀況，就知道這種說法過於簡化。[79]戰爭與賠款使威瑪德國背負極高債務。而且當時的央行德意志帝國銀行（Reichsbank）靠著法律上的權限獨立於威瑪政府，印了一大堆鈔票助長惡性通膨。[80]接下來，國家借款能力的老問題再次上演，債權人認為德國國會並不會徵收新稅來償還國債，再加上想要對戰敗的德國加以報復，因此既不願意額外放款，又不願意延期既有債務的還款期限。德國央行無計可施，只好印更多鈔票來應付國家支出。[81]

結果威瑪德國的人民，就跟之後的一九七〇年代一樣，在和平時期的通貨膨脹之下，對民主制與貴族制都極不信任，於是投入了種族歧視的懷抱。惡性通膨對德國存戶造成的衝擊，使許多原本可能因為階級立場而支持魏瑪共和的人，在通膨危機中為了守住自己的財富，而投靠了反民主勢力。[82]同時，通貨膨脹也讓人懷疑政府已被權貴把持，結果那些想要推翻威瑪政府的人，就趁機鼓吹本土民族主義，尤其是反猶主義。其中最關鍵的一擊，就是希特勒在惡性通膨期間大力抨擊「德國經濟的猶太化」，於是猶太人變成了所有惡行的幕後黑手，既私通了共產外敵，又在國內掠奪金融財富。[83]

兩次大戰期間的金本位，在垮台之前也動搖了民主體制。乍看之下，採取金本位的國家幣值將會穩定，人們不會那麼害怕民主制度帶來經濟動盪。但在這種制度下，政府維持金融穩定就變得比推動福利國家更重要，但這樣遲早有一天會引發民主抗爭，畢竟貨幣政策不可能像金本位預設的那樣能夠無視民主政治。在一九二九年的大蕭條之後，歐洲各國央行紛紛像更早之前的美國那樣高度政治化。英國與瑞典政府用政治力量干預貨幣政策。美國總統則槓上了銀行，以民主國家必須自主決定經濟的名義放棄了金本位。羅斯福在一九三三年宣布美元與黃金脫鉤時，一位銀行家斥其為「暴民政治」，還說「美國接下來就要陷入一場比法國大革命更糟糕的動盪」。[84]

新政

銀行家的說法當然是危言聳聽。但羅斯福確實是在進行一種性質完全不同的民主改革，試圖用經濟手段來團結美國民族，他的財政部官員後來還與凱因斯一起試圖把這種方法植入戰後國際貨幣體系。對羅斯福來說，銀行和富人一直在用國際資本自由流動的特性，來保障自己的物質利益並且避稅。這是一種貴族權力，民主國家必須加以限制。

羅斯福延續了過去民粹派的精神，試圖重建階級平衡、恢復美國建國的核心價值。[85]他的政治策略也像前輩一樣，把農民與工廠工人，和陷入經濟困境的中產階級聯合起來。他在第一次就職演說中提到，「銀行家已經從文明聖殿的王座上逃走了」，沒有了這些銀行家，聖殿「就能重拾過去的真理」。因此「我們必須讓勞工從過度擁擠的工業中心，重新回到他們的農地」。而在「建立一個屬於美國人的經濟（national economy）」過程中，最重要的並不是穩住國際貿易。這分就職演說的第一句話就提到了「我們的美國」（our nation）。[86]他先是推出了保障勞工組建工會權利的聯邦法案《全國勞資關係法》（*National Labour Act*），之後又推出了《國家產業復甦法案》（*National Industrial Recovery Act*），把勞資之間的相互依存關係體制化。羅斯福在一九三六年在費城（剛好就是一七七六年「終結政治暴政」的那座城市）接受民主黨提名時說，一九三二年的大選讓「人民的意志」戰勝了「經濟保皇黨的專制統治」，而且「我們很多人都深深知道，經濟一旦不再平等，我們一度贏得的政治平等就毫無意義」。[87]

新政改革所需的資金，實際上來自從大富豪身上課到的新稅。大部分的預算則用於建立權威性的聯邦機構。這些機構負責監理銀行、降低屋主和農民的借貸成本、提高農產品價格、向大型能源公司不願意供電的農村提供電力。為了讓聯邦順利行使這些權力，羅斯福在新政的草案中，要求必須擁有戰爭狀態下的緊急權力。但在國會通過這些法案後，最高法院卻否決了一半以上，於是羅斯福試圖在最高法院中新增六位法官，最後卻被參議院擋下。

但新政也顯示，用經濟手段建立共同體的方法，註定會跟狹隘的民族定義方式彼此衝突。羅斯福在推動經濟復興時，把原本在一九二〇年代被帶有種族歧視的移民法案排除在外的南歐與東歐天主教與猶太移民，重新納入了政治聯盟之中。但他同時也沿用了當時主流的民族政治言論，默許大家用歐洲白人的方式來定義美國民族。舉例來說，新政時期通過了一系列居住與抵押貸款法案，而羅斯福政府利用這些法案賦予聯邦的權利，來支援只有白人才能得到的房貸，結果反而更加隔離了白人與其他種族的居住地區。[88]在政治上，羅斯福也為了推行新政，而被迫向南方各州的民主黨妥協，爭取他們的國會支持。[89]這些行為最後都使美國的財富分配一直沒有平等，最後逐漸壓垮共和體制。

新政也放大了種族對於美國政治的影響，背後原因又是石油。由於國內油價暴跌是之前經濟蕭條的重要原因，新政將穩定油價列為首要之務。羅斯福立法嚴格限制產量上限並制訂生產配額，讓油價重新有利可圖，而這改變了美國內部各州的權力平衡。羅斯福想要幫助的獨立石油生產商大多位於德州。於是一九三五年，以德州為首的六個產油州組成了州際石油委員會（Interstate Oil Compact），搬出過去在辯護奴隸制的時候說的那套州權不容侵犯的說詞，成功阻止了新政想要建立的全國性石油業規範。[90]而且德州在贏得這場政治鬥爭之後，更利用該州規範石油及天然氣產業的機構德州鐵路委員會（Texas Railroad Commission），決定了全球未來四十年的石油價格。[91]這強大的經濟實力，使德州的國會議員享有巨大的政治影響力，先是山謬・雷本（Sam Rayburn）當上了眾議院議長，之後的林登・詹森更當上了美國總統。石油生產商的力量，點燃了聯邦與各州之間的政治權威爭奪戰，他們捍衛州權的論述不僅和歷史經驗雷同，也像過去一樣都是想要限制投票權，這場戰爭的衝突越強，美國的分裂危機就越大。

在這方面，戰間期的發展對美國民主的影響，與其他國家大異其趣，甚至與那些成功守住民主的歐洲國家都很不相同。美國為了重新平衡各階級的政治影響力，而從一九三三年開始進行經濟改革，但並沒有因此進入全民普選制；而那些生產能源的州，也用聯邦的憲政規則獲得了某些結構性的政治權力，這與當初以經濟團結民族的目標大相逕庭。即使新政為之後三十年的大部分時間，奠定了美國政治需要的經濟和選舉基礎，它依然沒有真正符合民主的標準，而且只要美國的能源霸權開始動搖，潛藏的民主怒火就會爆發而出。相較之下，德國、義大利、法國反倒因為戰間期的發展以及二戰的災難，而穩定地建立了新的民主國家。德國甚至被硬生生地切成兩半，在畫分選舉權時完全不需要思考任何歷史包袱。新政確實向我們演示了一個能以民族國家的方式進行民主治理，且國際化與金融化的程度較低的世界。但這道新政點燃的曙光燒得最亮的地方卻不是美國，而是歐洲。

8 民主稅務的誕生與衰亡

數位零售巨頭亞馬遜（Amazon）達成了一個神奇的壯舉：讓川普和歐盟執委會破天荒地站在同一陣線。二〇一八年從年頭到年尾，川普都在推特上罵亞馬遜，有一篇文甚至說該公司沒納稅「是在嚴重傷害乖乖納稅的其他零售商」。[1] 歐盟執委會則是在二〇一七年十月，要求亞馬遜把該公司從盧森堡那裡省下的二億五千萬歐元吐出來，執委會認為盧森堡給予的稅收優惠是一種非法的國家補貼，因為它使亞馬遜調整了業務結構，逃掉了歐盟其他地區幾乎所有的稅務。執委會義正詞嚴地說「想在歐洲做生意，請乖乖交稅」。

但歐盟要貫徹這樣的理念困難重重。二〇二〇年五月，梅克爾與馬克宏公布歐盟復甦基金方案時，主張該基金將由歐盟執委會以歐盟名義借款，但並沒有提到要向歐盟徵稅來償還，只提到「使歐盟稅收框架更公平，依然是首要之務」，如果運作得「完全順利」，將成為全歐盟統一的企業稅基礎。之後正式公布的復甦基金草案，提到將向進入歐洲單一市場的公司徵收企業稅，並向科技巨頭徵收歐盟數位稅（EU digital tax）。但等到二〇二〇七月，在歐盟高峰會實際達成的協議中，原本要徵收的企業稅又不見了，而且也沒有承諾要協調各國的企業稅率。反而是新增了歐盟向不可回收塑膠廢棄物徵稅的權力，並承諾未來將討論碳稅、數位稅以及講了十年的金融交易稅。

歐盟在企業稅徵收方法之類的事情上無法達成共識，其實只是相關稅務政治障礙的冰山一角。歐盟在討論復甦基金時，完全沒有提到歐盟公民是否該以公民身分繳稅還債的問題。歐盟執委會法國執委蒂奧里・布勒東（Thierry Breton）在高峰會後甚至在推特上保證這種事不會發生：「歐洲第一次為了歐洲與歐洲人借錢，在這次歷史性的貸款中，我們不會向任何歐洲同胞徵稅。只要進入我們內部市場的人，才需要繳稅。」[2]

歐盟過去對稅務、債務與民主間的牽扯不置可否。民主國家的稅務問題，一直都僅發生於各成員國內部。歐盟雖然身為一個法律秩序，卻與歐盟公民完全沒有債務或稅收之間的關係。要了解這種斷裂如何產生，以及它對歐盟以外的民主政治產生哪些影響，就得回頭看看西歐和美國的代議民主國家在戰後都發生了哪些事，以及這些國家原本非常民主的經濟政策與稅務政策，如何在一九七〇年代逐漸喪失民主。

經濟民族主義

各國在二次大戰後重建民主的時期，對於關鍵的時間風險位於何處，看法各不相同，這些差異也影響了歐盟後來處理債務的方式。二戰讓法國與義大利的共產黨獲得了大量支持者，戰後出現強大民主浪潮。義大利在公投之下建立了第一共和，其中沒有設立君主的位置。法國制憲會議則通過了第四共和的憲法，並在公投中正式合法化，建立了強大的議會。相比之下，在盟軍要求下制訂的西德憲法，則成功地使西德不會變得過於民主，[3] 它基本上禁止全民公投，能公投的項目只有制訂新憲，以及將東德領土重新納入西德。此外，它強力保護個人權利，並建立了強大的憲法法院。西德聯邦憲法法院擁有的權力，超越了歐洲其他所有民主國家，它壟斷了宣布政黨違憲的權力，並在一九五〇年代取締了該國的新納粹黨和共產黨。聯邦憲法法院在一九五八年做出的一項裁決，實際上宣告了該法院可以審查所有法律與政治決策，之後也裁決了許多公共債務與歐盟條約是否違憲。[4]

不過撇開這些憲政問題不談，二戰後的地緣政治和經濟環境，確實比一戰後更適合邁向民主。布列敦森林體系使西歐民主國家推出經濟民族主義（economic nationhood），用經濟政策來團結民族。我們當然不能說這個體系成為了西歐民主政治的後盾，畢竟戰後的國際貨幣秩序，來自哈里・懷特在第二章所設的願景，這套金融和貿易秩序以美元為基礎，使美國享有經濟自主權，不用擔心貨幣競貶與黃金跨境流動的風險。懷特與美國財政部官員最在乎並非西歐民主政治，而是美國的貨幣實力、金融穩定性以及懷特自己偏好的援助蘇聯。[5]後來因為杜魯門政府不願阻止非法資本外移，以及為了阻止共產黨赤化歐洲而發動馬歇爾計畫以限制義大利民主政治，布列敦森林體系的威力才大幅縮減。當歐洲貨幣開始在貿易中兌換美元，歐洲美元市場實際上就誕生了，布列敦森林體系也像第五章說的那樣名存實亡。

但雖說如此，羅斯福政府願意接受國家資本管制，以及美國承諾提供歐洲外部短期信貸，還是對歐洲的民主國家產生了重要影響。民族國家的金融自主，使民主政府能夠用政治方法決定貨幣政策。國家一旦能夠防止資本外移，就能夠在政治場域上討論財產稅與所得稅。如果戰後歐洲各國真的想要像他們後來做的那樣，用經濟來團結國內的所有人民，使國家的經濟對民主政治負責，那麼無論布列敦森林體系有多大侷限，都是歐洲各國實現理想的必要條件，只是在此之上還得另做許多努力。

歐洲各國政府以團結該國民族之名，承擔了保障就業、控制通膨、扶持農業、保障經濟安全的最終責任。西歐國家的政治人物在戰後以公民的身分與選民對話，賦予每一位選民正式與非正式的經濟權利，政治競爭的焦點大部分也都落在如何落實這些經濟權利上面。因此，政府與官員都以國家為基礎來思考經濟，設法提高國民收入與全國經濟成長。[6]這當然不表示全國的經濟果實平均分配，也不表示各階級的政治影響力相等。例如義大利的藍領勞工，就被排除在許多經濟權利之外。但各國政府的經濟政策，至少讓西歐國家的政治人物能夠像美國戰前一樣，以全國人民的角度討論每個人共享的物質命運。

戴高樂領導法國時特別重視這種觀念。他認為要用經濟政策來團結民族，就必須不假外援。如果法國是一個不同於帝國的民族國家（在戴高樂眼中，美國就是一個軍事和金融帝國），就不能仰賴美國資本和美國核武器的保護。當然，戴高樂也知道不能只靠經濟團結民族，而他認為的解方是讓整個民族昇華，也就是用國民經濟來實現法蘭西民族重視的人性光輝。

德國的經濟民族主義比較沒那麼包山包海，詭異的是在政治上反而更為重要。西德戰後的經濟發展幾乎遠高於其他所有國家，成功地塑造了一個民族故事去支持戰後的民主憲法與建立的各種體制，包括那個可以獨立於民主政治運作的德國央行。[7]德國民主的政治正當性幾乎與國民經濟的成功密不可分，尤其是國民生產力與全國物價穩定。歷史學家查爾斯．麥爾（Charles Maier）認為，西德在一九八〇年代末兩德統一之前，「可以說是光靠物質成就，就撐了接近四十年」。[8]

英國戰後則是以強烈的經濟民族主義語言，取代了一九三〇年代的帝國貿易政策和貨幣政策，以及更早期的自由貿易理念。由於仰賴外國糧食進口的政策讓英國在兩次大戰期間差一點陷入飢荒，英國政府在戰後推動糧食自給，實際上也就是重新實行了一度被撤銷的一八四六年《穀物法》（*Corn Laws*）。[9]

不過義大利要用經濟手段降低國內各族群的落差，就沒這麼容易。雖然國家試圖以經濟政策重建南義大利，但北義大利的經濟成長卻比南方快很多，義大利依然處於北工南農的狀態。南義的經濟成長不振，導致大量人口流向北義或其他歐洲經濟共同體國家。此外，義大利民族主義嚴重被反共意識占據，進而且影響了全國的經濟觀點，工會因此很難像西德那樣走向合作統合主義（cooperative corporatist，集體薪資談判），就連不支持共產主義的左派在一九六二年前都完全無法進入政府任官。[10]

相比之下，美國戰後的經濟民族主義，在許多方面都比之前的新政時代更弱，且種族歧視並未消失。戰後，全國性的薪資談判逐漸無力。[11] 勞工因為處境差異而分成三群：那些受益於新政計畫的人；那些因為工會與公司的談判，而得到非薪資福利的人（歷史學家梅．雅各〔Meg Jacobs〕稱這種體制為「私人福利國家」）；以及無論是否因為種族歧視，總之被前兩者排除在外的人。[12] 在此同時，國防工業的大幅擴張，加上南方各州較低的稅率，使勞工與資本向南方流動，再一次裂解了美國經濟民族主義。[13]這區的工會組織率低於其他地區，而且每況越下。這造成勞工的談判力道減弱，德州石油業的話語權自然更強。在二次大戰期間，由於聯邦政府大幅干預了美國石油生產，德州鐵路委員會的影響力一度減弱。但戰爭結束之後，它又重新控制了價格和供給。[14]

儘管如此，美國整體環境基本上沒有像一次大戰結束後那樣快速貴族化，也沒有發生之後的政治動盪。在那三十年內幾乎沒有出現經濟蕭條，少數幾次衰退都持續不到一年，失業率也都只有暫時上升一點點。戰後更是幾乎不曾發生通貨膨脹，當時各國政府相信通膨會威脅民主，於是靠著穩定低廉的油價，成功控制了物價。這段時間也沒有發生銀行危機，而且在一九四九年歐洲好幾種貨幣接連貶值結束之後，就幾乎沒有任何國家再發生過貨幣危機，唯一的例外是英國（英國政府試圖守住英鎊在金融市場的特殊地位，包括石油以英鎊計價）。金融危機總是會影響民主政治，例如在蘇伊士運河危機中，就有一位美國總統以美元為談判籌碼，改變了西歐各國政府的政治決策。

在戰後時期，民主國家也幾乎沒有出現減薪壓力。戰時經濟對低薪工作的保障，比高薪更穩健。[15]戰爭結束後，德國的收入不平等趨緩；[16]英國與美國的工會運動，則在二戰時期進入了新高峰；[17]還有一些西歐國家是用統合主義獲得雙贏，一方面用工會保護了勞工的薪資，一方面讓勞工行使一些政治影響力，這樣一來就不會出現罷工。

而在其中最重要的是，戰後的歐洲民主國家，比一九二〇年代更不容易發生財政危機。一九四五年之後大部分的政府，都利用戰爭時期的高稅率，包括對富人的大量徵稅，建立了持續幾十年而非短短幾年的福利國家制度。[18]在這方面，資本管制是一大推手，因為至少讓某些避稅和逃稅手法變得難以實施。此外，這段時間的各國政府也不必再被過去債務的利息追著跑。美國的政策是原因之一。在美國用馬歇爾計畫注入官方資本之後不久，許多國家，尤其是西德的債務都紛紛減輕。一九五三年的倫敦債務會議（London Debt Conference）將西德在威瑪共和時期、戰後第一年以及馬歇爾計畫累積下來的債務減少一半，延長了還款期限，而且明訂西德還債的額度不需要超過貿易順差範圍。這讓二戰後的西德民主能夠順利運作，不會被外債壓力與債務引發的國內階級衝突所扭曲。但之所以能夠有這樣的演變，也是因為其他西方民主國家在這段時間中很少欠下新債。在美國為了越戰經費而舉債之前，各國政府基本上都是收支平衡，民主國家都能夠取之於稅用之於民。

歷史的重擔

但光是讓國家取之於稅用之於民，並不足以解決政治上的民族問題。戰後各國民族議題能引起的動盪，當然不像兩次大戰期間那麼大。畢竟民族情緒引爆的災難，有效的減緩了民族動盪：大屠殺使歐洲猶太人所剩無幾，戰爭期間各種殘酷的種族清洗與之後的遺緒也使歐洲少數民族明顯減少。[19]德奧合併（Anschluss，即希特勒併吞奧地利）的災難，也使泛德意志主義在戰後奧地利得不到政治支持。[20]

但每個國家的公民組成都會不斷變化，無論要用怎樣的民族歷史來團結所有公民，都一定會有內在矛盾。而且在二戰結束後一、二十年，許多西歐國家都鼓勵前殖民地居民回流，西德則是引進了土耳其的「勞工來賓」（guest-workers，即外來移工）。至於法國第四共和，也沒有解決一直以來的法蘭西民族身分認同問題。戰後的第四共和政府把法國在德國占領下的抵抗行動，說成法蘭西民族的團結。[21]但左派領導的抵抗行動，其實只是法國在二戰時期經歷的其中一部分。更糟的是，第四共和的法蘭西民族觀念一開始帶著帝國主義，只照顧法國內部的特定族群以及法國的海外省分（最重要的是阿爾及利亞），而且即便當地已經開始出現民族自決的反抗聲浪，政府依然賦予這些海外居民完整的法國公民權。於是這種毫無共識的帝國主義政策，最後就搞垮了第四共和。[22]

到了第五共和，法國改採戴高樂那種充滿人性尊嚴的法國民族主義。戴高樂雖然像過去一樣，接受了法國民族是一群愛好民主共和的革命志士，卻將這種傳統觀念揉入更長遠的歷史之中。[23]在解決完阿爾及利亞獨立問題之後，第五共和的政治已經比前朝更加穩定，只是依然得處理帝國主義過去留下的遺緒。一九五〇年代末至一九六〇年代末，移民到法國的北非人口顯著增加。此外，打從第三共和開始，法國就開放伊斯蘭移民成為公民。事實證明，大量的經濟移民對法國自古以來的革命情操根本不感興趣，很難接受後帝國時期的法國民族觀念。雖然某些早期移民已經在一次大戰中因為服兵役而成為法國公民，但第五共和的出現卻是源自一場保衛法國帝國的戰爭，他們實在很難認同。大量的海外移民不但讓大革命時期一路延續下來的法國民族爭議再次延燒，更因宗教引發新的民族爭議。越來越多右派人士認為法國民族都信基督宗教，某些左派人士卻說法國必須堅守政教分離，還有一批人（左右派都有）則說法國民族必須兼容於帶有一些宗教意味的多元文化主義，各家說法都不一樣。[24]

對戰後的西德民主而言，無論經濟民族主義多麼成功，都不可能真正團結德國人民。西德第一任總理康拉德．艾德諾始終堅持該國是德意志民族的唯一正統繼承人，只有西德能夠代表整個德國。但這種說法必須面對納粹時期的尷尬問題。一九八〇年代，德國歷史學家激烈爭辯猶太人大屠殺如何影響德國民族認同，結果顯示德國人光是對自己的記憶都很難達成共識。當然，東西兩德都不可能遺忘，也不希望遺忘二戰前的歷史。所以他們只有兩種選擇：要不是直接繼承戰前的民族身分，接受自己的民族犯下猶太人大屠殺的滔天大罪；就是相信過去的民族已經在奧斯威辛（Auschwitz）自取滅亡，如今必須以全新的身分認同獲得新生。[25]無論他們選擇了哪一條路，德國民族認同都註定源自德國歷史，所以那些來自土耳其與北非的「勞工來賓」要怎麼融入德國，勢必就會造成問題。

英國要靠集體記憶來團結民族也會碰到類似的困境，雖然理由有點不同。二次大戰給了英國民族一部最有力的史詩。在二戰期間，民主的英國動員公民上前線犧牲生命、在後勤協助生產、購買國債支援戰備資金。[26]邱吉爾在這段期間一次次發表演講，喚起英國人民的民族情感和民主情操，鼓勵為國犧牲。在他的敘事中，英國人在他的領導和在野黨的支持下萬眾一心，在一九四〇年告別了那個一度想要犧牲國家主權的舊建制，決定團結抗敵。[27]但這個英國民族的故事，基本上就跟邱吉爾自己說的一樣，是一個帝國的故事。在帝國結束的那一刻，故事就必須找到新的方法在民主英國之中重生。那些曾受到，甚至當時依然受到英國殖民統治的外國移民，很難真正認可這套英國民族敘事，無論二戰時期的共同經歷讓它對許多人而言尤其不凡。

此外，大英帝國的終結也引發了一個問題：戰後英國的民族認同是否足以取代過去的蘇格蘭、威爾斯、英格蘭民族認同。一九六〇年代後期，許多蘇格蘭民族主義者認為，英國這個多民族國家的價值，在於大英帝國遺留下來的經濟利益，利益一旦消失，英格蘭與蘇格蘭其實就可以分家。[28]到了一九七〇年代初，英國要讓所有國民繼續相信自己屬於同一民族，顯然已經困難重重。在北愛爾蘭，那些從來就不認為自己屬於英國的少數民族，爆發了暴力抗爭，而英國派軍隊過去維持秩序的行為，又加劇了天主教徒被國家邊緣化的感受。在此同時，蘇格蘭民族黨（Scottish Nationalist Party）與威爾斯黨（Plaid Cymru）的崛起，也讓一九七〇年代的每屆英國政府疲於奔命，它們投入大量政治資本，試圖給予蘇格蘭和威爾斯更多自治權，但都沒有成功。

美國的狀況跟英國一樣，國家在二次大戰期間動員了許多公民上前線、做後勤、買國債。情況普及到幾乎可以說美國當時讓全國每個大城小鎮中每個族群的每個成年公民都買了一張國債。[29]但美國打仗的這段過程，其實也有很強烈的種族歧視。韋伯認為應徵入伍的人，之後都能夠穩定保有投票權，但南方各州的戰後發展完全不是這樣。一直等到一九六〇年代，聯邦政府才終於強制要求南方各州進行民主改革，使美國真正進入全民投票的時代。而且即便如此，過去蓄奴現實與共和理想遺留下來的衝突，依然使美國人的民族認同不斷受到挑戰。

馬丁・路德・金恩（Martin Luther King Jr）在爭取非裔美國人公民權的時候，重新訴諸了美國建國的共和理想。他認為美國的理想，從建國之初就把非裔美國人包含在內，而且林肯也公開承認過。他認為一九六〇年代初靜坐抗議的民權運動者，「將整個民族（nation）重新帶回建國之初開國元勳制訂憲法、頒布獨立宣言時開鑿出的民主泉源」。[30]

對金恩而言，美國民族必須仰賴歷史而存在。但其他民權運動人士認為，不應該用至今從未實現的建國理想來重新團結美國人民。他們認為美利堅合眾國從一開始就是一個白人國家，而且美國民族敘事本身就認為白人高高在上。這種分裂最後在一九六〇年代帶來了黑人民族主義（Black Nationalism），讓許多人希望在既有的美國領土內獨立建國。[31]

另外，戰後的亞裔與拉丁美洲移民又引發了另一個問題：美國歷史上到底有哪些東西，能夠讓所有美國公民相信彼此是同一民族？一九五二年的新法律，結束了亞洲的移民禁令與亞裔美國人的入籍限制。之後一九六五年的《移民和國籍法》（*Immigration and Nationality Act*）則移除了一九二〇年代以來的世界各地移民配額上限，使歐洲以外的移民顯著增加，隨著時間漸漸改變了美國的人口結構。然而，美國為了解決大量墨西哥移工在美墨邊境季節性來來去去的問題，而在一九六五年取消了墨西哥移工計畫，導致西南部出現許多非法移民。到了一九八〇年代已有數百萬這樣的移民，他們在美國居住多年卻沒有居留權。美國國會在一九八六年通過一項法律，赦免許多非法移民，同時授權加強邊境管制。但在那之後，大量墨西哥人還是不斷嘗試非法入境，而那些喜歡墨西哥廉價勞工的美國企業更是讓問題雪上加霜。沒過多久，說西班牙語的美國居民就變多了。居民之間的語言差異，以及多元文化主義的日益抬頭，到了一九八〇年代已經成為思考美國歷史的其中一種視角，也成為了美國政治分裂的原因之一。歐洲國家在十九世紀建立民族時，都因為難以處理語言差異與民族認同之間的衝突，而在政治上磕磕絆絆，到了二十世紀後期，同樣的燙手山芋也落到了美國民主頭上。[32]

而且當美國民主制度正在開始面對多元族裔，並以聯邦政府保障所有公民投票權的時候，美軍卻剛好為了越戰而正在徵兵。越戰美軍不但沒有以種族熔爐的方式，讓各個族裔休戚與共，團結政治上的民族意識，反而釀出種族和階級衝突。徵兵草案允許有錢的白人男性用上學來延遲入伍。反倒是非裔美國人被推上前線與傷亡的數量，都高得不成比例，尤其戰爭初期最為嚴重。

所以越戰還沒結束，美國的徵兵制就完蛋了。如果說法國雅各賓派引進的徵兵制，讓歐洲人民相信自己跟該國同胞在政治上同屬一族，賦予了國家合法的統治權威，那麼一九七三年美國徵兵制的結束，就是在說美國的民族認同已經搖搖欲墜。由於美國本土不太可能直接受到軍事威脅，當時的聯邦政府用徵兵制把某些公民送上歐亞大陸前線時，可以同時讓他們想保護的另一群公民安然待在大後方。結果這在政治上引發連鎖反應，顯露出美國民族的偉大理想只是白紙一張。但即使在當時的政治環境下結束徵兵是必要的選擇，徵兵制的結束依然會讓美國重建民族的歷史理由變得更少，畢竟新政時期的經濟環境，在當時已經逐漸分崩離析。[33]

關鍵的一九七〇年代

一九七〇年代，美國與西歐民主國家都再次陷入動盪。通膨的速度首次在沒有戰爭的狀況下攀升。而且世界各地幾乎都發現，既有的憲政秩序無法規範當前的政治。民主國家的政治活動，比十年前更加暴力更加激進。北愛爾蘭與巴斯克自治區，則分別想從英國與西班牙獨立出去。西德與義大利的左派革命人士，開始暗殺政治人物與商業大老，有些殺戮甚至刻意針對猶太人。在此同時，新法西斯的私兵團體也開始成立。美國的街頭暴力，則在更早之前就已經開始，並延續到一九六八年的大選，以及一九七〇年代的國內恐怖活動。

這些動盪讓許多人懷疑，民主國家的民主已經走過頭，即將因此毀滅。[34]西德總理布蘭德在辭職之前不久，表示西方民主國家在這段時間一直自取滅亡，再過二、三十年就會陷入混亂，然後淪為獨裁。[35]到了一九七五年，三邊委員會（Trilateral Commission）發布的《民主危機》（*Crisis of Democracy*）報告也呼應了當時流行的看法，認為西方國家已經變得太過民主，而且太過民族主義，無法正常運作。這個委員會源自一九七三年，是一群北美、歐洲、日本的政界和商界人士為了思考未來而成立的重要機構，而我們如今使用的「民主過頭」（an excess of democracy）一詞，就是美國政治學家塞繆爾・杭廷頓（Samuel Huntington）在《民主危機》報告書中對治理危機的解釋。[36]

該報告的所有作者都認為，民主的衰亡與通貨膨脹密不可分。杭廷頓還說通貨膨脹是「民主國家的經濟疾病」，因為「民主國家的政府幾乎不可能削減開支、增加稅收、控制物價和薪資，即使要做也會困難重重」。[37] 這種觀點在一九八〇至一九九〇年代的貨幣政策討論中相當常見，《馬斯垂克條約》之所以要將歐元區的經濟政策與貨幣政策分開來看待，便是完全基於一旦讓成員國的民主政府來制訂自己的貨幣政策，歐洲就勢必陷入通貨膨脹的假設。

但一九七〇年代這種認為國家太過民主就會陷入通貨膨脹的想法，以及之後二十年勢必引發的反應，都扭曲了事情的真相。在經濟上，一九七〇年代的走勢確實與太過民主呈正相關。在這段時間，薪資占國民所得的比例確實上升，企業利潤確實下降。[38] 許多西歐國家的工會，也確實妨礙了該國政府壓低通貨膨脹。英國、法國、義大利政府各自在不同時期為了避免進一步罷工，而無視後果地照著勞工的要求提升薪資。義大利政府推出「電扶梯薪資指數」（Scala Mobile），向工會保證薪資會像電扶梯一樣，跟著通膨上漲的幅度而提高。然而，深受北方工會與工人階級支持而擁有龐大政治力量的共產黨卻無法參與執政，在這種情況下推行電扶梯薪資指數只會造成產業衝突與政治分裂。至於美國則是陷入了暴力衝突，那些未加入工會的卡車司機為了抗議汽油短缺，以民用無線電彼此溝通，自行發動了集體罷工，封鎖了州際公路和橋梁。到了一九七四年，這種抗爭變得暴力，歷史學家梅．雅各說當時的高速公路已經淪為了「街頭快打區」。[39]

但那些討好普羅大眾的民主政府，既沒有引發通貨膨脹，也沒有讓通貨膨脹變得更久。事實上，這些國家的政府在為了降低通膨而控制物價與薪資的時候，都獲得了廣大支持，尤其是勞工階級與中下階級的支持。例如尼克森在第一任期最受歡迎的時刻，就是推出薪資與物價凍漲的一九七一年。[40]真正施壓政府支持通膨的，反倒是那些想要提高物價藉此保持利潤的大企業，尤其是美國的大企業。柴契爾之所以能夠利用一九七九年的「不滿之冬」（Winter of Discontent），也是因為該項運動的一系列罷工已經在勞工階級選民心中引發反彈。[41]在柴契爾的領導之下，保守黨高舉「重建有利於全體人民的權力平衡」，輕鬆贏得了大選，其中最重要的政見就是降低通膨。[42]

一九七〇年代末和一九八〇年代初上任的許多政府，都致力以降低通膨的名義打擊工會。它們的成功當然有一部分來自外部經濟環境的變化，以及本身反通膨政策的立即效果。當時高漲的失業率，加上國內企業為了跟東亞國家競爭而生產外移，都使得工會更難推動加薪。同時因為服務業提供了新職缺，加入工會的藍領勞工人數減少，而且即使加入工會，他們也不再能像過去的礦工、鋼鐵生產工、碼頭工人一樣，靠著產業的必要性獲得無可取代的談判條件。當然，像柴契爾這些政府，並沒有因為壓制工會而讓自己的民主國家陷入混亂，反而繼續穩穩掌權。大多數西歐民主國家都以新法律箝制了罷工，而且沒有陷入任何政治動盪，三邊委員會所說的「對民主政府的需求正在增加，民主政府的治理能力卻停滯不前」並沒有在現實中上演。[43]這些新政策與新環境，使得許多歐洲民主國家（當然不是全部）的工會組織率下降，有些甚至暴跌。即使像德國與瑞典這種地方，也只是撐住了工會組織率，沒能守住全國性薪資談判的影響力。[44]

油價問題也讓民主政治更為複雜。過去一直有人認為通膨會妨礙民主治理，但一九八〇至一九九〇年代那些傾向資方的政府，卻讓事情變得沒這麼簡單。因為油價是一九七〇年代通膨的重要原因之一，而且正如第四章所述，在一九八〇年代初發現新油源之後，通膨就在油價下跌之後順利降低。但除此之外，我們也得知道之前那些推高物價的公司，背後都有石油企業的影子。

美國國內歷史悠久的石油大亨，經常被指控為掌控政治的貴族；整體說來，石油也確實對美國政治產生各式各樣的影響。羅斯福新政之後的四十年內，雖然石油業者繼續享有政治影響力，尤其是干預徵稅政策，但美國關於石油問題的公開衝突已經沒那麼多。然而，到了一九七〇年，美國石油的國內生產量觸頂，價格開始上漲，首次出現短缺，石油再次引發政治風暴，而且跟之前的民粹派運動如出一轍。民主黨參議員亨利·

傑克森（Henry Jackson）帶頭倡議，要求政府加強監管石油業，保護他口中的廣大百姓。一九七二年民主黨總統候選人喬治・麥戈文（George McGovern）也利用過幾次類似的言論，例如「石油大亨宰制了美國人民」。[45]某些民主黨員甚至指控石油短缺是一項陰謀，像是威斯康辛州的民主黨代表里・艾斯平（Lee Aspin）就說「中西部所謂的石油短缺，根本只是逼消費者掏錢的巨大話術」。[46]但事實上美國自一九七〇年代便開始依賴外國石油供應，德州鐵路委員會失去了控制油價的能力，大幅影響了民主政治版圖。

卡特總統試圖向選民和美國企業解釋能源危機的真相，例如美國經濟需要石油輸出國組織的石油進口才能正常運作，卻因此嚴重失去信任。他希望美國人節約用油，藉此重拾能源自主性，批評者卻引述他能源部長的說法，「美國人解決問題的方法不是節流，而是開源」。[47]

結果接任的雷根真的用擴大生產來處理能源危機。他開場就用提高油價來擴大整體供給，這種手段，讓他在短期內既贏得了批評卡特的人的選票，也讓那些希望能源價格上漲的國內石油業者龍心大悅。但時間一長，美國更加仰賴外國能源的情況，讓石油從國內的民主政治衝突變成了國際地緣政治問題，美國因此必須進一步干涉中東事務。後來當人們踢爆雷根政府非法出售武器給伊朗政府，並將部分利潤用來資助尼加拉瓜反革命組織（Contra）時，雷根就拿地緣政治當擋箭牌，說根據伊朗在波斯灣的位置以及石油產能，美國應該與伊朗交好，藉此保障「國家利益」。[48]

能源自給率的降低，也影響了美國的民族團結。尼克森與卡特都想以國家角度處理能源問題。尼克森在一九七三年的電視演講中說，「我們美國人（as a Nation）現在必須走上新的道路……讓我們不仰賴他國，能夠自給自足」，[49]並把這項大業比擬為兩百年前的美國獨立過程。卡特則在所謂的「萎靡」（malaise）演講中表示，能源危機「重擊了全國人民意志的全心全靈。在這場危機中，我們開始懷疑生命的意義，開始失去共同的目標」。他說「我們一直共同擁有的信心，不只是某些浪漫的夢想，也不只是從獨立紀念日這本泛黃書頁中抄來的一句格言」，而是「建立這個國家，讓我們共同成為一個民族的理念」。因此卡特呼籲美國人共體時艱，藉此克服能源危機，重建美國民族。[50]

但當時美國各地的生產者與消費者之間的衝突，已經陷入明顯的零和賽局，能源危機不可能有效團結美國公民。過去的羅斯福新政，能夠一邊保護美國石油業者，一邊讓物價維持在消費者不會爆發政治反彈的程度之內。德州鐵路委員會在一九五〇與一九六〇年代，也一直維持油價不會過高或過低。但當美國石油產量無法繼續提升，油價逐漸被石油輸出國組織所掌握，美國國內的政治平衡就開始動搖。聯邦政府為了控制衝突，試圖直接介入能源分配，勢必使石油業者更加不滿。聯邦機構根據國會在一九七三年十二月通過的新法律，調整石油與民用燃料油的精煉供應，並決定石油業者應該把產品賣給哪些產業和哪些州。但產油州希望生產更多石油，以市場價格賣出；非產油州，尤其是天寒地凍的新英格蘭州，則希望穩定價格，並獲得更多民用燃料油。民主黨對於處理區域利益衝突的方式沒有共識，對於石油的環保影響又有分歧。雷根總統試圖提高油價，藉此減少消費、維繫能源自給率，結果最後卻一事無成。51

雖然雷根在一九八一年撤銷了所有聯邦政府的能源調控，消除了相關的政治壓力，但石油問題留下的裂痕卻沒有彌合。油價最終回落之後，經濟部分復甦，使雷根在一九八四年大選壓倒性大勝，人們也暫時不去處理相關問題。但到了二〇〇〇年代，當能源自主與中東外交政策都無力滿足美國的能源需求，過去的分裂就再次死灰復燃。

金權政治再次引發反彈

雖然說一九七〇年代的怒火都是民主過頭造成的，但貴族過頭的風險卻從未消失。戰後國際組織，比戰前的金本位與國際結算銀行體制，給了各國央行與金融業者更多的施力空間，養出了一個更大的跨國權貴階級。布列敦森林體系的影響力下滑後，國際金融也變得更有彈性，比懷特與凱因斯設想的世界更能夠上下其手。歐洲美元市場，養出了一個以美元計價的國際銀行體系，超越了各國政府與和各國央行的控管範圍。民主國家的政府利用這些歐洲美元市場，繞過了立法機關和選民的監督，資助了許多政黨、執行了外交政策，甚至讓一些政治人物利益輸送給支持他的商業團體。法國的億而富石油（Elf，從戴高樂時代的國有石油企業轉型而來）利用歐洲美元市場展開大量金融業務，並藉此資助法國主要政黨、賄賂外國政府和企業。[52]德國的基民盟與社民黨，則至少從一九七〇年代開始都利用離岸歐洲美元市場，來幫捐助者避稅、建立行賄基金（slush funds）、繞過政治獻金限制。[53]

在此同時，冷戰與解殖（decolonization）的浪潮，讓民主選舉和政府中的軍事與情報單位，在民主國家產生了衝突。戴高樂在一九五八年以實質上的政變方式獲得政權，也使下一屆的法國政府必須去看法國軍隊的臉色。一九六一年，法國舉行阿爾及利亞獨立公投，然後再次出現政變，幸好義務役士兵拒絕聽命行事，戴高樂才沒被搞下台。隔年，叛變的法國軍官甚至直接試圖暗殺戴高樂，只是沒能成功。義大利也一樣，退伍軍人與黑手黨在一九七〇年十二月聯手發動了未遂政變。

在美國，冷戰養出了艾森豪總統告別演講中所說的「軍工複合體」（military-industrial complex）：「大型軍事組織與軍火大廠掛鉤」，成為「難以撼動的權力巨頭」。雖然艾森豪對此沒有太多批評，但也提到軍工複合體背後的「科技革命」可能會讓「未來的公共政策，被科學與科技大老把持」。艾森豪認為美國公民應該注意政治局勢的轉變。兩百年來「支撐著政治與信念」的美國民主，即將在「我們貪圖安逸的心態下，逐漸被逼到彈盡援絕」。[54]此外，冷戰也使美國逐漸走向所謂的「帝王總統制」（imperial presidency）。根據美國憲法，宣戰權明明掌握在國會手上，但從杜魯門到尼克森的歷屆總統，都在幾乎沒有獲得國會同意的狀態下決定出動美軍。美國國會只是根據越南的北部灣（Gulf of Tonkin）爆出的可疑情報，就通過了一項決議，並成為詹森總統出兵越南的依據。至於尼克森，更是在完全沒有通知國會的狀態下，就叫美軍去柬埔寨和寮國打了兩年的仗。而且這段時間的歷任總統，都用中央情報局去干預外國內政，甚至在外國從事準軍事行動。也就是說，美國在一九四五年之後處理地緣政治的方式有很大一部分既未獲得國民軍隊的認可，又沒有得到民意代表的授權。[55]

一九五七年成立的歐洲經濟共同體，民主基礎也相當薄弱。雖然法國與義大利都對戰後憲法進行全民公投，但除了國會投票以外，一開始並沒有任何民主程序去授權該國共同創立歐洲經濟共同體。那些希望組織歐洲跨國聯邦，並建立一個跨越歐洲內外的政治網絡，藉此讓歐洲經濟共同體變成一個更緊密組織的人，往往認為世界主義的跨國體制可以制衡國家內的民選政府。[56]而這種想法的成因之一，就是哈布斯堡王朝過去在中歐留下的政治印象。[57]某些右派人士希望歐洲走向聯邦，認為這樣可以降低各國民主政治的影響力、強化跨國合作。生於奧地利的海耶克就是一個例子，他相信在國際經濟體系中，民族的概念沒有存活的空間，大型福利國家在政治上也得不到支持，貿易保護主義會更為困難，最後國家能夠施力的範圍就會越來越小。[58]法國就走向這種道路，雖然法國政黨很少支持任何國際性的歐洲權威機構，但法國官僚持續推動相關議程，最後取得成功。[59]

附帶一提，歐洲經濟共同體並沒有逐漸變得民主。這個體制下的機構都不是直接選舉產生的。發動立法的權力，也完全掌握在非選舉產生的歐盟委員會手中。一九六〇年「德豪斯方案」（Dehousse Plan）曾經提議全民直選歐洲議會，但被否決；戴高樂提出的替代方案，讓成員國同時舉行全民公投，來認可歐洲經濟共同體的決策，也同樣遭到否決。[60]到了一九六三與一九六四年，歐洲法院在判決中主張，歐洲經濟共同體的法律秩序使成員國與其公民必須負擔相關義務；而且共同體的成立條約，使共同體法律的位階高於成員國各自的法律。換句話說，在歐洲共同市場的法律秩序下，成員國政府不能自行調控國內產業，否則就是犯法。[61]這樣一來，歐洲經濟共同體實際上就是一個管轄範圍有限的超國家實體（supranational entity）。然而，當初之所以會有一些歐洲國家想打造這個體制，是為了讓政府獲得更多調控經濟的能力，例如更能處理能源問題。[62]但由於這個體制的行政機構完全不受各成員國的立法機關監督，而且沒有建立其他管道去處理各國人民的反彈，實際上反而削弱了各成員國的民主。

到了一九八〇年代中期，這種削弱勞工談判能力的環境會讓諸多民主國家面臨權貴把持而非民主過頭的威脅，其實也毫不意外。從當時的經濟條件來看這也很難避免，國際資本一旦重新開放流動，權貴階級在民主國家的影響力也勢必越來越高。

當然照理來說，這時候的政府更容易從國際資本借得資金，更容易籌組政治聯盟拿下政權。這樣即使失業率上升，政府也能繼續維持福利國家，而不用大幅增稅。即使油價上漲，政府也可以舉債解決，同時維持貿易逆差，藉此增加國內消費需求。[63]但實際上除了美國之外，沒有任何國家能用國際貿易貨幣的優勢來守護經濟主體性。政府的預算與貿易赤字越高，總體經濟決策就越容易受到外匯市場支配。只要國家的貨幣即將大幅貶值，政府就很可能必須削減公共支出，或者採取一些會抑制經濟成長與就業的行動。當然，這沒有阻止義大利之類的政府在這段期間依然繼續舉債度日，也沒有讓歐洲的福利國家制度普遍緊縮。[64]但正如法國總統密特朗在一九八三年三月所言，歐洲匯率機制的成員國必須能夠讓市場相信自己國家不會通膨。本書第四章也提過，如果一個國家要保持匯率穩定，並且要把利率維持在足以還債且維持經濟成長的水準，就需要非常多的經濟政策工具去壓抑通膨。

另一方面，從一九八〇年代開始的國際資本流動，包括持續增長的歐洲美元市場，也都讓國家更難從國際化的有錢企業身上收到稅。從雷根政府開始，一九八〇年代的許多政府都調整了企業稅率與免稅額。在調整過後，從公民或企業身上收到的稅款總額未必減少，但稅收的來源比例卻有所不同。國家降低了所得稅與企業稅的稅率，同時限縮了免稅額度。這些決定有很多原因，例如提出降低最低所得稅率的人，更可能贏得選戰，而稅率一旦下修，想要重新上調就會受到選票的嚴重懲罰。但另一個原因就與國際金融環境有關，自一九八〇年代以來，各國政府都以良性的企業稅改革，吸引跨國企業前來投資。[65]其中大國的稅率雖然幾乎不會降到盧森堡這種國家的程度，卻依然在小國的競爭之下，進一步壓到比爭取選票更低的水準。[66]這種各國之間的企業稅競賽，之後引發了內部的連鎖反應。大部分國家的所得稅與企業稅率上限落差很大，所以員工只要把薪資轉為分紅，就可以少繳一大筆稅。[67]

在這種國際金融環境下，那些大富豪和能夠改變收入來源（尤其是收入大幅來自資本利得）的人，很容易把錢轉移到國外，於是時間過得越久，政府要從他們身上收稅就越難，然後就會逐漸把稅基轉移到可以從薪水源頭扣稅的中高收入公民身上。這種狀況讓人想起瑞士歷史學家雅各・布克哈特（Jacob Burkhardt）筆下西元三世紀羅馬帝國的「免稅貴族」。[68]國家稅務基礎的轉變，讓國家內政治影響力的平衡崩解，民主政治陷入結構性失衡，離岸避稅港更進一步加劇了現有的狀況。[69]這些發展通常都跟歐洲美元的離岸金融體系有關，政府無論是要對抗還是利用，都得考慮對於國際美元環境的可能震盪。[70]因此硬吃稅收損失，並犧牲國內的民主，就成了最小阻力之路。如果離岸金融能為該國當權者帶來明顯的政治利益，這種決定就更容易出現。

除了歐洲美元體系影響了各國的稅務政治，一九七〇年代以來的金融業榮景也讓民主政治掌握在貴族手中。勞工的集體薪資議價能力降低之後，在那些金融業主導的國家，政治影響力就逐漸集中到擁有金融資產的人手中。金融業內部的薪酬差異不僅相當懸殊，同時也創造了各種報酬率很高的投資資產。[71]所以那些擁有國際金融中心的國家，財富不平等與收入不平等都明顯擴大。在美國，收入排名前百分之一的族群，與全體國民的財富比值，從一九七〇年代到二〇〇〇年代中期大幅增加；收入排名前千分之一的族群更是誇張。[72]這些富豪當然會用政治方式試圖保護自己的財產。所以從一九七〇年代開始，金融業的政治獻金就變成了競選公職不可或缺的經費來源。而以金融公司為首的大企業，在華府的遊說力量也更加堅若磐石。[73]

不過即便政治逐漸被權貴把持，一九七〇年代與一九八〇年代留下的教訓，依然讓歐洲中間偏左與中間偏右的政黨與政治人物，繼續提防民主過頭造成的通膨危機。許多政府在思考過後，都認為必須像當時的西德以及狀況更為複雜的美國一樣，讓貨幣政策獨立於民主政治，交給獨立的央行來管理。歐盟直接規定，只有中央銀行不受政治影響的國家，才有資格加入歐元區。在債務逐漸增長，需要更多政治策略來管理債務的時候，各國政府並沒有用民主方式來討論如何調控通膨，反而以防止民主過頭為名，把消除通膨變成了某種幾乎不能違反的道德信條，甚至將其寫入憲法規範之中。

從一九七〇年代之後逐漸國際化、金融化的經濟環境，使本章之前提到的經濟民族主義完全崩毀。而在外部環境改變之後，人們也不再相信國家能夠擔起全國人民的共同經濟命運。不同公民群體之間，開始爆發激烈的利益衝突。在通貨膨脹之下，不同類型的消費需求彼此對撞；世代衝突加劇；未加入工會的勞工，也與那些能用罷工或產業層級協商來爭取薪資的勞工之間開始分裂。[74]全國性的統合主義（national corporatism，也就是西德等歐洲國家一度擁有的全國性集體薪資談判）化為塵埃，而國際資本的自由流動與供應鏈的日益國際化，更是使其無法復生。[75]而失業率提高、製造業衰退以及金融業增長，更使國內各地的經濟狀況差異擴大，區域利益分道揚鑣。例如美國的通貨膨脹就與區域差異同時出現，一九八〇年代初的強勢美元與高利率政策的確打擊了製造業，但中西部的「鐵鏽帶」的情況卻比沒有工會化的南部工業州來得更為慘烈。

可想而知，債務的存在讓經濟民族主義難以存續。政府一旦再次轉向國際資本市場借錢，不再仰賴國內公民來買國債或徵稅，便可能讓國家債務與民主制度發生衝突，因為政府要滿足的不再是國內公民，而是國際債權人。[76] 許多民主國家靠著國際金融市場來籌措預算，不再仰賴公民的稅收與債券購買。公民交的稅逐漸變成在幫國家繳交債務利息，無法從儲蓄獲得物質回報；而民主國家也因為嚴重依賴國際金融市場，無法調高對公民徵稅的稅率。[77]

除了國債環境的改變之外，這時候私人債務也急遽增加，造成了新一波的國內債務衝突。尤其是在一九八〇年代中期油價暴跌之後，世界各地的通膨壓力都降低（只有英國在一小段時間例外），債務的實際價值卻不會隨著時間而縮減。[78] 而且因為薪資停滯，許多家庭只好越借越多錢，來應付不斷增加的生活開支。剛好這時候銀行推出的信用卡，讓人們更容易成為卡奴。[79]

在許多意義上，過度貴族化的政治和經濟民族主義的衰亡，是同一個現象的一體兩面。有些人可能會說，為了守護民主，國家不應該進行資本管制。因為國家需要擁有一定的物質優渥，才能讓民主政治保持長期穩定，那麼全國性的經濟政策就很容易放棄追求整體福祉並向少數資本家靠攏，讓那些財大勢大的人操縱政治中飽私囊。但這樣論點是只把經濟民族主義當成經濟問題來看。事實上，經濟民族主義不但一度成功防止民主被權貴把持，也提供了一種低風險的方式來界定公民身分，因此一旦經濟環境讓它無以為繼，政治就必須找出一種新的方法來維繫人民之間的連結，而且不能動搖國家穩定。

在一九八〇年代，許多人期待歐洲共同體可以緩解這個問題。因為在理論上，即使民族國家內部出現民主失衡，還是可以用整個歐洲的尺度，讓民主政治重新獲得權威。

的確，一九七三年歐洲共同體的擴大，似乎強化了國家層級的民主政治正當性。法國政府舉行全民公投，討論是否接受英國、丹麥、愛爾蘭、挪威加入歐洲共同體。而這四個國家裡面，也有三個都以全民公投的方式認可了條約。至於拒絕加入的挪威選民則告訴了世界，並不是只要民主國家，就一定會加入歐洲共同體。一九八〇年代，丹麥和愛爾蘭政府在加入的時候，都以比共同體創始六國更加謹慎的態度，處理加入之後會帶來的憲政改變，並且都對《單一歐洲法》（*Single European Act*）舉行全民公投。在一九七三年以丹麥領土加入的格陵蘭，則是在一九七九年自治權之後，於一九八二年以公投決定退出。

至於英國的故事則顯示，即使當時其他民主國家紛紛加入，歐洲共同體在成員國內部依然會引發民主困境。保守黨在愛德華．希思的領導之下，於一九七〇年的宣言中承諾，要在與國內其他團體協商之後加入。由於工黨與自由黨也承諾談判，入歐問題上成了一言堂，沒有任何人站在反對者那邊。各政黨達成協議後，希思便強力動員國會議員通過立法。[80]到了一九七四年二月的大選，工黨主張要重新談判入歐內容，然後發動回溯性公投。光是這件事就告訴我們，要求全體公民直接決定是否加入歐洲共同體，會如何在民主國家內部引爆衝突。當時的入歐派也批評，公投不僅是煽動民意的工具，只有拿破崙這種獨裁者才會使用，而且根本不合英國的憲政習慣。[81]這種說法當然漏洞百出，它完全把丹麥、愛爾蘭、挪威的入歐公投視為無物；而且，它也無視了公投反而是最能維持英國憲政制度的方案，雖然英國國會有立法自主權，但透過全民公投，就能以民主方式面對未來最關鍵的歐洲共同體法律。[82]然而，對於該用國會還是公投來入歐，最後英國並沒有共識，這也表示遲早獲得跨國政治權力的歐洲共同體，註定會在成員國內部引發一系列人民是否同意的問題，包括如何讓敗選的選民服氣。

歐洲共同體內部也有類似問題，從一九八六年《單一歐洲法》的承諾到一九九二年單一市場整合完成的過程，實際上也妨礙了重建整體歐洲的民主權威。歐洲單一市場的整合，註定會讓勞動力市場跨越國家的管轄邊界，消滅了各國僅存的統合主義；在此同時，它卻沒有建立全歐洲層級的薪資談判結構。[83]這使得在歐洲共同體境內，銷售商品與服務、工作、轉移資本都變得更為有利，而且公民沒有任何民主政治手段，能夠選出代表去跟歐洲單一市場或任何交稅對象協商。所以事實上，歐洲單一市場不但沒有緩解各國民主政治被權貴把持的問題，反而創造了一個跨國遊說場所，讓資方幾乎完全獨占，用各種技術官僚說詞主導政治論述。[84]在這樣的環境下，成員國的公民之間勢必明顯階級分化。那些從單一市場憲政體制中獲利最多的，通常都是少數有錢人，他們從此之後更不用擔心成員國內部的政治風險，因為即使民主政治作出對他們不利的決定，歐洲共同體的體制也會保護他們的利益。[85]

之後的貨幣聯盟又讓歐洲共同體更容易被權貴把持。德國政府不可能同意讓歐洲央行聽令於民主國家的政治機構，那樣貨幣政策一定會引來政治操弄。所以歐洲共同體之後建立貨幣聯盟時，沿用了德國央行的貨幣政策架構，但移除了裡面僅存的民主成分。德國央行至少還與德國政府相關，歐洲央行的權力卻獨立於所有成員國，並擁有憲法的指定委任。成員國商議出委任的內容之後，再各自以不同的民主方式批准。成員國一旦批准了歐洲央行的建立協議，就同意歐洲央行獨立決定貨幣政策，歐洲央行不需要回應各國的民主政治壓力，各國代表如果反對央行決議，唯一能做的只有退出貨幣聯盟。[86]

▪ ▪ ▪

在經濟民族主義逐漸無力之後，民主國家就只剩下過去歷史遺留下來的「人民」概念，以及移民衍伸出來的各種複雜問題，美國還得處理過去的奴隸制遺緒。這在政治上的一大挑戰，就是如何讓敗選選民服氣，因為無論美國還是其他國家，選舉結果往往都會改變現狀。雖然英國、西班牙、比利時這三個西歐多民族國家出現了一些民族主義浪潮，但至少在一九八〇年代，他們的浪潮都不足以分裂國家既有的團結。在一九八〇年代末，即使各國政治似乎都逐漸被權貴把持，但大多數公民的生活水準仍在提升，而且當時的大企業並沒有像幾十年後的當下一樣，一邊無孔不入地掌控我們的生活，一邊盡可能逃開所有的繳稅義務。

話雖如此，民族問題並沒有因此就從民主政治中消失。民族主要變成了一種想像的共同歷史。這些歷史故事在世界各地幾乎都能引發公民的大量共鳴，美國更是特別有感。當然它也引來許多批評，說這些歷史故事陳腔濫調，而且帶有太多帝國主義與種族歧視的影子，難以團結人民。許多民主國家的公民，希望歐洲共同體的政治認同，能夠取代以民族國家為主的政治認同。但歐洲共同體能做的事情與成員國並不相同，它無法徵稅、無法借貸；而且成員國以民主方式賦予它的權力，可能會讓成員國內部陷入嚴重的政治衝突。這些問題日後都在成員國內部層出不窮。另外，寄生在「民族」這個殘破概念的西方民主國家也變得越來越動盪，因為二十一世紀的民族認同，直接受到經濟環境（尤其是比過去更大的移民規模）的影響。

9

改革之路步履維艱

前總統卡特在二〇一五年評論美國政治狀況時說，政治制度曾讓美國成為「偉大的國家」，但如今卻淪為了「寡頭統治」，靠著「數之不盡的賄賂」來運作。[1] 到了隔年，美國是否真的淪為寡頭統治，成了總統大選中的爭論主題。每個最初在提名中領先的候選人，都暗指白宮已經變成了希拉蕊·柯林頓與傑布·布希（Jeb Bush）這兩大政治家族輪替的王朝。而且只有柯林頓有可能打倒那位半路殺出來的程咬金。在民主黨這邊，伯尼·桑德斯把重建美國民主當成核心政見。他在二〇一四年的演講中表示：「如今政治的巨大爭議，是美國究竟依然像過去一樣民主，還是逐漸走向了寡頭。真正的政治權力是否已經集中在少數億萬富翁手上，而不是美國百姓手中。」[2] 他在宣示詞中表示，美國最高法院允許企業與各種團體毫無上限地捐助競選廣告的決定，「徹底腐蝕了美國政治制度」，使美國的民主淪為「寡頭」。[3] 他在爭取提名時，也避開了所有常用的企業捐款，改向市民小額募捐。至於共和黨的川普，則把自己打造成一個願意站出來說真話的寡頭。他在一次辯論中脫口而出：

不久之前，兩個月之前，我是個商人。無論誰想要買，我都賣。要買什麼，我都給。然後你知道嗎？兩年之後，三年之後，當我需要他們的幫忙。我說了一聲，他們全都來了。[4]

二〇一六年的總統大選，也使美國民族與公民身分的相關衝突急遽惡化。桑德斯把無證移民，與助長這種現象的企業雇傭關係說成一個個階級問題：「這個國家的右派其實都喜歡開放邊界。因為這樣美國就會跑進一大堆人，企業就會有一大堆時薪二至三美元的廉價勞工。但我不信這套。我認為這個國家的薪水該提高了。」[5]川普則再次標榜「說真話」的樣子。他在一場共和黨辯論中說：「我非常懂H1B（外國臨時勞工簽證）。這是我不該利用的東西，而且我一直都在用。這種制度對勞工很壞，非常非常壞。趕快改掉啊。」[6]然而，桑德斯只是把移民問題連結到階級衝突，川普卻公然撕裂種族與文化，他不但經常攻擊無證移民，也常常攻擊多元文化或多元族裔，展現自己的本土主義認同。他公然表示要築起圍牆關閉美墨邊境，並且舉著美國民族團結的大旗，將數百萬美國公民的權利和身分拒之門外。

無論原因為何，跨國尋找新生活的人潮，也成為了二〇一〇年代歐洲選舉動盪的重要原因。[7] 德國總理梅克爾在二〇一五年處理難民與移民危機的方式，讓原本只是反歐元的另類選擇黨獲得了政治力量，其他政黨也因此更難聯合執政。義大利副總理薩爾維尼領導的北方聯盟黨，則利用該國負責戍守歐盟邊境的責任，搞出「把義大利還給義大利人」的政治宣傳。英國憲法保障的移動自由，更是讓脫歐派在二〇一六年的公投中勝出。[8]

但歐盟的單一市場和共同邊界政策，使得移民對選舉的政治影響與美國截然不同。例如英國政府無權限制來自其他歐盟國家的移民，於是英國人民只好回頭思考一個《馬斯垂克條約》以來一直被擱置的問題：英國人真的願意接受一個範圍更廣的歐洲法律和憲政秩序，願意放棄用國內的民主政治處理歐洲內部移民這類問題嗎？這個反思最後帶來了脫歐公投，而且公投的結果讓人注意到另一件事：《馬斯垂克條約》讓歐盟成員國的公民都進入了貨幣聯盟之中，這個聯盟賦予公民許多經濟權利，但只要沒有經過成員國公民與代表的同意，這些權利都是白紙一張。

Covid-19 爆發後，歐元區的主權與民主之間又面臨另一種衝突。只要加入歐元區的國家，都失去了貨幣主權。但當代的貨幣政策幾乎決定了財政政策的空間，歐洲央行幾乎可以決定成員國各自能借多少救命錢。疫情爆發三個月後，德國憲法法院做出裁決，認為歐洲央行第一次量化寬鬆的決定已經超越了該行的權限。這項裁決直指了全歐層級決策與各國民主政治之間張力的核心問題。憲法法院認為德國人民的主權無法轉讓給歐盟，凡是任何「確定會增加德國公民財務負擔」的政策，都必須獲得德國聯邦議院的同意。9

德國法院對《馬斯垂克條約》裁決的最大重點，就是民主只能在民族國家內部實踐。但另一方面，法院並不反對貨幣聯盟。這項二〇二〇年的裁決一出，影響幾乎立刻顯現，德國政治人物以更主動的態度，去選擇是否支持歐元區的行動。最後的結果正如第六章所述：歐盟委員會獲得可以為歐盟這個政治實體來借錢的新權力，這當然也讓歐盟這個多貨幣聯盟面臨更大壓力。

美國在二〇二〇年春夏兩季的發展則完全不同。雖然美國與西歐國家的民主走向，在一九四五至一九八〇年代之間大致相同，但到了一九九〇年代之後就明顯分歧。分歧的原因之一，就是美國的種族問題與公民權問題。另外一個原因，則是《馬斯垂克條約》使歐盟出現了一系列美國不會遇到的民主難題。這兩種環境分別代表近幾十年來民主的重大挑戰，例如如何讓敗選群眾心服口服。但歐美的環境真的差異很大，兩者必須分別解釋。

《馬斯垂克條約》與貨幣聯盟

過去三十年來大部分的歐洲民主問題，都跟《馬斯垂克條約》在歐洲建立一個不太共同的貨幣有關。這項條約很難持續獲得各國的同意，註定埋下各種隱憂。第四章提過，一九九二至一九九三年的歐洲匯率機制危機，讓愛爾蘭、丹麥、法國在危機中舉行了該條約的全民公投。丹麥公投失敗之後，政府開始談判各種可能的出路，包括退出貨幣聯盟。法國的公投，則在巴黎的大量贊成票支持之下險勝。這項條約證實了一種預測：貨幣聯盟會動搖許多成員國原本的政黨政治體制，最明顯的就是法國。

貨幣聯盟原本是法國提出的改革方案，實際訂約後法國卻傷痕累累。《馬斯垂克條約》的基礎，就是把經濟政策與貨幣政策完全隔開，各國的民主政治只能決定自己的經濟政策，不能影響非政治性的貨幣政策。即使是法國，也幾乎沒有政治人物支持這種切割。在密特朗政府輾轉擔任各部部長的尚－皮耶．謝維蒙（Jean-Pierre Chevènement）直接發起運動反對該條約，抨擊貨幣聯盟「會讓共和國垮台」。[10]中間偏右的政黨「保衛共和聯盟」（Rassemblement pour la République）則在公投期間分裂，之後當上總統的席哈克表態支持條約，但另一位領袖菲利普．塞甘（Philippe Séguin）則認為這完全背叛了該黨遵從的戴高樂國家願景，因此帶領大多數中間偏右選民投下反對票。[11]

最後雖然《馬斯垂克條約》在法國通過了公投，但到了一九九五年總統選舉，席哈克與喬斯潘這兩位候選人的針鋒相對，再次引發對於單一貨幣聯盟的嚴重質疑。席哈克在剛上任的幾個月內一度考慮放棄入盟，卻在法郎的壓力與西德總理柯爾的極力勸說下妥協。[12]後來席哈克為了加入歐元區，試圖把法國預算赤字壓到百分之三以下，結果引發一場大罷工。到了一九九七年，他提早舉行國會大選，試圖以年金改革為籌碼爭取選民支持，最後卻把國會多數席次送到社會黨這些左派政黨手中。當上總理之後對貨幣聯盟充滿質疑的喬斯潘，堅持反對接受《穩定與增長協定》的財政規範。但最後形勢比人強，法郎的壓力使法國總理和總統再次聽命於德國。

在法國兩大政黨都無法貫徹領導人對貨幣聯盟的質疑之後，支持度雙雙下滑。一九九〇年代末，極右派政黨民族陣線（Front National）成了選民反對加入歐元的唯一武器，即使反對該政黨的選民與政治菁英遠遠多於支持者，仍擋不住其崛起。[13]在二〇〇二年的總統選舉中，社會黨再次派出的喬斯潘沒有進入第二輪，民族陣線的尚－馬力・勒龐（Jean-Marie Le Pen）卻成功進去。喬斯潘落敗的原因，正是因為出現了一大群比他更左的候選人，其中反對歐元的謝維蒙搶走的選票，比喬斯潘與勒龐之間的差距還多出許多。[14]

德國批准《馬斯垂克條約》的爭議，性質則完全不同。它把該條約變成了法律問題，而非民主政治問題。德國憲法法院認定該條約合憲，但也堅持只有該條約明列轉移的主權才有效力，除此之外貨幣聯盟的所有行為在德國均無效，這意味著貨幣聯盟之後要修改任何條約內容都必須面對《德國基本法》。憲法法院主張，只要是在德國境內，歐盟對所有事務的權威性，都來自於「符合德國國內法」。[15]此外，法院也列出了一些歐盟必須遵守的民主標準。它認為在歐盟的法律秩序中，「成員國需要保有夠多自主性，使人民能在這些範圍內發展與表達自己的政治意志，藉此確保人民能夠以合法的方式，去落實他們在精神、社會、政治上的共識（無論這共識有多強）」。因此，「歐洲共同體的職能與權力，不能超過成員國民主政治的範圍」。[16]憲法法院在這之前，當然也曾要求歐盟法律秩序持續考量德國的憲政；但這次裁定留下了更大的長期影響，因為它直接表示德國的憲政體制，會嚴重制約歐盟改革的性質與速度。

德國政府在同意《馬斯垂克條約》時，設下了強而有力的防線，預防義大利加入歐元區時燒起烽火。但同樣的問題在義大利的民主體制中，卻立刻引發了政治危機，並且最後促使了義大利加入。《馬斯垂克條約》簽訂之後不到幾個月，義大利第一共和體制便因為司法機關清查該國基督教民主黨與社會主義政黨的腐敗行為而崩解。第一共和垮台的結構性原因，某種意義上是該國共產黨隨著冷戰結束而消失，其他政黨失去了繼續貪腐的藉口。[17]但另一個重要原因，則是義大利原本被排除在貨幣聯盟之外。該國政黨政治內部的恩庇網絡資金，來自政府的不斷借款，整個體制本來就跟歐元區格格不入。根據義大利財政部長圭多・卡利（Guido Carli）日後回顧，第一共和在談判《馬斯垂克條約》時，「政治菁英並沒有注意到該條約會大幅改變該國政治環境，他們幾乎無法全身而退」。[18]

帶頭談判《馬斯垂克條約》的義大利技術官僚團隊幾乎是獨立行事。他們最後的決定，也把加入歐元區看得比維持第一共和更重要。[19]團隊中的高階官員是當時的財政部長德拉吉，其次是央行總裁卡洛・齊安比（Carlo Azeglio Ciampi）。對德拉吉與齊安比來說，歐元區開出的財政門檻，是義大利政治改革的大好機會，精通金融的技術官僚可以藉此取代第一共和的政客，改善該國的民主。[20]

義大利第一共和就這樣在一九九三年四月結束。在社會黨總理頒布把非法政治獻金合法化的法令被義大利總統駁回之後，基督教民主黨與社會黨共治的政權就此垮台。這時候，總統叫齊安比找一群技術官僚重組內閣，開啟了一個總統可以解散內閣的時代（之後二〇一一年，納波里塔諾又對貝魯斯柯尼作了一樣的事）。齊安比內閣結束之後，政府再次由另一位央行總裁，以及一大群技術官僚接任，這次的總理是蘭貝托・迪尼（Lamberto Dini）。一九九六年，普羅迪聯合中間與左派的橄欖樹聯盟（Olive Tree）贏得大選上台執政，找齊安比回頭擔任財政部長。在第二共和的體制下，行政決策更不容易受到選舉的影響，這樣義大利就能將預算赤字減少到加入貨幣聯盟的門檻。

在一九九〇年代的義大利，這種不擇手段加入歐元區的技術官僚手法，並沒有引發太多政治動盪。大多數選民都希望加入歐元區，也願意付出代價，能夠忍受普羅迪政府的「歐洲稅」，一種暫時加徵的個人所得稅。此外，技術官僚帶領義大利加入歐元區的作法，也緩解了北方聯盟的分離主義。北方聯盟的領導人翁貝托・波希（Umberto Bossi）認為如果義大利無法加入歐元區，北方的「工業區」就應該獨立建國。[21]

但加入貨幣聯盟所需的政治變動，還是留下了後續影響。義大利的經濟在大幅樽節之下萎縮，一九九七年的失業率超過百分之十一，經濟成長也無起色。而且為了避免北方獨立，決策者都把傷害放到南義，使當地失業率居高不下。歐元區的《穩定與增長協定》，更限制了政府能夠調節南義經濟的手段。[22]當然，第二共和一旦進入歐元區，第一共和欠下的債就更容易償還，但這勢必限制民主政治能夠運作的空間，尤其限制中間偏右的陣營。雖然一九九〇年代的中間偏右陣營，在貝魯斯柯尼的領導下對政府影響不大（他在一九九四至一九九五年只擔任了七個月的總理），但依然保有政治影響力。貝魯斯柯尼對歐元區的態度並不友善，最多只能說是有協商空間，而且因為他本身的權力完全來自第一共和的恩庇網絡，他幾乎完全不會想要落實《穩定與增長協定》。當貝魯斯柯尼二〇〇一年再次出任總理時，義大利加入歐元區的成長效果已經開始退潮，果不其然，他開始猛烈抨擊貨幣聯盟，在二〇〇五年抨擊「普羅迪的歐元大夢把大家害得慘兮兮」。[23]

法國式拒絕

冷戰之後擴大的歐盟，光是在憲法上就不可能等於冷戰時期的歐洲共同體。為了在二〇〇四年迎接十個新國家，歐盟重新討論了立法中的多數決規則，因為在過去的規則下，成員國沒有否決權。他們先是在二〇〇一年訂立了《尼斯條約》（*Nice Treaty*）。但愛爾蘭人並不認可，公投否決了條約。《尼斯條約》的聲譽也很快下滑。[24]在一開始的修正版本中，歐盟要根據各國人口比例分配投票權重，而德國人口顯然比其他國家都多出許多。但在席哈克堅持反對之下，最終法國與德國擁有相同的投票權重。除此之外，歐盟也給予西班牙和剛加入的波蘭與德國相同的投票權重，雖然兩地的人口只有德國一半，但這都是為了避免歐盟受大國宰制。[25]為了尋找可能的出路，歐盟在簽署《尼斯條約》之後不到一年，以及愛爾蘭對該條約進行第二次公投之前，在拉肯（Laeken）宣布自己正在設計一部「更接近各國公民」的新憲法。[26]

他們最後定出的就是《歐盟憲法條約》（*Constitutional Treaty*），這部條約與《馬斯垂克條約》不同，獲得各國批准似乎難如登天。從條約出台之初，它就不斷在歐盟內部引發正當性危機。[27]它的內容違反英國在一九七二與一九七五年認定加入共同體不等同於會撼動憲政傳統的說詞。雖然英國首相布萊爾花了好幾個月努力壓制訴諸公投的聲浪，最後還是在二〇〇四年讓步。在布萊爾同意舉行公投之後，許多之前從未對歐盟條約進行全民公投的成員國，以及一些新加入的國家，全都先後效仿。

布萊爾的讓步，在法國政府眼中更是頭大。席哈克總統一直擔心公投不會過，他所屬的戴高樂派，一直堅持法國只有在公投之後才能進行憲政改革。戴高樂在規畫法國第五共和時，將這個原則列為核心，他本人也因一九六九年公投失利而下台。在英國的布萊爾突然妥協之前，法國的席哈克都擔心公投不會通過，因而對《歐盟憲法條約》相當保留。[28]

後來法國選民在公投之中，也確實反對批准《歐盟憲法條約》，幾天後荷蘭的公投也是如此。兩國選民的反對原因，都包括不支持歐盟東擴，以及不同意土耳其入歐。[29]但這兩次公投也表示，越來越多人認為歐盟剝奪了民主成員國對經濟政策的自主性。之前的《馬斯垂克條約》讓戴高樂派分裂，如今的《歐盟憲法條約》則讓法國社會黨分裂。[30]一半以上的法國社會黨選民，在公投中投下反對票；荷蘭工黨選民也一樣。而且在中間左翼聯盟中，反對者大半都是勞工階級。[31]

法國的公投結果為《歐盟憲法條約》敲響喪鐘。但如果留不住《尼斯條約》的投票規則，歐盟就必須修改決策結構。所以歐盟各國政府把《歐盟憲法條約》重新包裝為《里斯本條約》（*Lisbon Treaty*），並希望各國都不要舉行公投。法國前總統德斯坦在《歐盟憲法條約》簽訂之前的會議直言不諱地說，這樣才能「不知不覺地，將輿論導向那個人們絕對不會直接接受的方向。新的條約將包含之前的所有提案，但都會藏起來或進行偽裝」。[32] 於是到了最後，只有愛爾蘭因為憲法的要求而舉行公投（並再次失利），其他成員國在那之前都作出了讓步。

▪ ▪ ▪

《里斯本條約》的民主正當性爭議，在德國、法國、英國引發最大分裂。德國聯邦憲法法院對《馬斯垂克條約》的裁定一直影響著該國，因此當立法機關在二〇〇八年六月投票批准《里斯本條約》時，德國總統依法院要求拒絕簽署，等待法院處理左翼黨（Die Linke）等人提出的合憲審查。法院在一年之後作出的判決，比之前的《馬斯垂克條約》裁定還更嚴格地保護了德國憲法：宣稱當時批准《里斯本條約》的方式，侵犯了德國立法機關的權利，堅持在德國重新修憲之前，將歐盟的地位從目前的「基於國際法的統治聯盟」修改成一個聯邦國家的行為都違憲。[33]如果德國沒有修憲就批准條約，將破壞「民主的統治體制」。因此，成員國國會必須有足夠「空間」來審議該國的「經濟、文化、社會環境」，尤其是「明顯仰賴既有文化、歷史、語言」的「政治決策」。[34]在法律上，歐盟的政策權限不能侵犯成員國的「制度認同」（constitutional identity）。[35]法院的上述要求其實有解，德國聯邦議院與德國參議院只要繼續投票審議《里斯本條約》，就能滿足要求。但在德國批准該條約一個月後，希臘爆發了歐債危機，德國政府很快就得決定，要不要默許歐洲央行運用遠遠超過權限的力量，去拯救歐元。

對於法國和英國政府來說，《里斯本條約》的問題與《馬斯垂克條約》類似，但正當性問題的發展卻截然不同。在二〇〇五年《歐盟憲法條約》公投失利之後，法國政治人物必須立刻處理相關後果。但在開始討論任何替代條約之前，二〇〇七年的總統選舉已經到來，兩位進入第二輪投票的候選人必須表態。中間偏右的薩科齊，從《歐盟憲法條約》中挑出他認為沒有爭議的部分，整理了一分「迷你」條約，呼籲締結這分條約就好，不要對《里斯本條約》再次進行公投；社會黨候選人塞格琳·賀雅爾（Ségolène Roya）則主張制訂一分全新的條約，包括修改歐洲央行的權力，並進行全民公投。

最後薩科齊勝出。但里斯本簽屬的條約內容卻與法國選民之前公投拒絕的內容出奇相似。薩科齊知道再次舉行公投註定失敗，於是試圖避開公投，主張「現在舉行公投將使歐洲陷入危機。如果我們舉行公投，英國會立刻跟進，然後條約就此告吹」。[36] 於是，法國國會批准了《里斯本條約》，社會黨也蒙受巨大壓力。社會黨大部分議員，都背棄了賀雅爾在競選中的承諾，投票支持條約。於是法國的政黨再次因為歐洲法律問題而分裂。喬斯潘底下的部長尚－盧．梅朗雄（Jean Luc Mélenchon）脫離社會黨另創左翼黨（Parti di Gauche），之後又在二〇一七年的第一輪總統大選中進入另一個政黨，拿下了比社會黨候選人多百分之十三的選票。

在一九九二與二〇〇五兩次公投失利，二〇〇八年公投又胎死腹中之後，法國主要政黨傷痕累累，政治菁英均視修改條約為畏途。馬克宏在就任總統之後首次公開討論歐盟事務時，曾回憶當時的狀況：「我們紛紛扯緊彼此的手，說『做事小心啊，我們不會再提議，也不會再徵詢你們的意見了』」。這種「冰河時期」讓法國和許多國家一樣噤若寒蟬，深怕只要開始討論條約，自己就會體無完膚。[37] 但諷刺的是，馬克宏能靠著個人力量贏得總統大選，完全是因為歐盟憲政制度改革摧毀了法國既有的政黨政治。

對英國首相布朗來說，《里斯本條約》也明顯衝擊了民主政治。如果他將其付諸公投，反對票大概註定勝出。因此布朗背棄了工黨在二〇〇五年做出的公投承諾，掰出一套話術說《里斯本條約》和《歐盟憲法條約》兩者並不相同。[38]

在這方面，英國反對黨處理條約爭議的方式與法國不同。英國保守黨不僅反對條約內容，也反對讓國會來決定相關爭議。該黨在卡麥隆領導下做出「堅定」保證，只要保守黨上任時英國仍未批准《里斯本條約》，它便將舉行全民公投，並站在反對方。[39]因此就像薩科齊的一位前歐盟顧問所言，《里斯本條約》的命運變成了「一場競速比賽，如果布朗政府無法及時找出救命繩索，第二次愛爾蘭公投的故事就會重演」。[40]

而且即使英國國會能夠及時批准《里斯本條約》，還是沒有解決條約是否經過民意授權的問題。保守黨承諾，即使他們上任時該條約已經批准，該黨也「不會就此罷休」，因為「該條約在我國不具備民主正當性」。[41]保守黨在二〇一〇年大選中承諾，將強制公投歐盟條約，並以談判方式將相關決定權還給英國國會。因此，英國國會在二〇一一年通過新法案，規定未來所有賦予歐盟更多權力的條約，都得通過全民公投。即便現況真如歐盟委員會前主席容克所說「反對歐盟條約的民主選擇並不存在」；英國當時通過的新法案仍直接規定這類條約除了必須獲得國會的多數同意，還得獲得整體人民的多數支持。[42]

但事實證明，二〇一一年的《歐盟法案》不足以修復英國的民主共識。只有簽訂新條約，卡麥隆的聯合政府才能從歐盟收回權力。但即使英國願意簽約，法國也完全拒絕考慮，而且其他成員國光是知道英國會對條約舉行公投，就不太可能先行簽約。正如第六章所述，卡麥隆政府在二〇一一年十二月功敗垂成，只好轉而提出單獨談判。最後他決定賭一把，將英國能不能留在歐盟的命運，交給全民公投來決定。二〇一三年他在《彭博社》演講時表示，民眾同意英國留歐的可能性「微乎其微」，最後的公投結果也果然如此。[43]

照理來說，公投應該可以解決英國留歐的爭議，但卻無法讓選輸的那一方服氣。其中原因之一，就是它會加深國內各民族的對立，例如蘇格蘭與北愛爾蘭的大部分選票都支持留歐，公投本身就會撕裂認同。這件事再次顯示，光是要決定是否加入歐盟，本身就會嚴重破壞民主政治的穩定。某些留歐支持者認為，光是靠一場公投，無法收回歐盟公民身分所賦予的法定權利。用公投決定公民能保有多少權利，是一種民主過頭的做法，可能淪為行政獨裁。[44]公投之後，某些留歐派也確實以憲法權利的名義在法院提出上訴，反對英國政府以民意為藉口，啟動《里斯本條約》五十條的脫歐程序。可想而知，這些留歐派的作法被批評為貴族過頭，認為他們試圖以法律訴訟的手法，推翻大多數人在選舉中合法表達的意願。這部分的爭議告訴我們，歐盟公民身分在憲法上所帶來的經濟與居住權利，會受到各國民主政治的偶然影響，實際上可能並不穩定。而且那些沒有投票權、無法參與公投的外國居留者，勢必難以接受自己的權利被該國公投剝奪。此外，那些重視歐盟帶來的公民權利，在公投中支持留歐的英國人，也可能在公投選輸之後，認為憲政化的歐盟秩序比自己國家的民主秩序更為合理。

自從《馬斯垂克條約》以來，歐盟就一直讓成員國的民主政治陷入分裂。它不僅使成員國的相關決策更難獲得民主同意，更讓公民因為民主政治與憲政規則的衝突而分裂成不同派系。從這個角度來看，德國憲法法院對民主的看法，可說是剛好對了一半。歐盟內民主授權的合理範圍，確實僅限於各個國家。但這不是因為歐盟的成員國各自擁有夠高的同質性，能夠好好討論社會、經濟、文化、精神上的共識，一起維繫同一個民主政治空間；反而是因為，在各國內部的共同體意識已經不足的情況下，任何超國家體制都會更加撕裂民主共識。

歐元區各國的債權人與債務人衝突

歐債危機讓歐元區內的民主國家，陷入了一連串的債務糾紛。誠然，因增稅與削減公共預算所引發的階級對立，絕非歐元區的專利；但這些為了降低預算赤字而生的政策，在銀行接受紓困之後依然很快就被批為殘忍的樽節，引爆怒火。[45]我們在從美國蔓延到歐洲的「占領運動」（Occupy movement，源自於占領華爾街）中，看到了債務人與納稅人的怒火。即使沒有發生歐債危機，這些抗議活動依然在歐洲各國孕育了一系列激進的叛亂政黨。[46]歐元區真正造成的影響是，把債權人與債務人之間的關係變成了國際問題。西北歐銀行向南歐政府、企業、銀行提供了大量貸款，這些債務自二〇〇九年底之後就無法輕易展延。當歐債危機爆發，南方國家無法從國際資本市場繼續借款，之後的紓困也要求它們先還錢給西北方的債權國，藉此舒緩債權國的財務壓力，使債權國不需要仰賴歐元區的紓困。另一方面，歐元區的東方成員國在這段時間一直削減國內債務，而且銀行沒有受到影響，因此成為了債務國與債權銀行的紓困金主，但卻並未因此獲益。[47]在政治上，歐元區如果要因應上述的各種拉扯，就一定得強化成員國之間的團結，藉此控制弱國內部的民主衝突。[48]

可想而知，南歐國家在這場債務風波中，爆發了最響亮的民主改革呼聲，以及最嚴重的貴族過頭批評聲浪。二〇一一年，整個西班牙大概有六分之一的人口參與了「15－M運動」。抗議群眾把問題的根源指向腐敗的金權王朝，怒斥這種寡頭政治侵蝕了西班牙的民主，要求以廣大基層草根的名義，把民主還給全國人民。[49]「15－M運動」孕育出了一個全新的「我們可以」黨（Podemos），聲稱要推動由下而上的民主復興。它以數位科技協助大量的一般公民參與該黨決策，並倡議債務改革以保障債務人而非債權人的利益；此外它還推出了所謂的「公民基本收入」（citizens' basic income）。[50]

西班牙的債權人與債務人利益衝突，最後演變為統獨問題。某種意義上，這是時間上的巧合。因為歐債危機才剛爆發幾個月，西班牙憲法法院（Spanish Constitutional Court）就否決了加泰隆尼亞在二〇〇六年的公投中通過的《自治法》（*2006 Statute of Autonomy of Catalonia*），法條中包括承認加泰隆尼亞的國籍。在這樣的政治壓力之下，西班牙政府與加泰隆尼亞政府處理歐債危機的方針並不相同，而這可能會讓兩地在遵守歐元區財政規則的同時，也要考慮如何讓西班牙依然仍能從資本市場募資。雖然加泰隆尼亞民族主義在政治上一直都是左派，但西班牙政府實施的樽節政策，以及加泰隆尼亞政府在二〇一二年無法從金融市場上舉債的現實，使中間派與右派的加泰隆尼亞人也轉向支持獨立。在二〇一二年十一月的加泰隆尼亞議會選舉中，中間偏右的政黨首次倡議獨立，高呼獨立已久的左派政黨得票率更是大增。[51]左派政黨勝選之後，組成了一個執政聯盟，二〇一四年舉行了一次無約束力的獨立公投，二〇一五年額外舉行了好幾次議會選舉，然後在二〇一七年再次舉行獨立公投。雖然投票率很低，但公投結果由獨立派勝出，加泰隆尼亞議會正式宣布獨立。但西班牙政府拒絕承認這場公投，對加泰隆尼亞政府成員提告，並直接派人接管加泰隆尼亞，到了二〇一八年六月才釋回自治權。

即使西班牙靠著鐵腕作風，撐過了二〇一七至二〇一八年的分裂危機，這場與「我們可以」黨同時出現的加泰隆尼亞中間偏右民族主義，依然使西班牙政治更為動盪。西班牙政界在二〇一五年十二月與二〇一六年六月，連續舉行了兩次國會大選，才終於能夠籌組內閣。他們在二〇一九年又舉行了兩次，而且即便社會勞工黨在第二次大選拿下最多席次，卻遠遠不及絕對多數，無法單獨執政。所以該黨在二〇二〇年一月與「我們可以」黨聯手，靠著加泰隆尼亞民族主義政黨的棄權拿下了國會多數，組成了少數派內閣。

▪ ▪ ▪

債權人與債務人之間的衝突，在德國既是司法問題，也是政黨政治陷入分裂的原因。希臘債務危機爆發後，德國政府試圖阻止銀行業崩潰。但梅克爾知道，若再次像二〇〇八年那樣花大錢紓困德國銀行，勢必引來政治風險。而且光是先後為希臘與其他歐元區國家提供紓困所需的資金，就已經讓國內相當不滿。[52]因此，梅克爾決定向南歐國家提供必要的款項，並將如何處理德國銀行困境（包括其美元借款）的問題，排除於全國級政策辯論之外。但這也讓德國無法真正討論債權人和債務人之間的衝突。而且她為了讓德國接受這些紓困措施，還拜託其他歐元區成員國讓出一部分財政主權，例如在《財政協定》中規定各國必須在憲法中新增結構性赤字上限。[53]

在歐債危機爆發的前幾個月，德國憲法法院的法官們把責任扔回歐洲央行，為德國政府爭取了一些喘息空間。法官們在一件重要的非歐元區案件中，以超越之前審理《馬斯垂克條約》、《里斯本條約》的嚴格標準，判決歐盟機關的行動超越了職權範圍。但當憲法法院後來臨時裁定歐洲央行總裁德拉吉的「直接貨幣交易」在法律與憲法上都有問題時，他們反而要求歐洲法院先作出相關判決，避免引發直接衝突。[54]對於歐洲央行的第一次量化寬鬆，他們似乎也不願意再次激起對立，只說了該舉動「包含嚴重隱憂」，然後交由歐洲法院來處理。[55]

但儘管如此，歐洲央行獲得了超過《馬斯垂克條約》賦予的巨大權力。這嚴重影響了德國民主政治，尤其是當梅克爾把該國銀行的紓困和整個歐洲綁在一起時，情況更為嚴重。為了反對梅克爾的紓困，一群經濟學家、律師和商人組成了另類選擇黨。該黨在二〇一七年選舉宣言中表示，「德國之前同意《馬斯垂克條約》，並引入歐元的理由已經消失」。[56]雖然該黨在二〇一三年大選中獲得的票數不足以進入聯邦議院，同年秋天卻在好幾個邦紛紛拿下議席。德國財政部長蕭伯勒之所以會在二〇一五年將希臘逐出歐元區，並願意批評量化寬鬆，顯然就是因為擔心另類選擇黨搶走基民盟的右派選票。蕭伯勒在二〇一六年甚至表示，另類選擇黨能在德國得勢，德拉吉責無旁貸。[57]另類選擇黨的許多成員，包括其中某位二〇一五年之前的創黨元老，過去都曾經向德國聯邦憲法法院請願，要求審理量化寬鬆案件。後來到了二〇二〇年七月，當德國聯邦議院認可歐洲央行過去的決定，另類選擇黨也投票反對。[58]

沒有人知道如果沒有二〇一五年歐洲難民危機，另類選擇黨還能不能大幅影響德國議院生態。在該危機之後，另類選擇黨得票率開始上升，而且在好幾個人的接連領導之下，陸續發表了反移民立場，以及以德國民族認同為名的反伊斯蘭言論。但無論如何，歐元區無法落實《馬斯垂克條約》規定的治理方式都讓德國人民非常不滿，只是有些人以另類選擇黨來抒發這種不滿，有些人選擇了左翼黨而已。[59]

這些激進政黨對德國民主造成的傷害，在二〇一七年大選之後明確顯露出來。基民盟、基社盟、社民黨，在二〇一三年的上一次大選得票率總共加起來有百分之六十七，這次卻降至百分之五十三；另類選擇黨、左翼黨、自由民主黨、綠黨得票率則大幅上升。破碎的政黨政治使得籌組聯合政府更加困難。由於基民盟不可能接受另類選擇黨與左翼黨，且社民黨也只願意在邦政府層級與左翼黨分享權力，基民盟只能選擇和中間偏左與中間偏右的幾個大黨組成大聯合政府，來維持全國執政。

這種大聯合政府也埋下了民主分裂的隱憂。二〇一七年大選結束近六個月後，基民盟與社民黨終於達成協議共同執政，另類選擇黨也正式成為了德國的反對黨。但兩大黨都因此遇到了燙手山芋。社民黨成員因為擔心綠黨成為德國第二大黨，而在二〇一九年十一月的黨內選舉中，選出了兩位帶頭反對跟基民盟組成聯合政府的激進領導人。梅克爾辭去基民盟黨魁之後，她欽點的接班人安娜格雷·凱倫鮑爾（Annegret Kramp-Karrenbauer）在二〇二〇年的圖林根邦選舉中，也因為首長寶座竟然被極右派的操作所奪走，而辭職下台。而且在那之前，圖林根邦在二〇一九年十月的議會選舉中，就已經有半數以上的選票落到左翼黨與另類選擇黨手中。梅克爾對地方首長選舉結果感到震怒，直言絕對不可與極右派聯手，於是基民盟的圖林根分部為了防止重新選舉，只好投票支持左翼黨組成的少數派聯合政府。60

到了二〇二一年大選，就連大聯合政府策略都即將失效，這次社民黨的席次雖然明顯超過了二〇一七年，但兩大黨的得票率總和卻跌破了百分之五十。而且Covid-19改變了政治局勢，另類選擇黨與左翼黨這次都沒能吃到甜頭。某些基民盟選民似乎為了防止基民盟在執政考量下把社民黨與綠黨等左派政黨拉進政府之中，而放下了對黨魁候選人亞明·拉謝特（Armin Laschet）的不滿，含淚投票支持基民盟。最後，德國變成了一個需要聯合三個政黨才能籌組政府的國家。這個三黨聯盟當然不包括另類選擇黨與左翼黨，談判本身也是由自民黨與綠黨的協商來決定的，但這兩個黨加起來的席次不到三成，而且對德國的國債上限與歐元區債務問題的看法截然相反。

■ ■ ■

對法國第五共和政府來說，歐元區債權人與債務人之間的拉扯，則是再次凸顯了為什麼成員國的民主政治演進，很容易和歐盟秩序衝突。[61]歐蘭德在贏得二〇一二年總統選舉時，公開批評該國政治已經過度貴族化，他高呼「我的敵人就在金融界」，承諾將對收入超過一百萬歐元的人施加百分之七十五的稅率。[62]此外他也以法國尚未批准《財政協定》為由，拒絕在憲法中新增的預算上限。他還說德國手中握有實質否決權，可以單方面決定歐洲央行能用哪些方法降低借貸成本，「德國不應該為其他歐洲國家下這種決定」。[63]這種拒絕遵守歐盟條約（無論該條約在形式上是否為政府間協定，而不屬於歐盟法律）的立場，再次顯示成員國的民主政治與歐盟的憲政秩序充滿扞格。而且德國的梅克爾也因為擔心法國大選結果危及《財政協定》，而直接進行干預，在法德電視台聯合採訪她與薩科齊的時候，公開表達自己支持薩科齊。[64]

到了最後，歐蘭德的反抗只是曇花一現。在借款成本壓力、資本外移加上失業率上升的環境下，歐蘭德沒過多久就像之前的密特朗、席哈克、喬斯潘一樣，乖乖履行了歐盟的規則。他成功地讓《財政協定》在國會獲得多數通過，但也因此在社會黨內部引發恐慌，成了左翼黨的天賜良機。他在進行相關改革時，也像前幾任總統一樣遇到巨大障礙。值得一提的是，即便出現了暴力抗議，他的經濟部長馬克宏依然直接繞過國會同意，強行推動勞動市場改革。[65]

歐蘭德在擔任總統時，為法國的政黨政治帶來了關鍵危機。到了任期最後一年，他已經鬧得人人喊打，而且連帶拖垮了社會黨。社會黨的失勢加上中間偏右陣營的貪腐問題，導致兩個陣營的候選人在二〇一七年總統大選都進不了第二輪。這時候，馬克宏以個人魅力組成共和國前進黨，對法國政黨政治做出最後致命一擊。然而即便沒有馬克宏，法國政治的雙頭壟斷結構，也早已名存實亡。疑歐思潮的興起更導致黨內成員脫黨。而且因為兩大黨執政時，都沒有讓貨幣聯盟像原本承諾的那樣，變得更加法國而更不德國，這兩黨的選票遲早都會被極右派的民族陣線（二〇一八年改名為國民聯盟，Rassemblement National）或極左派的不屈法國（La France Insoumise，梅朗雄在二〇一七年總統大選前另創的政黨）等疑歐派給搶走。

而且這兩大政黨都無法轉向疑歐，因為法國欠債太多，退出歐元區將付出龐大代價，而且還會讓人懷疑法國不斷推動的歐元區改革方向終將落空。因此，馬克宏決定無視政黨政治，直接搶下總統大位。背後的原因很可能不只是他個人的野心，而是他認為主要政黨無法實施必要的政治行動，來讓法國執行歐元區政策。

馬克宏想用他個人的領袖魅力來繞過政黨政治，藉此實現法國長久以來的夢想：在歐盟的領導地位超越德國。但這項計畫沒有成功。要做到這件事，馬克宏得改革國內的經濟，這樣就得面對過去總統都沒辦法處理的抗議與罷工。只要沒有處理好，反對者就幾乎註定會把選票投給民族陣線或者不屈法國，或者祭出更激烈的街頭抗爭。「黃背心」運動正是共和國前進黨想給公民改革政黨政治管道卻失敗的結果，這場從抗議燃油稅開始的抗爭，後來演變成要求改革整個政治制度，包括舉行全民公投。國內的風波，讓馬克宏一反常態地認為德國的民主政治可以影響法國國內的局勢變化。[66]雖然二〇一七年大選塵埃落定之後，馬克宏可以確定那個反對幫忙分擔債務的自民黨，不會出現在德國政府之中，但在大聯合政府中，出身社民黨的財政部長也不同意馬克宏對歐元區的要求。二〇一八年底，馬克宏的財政政策被迫向黃背心運動妥協，內憂外患同時襲來。當時的馬克宏已經是歐元區決策能不能走向民主的關鍵人物，他必須在法國繼續遵守歐元區的財政規則，德國政府才有可能修改規則。但馬克宏沒能撐住，反而引發了極為漫長的抗爭。

馬克宏的例子再次告訴我們，當國家處理稅務正義的方式，必須同時考量國際資本市場和離岸金融時，歐元區會對民主政治造成多大的威脅。德國的選舉制度與司法政治，使歐元區的規則難以因應經濟環境的變化。政府推出的改革越是傷害那些必須繳納新稅，或者那些必須靠著國家的協助才能討生活的民眾，民怨越是沸騰，該國致力維持歐元區規則的主要政黨就越難因應。面對黃背心運動要求的減稅與民主化訴求，馬克宏再次推出他超越黨派的治理框架。二〇一九年初，他與全國公民開始了為期兩個月的「全國大辯論」。但課徵富人稅一事，早就被馬克宏否決，不在辯論的內容之中。辯論結束之後，馬克宏在全國電視演講中，解釋政府將如何處理財政問題。他答應降低中產階級所得稅，並放寬公投限制。但訴諸直接民主，其實並不能重新修復民主，因為國家的許多經濟政策都受限於歐元區的憲法框架，或者都需要歐洲央行的貨幣支持，才能在國際資本市場上以低成本融資。也就是說，歐元區註定會讓政治走向貴族化，無論是稅務還是貨幣政策，民眾都無緣置喙。

▪ ▪ ▪

在歐債危機中，民主政治被侵蝕最嚴重的國家，可想而知是義大利。正如第四章與第六章所說，義大利總統用蒙蒂的技術官僚內閣，取代了之前的貝魯斯柯尼。這件事並不奇怪，即使歐洲央行和德國總理都沒有出手干預，走向可能也差不多。歐洲央行的資產購債計畫越是重要，義大利能民主決定經濟政策的空間越小，因為進入歐元區的條件之一，就是新政府必須遵守財政紀律，改革義大利勞動市場。[67]

貝魯斯柯尼的下台，當然也改變了義大利政黨政治的局勢，孕育出一個新興政黨：五星運動黨。該黨在二〇〇九年由喜劇演員畢普．格里洛（Beppe Grillo）和一位網路創業家共同成立，和西班牙的「我們能夠」黨一樣，都拒絕被代議民主所拘束。它認為第二共和已經腐敗，掌權者都是特權階級（casta），需要更開放參與的民主，讓公民表達自己的意見。[68]二〇一三年，五星運動黨第一次參與大選，就成為國會第一大黨。但它完全拒絕與其他政黨共同執政，所以最終政府是由中間偏左、中間偏右的團體以及蒙蒂的中間派政黨結盟，共組大聯合政府。

靠著大量選票得勢的五星運動黨，讓義大利政治難以走回技術官僚的老路，只好組成大聯合政府。到了二〇一四年歐洲議會選舉時，該黨的疑歐立場已經難以動搖，抨擊貨幣聯盟是「為了德國和金融寡頭量身打造」，並主張舉行脫離歐元區的全民公投。[69]它與疑歐派的北方聯盟（當時已改成聯盟黨）聯手，把退出歐元區的議題送到義大利第二共和體制之中，而且沒有任何證據顯示這兩個政黨想過實際上該怎麼退出。

義大利日益高漲的疑歐聲浪，使國內民主政治與歐元區的關係更加緊張。二〇一三年大選之後，大聯合政府試圖在歐洲央行的外部支持，以及國內人士反對歐元區機構插手監理財政事務的聲浪之間取得平衡。[70]貝魯斯柯尼掌握了這個時機，和好幾位部長一起退出聯盟，重組過去一度消失的義大利力量黨（Forza Italia）。不過義大利力量黨未能進入內閣，因為在中間偏左的民主黨內部經歷相當大的內部動盪之後，佛羅倫斯的年輕市長倫奇在二〇一四年二月出任新總理，組了一個成員較少、未納入義大利力量黨的大聯合政府。在此同時，義大利經濟在二〇一四年夏季再次陷入衰退，政府卻因能使用的財政手段不足以因應而陷入危機。這時只要義大利沒有申請紓困，歐洲央行就不能出手；但如果要申請紓困，規定的條件一定會讓義大利政府被人民圍攻因而倒台。義大利總理倫奇為了讓歐洲央行能夠再次購債解圍，承諾將改革該國勞動市場，但改革的要求卻比前總統蒙蒂時更高。[71]無論如何，這個轉向為歐洲央行締造了能在二〇一五年推出量化寬鬆的政治條件。[72]

當然，當歐洲央行提供前所未有的支持，也加深了它與民主政治的結構性矛盾。倫奇推出的勞動市場改革法案，引發了大規模示威和全國性罷工。雖然歐洲央行買下了大量債務，但五星運動黨、北方聯盟以及貝魯斯柯尼的政黨都不在義大利政府之中，倫奇政府為了穩定政局還是得繼續抨擊財政規則。他在二〇一六年秋天預算即將短缺之前首先發難：「歐洲央行到底要捨棄多少東西？阿馬特里切的重建資金？（拉吉歐區的古鎮，二〇一六年八月被地震摧毀）學校的經費？二十億的健保資金？好好說清楚啊。」[73]

然而在勞動市場改革之後，倫奇的支持度已經一蹶不振，二〇一六年十二月的國會改革修憲公投也沒有通過，最後只好辭職下台。倫奇的下台，讓義大利政治背後的歐盟因素顯而易見：義大利想要拿到量化寬鬆的錢，就得選出一個歐洲央行以及背後的德國都能容忍的政府。也就是說，排除五星運動和北方聯盟大聯合政府，最好是永遠存在。事實上倫奇的憲改公投失敗之後，歐洲央行為表達支持而大增資金，至少在二〇一七年底之前，購債紓困都不會結束。[74]

然而，不論歐洲央行或德國怎麼想，義大利的大選仍照常舉行。二〇一八年四月大選之後，唯一可能組閣的政黨組合，只剩下疑歐派的五星運動，加上同樣疑歐的北方聯盟。為了讓外界接受這個新的義大利政府，兩黨的領導人都不擔任元首，而是以非民選的方式，把總理大位交給法學教授朱塞佩·孔蒂（Giuseppe Conte），並任命一位技術官僚為財政部長。二〇一八年十二月，歐洲央行結束了量化寬鬆，義大利政府再次能夠自由組成，但國家的融資成本也可能再次上升。二〇一九年，歐元區的經濟狀況全面惡化，過去的問題再次回鍋。該年八月，北方聯盟的薩爾維尼結束跟五星運動的合作，呼籲重新舉行大選。但五星聯盟這時倒戈，與中間偏左的民主黨結盟共組政府，使既有的技術官僚總理繼續執政。一個月後，歐洲央行宣布將於十一月啟動下一輪量化寬鬆。照理來說，薩爾維尼的離開，應該會讓歐洲央行願意接受當時的義大利政府。但如果北方聯盟在下一次大選再次回歸，外界還是會再次質疑義大利的債務承擔能力，畢竟無論是薩爾維尼復出，還是極右派政黨「義大利兄弟」（Fratelli d'Italia）跟北方聯盟搭檔，都可能降低德國的信心。

▪　▪　▪

貨幣聯盟條約的難以修正，使成員國內部的民主很容易出現動盪。其中某些風險一開始就存在。歐元區的條約實際上可以說是由德國決定，在其他國家無法靠著政治共識納入憲政秩序，而且各國的民主選舉結果本來就很容易跟這些條約產生衝突。許多選舉結果，都讓條約面臨無法實現的改革要求，又以法國特別明顯。至於義大利，為了得到歐元區的購債紓困，各黨派反倒積極配合，避免了一場金融危機。雖然貨幣聯盟的支持解決了義大利的債務問題，但同時也讓該國背負了緊箍咒，即便政黨想用經濟政策來爭取選民，那些政見也不得超過歐元區的容許範圍。至於英國，則因為歐元區與歐盟之間的成員國差異，而陷入移民爭議。就像法國總統歐蘭德在二〇一二年競選時，反對了一項他無權拒絕的條約一樣，英國首相卡麥隆在二〇一〇年競選時，也承諾了一項他無權實施的移民政策。

二〇〇八年後的貨幣環境以及在不修改條約情況下改革歐洲央行的必要性，讓德國政壇重新開始討論歐元區問題，但問題卻因為上述情況彼此牽連而越趨複雜。二〇一五年的歐洲移民危機，讓德國人更加懷疑自己的國家究竟該在歐盟與歐元區內扮演什麼角色。另類選擇黨就是因此得勢，該黨一方面在移民問題上無視憲法規範與戰後的德國國家地位，另一方面在歐元問題上又聲稱自己嚴格遵守憲法。

英國以民主方式，表達出對歐元的不滿，進一步動搖了國內各民族之間的共識。其他國家對歐元的不滿，則不僅面向不同，更無法順利發聲。德國與義大利都因為歐元問題，而轉向了大聯合政府。[75]歐元和歐盟條約的問題早就讓法國的主要政黨喪失民心，街頭抗爭越演越烈，有時候甚至引發政府的暴力鎮壓。至於西班牙，則是因為加泰隆尼亞的原因而無法組成大聯合政府，政府壓迫的手段也比法國更加暴力。

在結構型壓力下，歐元區成員國開始討論要不要訂立一個新條約並交由成員國選民決定，而這個新條約會讓歐洲央行繼續用二〇一〇年後的方式運作，同時能夠繼續購買成員國的債務。但原有的條約在許多成員國就已造成政治困境，各方之間的激烈競爭，加上歐盟與歐元區的成員國差異，即便是新條約也註定帶來嚴重的動盪。

美國修復民主的功敗垂成

美國在二〇一六年總統選舉時面臨的困境截然不同。正式的憲政體制並沒有明顯拘束民主政治，反倒是選舉經費的需求，讓政壇日益淪為金權寡頭的玩物。在這種環境下，關鍵問題不是選舉前後的政策是否延續，而是選舉結果，尤其是總統選舉結果，能否獲得人民的認可。要了解這個局勢，就得知道美國的國家共識在一九九〇年代之後如何逐漸破碎，以及這個問題如何跟一九七〇年代之後全球經濟逐漸貴族化之間交互牽扯。

從柯林頓擔任總統以來，美國就認真地重建人們的國家認同。柯林頓與小布希政府，都想解決羅斯福的新政所加劇的住宅所有權不平等。柯林頓在一九九四年宣布一項計畫，試圖讓少數族裔更買得起房，當時擁有房屋的美國白人高達七成，有房的西班牙裔和非裔美國人卻只有四成出頭。[76]若想在既有的新政框架下改革，聯邦政府很可能就得直接出手。但柯林頓用金融手法繞過問題，他鼓勵債權人把房貸證券化，降低房貸的申請門檻，納入更多原本被排除在外的家庭；同時授權房利美和房地美這兩家國會特許的私人房貸公司，去買下包含這些房貸的抵押貸款證券，並購買更多對低收入者的抵押貸款。

這種解方的副作用之一，就是讓美國的政治更加貴族化。在房貸證券化之後，金融公司就會為了購買這類證券而更加依賴短期融資市場的美元，最後就釀出了二〇〇八金融危機。而房利美和房地美背負的龐大購買目標，則鼓勵了金融界高層違反會計規定，進而中飽私囊。這兩家公司之後在國會作證時，也坦承許多國會議員的競選經費，都來自這兩家公司以及他們聘請的說客。[77]

此外第五章也說過，柯林頓與小布希政府在犧牲美國製造業職缺，讓中國進入全球經濟的過程中，也強化了財閥的政治影響力。柯林頓在一九九二年競選時，主張對中國「硬起來」，承諾不會修改每年必須重新授權的中美貿易關係。但他上任之後，卻因為巨大的商業遊說壓力（大半說客的金主都是中國政府）而完全轉向。[78]在一九九六年大選之後，越來越多的證據顯示，柯林頓競選連任，以及許多國會議員競選的經費，背後都有中國政府代理人的支持。[79]就這樣，美國製造業工作機會逐漸減少。這時候美國勞工階級自然會認為聯邦政府為了地緣政治、企業利益、競選資金，而捨棄了廣大選民。[80]

另外，柯林頓政府也想化解自一九六五年以來，各種與移民與公民權有關的政治衝突，卻以失敗收場。美國國會在一九九四與一九九六年通過的法案，都大幅增加了美墨邊境的警力，但這只會讓移民從更危險的地方進入美國，無證居留者的數量只增不減。

[81]一九九〇年，美國的非法移民有三五〇萬，二〇〇七年增至一二二〇萬。[82]無論選舉時如何承諾邊境控管，歷屆政府都未能成功。許多選民對此相當不滿，而且在知道某些大企業遊說政府開放移民之後，更是怒火中燒。[83]另一方面，當時也有越來越大的聲浪，要求每個實際位於美國的人口，都能擁有公民權。於是政治陷入僵局，國會既無法好好修改移民法，也沒有夠大的力量支持擴大公民權，更沒有夠強的執行能力去嚴守長達三千公里的美墨邊境。接下來，無證移民享有聯邦政府賦予的福利政策時，費用要由誰來買單，就引發了聯邦與各州之間的政治衝突。[84]

只要美國無法重新用經濟民族主義納入更多公民，或藉此解決公民權問題，冷戰結束後的人口結構變化就會讓民主政治更難讓敗選選民服氣。在冷戰結束之後，共和黨就無法繼續靠著外交獲取民心；民主黨在南方州的優勢，則從一九六四年後就不斷流失，兩大黨都難以持續獲得多數選民的支持。柯林頓在一九九二年的大選中，只獲得百分之四十三的普選票。小布希在二〇〇〇年的大選中獲得的普選票，也比敗選的高爾少了大約五十萬張；他在二〇〇四年的得票率雖然衝破五成門檻，但俄亥俄州的選情只要稍微傾覆，總統寶座就會被約翰．凱瑞搶走。

而且許多聯邦機構的行為，更是使敗選的選民難以接受。最高法院的功能，原本應該是讓全民同意的憲法能夠繼續落實，但自一九六〇年代以來該院就不斷引發激烈爭議，每次總統大選都變成了決定最高法院日後裁決方向的鬥爭。另外，每隔十年都會根據人口普查結果重新調整的眾議院選區，也變成了種族政治的戰場。[85] 參議院的問題也不惶多讓，原本每個州無論擁有多少選民，都擁有兩名參議員；但隨著五十個州之間的人口規模差異日益擴大，參議院的結構與真實的人口比例也越差越遠。紐約州的老牌參議員丹尼爾・莫尼漢（Daniel Patrick Moynihan）在一九九五年表示，「到了下一個世紀，美國一定得處理參議院的席次分配」。[86]

美國的選舉人團制度，是一種混合民主制與聯邦制的體制，而上述變化讓人開始質疑這種制度的正當性。二〇〇〇年的總統選舉，最後一路鬧到最高法院。敗選者雖然同意了法院的判決，但由共和黨總統任命的五位大法官用了一些瘸腳的合憲判決阻止佛羅里達州重新計票，並宣布小布希合法當選，使人們更加懷疑最高法院是因為政治立場而私相授受。美國多次旗鼓相當的選舉結果，也使更多勞工難以接受，而且其中有些人甚至不具投票權。雖然無證移民沒有直接讓各黨更加極化，但確實使各黨內部的各階級成員更難以團結，最後的結果就是川普與桑德斯在二〇一六年的黨內選舉中異軍突起，擊敗其他的同黨候選人。

二〇〇八年似乎露出了希望的曙光。歐巴馬在選舉人票中大幅勝出，普選票的比例更超過了一九八八以來的每一位總統。這位承諾民主改革的混血候選人，讓許多人開始相信美國這個民族的意義不再被白人壟斷，相信可以用選票來改善經濟政策，投票依然可以救國。

但這些希望都是曇花一現。二〇〇八年的選舉其實和二〇〇〇、二〇〇四年沒什麼不同，勝敗都取決於各陣營的相對投票率。[87]歐巴馬只是顯示出人們的政治改革願望，本身並沒有推動政治改革。他的自傳確實會讓人覺得美國民族可以重新定位，他的公開言論也確實像是要為所有美國人民重新奪回失去的共和傳統。[88]他在參選時高呼復興民主，呼籲人們和他一起「重新團結成一個民族」，並且相信「在開國元勳的設計中，民主的政府制度可以革新」，民主的缺陷一定可以修復。[89]但仔細一看就知道，他的經濟政策與黨內初選對手幾乎沒有差別。他入主白宮之後，雖然成為了超越種族藩籬的象徵，卻也讓某些白人選民更加不滿，在種族與族裔問題上越趨極端。[90]歐巴馬註定不可能成為人們希望的救世主。如果民主國家的領導人成為國家團結的象徵，勢必會削弱民主國家既有的多元意見和黨派競爭，那廣大民眾將歐巴馬視為救世主的想法，必然讓民主政治頓失討論空間。

即使撇除二〇〇八年金融危機造成的衝擊，歐巴馬在兩屆總統任內，也沒有解決貴族化帶來的階級政治衝突。歐巴馬在二〇〇八年從華爾街募集大量資金。[91]他上任後又撤除限制選舉經費的公共融資體系，延續了既有的募資軍備競賽。之後到了二〇一〇年，最高法院在〈聯合公民訴聯邦選舉委員會案〉（Citizens United v. Federal Election Commission）中，認為公司可以完全自由地捐助偏好政黨的選舉經費，想捐多少就捐多少，讓募資軍備競賽甚囂成上。

此外在歐巴馬任內，大企業繼續聘用離職公務員當「門神」，利用他們累積的人脈與資訊來牟利。比爾．柯林頓這些政客成立的非營利組織和基金會在進行慈善工作時，也繼續跟那些候選人背後的大金主，甚至是外國政府要錢。那些靠著國防部的標案過活，並經常捐款給政黨的大型企業，依然經常沒有照著標案列出的規格，向軍方提供物資。[92]照理來說，國家投入巨額軍費是為了贏得戰爭，但至少到二〇一六年為止，軍費卻沒有讓美國大兵在中東與阿富汗取得進展，反而在當地引發災難。納稅人的血汗錢，都進到少數企業的口袋裡。

石油力量再起

石油問題雖然在一九九〇年代逐漸淡出美國公共討論，但石油具有毀壞美國政治的力量，使得如何抑制石油問題更加複雜難解。小布希競選總統時，石油問題再次成為焦點。他從石油和天然氣業者身上募得大量競選經費，多次被批評為能源業者的走狗；[93]

他找的副手人選迪克．錢尼（Dick Cheney），也是全美最大油田服務供應商哈利伯頓公司（Halliburton）的執行長。在伊拉克戰爭爆發之後，能源業者操縱了美國政府的說法更是甚囂塵上；[94]而且因為戰爭並沒有恢復伊拉克的石油產能，能源生產國、消費國、環保團體之間的關係，就像一九七〇年代那樣再次惡化。二〇〇五年之後，小布希政府將重點移到能源自給，試圖提高美國的石油產量。小布希在二〇〇七年的國情咨文中，就隱隱呼應著尼克森與卡特的政策：「我國長期以來依賴外國石油，使敵對政權和恐怖分子有機可趁。他們可以切斷石油運輸、抬高石油價格、嚴重損害我們的經濟。」[95]到了二〇〇五與二〇〇七年，國會分別通過了兩項相關法案，其中的《能源自主與安全法》（*Energy Independence and Security Act*）中取消了許多石油生產限制，並向國內的石油和天然氣公司提供大量補貼。

在油價暴跌、雷曼兄弟破產之前，二〇〇八年美國總統大選的焦點都是能源問題。那年七月，油價接近每桶一五〇美元的名目價格高峰，然後小布希政府撤銷了海上鑽油的行政禁令。當時雖然有許多民主黨國會議員擔心這會破壞環境，但他們都願意向共和黨議員妥協，允許有限的石油探勘。[96]對共和黨總統候選人約翰．馬侃來說，民主黨議員反對進一步探勘的環保立場，以及歐巴馬反對暫停徵收燃油稅的競選主張，似乎讓勝利近在眼前。在該年七月的一項民調中，超過四分之三的選民承認，汽油價格會改變他們的投票傾向。另一項民調則發現，絕大多數選民支持在美國聯邦保護區探勘石油。[97] 在這種政治環境下，即使馬侃本身反對在北極進行探勘，共和黨依然在全國代表大會上說出「挖吧，寶貝，挖吧」（drill, baby drill），將其當成競選口號。

在頁岩油產業帶來能源獨立的願景之後，石油對金融危機之後的美國民主政治越來越重要。歐巴馬知道許多選民都希望降低物價、防止企業中飽私囊、主動因應氣候變遷，因此在任期內試圖回應。他的政府在二〇一〇年三月宣布允許新一波的海上石油探勘；可惜在一個月後，因為墨西哥灣的深水地平線（Deepwater Horizon）鑽油平台意外漏油，而撤回決定。另一方面，在二〇一〇年啟動的拱心石輸油管道（Keystone Pipeline）計畫，原本預計能將油砂提煉的石油從加拿大亞伯達輸送到墨西哥灣，但歐巴馬在環保與油價的兩難中選擇了環保，將第四期工程（Keystone XL）延期六年。這個問題到了二〇一四年期中選舉，變成了共和黨用來奪回參議院的籌碼。但到了新一期的國會，共和黨雖然拿下了多數，票數卻依然不足強制批准工程所需的六十張。到了二〇一五年，完全不需要擔心任何選舉的歐巴馬，宣布在他任內不會批准拱心石管道。他說石油爭議已經脫離了現實而淪為二元對立，只剩下為富不仁的石油企業，與無視經濟成長與就業需求的無知暴民。當然，歐巴馬沒有說的是，他自己的這套說法也將能源的「乾淨」與「國產」混為一談，試圖同時在兩個陣營都攫取政治利益。[98]

二〇一六年的石油就像二〇〇〇年一樣，明顯影響了共和黨的選舉。傑布．布希等建制派在爭取黨內提名時，以發展石油為主要政見。他延續哥哥小布希的競選策略，批評當時的環保法規與出口禁令，主張讓各州自己決定是否允許探勘石油，並且立刻續建拱心石四期工程。他從石油業與天然氣業者那拿到的競選捐款，比其他共和黨候選人拿到的所有捐款總和還多。[99] 這筆鉅款加上他顯赫的家世，使得「布希家族」在該年成為權貴的代名詞，無論傑布．布希如何吹噓自己多麼在乎普羅大眾的利益、怎麼努力讓消費者享受廉價的石油不要被環保綁架，都沒有用。[100] 在權貴的烙印下，傑布．布希黯然敗選。但低廉而大量的石油，依然成為了保障黎民福祉的好用話術。之後勝選的川普就相當清楚，雖然關心全球暖化的選民越來越多，但沒有任何證據顯示，大部分美國人會為了保護地球而支付更高的費用，或使用更少能源。

美國的債務人與債權人衝突

生產頁岩油的迫切需求，加上發展該產業所需的大量信貸，使得零利率政策在美國廣受支持，與德國主導的歐元區大異其趣。但在金融危機之後，聯邦政府與聯準會到底該買單哪些債務的問題，卻引爆激烈衝突。

小布希政府援助金融業的「不良資產紓困計畫」（Troubled Asset Relief. Program，TARP）一推出就引起嚴重反彈。這項草案在眾議院第一次表決就被否決。右派的憤怒人士發動了反紓困、反借貸的茶黨運動（Tea Party movement），很快就威脅到共和黨的領導階層。[101]到了二〇一〇年期中選舉，許多激進派候選人都在初選中勝出，並且成為之後共和黨奪回眾議院的重要角色。茶黨運動者認為共和黨領導階層失職，把納稅人的血汗錢拿去援救銀行與聯邦政府，還讓銀行與政府拿錢去援助非法移民。他們像過去的民粹派一樣，經常把無證移民說成不事生產、跟美國人認真打拚性格截然不同的異鄉人；還說左派刻意想讓更多居留者獲得選舉權，藉此降低保守派選民的影響力。[102]

但這場高舉著共和黨之名，試圖改革該黨的茶黨運動，很快就像之前的政黨制度一樣落入權貴之手。掌握石油與油管利益的豪族柯氏兄弟（Koch brothers），沒過多久就變成該運動的最大金主。[103]許多參選議員的共和黨政客，例如二〇一六曾投入共和黨總統初選的馬可．盧比歐（Marco Rubio），都以茶黨的名義爭取支持進入國會，但一旦勝選之後就露出真面目，反過來推動企業金主想要的政策，例如放寬無證移民。[104]

如果說不良資產紓困計畫，讓美國人開始要求聯邦政府減少借貸；那麼二〇一〇年的次級房貸危機，就是讓一無所有的人要求聯邦政府用紓困銀行的標準來幫他們還債。但在這場危機中，美國兩大黨都沒有推出一九三〇年代那種保護債務人的改革計畫。結果債務人的不滿，就釀出二〇一一年的占領華爾街，人們高舉著「我們就是那百分之九十九的人」，猛力抨擊整個體制的貴族化。這些抗爭讓民主黨內部出現了一批年輕的社運派，認真地將民主黨推向左翼，捨棄自從柯林頓對華貿易自由化以來的經濟軌跡。

無論左派或右派，美國大部分人都認為政府在政治上與道德上都沒有能力處理人民的經濟怒火。次貸危機本身就嚴重傷害民主，種族因素更是使其雪上加霜。在這場危機中，被系統性詐欺等原因奪走財產的債務人，絕大多數都是非裔或西班牙裔。[105] 存在已久的種族財富差距，在二〇〇七年之後急遽擴大。[106] 五十年前，民權運動讓南方各州的非裔美國人重新獲得公民身分；五十年後的今日，美國政治人物卻沒有讓非裔或西班牙裔的美國人，在聯邦政府保障下享有與白人一樣的經濟利益。政治人物甚至想要借用國際金融的資金來解決問題，結果反而使情況惡化。

非裔美國人的投票權也在同樣的脈絡下，變成嚴重的政治問題。包括南方州在內，許多共和黨控制的立法機關，都設法改變一九六五年《選舉權法》（*Voting Rights Act*）要求各州平等保障投票權的規定。二〇一三年，最高法院裁定，《選舉權法》中要求南方六個州不得在未經聯邦批准的狀態下修改選舉法律的兩項條款屬於違憲。在那之後，許多共和黨掌控的州議會（未必都在南方）都制訂了新的選舉規則，要求選民出示身分證件、減少提前投票（early voting）、關閉某些地方投開票所，實際上往往壓低了非裔與西班牙裔美國人的投票率。107

除了各州實際上允許哪些公民行使憲法投票權的問題不斷加劇；聯邦是否要給予數百萬無證移民公民權，以及聯邦如何處理墨西哥邊境的問題也沒有消失。二〇一三年，國會嘗試改革申請公民身分的流程，但沒有成功。二〇一四年，原本已控制眾議院的共和黨，在期中選舉拿了下參議院，並利用美墨邊境問題在眾議院獲得更多席次；之後歐巴馬發布行政命令，讓許多居留已久的人暫時不會受到法律騷擾，並延長某些產業的簽證期限。這使公民權問題成為司法對決。德州政府與其它二十四個州，對歐巴馬的行政命令提起訴訟。初級聯邦法院裁定這些命令違憲之後，案件進入最高法院；然而，大法官安東寧·史卡利亞（Antonin Scalia）剛好去世，使得原本會是奇數的投票，變成二〇一六年六月的四比四平局，最高法院只能維持初級法院的判決。美國在這件事情上似乎重演了過去的老困境：在公民權的問題上沒有共識，又無法確實守住美墨邊界，而且只要想處理這兩個燙手山芋，都會讓公民發現彼此對民主的理解相差甚遠。

川普異軍崛起

要是沒有公民權問題和邊境問題，川普可能根本拿不到二〇一六年的共和黨總統提名。畢竟川普就是靠著對「誰是美國人」的傳統民族想像，才聚集到夠多支持。無論是說要修築美墨圍牆，還是聲稱西班牙裔法官是因為種族因素而判決川普大學（Trump University）詐欺，全都是在重演美國一九五二年以前被官方認證的種族歧視。這種言論註定會讓大量美國人的公民身分失去正當性，同時吹熄更多人申請身分的希望火光。

但即便如此，川普從那些資金極其雄厚的共和黨大老手中奪下了提名資格，隨後又在大選勝過了希拉蕊．柯林頓，依序引爆了更多裂痕。川普不僅公然高呼排外，還利用階級仇恨，來吸引那些反對政治過度貴族化的選民。他用對中貿易政策、銀行紓困、聯準會的量化寬鬆、企業放寬無證移民的遊說行為以及中東戰爭為理由，把美國說成一個已經被寡頭把持的國家。至於他自己的貴族作風，則被說成道德上的小瑕疵，在政治上無關緊要。這種策略很像是古羅馬的平民派（Populares），明明屬於元老階級，卻利用平民的階級仇恨，奪走其他元老手中的權力。

無論川普疏遠中國的地緣政治策略在國內產生了什麼影響，他在任內都沒有修復民主的裂痕。美國的寡頭政治讓他用總統的大位來賺取商業利益，並讓家人一個個雞犬升天。他在初選時期不斷聲稱自己坐擁巨富，不可能被金錢收買；但一進入大選就搖身一變，從富豪與共和黨的企業金主手中拿取大量金錢。他勝選之後為了建立自己的班底，一開始找了軍事將領進入政府。為了爭取共和黨國會議員的支持，他推動的法案也不是競選時承諾建造的大規模基礎建設，而是共和黨常說的減稅與續建輸油管道。

事實上我們可以完全用川普與石油業之間的關係，來解釋他那些「改革民主」的說詞，為何與他實際上的施政背道而馳。他在初選期間猛烈抨擊對手泰德・克魯茲（Ted Cruz）「完全被石油公司把持」。[108] 他支持續建拱心石油管的理由，也不是像其他共和黨人那樣視為理所當然，而是喊出了「這樣可以讓美國人發大財」。[109] 他甚至曾經說過一次，應該讓美國各地自己投票決定是否禁止頁岩油探勘。[110] 即使進入大選，他也不像希拉蕊那樣從石油與天然氣業者那獲取獻金，[111] 而是在上任之後才徹底改變立場。在小布希政府的國家安全顧問康朵麗莎・萊斯（Condoleezza Rice）建議下，川普任命埃克森美孚（ExxonMobil，全球最大的石油公司之一）執行長雷克斯・提勒森（Rex Tillerson）為第一任國務卿。並且在上任第一天，就以行政命令續建拱心石油管，而且隻字不提聯邦政府能夠從中抽取多少利潤。他在大選期間對頁岩油的各種質疑，也瞬間煙消雲散。他甚至想要讓美國進入「能源主導」的「黃金時代」，跟歐巴馬毫無任何差別。[112]

川普在這部分的作法，和頁岩油時代所有能夠入主白宮的政治人物如出一轍。早在 Covid-19 爆發之前，他就知道自己能不能成功連任，取決於沙烏地阿拉伯與俄羅斯當局，畢竟所謂的「能源主導」並不表示美國可以無視這兩大生產國的行動，單方面決定油價。不然他也不會在推特上，呼籲沙烏地阿拉伯提高產量了。正如之後拜登所言，雖然美國政治人物在很多政策領域都不受主流民意牽扯，但美國總統只要想爭取連任，註定都得壓低油價。

川普總統的獨特之處，不是他在任內做了哪些事情，而是他對政府的看法與態度。光是他入主白宮的過程，就讓很多美國人認為並不民主；而他上任之後的行徑，更是盡可能地加劇這種印象。川普的普選票不僅沒有過半，而且是十六年來，第二位靠著選舉人票而無視普選劣勢的當選者，當然更難讓敗選的一方服氣。早在他還沒因為二〇二〇年敗選而作出魯莽可恥行為之前，那些完全不承認川普的人就認為，川普排外的煽動言論以及不適任的行政作風，都代表了民主只要失去了憲政體制的規範，就會陷入混亂。[113]但對二〇二〇年大選前的川普支持者來說，上面這些同胞只是因為階級利益而死鴨子嘴硬，把二〇一六年的敗選說成民主失能。[114]

美國之所以越來越難讓敗選的一方心服口服，跟民族認同與聯邦制度很有關係。政治立場不同的美國人，對於自己的歷史，尤其是建國過程，有非常不同的看法。照理來說，在內戰結束之後，美國應該已經把南部邦聯的歷史納入整體記憶之中，但要讓美國人把過去的奴隸視為與自己平等的公民，依然困難重重。因此，美國至今都找不到一個完整的敘事，能讓人們把所有美國公民都真正當成美國人。如今，光靠實現開國理念已經無法讓這個主流體制延續下去。國家的人口結構隨著世代而不斷變化，加上金權政治不斷妨礙經濟改革，讓當今政壇與開國理念漸行漸遠。但對那些堅信開國理想的人來說，歷史神聖不可侵犯，任何質疑過去的價值觀、認為建國理念妨礙當代民主的人，都是在否定美國人的身分與公民認同。兩種價值觀的衝突，加上人口結構的改變，都使得偏離真實人口比例的參議院，對整體政治的影響越來越大。在這樣的政治環境下，不僅是選舉會帶來民主危機，就連憲法本身與國家的權力，都會變成撕裂民主的不定時炸彈。

Covid-19之後的民主動盪

地緣政治與經濟動盪，都挖出了民主國家的長期沉痾，Covid-19當然也不例外。在這方面，美國的狀況同樣非常特別；而歐洲大型民主國家遇到的狀況，除了英國以外，都跟歐盟與歐元區的環境密不可分。

急迫的疫情，使各國政府必須快速做出非常規的決策，所以疫情早期的政治問題當然變成了「誰有權決定哪些事項」的問題。這種時候，行政機關就變得比立法與司法更重要。所以如果中央政府的正當性已經衰落，這時就會變得特別麻煩。照理來說，美國聯邦政府可以用它握有的權力，號召全國各州進行緊急應變措施；但川普不是不願意，就是無法動員各州共同響應。[115]於是各州州長，基本上就變成了各自為政。明明川普在疫情爆發最初幾週，正努力加速與中國脫鉤；加州州長嘉文．紐森（Gavin Newson）卻以「州自治」（nation state，英文字面義即為民族國家）之名實行外出限制，並從中國購買醫療器材。[116]而當川普威脅要動用聯邦緊急權力，隔離紐約和紐澤西，阻止人們進出這兩州時，紐約州長安德魯．古莫（Andrew Cuomo）也說這相當於「聯邦對該州宣戰」，逼得川普讓步。[117]

二〇二〇年五月，明尼亞波利斯的白人警察殺死了非裔美國人喬治．弗洛伊德（George Floyd），在全美同時引爆了埋藏已久的政府正當性爭議。一開始的焦點，當然都是奴隸制的遺緒，以及美國一直沒有真正解決的種族階層問題。但後來的抗議、警察暴力、群眾暴動，就和川普總統的正當性，以及民眾對川普燒起的怒火密不可分。對那幾個月的許多美國公民來說，在疫情期間抗議是否違反道德以及是否受到憲法保障，既不是各州法律的問題，也不是公衛風險的問題，而是政治能不能繼續信任的問題。人們顯然不覺得每位公民真正享有相同的憲法權利。而且那些抗議限制移動，或抗議種族歧視的人，也往往認為只有自己的目標既正當，又適合在疫情危急時爭取，其他人的抗爭都是在無理取鬧。

在這種政治氣氛下舉行的總統選舉，早在投票之前就註定不會被現任總統接受。總統既不會接受敗選之後應該乖乖離開白宮這種民主真諦，也不會承認這場連任選舉會引爆政治危機。果不其然，川普敗選之後試圖把最高法院與立法機關一起拉下水，藉此死不認帳；許多川普支持者更是襲擊了國會大廈。雖然拜登最後還是來到華府進行就職典禮，但那裡已經變成了某種軍事占領區，而非美國的政治中心。

歐洲各國政府在二〇二〇年春季，則是在幾乎獲得人民同意的狀況下，實施了全國性的外出限制。在德國，雖然邦政府有權決定如何應對，但聯邦政府還是統一協調了封鎖行動。但那些多民族國家還是陷入明顯分裂。英國的憲政體制立刻露出了弱點，該國在緊急狀態下的行政權優於立法權，但下放方式並不對稱：因為蘇格蘭、威爾斯、北愛爾蘭的首席部長獲得了更多權力，但英格蘭卻沒有首席部長。於是一旦需要各地政府決定是否重新開放行動，蘇格蘭、威爾斯、北愛爾蘭的地方政府就會用從中央下放的衛生與教育方面的權力，採取與中央政府不同的方針，中央政府實際管得動的區域就只剩下英格蘭。但這種結果不但缺乏憲法授權，某種程度上也欠缺民主正當性。當各地行政機構之間開始爭奪權力，加上中央政府實際上的管轄範圍逐漸受限，二〇二一年初蘇格蘭獨立的支持率達到了史上最高，自然就不足為奇。

體質較弱的歐元區國家，在經濟復甦時遇到的困境則與英國相反。歐元區跟英國一樣欠缺正式的主權行政機構，但它與英國不同的是，只要沒有訂立新的歐盟條約或歐元區協議，就不可能建立這樣的行政機關。馬克宏希望藉此危機進行改革。他在二〇二〇年春季提議建立歐元區共同承擔債務，希望能像二〇一二年的歐蘭德那樣，讓南歐各國對法國馬首是瞻。但馬克宏請德國政府同意時，卻遭到梅克爾拒絕，他只好退而求其次，和德國共同提出歐盟復甦基金。然而無論是法德提出的方案，還是歐盟各國最後在二〇二〇年七月同意實施的版本，歐盟都沒有徵收相應的稅款來支付債務。

因此歐元區的政治僵局依然沒有解決。在民主體制下，徵稅需要獲得人民的同意。第七章討論過，這在歷史上最初是因為選舉權與納稅義務掛鉤，並鼓勵所有公民一邊納稅，一邊承購政府債務。然而，歐洲國家在一九二〇年代向富人徵收更多稅款的嘗試，動搖了當地的民主制度。資本在自由流動的環境下外移，加上重新出現的債務融資問題，間接成為了歐元誕生的關鍵因子。但由於缺乏相應的政治聯盟，歐元區各國無法凝聚夠強的政治共識，去維持共同的稅收。[118] 於是政治人物轉而訴諸企業所得稅，但在國際化與高度金融化的經濟環境下，這種稅基相當薄弱。

早在疫情爆發前，經濟問題就使歐元區各國非常難以修復民主的漏洞。這些國家的貨幣決策已經長期脫離民主政治的掌控，德國央行獨立行政的時間甚至更久。歐債危機之後，貨幣政策與民主政治權威之間的關係逆轉，原本是獲得選民支持的機關才能制訂貨幣政策，如今卻變成了獲得歐洲央行認可的政府才能正常施政。這造成了各種政治問題，也使《馬斯垂克條約》明訂的分立制度幾乎完全瓦解。原本照該條約的設計，貨幣政策應該由國際性的技術官僚機構制訂，其他的經濟政策則應該由締約國的民主政治各自決定，如今兩者已經水乳難分。

歐盟復甦基金進一步加劇這種衝突。基金帶來的收入，使得義大利獲得財政自由裁量權，使一個剛剛成立的政黨在二〇二一年一月大選中，扳倒了孔蒂領導的大聯合政府。在孔蒂運用復甦基金的計畫引發爭議之後，前總理倫奇要求執政聯盟中的其他部長進一步掌控該基金。倫奇似乎知道，如果德國懷疑義大利濫用了復甦基金，義大利的命脈就會受到威脅，共同債務也會無法長久持續。但倫奇的這些行動最後導致了另一個技術官僚政府：由德拉吉擔任總理，所有高預算的政府部門都由非民選的部長來帶領。某種意義上，德拉吉的當政可以說是意料之中，因為如果只有歐洲央行信任的才能領導義大利第二共和，那麼前歐洲央行總裁當然是不二人選。

但德拉吉上台之後，由親歐政黨組成的大聯合政府，仍保留相同的政治邏輯。德拉吉與某些部長獲得大部分國會議員的支持，包括原本沒有加入大聯合政府的北方聯盟，組成聯合政府的各黨在二〇一八年選舉中的得票率，總計高達百分之八十六。相比之下，反對德拉吉政府的議員，都來自那些疑歐派或反移民的政黨，例如極右派的義大利兄弟黨，這些政黨的得票率總計只有百分之四。北方聯盟與薩爾維尼的髮夾彎，給了一個很好的啟示，該黨原本一直都是反移民的疑歐派，這次卻至少願意暫時加入大聯合政府。這表示歐盟對義大利的支持，不但可以限制政黨的行為，也可以改變政黨的立場。

這次事件也再次顯示，義大利民主政治嚴重受到歐盟的方針影響。即使現況能夠短期穩住義大利的民主政治，卻有可能使德國陷入政治動盪，因此若要解決這個問題，就必須讓各國以民主方式重新制訂一個新的歐盟條約。但是，如果重新檢視歐元區的整體法律秩序，可能還會在共同課稅上引發爭議。歐元區沒有相應的整體政治結構，成員國對課稅的看法可能有很多分歧。

當然，大部分民主國家之後不太可能像義大利第二共和那樣，在這三十年間屢次找技術官僚擔任總理和財政部長。但義大利的故事依然指出，歐洲民主國家很難將政黨之間的競爭結構化，唯一可靠的方式只有讓各政黨分別執掌政府中的不同部門。[119] 因此，在義大利這類採用大聯合政府的國家，選民無法清楚預測自己的選票最後會把各項政策的決策權交到誰手上。雖然比例代表制早已降低了相關風險，但這種情況如今依然屢次發生。至於實施總統制的法國，則因為缺乏傳統民主政治常見的中間偏左與中間偏右政黨，使得該國面臨不同的民主難題。至少在馬克宏的領導下，法國民主似乎更像是戴高樂所說的「共和君主制」，人民之間的衝突並沒有反映在政治體制的結構之中。而且不同群體之間越演越烈的利益對立與資源爭奪，使問題更加擴大，這我們將在最後討論。

相比之下，不受跨國貨幣聯盟束縛的英美，兩國的民主政治可以包容更激烈的政黨競爭。但我們也不能忘記，這是因為兩個國家的憲政體制，都已經受到嚴重質疑。總之，無論是歐洲國家還是英美兩國，政府更難讓敗選選民服氣，選舉的風險也很容易讓民主制度難以承受。

結語 最大的劇變尚未到來

二〇一六年的戲劇性政治事件，包括英國脫歐公投以及川普當選，讓許多人把它們當成突發事件來評論。當然，這些事件都改變了歷史的走向，決定了如今的地緣政治、經濟和民主格局。但它們背後都有著更深遠的成因，其中有些成因已經持續了數十年，造成的衝突和問題早在二〇〇〇年代中期就已經非常明顯。

當下世界的許多環境，都是二〇〇五年才出現的。無論華府或北京，都不認為美中經濟關係不會受到政治局勢影響。在二〇〇五年，美國的碳排放量即將被中國超越時，民主黨和共和黨都指責北京的貿易和貨幣政策，損害了美國製造業的就業機會。之後美國國會的保護主義聲浪，也迫使中國正式調整匯率政策。即使中國領導階層至今依然認為保持美中關係對中國有利，但也同時在實現習近平稱霸歐亞大陸的野心。如果說習近平「一帶一路」計畫目的是在美國海軍主導的世界中捍衛中國能源安全，那第二次伊拉克戰爭的爆發則讓中國開始重視經由麻六甲海峽運送能源的地緣風險。在小布希提早宣布伊拉克戰爭結束的那個月，中國說服俄羅斯修建一條原油管道直通中國，兩年之後更與俄羅斯舉行首次聯合軍事演習。

美國一直無法在中東建立新秩序，但每一位美國總統都不可能放棄。二〇〇五年，伊拉克的遜尼派叛亂加速，使小布希放棄撤軍，也使「永遠的戰爭」在二〇〇八年之後的每一次美國總統選舉中，成為一定會爭執到的主題。二〇〇五年，由於美國無法控制伊拉克局勢，原油產量進一步停滯，同時中國的石油需求卻快速提高。過去的美好時代如莫文．金恩所言已經結束。油價上漲帶來嚴重的經濟問題，同時成為俄羅斯另一個地緣政治優勢。

與此同時，歐洲的國際體制也開始瓦解。冷戰結束、兩德統一與《馬斯垂克條約》的簽訂曾經一度打造出一個整合的歐洲願景，但在二〇〇五年，荷蘭和法國選民都以公投拒絕了《歐盟憲法條約》。只要想一下如果當年的法國公投以些微優勢勝出，而英國布萊爾承諾的二〇一六脫歐公投沒有通過，局勢會有哪些改變，就知道當年卡麥隆的抉擇並不是英國反常的第一步，反而是該國長久以來逐漸懷疑歐盟的結果。西班牙的故事會不會在法國重演，使法國政黨政治承受所有相同的災難？如果法國跟德國承認歐盟成員國之間的共識源自於歐債問題，那歐盟會不會繼續採用之前的《尼斯條約》？或者，如果英國在二〇〇五年也公投否決歐盟條約，英國與歐盟之間的關係是否就會像後來不屬於歐元區的英國卻成為歐盟最後能找到工作的地方一樣，變成只是英國政府的問題？如此一來，英國是否會提早踏上脫歐之路？

德國也在二〇〇五年面臨好幾個轉捩點。在經濟上，德國的長期偏好重新回到出口導向，並且享受巨額貿易順差，這使歐元區出現結構性分裂，剝奪了歐洲匯率機制原本賦予赤字國家的貶值工具。在民主上，二〇〇五年的大選使德國進入大聯合政府時代。在一九四九至二〇〇四年，德國只有不到三年的時間，是由多黨聯合執政；但在二〇〇五年至二〇二一年，情況反了過來，由其他方式組成政府的時間只有短短四年。在地緣政治上，兩德統一之後開始改造全歐洲的能源環境。施洛德政府在二〇〇五年與俄羅斯簽署第一條北溪油管建造協議，使烏克蘭變成歐洲的能源廊道，也削弱了土耳其的能源過境國地位。同一年，維克托．尤申科就任烏克蘭總統，開始努力加入歐盟和北約；土耳其也開始談判加入歐盟。

但另一方面，金融市場卻與上述板塊完全不同，似乎完全沒有遭遇到地緣政治和經濟風險。雖然緊縮的貨幣環境終結了美好年代，短期內卻幾乎沒有影響到金融公司的信貸狀況。歐洲美元市場有了自己的運作規則，不再直接受到中央銀行的影響，各國央行無法管理該市場的經濟周期，或遏制過於冒險的舉動；同時，歐洲美元市場也使政治人物獲得各種機會，讓該市場依然在政治舞台上打轉。但諸多銀行仰賴的這個複雜融資體系，到了二〇〇七年八月九日，終於快速崩潰。之後一直靠著美國聯準會的系統性支持，才讓國際貨幣和金融體系繼續運作。

使二〇一〇年代陷入混亂的諸多原因中，有許多在二〇〇七至二〇〇八年的金融危機之前就已存在，這也顯示當代的許多混亂，都起源於一九七〇年代：美國的石油不再能自給自足，造成油價飆升；美元金本位時代結束，全球貨幣進入了浮動匯率制；革命者拿下了波斯灣東部的政權；德國的能源開始完全依賴蘇聯；鄧小平推動了改革開放，讓中國進入國際貿易。此外，美國徵兵制的結束，也象徵了這個國家的民族意識開始瓦解，並且顯示即便是這種世界級強權，也無法凝聚國內的政治共識，藉此打贏歐亞大陸的戰爭。歐洲在一九七〇年代首次嘗試建立貨幣聯盟，但因德國經濟過強而告吹；義大利第一共和開始積累債務，壓力一直累積到當代的第二共和；另外，歐洲各國也開始使用全民公投，來決定是否接受歐盟憲政體制；歐洲美元市場，也在這個時代開始推動大規模美元信貸。

到了一九八〇年代末與一九九〇年代，上述的地緣政治與經濟動盪得以暫時喘息，順暢的能源供給正是主因之一。油價回落加上中國的能源在幾年內都能自給自足，使全球通膨率降低，經濟成長明顯提高。此外，這時候蘇聯與之後的俄羅斯實力下滑；美國則先用伊拉克牽制伊朗，然後用空軍監督伊拉克，成功掌握了中東的局勢，並靠著一場短暫的陸戰就守住了科威特。另外，德國的經濟在一九九〇年代末與二〇〇〇年代初走弱，因此歐元誕生之初幾乎沒有發生衝突。

當然，這些相對安全的環境，並沒有解決一九八〇年代之前就已經存在的威脅。《馬斯垂克條約》與一九九二至一九九三年的歐洲匯率機制危機，都給歐洲留下了系統性問題：歐盟在世紀之交存在著好幾種貨幣；歐元區的國家數量超出了德國的預期；甚至有一個離岸金融中心位處非歐元區成員國內部。此外，全歐盟層級的條約，與成員國的民主選舉之間，也顯然摩擦不斷。這時候正在舉行總統大選的美國，勝選的柯林頓卻拿到自一九一二年來最低的普選票得票率，因此共和黨國會議員頻繁提案彈劾柯林頓總統，美國的政治即將無法繼續讓敗選者的心服口服。

到了二〇〇五年，相對安全的環境結束了。二〇〇七至二〇〇八年的金融危機，以及之後的敘利亞內戰，再次加劇原有的裂痕。某種意義上，金融危機來自國內的長期沉痾。歷史學家亞當・圖澤（Adam Tooze）說得精準：「（這場危機）揭露了一個讓人難以接受的爆炸性真相：大西洋兩岸的民主制度陷入危機。」[1] 同時它也成為一個轉捩點，使全球經濟更加受到地緣政治影響。二〇〇八年後，全球經濟更加依賴中國提供的信貸基金來成長，歐洲也更依賴中國的貿易和投資。也許習近平將其視為大好良機，但這種貨幣環境也同時讓中國經濟更受到聯準會的牽制。另外，中國在金融危機期間的大規模財政刺激，使得煤炭產業明顯成長，但燃煤導致的空氣污染，使中國開始重視環保轉型，而大量排放的溫室氣體，也增強了中美合作的動力。這全都帶來了與能源相關的全新地緣政治競逐。

這時候的聯準會推出量化寬鬆，改變了債券市場和融資市場的貨幣環境。它意外地解決了石油造成的危機，但也使經濟和地緣政治更不穩定。許多金融界的人一開始都認為量化寬鬆只會讓世界回到一九七〇年代的通膨。但事實顯示，除了資產價格以外，其他通膨問題並未出現。這也表示各國央行無法靠著適度通膨，來緩解國家的債務負擔。

通貨膨脹的消失，某種意義上是頁岩油產業興起的另一個副產品，所以自然也顛覆了歐元區原本的架構。如果說金融危機當下破壞了歐元區統一的信貸市場，那麼德國堅持在《馬斯垂克條約》中納入預防通膨的舉措，就是讓歐元區的復原註定變得漫長、混亂、無法完成。而且，這種害怕通膨的結構，還會擴大德國原本已經龐大的貿易順差。對整體歐盟而言，歐元區的僵化則直接影響到英國，因為英國位於歐洲單一市場卻不屬於歐元區，但又是歐元區的金融中心。

另一方面，這段時間發生了比伊拉克戰爭傷害更大的敘利亞人道危機。它產生了一個哈里發國，將美國和幾個北約歐洲國家捲入另一場中東戰爭；它也讓俄羅斯在一九七〇年代之後，第一次在軍事上重返中東；它還助長了土耳其總統艾爾段擴張的野心。敘利亞獨裁者巴沙爾．阿薩德一旦穩住權力，土耳其就會試圖與俄羅斯和解，導致美國與土耳其嚴重分裂。而且艾爾段也收容了大量敘利亞難民，當成對抗歐盟的武器。在此同時，美國二〇一三和二〇一九年的撤軍，以及土耳其在敘利亞戰爭中的干涉，都讓法國對北約產生反感。這些事件使土耳其與法國在東地中海再次槓上，也使原本已經被俄國與中國搞得四分五裂的歐盟，變得更加分裂。

金融海嘯與敘利亞內戰，都大幅影響了地緣政治與經濟，把原本各自不同的衝擊全都匯在一起。能源的部分不難預見。貨幣環境的改變孕育出了頁岩油產業，改變了地緣政治局勢，並在美國內部重新燃起國內能源大亨與環保需求之間的對立。此外，它也導致二〇一四年油價崩盤、美元匯率上升，讓以美元為基準的經濟體（包括中國）陷入貨幣問題。聯準會到了二〇一五年才試圖使貨幣環境恢復正常。

二〇〇七年後美元環境的影響，在頁岩油產業興起之後變得更加複雜。中國開始必須擔心美元短缺，世界經濟的成長前景也縮減。美國以外的銀行和企業如何獲得美元成為更加尖銳的地緣政治問題。二〇〇七年之後，只有美元互換才能舒緩美元短缺，而烏克蘭與土耳其這兩個具有歐洲地緣政治風險故聯準會無法支持的國家，就非常容易陷入金融危機。

能源、美元、國安之間的這種連動關係，無論在什麼時候都會造成動盪。但美國和中國的實力變化，也確實使問題更加麻煩。除了波斯灣以外，美國在中東的軍事實力比以前更弱，但美國的能源和金融實力卻在增強。中國購債的實力減弱，原油對外依存度和碳排放量卻超過了美國。這種權力的消長使美國總統不能延續既有模式，歐巴馬從敘利亞撤軍並試圖重返亞洲就是最好的例子。但如此一來，美國政治菁英對地緣政治的價值排序就出現了分歧，尤其是對於伊朗與全球暖化的看法，不同政黨的看法差異最大。但到了二〇一五年年中，就在各候選人宣布參加美國總統大選時，習近平開始搶奪高科技與綠色能源市場，美國對中政策隨即成為該屆大選的重大議題。就算希拉蕊拿下了二〇一六年的白宮，華府還是會在結構因素下推出更具對抗性的對中政策，民主黨與共和黨對於《巴黎協定》的看法也更難取得共識。

至於歐洲二〇一〇年代的政治動盪，則跟德國很有關係。早在二〇〇五年，德國內外的貨幣體系就存在明顯的問題和分歧，到了二〇〇七至二〇〇八年的金融危機以及之後的歐債危機，這些分歧就將破壞擴散到整個歐洲。金融危機強化了德國在歐盟內的優勢，因為該國在危機之後依然能夠繼續拉大結構性貿易順差、能夠繼續主導歐洲單一市場的製造業供應鏈，除此之外，德國還手握大量歐洲債務，甚至可以決定歐洲央行的政策走向。這些走向都直接加速了英國脫歐。

德國將自身處理債務問題的制度強加給歐元區，加上它強大的經濟實力，在在使得其他歐元區成員國的民主政治陷入困境。法國政黨體系瓦解的原因之一，就是民眾幾乎無法用民主手段改變法國的經濟政策。政黨政治失能的環境，使馬克宏趁勢而起；但無論他如何以超越政黨的形象和對歐盟英雄主義式的理念來重建信任，實際上都只加劇了法國身處的困局。至於義大利第二共和，該國長期以來靠著歐元的資助來舉債，但在歐洲央行開始購債之後，義大利舉債就開始得看德國的臉色。最後的結果，就是梅克爾在二〇一一年介入義大利的民主政治，使得義大利在德拉吉擔任總理之後變成了一個同時具有技術官僚政治以及大聯合政府的國家。

但歐洲央行的轉型、債務導向的貨幣環境，以及歐洲在二〇二一年前一直沒有出現整體通膨，依然削弱了德國的貨幣實力。在加入貨幣聯盟之後，德國公民放棄了債務政策的自主權（這似乎是《馬斯垂克條約》的必然結果），這勢必會影響到民主政治。因為德國儲蓄率比其他國家更高、家庭債務也更低，儲蓄者的聲音大於負債者，一但歐盟政策影響擴大，這時候聯邦憲法法院就成了保護儲蓄者利益的有力管道。

在歐盟各國之中，德國也最早受到美國頁岩油熱潮，以及習近平二〇一五年經濟戰略轉向的影響。在歐盟路線與北約分歧之後，美國開始抱怨歐洲不斷搭便車，其中最大的元兇就是德國。德國在能源上依賴俄羅斯的程度占歐洲之冠，同時也是一個出口導向的經濟體，雖然在歐洲單一市場中的力量很大，卻依然高度依賴中國和美國市場。無論是中美貿易關係惡化、中國推動「中國製造二〇二五」政策、還是中國經濟增長放緩，德國都會受到最大影響。

德國其實也具有結構性的地緣政治風險。它無法阻止中國精心挑選一些歐盟國家深化經濟交流。而且德國與中國的貿易和投資關係，加上它剛好位於中國通往歐洲的陸上貿易要衝，都使得中國成為歐盟分裂的源頭。德國與俄羅斯的交流時仰賴北約，但北約的歐洲成員對華府來說已非首要，這使得德國的能源需求對北約產生莫大的壓力，更別提北約還承諾保護東歐成員國免受俄羅斯侵犯。而且德國沒有強大的軍力，它為了保障歐亞市場的陸運和海運物流，一定會去仰賴中國或是美國。

另外，當土耳其將中東的衝突引入歐洲時，德國也成了歐盟中的仲裁者。如果沒有二〇一五年的難民危機，英國很可能不會那麼快把脫歐爭議搬上檯面，或者脫歐公投根本不會通過。仰賴能源進口的土耳其，二〇一六年後在北非、中東、地中海東部地區引發一系列地緣政治衝突，使歐盟在討論回應方針時，爭執變得越來越激烈，尤其是法國與德國吵得最凶。

Covid-19 使得這些矛盾加速爆發。疫情衝擊了金融市場，需要更多量化寬鬆政策來彌補企業的現金缺口，並支持大規模擴張的政府債務；頁岩油產業的崛起，使沙烏地阿拉伯與俄羅斯之間的石油產量談判破局，開始削價競爭，影響到全球所有產油經濟體。最後還是只能靠美國介入才能重建協議。二〇二〇年三月，土耳其陷入嚴重的美元短缺，卻無法得到聯準會的援助，嚴重的金融危機暴發。於是強人總統艾爾段趁這個時機，在該年夏天將聖索菲亞大教堂從博物館恢復為清真寺。法國與土耳其在東地中海的關係，也因為這個文化因素而更加惡化。

即便聯準會願意直接提供美元信貸，中美之間僅剩的信任也已破碎，英國則開始加速與中國脫鉤。「中國製造二〇二五」與川普政府的回應方式，大幅加劇了地緣政治對全球經濟的影響，各國政府為了確保自家製造業的產能穩定，原有的全球供應鏈已支離破碎。在 Covid-19 爆發之後，西方民主國家的政治人物更是將疫苗和醫療設施，列為急需發展的產業，同時大力支持綠色能源和高科技製造業。中美之間的競爭日益激烈，也使德國難以再用德國的利益來塑造歐盟的經濟政策。雖然梅克爾在二〇二〇年十二月成功推動了《歐中全面投資協定》，但協定背後的基礎很快就崩潰了，在中美競爭關係之下，一切都變得非常不確定。

Covid-19 疫情幾乎可以說是川普無法連任的關鍵。同時這也讓人更擔心美國的總統大選能不能繼續和平舉行。在川普支持者襲擊美國國會大廈之後，拜登的就職典禮雖然暫時緩和了局勢，但戒備森嚴的程度也公開承認了美國政局已經多麼不穩定。此外拜登政府上任之後，還用無限量化寬鬆打造大量貨幣，並通過立法急遽擴張聯邦政府的預算。

當然，在拜登總統上任的第一年，沒有任何跡象顯示對中國的方針會改變。在拜登即將上任的時候，歐盟也與中國簽署了一項投資協議，看來至少梅克爾並不覺得華府權力的變化會大幅改變局勢。二〇二一年九月，拜登政府簽訂「AUKUS」安全協議，與英澳兩國形成新的聯盟。被排除在外的法國因此勃然大怒，但其實川普之前的其他作為早就引發過相同的怒火。

美國在波斯灣的海軍，必須足以支援它部署在伊拉克的最低限度陸軍與空軍，但到底部署多少軍力才夠，一直是前兩任政府的難題，即便拜登在二〇二一年七月承諾過要在該年年底結束美國的作戰行動，這件事依然難解。如果伊拉克之後又陷入動盪，拜登政府就必須抉擇是否再次軍援，而這可能傷害美國與法國的關係。此外，阿富汗撤軍失敗的教訓，也使許多歐洲國家認為美國很輕率的處理歐洲四鄰的問題。

拜登政府剛上任就宣示了處理氣候暖化的決心。他重新加入《巴黎協定》、撤銷拱心石輸油管的許可證並將綠色能源就業列為大型基礎設施法案的核心交付國會討論。但這方面的能源政策轉向，依然與地緣政治脫不了關係。拜登就曾對一群參議員表示，「如果我們什麼都不做，中國人就會搶走我們的午餐」。2

在大西洋的另一頭，歐盟的復興基金方案以及德國聯邦憲法法院的判決，則更加劇了歐盟和歐元區內部的壓力，並同時使義大利的政黨政治加速崩解。歐元區的貨幣整合，雖然還沒有完全毀滅成員國的債務自主性，但已經讓各國的債務無法以自己的貨幣計價。照理來說，歐元區應該會因此走向財政聯盟，並建立相應的民主政治機構來決定債務和稅收的問題。但歐洲復興基金的教訓就充分顯示，目前還沒有任何政治力量能推動這樣的改變。歐洲民主國家似乎無法光靠僅剩的財政自主性就推動徵稅，而在當下的環境，國家也無法重新建立與公民之間的債權關係。目前還沒有證據顯示歐元區公民的共識或意願，已經足以建立一個全歐元區的共同稅收體系；也沒有證據顯示歐元區能夠建立任何民主制度來授權機關去課徵這樣的稅收。歐盟並沒有對公民施加賦稅義務。如果要讓歐盟各國共同分擔稅務，就只能讓歐元區與歐盟進一步整合，或者徹底改革歐盟的憲政秩序並且得到各國的民主同意，但後者得面對各種麻煩，而且在德國更為困難。

在英國正式脫歐不久後爆發了Covid-19疫情，這時候英國還暫時位於歐洲單一市場之內，似乎得到了一個喘息機會去重新談判脫歐條款。但在工黨的領導階層換人之後，該黨國會議員不再堅持與歐盟保持聯繫。這種朝野一致脫歐的共識，並沒有穩住英國政治。強森政府以最低限度的方式與歐盟簽訂貿易協定，但這種貿易自主權卻也讓北愛爾蘭問題更加複雜。疫情爆發之後，英國的憲政困境更加明顯，也使更多人至少暫時轉而支持蘇格蘭獨立。如果說英國在二〇二一年初接種疫苗的成功，使英國重新加入歐盟的希望變得更加渺茫，那麼英國內部的衝突，尤其是北愛爾蘭問題能否好好處理，就勢必影響到整個國家未來與歐盟的關係。在這個時代，幾乎所有的地緣政治困境都彼此關聯。在拜登入主白宮之後，英國脫歐時以《北愛爾蘭議定書》（*Northern Ireland Protocol*）處理北愛爭議的方法，也使英國承受更多地緣政治挑戰。⑯

▪ ▪ ▪

Covid-19疫情引發了新的變革，也延續了舊的衝突。其中也許最明顯的就是能源領域，許多西方國家政府在二〇一九年加速能源轉型，之後的疫情相關事件則讓拜登入主白宮，使美國加入了綠色能源的行列。這些國家似乎想用綠色能源，同時解決氣候危機、經濟成長停滯、民主政治不穩，以及「中國製造二〇二五」的問題。

能源轉型一旦成功，地緣政治局勢必定劇變。如果過去的英國因煤炭而成為世界強權，美國則在石油和煤炭時代崛起，那麼只要美國沒有果斷地轉向發展再生能源與電氣化，到了下一個能源時代，中國就勢必會靠著稀土與礦藏而坐大。在二十世紀石油與天然氣的時代，歐盟的力量被大幅削弱，若能以綠色能源取代化石燃料，就有可能重振雄風。

在經濟上，綠色能源所需要的巨額投資，成為了繼續大規模財政刺激的最佳理由。這十年來各國用貨幣政策提振金融市場、降低政府借貸成本、緩解石油危機，都無法回到過去的經濟成長率。反觀綠色能源，不僅能重新創造製造業職缺，也會擴大建築業需求，將有效提高勞動報酬。即使碳捕集（carbon capture）之類的科技過於昂貴，民間無法自行商轉，但只要國家能夠分擔一部分的投資，並由央行支持所需的預算，就不是什麼問題。

在政治上，綠色能源可望建立新的經濟民族主義。拜登剛上任時，就將綠色能源列入國家發展計畫，讓人不禁想起尼克森與卡特在一九七〇年代提出的能源自主方案，顯然拜登想致敬的是羅斯福的新政。英國的強森也屢次表示，要用離岸風電重新整合蘇格蘭東海岸和英格蘭東海岸，建立一個「海上的沙烏地阿拉伯」，但我們也可想而知，他

⑯ 譯註：屬於聯合王國的北愛爾蘭因為跟愛爾蘭直接接壤，在貿易與認同上長年都有「跟英國統一派」跟「與愛爾蘭共和派」兩種聲浪。英國脫歐之舉，不但會讓北愛爾蘭因為離開單一市場而與愛爾蘭有貿易壁壘，也加劇了北愛爾蘭對愛爾蘭的認同感，《北愛爾蘭議定書》就是為了讓北愛爾蘭繼續留在單一市場而做出的妥協。

這麼做也是為了要防堵蘇格蘭以北海的石油為籌碼高唱民族主義。至於歐盟，則是只要能建立統一的歐洲能源經濟體系，就能靠著二〇一五年成立的能源聯盟（Energy Union）啟動整體經濟轉型。[3]

目前的貨幣環境很適合能源轉型。西方國家已經逐漸擺脫了二〇〇七至二〇〇八年的金融危機，以及二〇一五年《巴黎協定》的影響，如今對發行主權債務更有信心。尤其是德、美兩國，即便兩個政府的財政規模有其差異，但舉債都變得更加彈性。聯準會在二〇一九年九月再次推出了實際上的量化寬鬆，改變了全球經濟環境，隨後又以無限量化寬鬆政策鞏固了這樣的環境。德國聯邦憲法法院在二〇二〇年五月曾試圖阻止歐洲央行重返量化寬鬆，但這次的行動卻使德國政府改變態度，同意歐盟在沒有徵稅的情況下適度發行自己的主權債務。值得注意的是，根據歐盟復興基金的條款，它將撥四分之一的經費協助成員國的綠色轉型。

但二〇〇〇年至二〇二〇年代的各種困境，並沒有因此消失。綠色能源背後的地緣政治動機將加劇中美競爭。其中最直接的就是，美國越是脫離了中國製造業，中國的敵意就會越明顯。在中國以內需市場彌補外銷衰退的過程中，幾乎每一個全球經濟範疇都將成為中美地緣政治的戰場。每個國家的海路運輸，都會影響到經濟安全；歐亞大陸的鐵路運輸，也將成為中國擴大野心的競爭焦點。另一方面，雖然中國已經投下巨資擺脫燃煤，但這個大國對能源的龐大需求，依然會使能源政策成為該國的談判籌碼，要推行全球減碳，就得看中國臉色。

綠色能源創造的地緣政治格局，將與持續至今的化石燃料地緣政治格局並存。由於中國必須繼續依賴中東石油，而且一帶一路的「中巴經濟走廊」無法完全消除中國在馬六甲海峽的能源運送風險，中國勢必繼續擔心美國會用軍事和金融力量來威脅能源安全。同時，中國對中東石油的依賴，也勢必使美軍難以撤出波斯灣。這部分最明顯的證據，莫過於二〇二一年三月，中國與伊朗簽訂了《中伊二十五年全面合作協議》，承諾大規模投資伊朗石油和天然氣。過去的伊朗讓英國勝過其他歐洲國家，成為帝國擴張中東的霸主；如今在各國一邊仰賴化石燃料，一邊試圖轉型的過程中，伊朗依然會是地緣政治關鍵。

綠色能源不太可能讓歐盟團結起來。光是看天然氣的供給與運輸能夠一直吵三十年，就知道歐盟無法決定整體的能源政策，各國也不太可能放下自己的利益邁向共好。在這方面，德國再次讓歐盟難以團結。[4]光是該國的反核立場，就註定德國無法快速擺脫俄羅斯的天然氣供應。只要俄國繼續賣天然氣給德國，北約各國的能源政策就難以取得共識，更別提俄國也已經逐漸建立繞過烏克蘭的天然氣運輸系統。二〇二一年五月，拜登突然撤銷北溪二號油管計畫的經濟制裁，希望在天然氣問題上對德國妥協可以換取德國共同對抗中國。但這種作法不但嚴重激怒了北約的東歐成員國，也很難改變德中關係。德國與中國的貿易和投資合作相當長久，實際上也參與了中國的一帶一路。即使德國政府願意改變之前的作法，把地緣政治的國際合作看得比德國自己的能源和商業利益更重要，長久建立的德中合作關係也不會一夕消失。德國的立場也嚴重限制了法國在印太戰略中能夠發揮的角色，其中的間接證據之一，就是英美澳三國組成AUKUS防衛聯盟時直接忽略了法國。

土耳其的所有可能行動，都會使歐盟和北約面臨的上述問題更加惡化。在二〇一〇年代，土耳其一直都靠燃煤撐起經濟發展。該國尚未批准《巴黎協定》，也沒有加入二〇一九或二〇二〇年的一系列碳中和國際合作計畫。此外，艾爾段試圖帶土耳其回到《洛桑條約》確立的地緣政治基礎，並越來越常用極為侵略性的說法，試圖以化石燃料的利益幫土耳其「討回公道」。[5]

與石油相關的地理與金融環境，至今造成了許多無法平息的混亂。頁岩油產業最多只能暫時緩解石油產量停滯的問題。只要沒有重新投資那些產油成本高的地區，全球在未來幾十年內就註定繼續會像二〇〇〇年代一樣，必須從中東和俄羅斯購買昂貴的石油。理論上，油價上漲會促進產油投資，但這前提是資本市場並不排斥化石燃料。此外，油價升高將嚴重限制經濟成長，然後回頭衝擊石油需求，這註定使產油國長期動盪不安，尤其是伊拉克。另一方面，只要世界依然依賴石油輸出國組織與其它產油國家，相關問題就不會消失；而能源轉型和電動車的發展，也會讓產油國家必須面對巨大的中長期衝擊。

在經濟上，能源成本將會上升，並再次帶來通膨。俄羅斯的天然氣供給和運輸問題，無論是供氣的技術門檻，還是普丁拿天然氣來要脅，都會讓歐洲的天然氣價格充滿風險。只要電池儲存技術沒有重大突破，再生能源的供給就有其上限，無法緩解能源價格推升的通膨；而且無論太陽能或風能發電的單位成本有多低，至今都會碰到日照和風力不穩定、發電效率低的問題，尤其是在德國這種再生能源市占率高，天氣卻不好的地方，消費者往往必須承受更高的電價。

能源價格帶來的通膨，最後很有可能擾亂債券市場，提高政府的借款成本。早在二〇二一年二月，投資者就認為美國經濟重新開放之後會陷入通膨，因而大量出售美國國債。但之後的走向比投資者想的更誇張，美國政府為了湊出龐大的疫情支出，實施了超級寬鬆的貨幣和金融政策。當然，拜登政府在一個月後簽署的，原計二兆美元的基礎建設法案，⑰也列入了大規模的增稅措施，這表示即使是美國也認為主權國家的債務背後需要有某種形式的稅收基礎。二〇二〇年的金融危機究竟告訴我們什麼？是量化寬鬆無法完全緩解債券市場的風險？還是央行在債務清算之前其實還有很多政策工具可以使用？這問題至今仍無定論。

能源勢必使社會的資源分配更不正義，加劇既有的政治衝突。如何運用資金與誘因來推動綠色能源和電動車轉型，將持續成為動盪的原因之一。法國黃背心運動反對調漲柴油稅的故事充分顯示，即使不舉行選舉，政策也可能引發民眾的劇烈反彈。這個問題也和未來的能源型態有關。當人類決定逐漸轉向化石燃料以外的電力來源，同時逐漸用電力來取代石油與天然氣，我們就必須承認，未來的總體能源消費可能不會繼續維持過去的水準。梅克爾在二〇二〇年一月的演講中就承認，成功的能源轉型必須「徹底拋棄過去的商業模式和生活型態」。[6]

個人交通工具將是政治衝突的來源之一。電動車目前還無法像上個世紀的福特T型車那樣量產，未來可能會回到福特之前的年代，只有少數有錢人才負擔得起昂貴的汽機車，加劇仇富情緒。[7]某種意義上，油價逐漸高漲的問題，會跟電動車難以降價的問題重疊起來。當每個人的能源消費對環境的影響逐漸提升，試圖完全抵銷排碳的碳中和就不只是政府的理想，而會變成選舉的戰場。而當這樣的狀態，發生在各政黨經濟政策立場相近的歐元區民主國家，排碳問題造成的分歧，就可能背離歐盟期望減少總體經濟政策分歧的方向，使得能源轉型政策更難以取得共識。

而且這種時候，地緣政治可能使民主更加動盪。各國政府與投資者為了在電動車產業擊敗中國，似乎已經不顧一切地集中資本開發新科技，無視貧富差距擴大可能面臨的民主浩劫。而且光靠綠色能源和電動車，並不能解決過去幾十年的所有經濟困境。在英國這種製造業被嚴重掏空的國家，或者美國這種民主國家，企業的政策遊說與政治獻金已經使政治過度貴族化，如果國家把經濟成長都押寶在綠色能源和電動車上，金權政治可能會更加惡化。附帶一提，如果國家目前因為被外資企業主宰，而無法提高經濟成長，那麼新科技能創造多少國內就業機會就令人懷疑，例如蘇格蘭的風力發電的比例目前已經很高，相關產業帶來的就業機會卻遠低於預期。[8] 另外，政府在發包大規模基礎建設的時候很容易陷入裙帶關係，例如歐巴馬政府撥了一大筆錢幫加州打造高鐵，最後許多資金卻沒有真正投入建設計畫，而是流入顧問公司的口袋之中。[9]

在能源革命的前夕，西方民主國家的政治人物以及從二〇一九年開始放棄化石燃料的投資客，都相信全新的科技可以讓人類用新能源延續當下的物質條件。這樣的新科技必須徹底改變能源的生產方式，在不依賴核能的情況下，以太陽能或風力這種低密度能源，取代化石燃料這種高密度能源。[10] 但至少到目前為止，再生能源都只是提高了能源

⑰ 譯註：後來改成一點二兆。

的總消費量，並沒有取代化石燃料。事實上，從一九九五年首屆聯合國氣候大會以來，燃煤消費至少增加了三分之二、石油消費至少增加三分之一，天然氣消費則至少增加五分之四。[11]雖然西方國家的石油消費量大多減少，其中某些國家的燃煤消費量也暴跌，但背後的主因只是把製造業生產線外移到亞洲而已。此外，至少到目前為止，這場能源轉型實驗都完全仰賴它想要取代的化石燃料，同時仰賴稀土這些相當罕見的材料。不管怎麼看，能源轉型都是一條漫漫長路。在某種意義上，這種故事也許只是不斷重演，畢竟資本主義的運作基礎，就是擁抱未知、懷抱希望、相信只要勇往直前就能解決一切問題。但能源是所有經濟活動，包括糧食生產的基礎，而且能源的供給受制於物理定律。如果真的想要開發全新的能源科技，就必須採用完全不同的思維與體系。早在二〇〇〇年代，各國政府與企業就推過許多計畫嘗試擺脫化石燃料，但事後證明幾乎都是異想天開。[12]

若要防止政治逐漸走向末日，就必須共同面對能源難以擴增、氣候不斷暖化的現實。繼續抱持樂觀的科技萬能論，或者自暴自棄的「諸神黃昏論」都於事無補。要真正推動能源革命，並且處理它可能帶來的經濟與政治困境，政府就必須制訂短中長期的計畫，分別處理不同的風險。這些計畫一定會引發地緣政治衝突，例如爭奪關鍵資源的所處領土。因此，西方民主國家的政治人物必須讓公民願意做出犧牲，並且防止政治進一

2021 年全球再生能源創造的就業機會總量

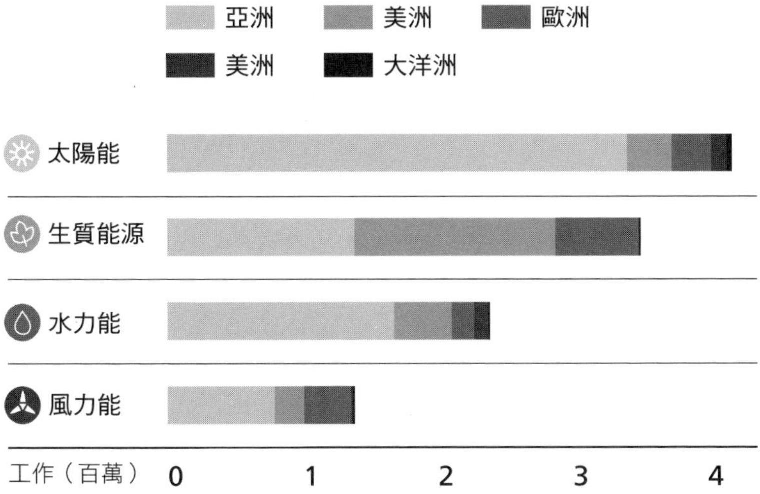

來源：*the Renewables 2023 Global Status Report* by REN21

步貴族化。無論人類有多大的力量，都必須承認地球生態圈與能源的極限。同樣地，民主與所有形式的政治秩序也都具有極限。民主制度該怎樣在各種極限之中，去面對氣候變遷與能源耗竭，並且維持穩定，勢必將是未來十年的核心政治問題。

2021, https://www.euractiv.com/section/energy-environment/news/macron-orban-urge-eu-to-actively-support-nuclear-power/
5. Michaël Tanchum, 'The Logic Beyond Lausanne: A Geopolitical Perspective on the Congruence Between Turkey's New Hard Power and its Strategic Re-Orientation', *Insight Turkey 22*, no. 3 (2020): p. 42.
6. Speech by Angela Merkel at 2020 Annual Meeting of the World Economy Forum in Davos, 23 January 2020, https://www.bundeskanzlerin.de/bkin-en/news/speech-by-federal-chancellor-dr-angela-merkel-at-the-2020-annual-meeting-of-the-world-economic-forum-in-davos-on-23-january-2020-1716620
7. 關於汽車的出現造成哪些政治影響，參見David Gartman, 'Three Ages of the Automobile: The Cultural Logics of the Car', Theory, *Culture, and Society 21*, nos. 4–5 (2004): pp. 169–95.
8. Martin Williams, 'Why it is Feared Scotland's Wind Power Boom is All Hot Air', *Herald*, 29 November 2019, https://www.heraldscotland.com/news/18067837.feared-scotlands-wind-power-economic-boom-hot-air/
9. Ralph Vartabedian, 'How California's Faltering High-Speed Rail Project Was "Captured" by Costly Consultants', *Los Angeles Times*, 26 April 2019, https://www.latimes.com/local/california/la-me-california-high-speed-rail-consultants-20190426-story.html
10. 能源密度問題參見Vaclav Smil, *Power Density: A Key to Understanding Energy Sources and Uses* (Cambridge, MA: MIT Press, 2015).
11. Our World in Data, Energy mix, Global Primary Energy Consumption by Source, https://ourworldindata.org/energy-mix
12. Vaclav Smil, Gradual Greening: Power Density and the Hydrocarbon Habit, Blue Books, CLSA Investment Group, 13 September 2016, pp. 9–14, http://vaclavsmil.com/wp-content/uploads/2016/12/CLSA-U-Blue-Books-Gradual-greening_-Power-density-and-the-hydrocarbon-habit-20160913%961.pdf

了西方民主國家內部為何分化。他認為一九七〇年代後的國際經濟，過度放大了某些階級的政治影響力。

115. 關於川普如何在總統任內掏空美國的行政國家，參見 Michael Lewis, *The Fifth Risk: Undoing Democracy* (London: Allen Lane, 2018).
116. Quoted in Todd S. Purdum, 'Gavin Newsom's Nation-State', *Atlantic*, 21 April 2020, https://www.theatlantic.com/politics/archive/2020/04/coronavirus-california-gavin-newsom/610006/
117. Quoted in Spencer Kimball, 'New York Governor Cuomo Says Trump has No Authority to Impose Quarantine: "It Would Be Illegal" ', CNBC, 28 March 2020, https://www.cnbc.com/2020/03/28/ny-gov-cuomo-says-trump-has-no-authority-to-impose-quarantine.html
118. 有些人認為歐元區並非最適通貨區（optimal currency area，即貨幣集團），但也有人認為歐元區能夠容納的經濟分期，其實比批評者想像的更大。參見 Waltraud Schelkle, *The Political Economy of Monetary Solidarity: Understanding the Euro Experiment* (Oxford: Oxford University Press, 2017).
119. Sheri Berman and Hans Kundnani, 'The Cost of Convergence', *Journal of Democracy 32*, no. 1 (2021): pp. 22–36. 從另一個角度，主張歐元區成員國的政黨彼此沒有什麼競爭空間。

結語：最大的劇變尚未到來

1. Adam Tooze, *Crashed: How a Decade of Financial Crises Changed the World* (London: Penguin, 2018), p. 13.
2. David Brunnstom, Alexandra Alper, and Yew Lun Tian, 'China Will "Eat Our Lunch", Biden Warns After Clashing With Xi On Most Fronts', *Reuters*, 11 February 2021, https://www.reuters.com/article/us-usa-china-idUSKBN2AB06A
3. See European Commission, Second Report on the State of the Energy Union, 1 February 2017, https://ec.europa.eu/info/publications/2nd-report-state-energy-union_en
4. 奧地利也是反核國家。馬克宏擔心歐盟委員會在推動碳中和的時候，把核能排除在外，於是在二〇二一年初，與東歐和巴爾幹地區的歐盟成員國要求歐盟支持核能。Frédéric Simon, 'Macron, Orban Urge EU to "Actively Support" Nuclear Power', *Euractiv*, 25 March

(London: Penguin, 2013), ch.12.三個因此失去房屋的受害者，踢爆了這套機制背後的詐欺模式，參見David Dayen, *Chain of Title: How Three Ordinary Americans Uncovered Wall Street's Great Foreclosure Fraud* (London: New Press, 2013).

106. Jeffrey P. Thompson and Gustavo A. Suarez, 'Exploring the Racial Wealth Gap Using the Survey of Consumer Finances', Finance and Economics Discussion Series Divisions of Research and Statistics and Monetary Affairs, Federal Reserve Board, Washington DC, 2015, p. 9, https://www.federalreserve.gov/econresdata/feds/2015/files/2015076pap.pdf
107. See Richard Johnson, *The End of the Second Reconstruction* (Cambridge: Polity Press, 2020), ch.4.
108. Quoted in Elena Shor, 'Oil-Industry Dreads Trump-Clinton Choice', *Politico*, 18 March 2016, https://www.politico.com/story/2016/03/oil-industry-donald-trump-hillary-clinton-choice-220947
109. Quoted in Ben Jacobs, 'Donald Trump Would Allow Keystone XL Pipeline and End Paris Climate Deal', *Guardian*, 26 May 2016, https://www.theguardian.com/us-news/2016/may/26/donald-trump-environmental-policy-climate-change-keystone-xl
110. Justin Worland, 'Donald Trump Promises Oil and Gas Industry Big But Scepticism Remains', *Time*, 22 September 2016, https://time.com/4504617/donald-trump-oil-gas-environment/
111. Susan Phillips, 'Why the Oil and Gas Industry is Not Giving to Trump', NPR, StateImpact Pennsylvania, 20 September 2016, https://stateimpact.npr.org/pennsylvania/2016/09/20/why-the-oil-and-gas-industry-is-not-giving-to-trump/
112. The White House, 'Fact Sheet: President Donald J. Trump is Unleashing American Energy Dominance', 14 May 2019, https://www.presidency.ucsb.edu/documents/fact-sheet-president-donald-j-trump-unleashing-american-energy-dominance
113. Jonathan Rauch and Ray La Raja, 'Too Much Democracy is Bad for Democracy' *Atlantic*, December 2019, https://www.theatlantic.com/magazine/archive/2019/12/too-much-democracy-is-bad-for-democracy/600766/ 認為川普的勝選，證明了民主過頭會導致混亂。
114. Michael Lind, *The New Class War: Saving Democracy from the Metropolitan Elite* (London: Atlantic Books, 2020) 以階級的角度探討

95. Quoted Jacobs, 'Wreaking Havoc from Within', p. 139.
96. Jacobs, Wreaking Havoc from Within', p. 167.
97. Elizabeth Kolbert, 'Changing Lanes', *New Yorker*, 4 August 2008, https://www.newyorker.com/magazine/2008/08/11/changing-lanes
98. Statement by the President on the Keystone XL pipeline, 6 November 2015, https://obamawhitehouse.archives.gov/the-press-office/2015/11/06/statement-president-keystone-xl-pipeline
99. Richard Valdmanis and Grant Smith, 'Oil Industry Bet Big on Jeb Bush, Reuter Review Shows.Now What?', *Reuters*, 19 February 2016, https://www.reuters.com/article/us-usa-election-oil-donors/oil-industry-bet-big-on-jeb-bush-for-president-reuters-review-shows-now-what-idUKKCN0VS279
100. 他曾一度宣稱，等他「選上總統之後，學者與政治駭客就會退居二線。決策的權力會交給有實務經驗的人。」' Quoted in Dan Roberts, 'Jeb Bush Lays Out Energy Plan with Call to Relax Environmental Rules', *Guardian*, 29 September 2015, https://www.theguardian.com/us-news/2015/sep/29/jeb-bush-energy-policy-environment
101. Theda Skocpol and Vanessa Williamson, *The Tea Party and the Remaking of American Conservatism* (New York: Oxford University Press, 2013).
102. Vanessa Williamson, Theda Skocpol, and John Coggin, 'The Tea Party and the Remaking of American Conservatism', *Perspective on Politics 9*, no. 1 (2019): p. 33.
103. 柯氏兄弟對茶黨的影響力，參見Jane Mayer, 'Covert Operations', *New Yorker*, 23 August 2010, https://www.newyorker.com/magazine/2010/08/30/covert-operations
104. 一位茶黨人士在二〇一〇年幫盧比歐競選時，提到了他加入八人幫（Gang of Eight，美國參眾兩院領袖，及兩院的情報委員會領袖）之後的行為：「他先騙了我們，然後再用同樣的方法到處騙別人，而且藉此選上。你說我生不生氣！」' Quoted in Leigh Ann Caldwell, 'Marco Rubio's record on immigration is more complicated than you think', *NBC News*, 12 January 2016, https://www.nbcnews.com/politics/2016-election/marco-rubio-s-record-immigration-more-complicated-you-think-n488601
105. 次貸危機的後續政治影響，參見Alan Blinder, *After the Music Stopped: The Financial Crisis, the Response, and the Work Ahead*

Interest Groups Affect US Immigration Policy?' IMF Working Paper, WP/08/244, October 2008, https://www.imf.org/external/pubs/ft/wp/2008/wp08244.pdf

84. Daniel B. Wood, 'Legal Fight Over Illegal Aliens', *Christian Science Monitor*, 12 May 1994, https://www.csmonitor.com/1994/0512/12012.html
85. Royce Crocker, Congressional Redistricting: An Overview, Congressional Research Service, 21 November 2012, pp. 9–10. https://fas.org/sgp/crs/misc/R42831.pdf
86. Quoted in Eric W. Orts, 'The Path to Give California 12 Senators and Vermont Just One', *Atlantic*, 2 January 2019, https://www.theatlantic.com/ideas/archive/2019/01/heres-how-fix-senate/579172/
87. Sean Trende, *The Lost Majority: Why the Future of Government is up for Grabs*, (London: Palgrave, 2012), introduction and part II.
88. Gary Gerstle, *American Crucible: Race and Nation in the Twentieth Century*, revised edition (Princeton: Princeton University Press, 2016), pp. 385–93.
89. Barack Obama, Declaration speech, Springfield, Illinois, February 2007, https://www.cbsnews.com/news/transcript-of-barack-obamas-speech/
90. Gerstle, *American Crucible*, pp. 393–409.
91. Andrew Clark, 'Bankers and Academics at the Top of Donor List', *Guardian*, 8 November 2008, https://www.theguardian.com/world/2008/nov/08/barackobama-wallstreet-bankers-campaign-donations-goldmansachs
92. F–35 戰鬥機計畫就是典型的例子。參見 Valerie Insinna, 'Inside America's Dysfunctional Trillion Dollar Fighter-Jet Program, *New York Times*, 21 August 2019, https://www.nytimes.com/2019/08/21/magazine/f35-joint-strike-fighter-program.html
93. 相關文獻例如 John M. Broder, 'Oil and Gas Aid Bush Bid for President', *New York Times*, 23 June 2000, https://www.nytimes.com/2000/06/23/us/oil-and-gas-aid-bush-bid-for-president.html
94. 小布希政府的能源政策與其政治影響，參見 Meg Jacobs, 'Wreaking Havoc from Within: George W. Bush's Energy Policy in Historical Perspective' in *The First Presidency of George W. Bush: A First Historical Assessment* (Princeton: Princeton University Press), pp. 139–68.

Data, Historical Tables, Table 16, https://www.census.gov/housing/hvs/data/histtabs.html

77. 房利美和房地美在美國的政治角力，參見Helen Thompson, *China and the Mortgaging of America: Domestic Politics and Economic Interdependence* (London: Palgrave, 2010), chs.3–4.

78. 關於美國的國內衝突如何影響中美經濟關係，參見Naná de Graaff and Bastiaan van Apeldoorn, 'US-China Relations and the Liberal World Order: Contending Elites, Colliding Visions?', *International Affairs 94*, no. 1 (2018): pp. 113–31. 關於美國企業如何遊說政府親中，參見Robert Dreyfuss, 'The New China Lobby', American Prospect, 19 December 2001, https://prospect.org/world/new-china-lobby/。美國外交政策受到哪些勢力的影響，各勢力規模又有多大，參見Lawrence R. Jacobs and Benjamin I. Page, 'Who Influences U.S. Foreign Policy?' *American Political Science Review 99*, no. 1 (2005): pp. 107–23. 關於柯林頓政府期間，中國政府如何遊說美國，參見Ho-fung Hung, 'The Periphery in the Making of Globalization: The China Lobby and the Reversal of Clinton's China Trade Policy, 1993–1994', *Review of International Political Economy*, published online 13 April 2020, https://doi.org/10.1080/09692290.2020.1749105

79. Bob Woodward, 'Findings Link Chinese Allies to Chinese Intelligence', *Washington Post*, 10 February 1998, https://www.washingtonpost.com/archive/politics/1998/02/10/findings-link-clinton-allies-to-chinese-intelligence/87265d5d-7452-41f2-ad2f-aa4abe7e579e/

80. Jeff Colgan and Robert O. Keohane, 'The Liberal Order is Rigged.Fix it Now or Watch it Wither', *Foreign Affairs 96*, no. 3 (May–June 2017): p. 39.

81. 此外，簽證逾期居留的人也增加了。美國邊境問題的政治角力，參見Peter Andreas, 'The Escalation of US Immigration Control in the Post-NAFTA Era', *Political Science Quarterly 113*, no. 4 (1998–99): pp. 591–615.

82. Jens Manuel Krogstad, Jeffrey S. Passel, and D'Vera Cohn, 'Five Facts About Illegal Immigration in the United States', Pew Research Centre, 12 June 2019, https://www.pewresearch.org/fact-tank/2019/06/12/5-facts-about-illegal-immigration-in-the-u-s/

83. 企業集團與工會的遊說，如何影響從事各產業的移民數量，參見Giovanni Facchini, Anna Maria Mayda, and Prachi Mishra, 'Do

americanaffairsjournal.org/2018/05/europe-under-merkel-iv-balance-of-impotence/

67. See Stefano Sacchi, 'Conditionality by Other Means: EU Involvement in Italy's Structural Reforms in the Sovereign Debt Crisis', *Comparative European Politics 13*, no.1 (2015): pp. 77–92.
68. Paolo Franzosi, Francesco Marone, and Eugenio Salvati, 'Populism and Euroscepticism in the Italian Five Star Movement', *International Spectator 50*, no. 2 (2015): p. 110.
69. Quoted in Franzosi, Marone and Salvati, 'Populism and Euroscepticism in the Italian Five Star Movement', p. 114.
70. Martin J. Bull, 'In the Eye of the Storm: The Italian Economy and the Eurozone Crisis', *South European Society and Politics 23*, no. 1 (2018): pp. 3–28.
71. Stefano Sacchi and Jungho Roh, 'Conditionality, Austerity, and Welfare: Financial Crisis and Its Impact on Welfare in Italy and Korea', *Journal of European Social Policy 26* no.4 (2016): p. 370, endnote 25; Georg Picot and Arianna Tassinari, 'Politics in a Transformed Labour Market: Renzi's Labour Market Reform', *Italian Politics 30*, no.1 (2015): p.130.
72. Sacchi and Roh, 'Conditionality, Austerity, and Welfare': pp. 363–7.
73. Quoted in James Politi and Jim Brunsden, 'Matteo Renzi Defends Italy's Budget Plan', *Financial Times*, 20 October 2016, https://www.ft.com/content/3b436b2a-96b8-11e6-a1dc-bdf38d484582
74. Tom Knowles, 'Upheaval in Italy Keeps Europe Addicted to QE', *Times*, 5 December 2016, https://www.thetimes.co.uk/article/european-bank-may-extend-qe-after-italian-poll-n8d9dkh5x Jeff Black, 'Renzi's Italian Fate Also Overshadows Draghi's Route for QE', *Bloomberg*, 5 December 2016, https://www.bloomberg.com/news/articles/2016-12-05/renzi-s-italian-fate-also-overshadows-draghi-s-path-ahead-for-qe
75. 許多論述各自從不同角度，解釋了德國政治如何失去穩定。參見 Sidney A. Rothstein and Tobias Schulze-Cleven, 'Germany After the Social Democratic Century: The Political Economy Of Imbalance', *German Politics 29*, no. 3 (2020): pp. 297–318; Adam Tooze, 'Which is Worse?: Germany Divided', *London Review of Books 41*, no. 14 (19 July 2019), https://www.lrb.co.uk/the-paper/v41/n14/adam-tooze/which-is-worse
76. United States Census Bureau, Housing Vacancies and Home Ownership,

afd-grundsatzprogramm-englisch_web.pdf

57. Stefan Wagstyl and Claire Jones, 'Germany Blames Mario Draghi for Rise of Rightwing Afd Party', *Financial Times*, 10 April 2016, https://www.ft.com/content/bc0175c4-ff2b-11e5-9cc4-27926f2b110c
58. Martin Arnold and Guy Chazan, 'Bundesbank to Keep Buying Bonds After Court Challenge', *Financial Times*, 6 July 2000, https://www.ft.com/content/99447f21-46db-465b-8ed0-9a214a898a74
59. 另類選擇黨對德國疑歐思潮的影響，參見Robert Grimm, 'The Rise of the Eurosceptic Party Alternative Für Deutschland, Between Ordoliberal Critique and Popular Anxiety', *International Political Science Review 36*, no. 3 (2015): pp. 264–78.
60. 這種做法違反了基督教民主黨長期以來的禁忌，參見Der Spiegel Staff, 'Aftershocks Continue After Germany's Massive Political Earthquake', *Spiegel International*, 10 February 2020, https://www.spiegel.de/international/germany/a-dark-day-for-democracy-the-political-earthquake-that-shook-germany-a-01847ef8-beb3-45aa-bdbb-f0fda7d87806
61. 關於法國為何在歐債危機中，被卡在德國與南歐國家之間，參見Mark I. Vail, 'Europe's Middle Child: France's Statist Liberalism and the Conflicted Politics of the Euro' in *The Future of the Euro*, edited by Blyth and Matthijs, pp. 136–60.
62. Quoted in Julian Coman, 'France's Socialist Hopeful Promises to Storm the Financial Bastille', *Guardian*, 11 February 2012, https://www.theguardian.com/world/2012/feb/11/francois-hollande-presidential-election-sarkozy
63. Quoted in Vail, 'Europe's Middle Child', p. 153.
64. Hugh Carnegy, 'Merkel Swings Behind Sarkozy Poll Bid', *Financial Times*, 6 February 2020, https://www.ft.com/content/83fed6a6-50d6-11e1-ab40-00144feabdc0
65. 歐蘭德認為歐洲問題讓他難以帶領自己的政黨，參見David Hanley, 'From "La Petite Europe Vatican" to the Club Med: The French Socialist Party and the Challenges of European Integration', *Modern and Contemporary France 25*, no. 2 (2017): pp. 135–51.
66. 據報導，馬克宏在德國大選前表示，「如果自民黨進入德國政府，我就死定了」。Quoted in Wolfgang Streeck, 'Europe Under Merkel IV: Balance of Impotence', *American Affairs II*, no. 2 (2018), https://

銀行。關於民族主義的歷史因素造成哪些整體影響，參見Stefan Auer, 'Richard Sulik: A Provincial or a European Slovak Politician', *Humanities Research Journal 19*, no. 1 (2013): pp. 81–100.

48. 此論點詳見Hans Kundnani, 'Europe and the Return of History', *Journal of Modern European History 11*, no. 3 (2013): pp. 279–86.
49. Alexandros Kioupkiolis, 'Podemos: The Ambiguous Promises of Left-Wing Populism in Contemporary Spain', *Journal of Political Ideologies 21*, no. 2 (2016): p. 104. 這種政治語言的例子參見Diego Beas, 'How Spain's 15-M Movement Is Redefining Politics', *Guardian*, 15 October 2011, https://www.theguardian.com/commentisfree/2011/oct/15/spain-15-m-movement-activism Pablo Iglesias, 'Understanding Podemos', *New Left Review 93* (May/June 2015): pp. 7–22.「我們可以」黨的言論，有很多地方像是美國人民黨，但同時也採用了美國進步派那些階級政治主張。參見Christopher J. Bickerton and Carlo Invernizzi Accetti, ' "Techno-Populism" as a New Party Family: The Case of the Five Star Movement and Podemos', *Contemporary Italian Politics 10*, no. 2 (2018): pp. 132–50.
50. Kioupkiolis, 'Podemos', p. 101.
51. 關於西班牙經濟危機，如何影響二〇一二年加泰隆尼亞議會選舉，參見Guillem Rico and Robert Liñeira, 'Bringing Secessionism into the Mainstream: The 2012 Regional Election in Catalonia', *South European Society and Politics 19*, no. 2 (2014): pp. 257–80.
52. 關於德國政府的艱難抉擇，參見Wade Jacoby, 'Europe's New German Problem: The Timing of Politics and the Politics of Timing' in *The Future of the Euro, edited by Matthias Matthijs and Mark Blyth* (New York: Oxford University Press, 2015).
53. Jacoby, 'Europe's New German Problem': p. 198.
54. 德國聯邦憲法法院對直接貨幣交易的判決，參見Mehrdad Payandeh, 'The OMT Judgement of the German Federal Constitutional Court: Repositioning the Court Within the EU's Constitutional Architecture', *European Constitutional Law Review 13*, no. 2 (2017): pp. 400–16.
55. Quoted in Eric Maurice 'EU Judges Examine ECB Bond Buying Scheme', *EUobserver*, 11 July 2018, https://euobserver.com/economic/142345
56. Alternative for Deutschland, Manifesto for the 2017 General Election, https://www.afd.de/wp-content/uploads/sites/111/2017/04/2017-04-12_

content/26cbc524-bfb4-11e5-846f-79b0e3d20eaf

40. Quoted in Ben Hall and Joshua Chaffin, 'Sarkozy Smarts at Cameron's Snub on Europe', *Financial Times*, 15 June 2009, https://www.ft.com/content/10f18dde-56ab-11de-9a1c-00144feabdc0
41. Quoted in Vaughne Miller, *The Treaty of Lisbon*, p. 19.
42. Quoted in Gavin Hewitt, 'Greece: The Dangerous Game', *BBC News*, 1 February 2015, https://www.bbc.co.uk/news/world-europe-31082656
43. David Cameron, Speech at Bloomberg, 23 January 2013, https://www.gov.uk/government/speeches/eu-speech-at-bloomberg
44. 不同立場的觀點參見Albert Weale, 'The Democratic Duty to Oppose Brexit', *Political Quarterly 88*, no. 2 (2017): pp. 170–81; Anthony Barnett, 'Brexit has Killed the Sovereignty of Parliament', *Open Democracy*, 4 December 2016, https://www.opendemocracy.net/en/opendemocracyuk/brexit-has-killed-sovereignty-of-parliament/；英國人以外的人提出的類似觀點參見Kenneth Rogoff, 'Britain's Democratic Failure', *Project Syndicate*, 24 June 2016, https://www.project-syndicate.org/commentary/brexit-democratic-failure-for-uk-by-kenneth-rogoff-2016-06?barrier=accesspaylog
45. 樽節造成的傷害，以及各國處理金融危機方式的轉折，參見Mark Blyth, *Austerity: The History of a Dangerous Idea* (New York: Oxford University Press, 2013). 其中某些國家的赤字本身就很高，而且紓困銀行的錢是從既有預算之外擠出來的，既然如此，就很難解釋為何要用樽節政策因應金融危機。參見Helen Thompson, 'UK Debt in Comparative Perspective: The Pernicious Legacy of Financial Sector Debt', *British Journal of Politics and International Relations 15*, no. 3 (2013): pp 476–92.
46. Mark Blyth and Matthias Matthijs, 'Black Swans, Lame Ducks, and the Mystery of IPE's Missing Macro-Economy', *Review of International Political Economy 24*, no. 2 (2017): pp. 203–21. 認為民粹政黨無分左右派都跟債權人作對。但也有人認為這些抗議並非基於階級衝突，而是不分敵我的破壞，參見Ivan Krastev, *Democracy Disrupted: The Politics of Global Protest* (Philadelphia: University of Pennsylvania Press, 2014).
47. 其中又以斯洛伐克最為不滿。該國的生活水準低於希臘；但之前又為了加入貨幣聯盟，接受了比希臘嚴格很多的財政規則，導致帳面上該國是在借錢給希臘，實際上卻是在支持西北歐的那些

29. 關於二〇〇五年法國的歐憲公投，參見Colette Mazzucelli, 'The French Rejection of the Constitutional Treaty' in *The Rise and Fall of the EU's Constitutional Treaty*, edited by Finn Laursen (Leiden and Boston: Martinus Nijhoff Publications, 2008), pp. 161–80.
30. 法國社會黨內部的分歧，參見Markus Wagner, 'Debating Europe in the French Socialist party: The 2004 Internal Referendum on the EU Constitution', *French Politics 6*, no. 3 (2008): pp. 257–79.
31. Qvortrup, 'The Three Referendums', pp. 94–6.
32. BBC News, 'Lisbon Treaty: What They Said', 30 September 2009, http://news.bbc.co.uk/1/hi/world/europe/8282241.stm
33. Bundesverfassungsgericht, Judgment of the Second Senate of 30 June 2009 BvE 2/08, preamble, https://www.bundesverfassungsgericht.de/SharedDocs/Entscheidungen/EN/2009/06/es20090630_2bve000208en.html
34. Bundesverfassungsgericht, Judgment of the Second Senate of 30 June 2009, para 2c.
35. Bundesverfassungsgericht, Judgment of the Second Senate of 30 June 2009, para 2d. 有人直接批評聯邦憲法法院對於民主和國家的這種推論，參見Jo Eric Khushal Murkens, 'Identity Trumps Integration: The Lisbon Treaty and the German Federal Constitutional Court', *Der Staat 48*, no. 4 (2009): pp.517–34.
36. Bruno Waterfield, 'EU Polls Would Be Lost, Says Nicolas Sarkozy', *Daily Telegraph*, 14 November 2007, https://www.telegraph.co.uk/news/worldnews/1569342/EU-polls-would-be-lost-says-Nicolas-Sarkozy.html
37. Emmanuel Macron, 'Initiative for Europe', speech at the Sorbonne, 26 September 2017, http://international.blogs.ouest-france.fr/archive/2017/09/29/macron-sorbonne-verbatim-europe-18583.html
38. Bruno Waterfield and Toby Helm, 'Gordon Brown Rules Out EU Treaty Referendum', *Daily Telegraph*, 18 October 2007, https://www.telegraph.co.uk/news/uknews/1566537/Gordon-Brown-rules-out-EU-treaty-referendum.html Vaughne Miller, The Treaty of Lisbon: Government and Parliamentary Views on a Referendum, House of Commons Library SN/IA/5071, 15 May 2009, p. 9, https://commonslibrary.parliament.uk/research-briefings/sn05071/
39. Quoted in George Parker and Alex Barker, 'David Cameron's Adventures in Europe', *Financial Times*, 22 January 2016, https://www.ft.com/

278–9. 卡利在談判時已經又老又病，而且出身班基亞銀行（Bankia Italia）總裁的他，本身就是技術官僚出身的部長。

20. Martin J. Bull, 'In the Eye of the Storm: The Italian Economy and the Eurozone Crisis', *South European Society and Politics 23*, no. 1 (2018): p. 18; Dyson and Featherstone, 'Italy and EMU as a "Vincolo Esterno" ' : p. 295.
21. 北方聯盟的崛起，參見 Francesco Cavatorta, 'The Role of the Northern League in Transforming the Italian Political System: From Economic Federalism to Ethnic Politics and Back', *Contemporary Politics 7*, no. 1 (2001): pp. 27–40.
22. Wolfgang Streeck, 'Markets and Peoples: Democratic Capitalism and European Integration', *New Left Review 73* (Jan/Feb 2012): pp. 68–9.
23. Quoted in Guardian Staff and Agencies, 'The Euro has Screwed Everybody—Berlusconi', *Guardian*, 29 July 2005, https://www.theguardian.com/world/2005/jul/29/euro.italy
24. See Nicolas Jabko, 'The Importance Of Being Nice: An Institutionalist Analysis of French Preferences on the Future of Europe', *Comparative European Politics 2*, no. 3 (2004): pp. 282–301.
25. 希哈克在《尼斯條約》談判後期一度抱怨，「每一種解決方案都有恐怖的副作用」。Quoted in 'So That's All Agreed Then', *Economist*, 14 December 2000, https://www.economist.com/special/2000/12/14/so-thats-all-agreed-then
26. European Council Meeting in Laeken, 14 and 15 December 2001, Annex 1, https://www.consilium.europa.eu/media/20950/68827.pdf. 關於制憲會議與之後的條約談判，參見 Peter Norman, *The Accidental Constitution: The Making of Europe's Constitutional Treaty, second edition* (Eurocomment: 2005).
27. 關於在歐盟發展過程中，各國的民主政治造成哪些限制，參見 Liesbet Hooghe and Gary Marks, 'A Postfunctionalist Theory of European Integration: From Permissive Consensus to Constraining Dissensus', *British Journal of Political Science 39*, no. 1 (2009): pp. 1–17; Vivien A. Schmidt, *The EU and National Polities* (Oxford: Oxford University Press, 2007).
28. 'So Much for Stability', *Economist*, 15 July 2004, https://www.economist.com/news/2004/07/15/so-much-for-stability.Qvortrup, 'The Three Referendums', pp. 89–97.

British Journal of Politics and International Relations 19, no. 3 (2017): pp. 450–64.

9. Bundesverfassungsgericht, Judgment of the Second Senate of 5 May 2020–2 BvR 859/15, para 104, https://www.bundesverfassungsgericht.de/SharedDocs/Entscheidungen/EN/2020/05/rs20200505_2bvr085915en.html;jsessionid=8407F8BD54CB01E168426940040ADD26.1_cid386
10. Kenneth Dyson and Kevin Featherstone, *The Road to Maastricht: Negotiating Economic and Monetary Union* (Oxford: Oxford University Press, 1999), p. 93.
11. Matt Qvortrup, 'The Three Referendums on the European Constitution Treaty in 2005', *Political Quarterly 77*, no. 1 (2006): p. 95.戴高樂主義者彼此之間的歧見，參見Benjamin Leruth and Nicholas Startin, 'Between Euro-federalism, Euro-Pragmatism and Euro-Populism: The Gaullist Movement Divided Over Europe', *Modern Contemporary France 25*, no. 2.(2017): pp. 153–69.
12. Craig Parsons, *A Certain Idea of Europe* (Ithaca: Cornell University Press, 2006), pp. 225–7.
13. Parsons, *A Certain Idea of Europe*, pp. 242–3.
14. 關於法國政治人物口中的歐洲，與嚴峻的政治現實之間有哪些落差，參見see Vivien A. Schmidt, 'Trappedby their Ideas: French Elites' Discourses of European Integration and Globalization', *Journal of European Public Policy 20*, no. 4 (2006): pp. 992–1009.
15. Bundesverfassungsgericht, *57 Manfred Brunner and others v. the European Union treaty, para 55, http://www.proyectos.cchs.csic.es/euroconstitution/library/Brunner_Sentence.pdf
16. Bundesverfassungsgericht, *57 Manfred Brunner and others v.the European Union treaty, para 44.法院在此判決中的立場參見Matthias Mahlman, 'Constitutional Identity and the Politics of Homogeneity', *German Law Journal 6*, no. 2 (2005): pp. 307–18.
17. Martin J. Bull and James L. Newell, *Italian Politics: Adjustment Under Duress* (Cambridge: Polity Press, 2006), pp. 14–15.
18. Kenneth Dyson and Kevin Featherstone, 'Italy and EMU as a "Vincolo Esterno": Empowering the Technocrats, Transforming the State', *South European Society and Politics 1*, no. 2 (1996): p. 277.
19. Dyson and Featherstone, 'Italy and EMU as a "*Vincolo Esterno*" ', pp.

86. 關於德國央行與歐洲央行在法律權威上的差異，會造成哪些影響；以及這個差異如何進一步影響到兩個央行的代表性與正當性，參見Hjalte Lokdam, 'Banking on Sovereignty: A Genealogy of the European Central Bank's Independence', PhD dissertation submitted to the London School of Economics, 2019. 關於貨幣聯盟成員大部分都反通膨，參見Kathleen McNamara, *The Currency of Ideas: Monetary Politics in the European Union* (Ithaca: Cornell University Press, 1998).

9. 改革之路步履維艱

1. Quoted in Jon Schwarz, 'Jimmy Carter: The US is an "Oligarchy with Unlimited Political Bribery" ', *Intercept*, 31 July 2015, https://theintercept.com/2015/07/30/jimmy-carter-u-s-oligarchy-unlimited-political-bribery/
2. Bernie Sanders, 'Democracy Versus Oligarchy', speech on 31 March 2014, https://www.commondreams.org/views/2014/04/01/democracy-vs-oligarchy
3. Bernie Sanders, 'Bernie's Announcement', speech on 26 May 2015. Published as Ezra Klein, 'Read Bernie Sander'spopulist, policy-heavy speech kicking off his campaign', *Vox*, 26 May 2015, https://www.vox.com/2015/5/26/8662903/bernie-sanders-full-text-speech-presidential-campaign
4. Quoted in David Frum, 'If Liberals Won't Enforce Borders, Fascists Will', *Atlantic*, April 2019, https://www.theatlantic.com/magazine/archive/2019/04/david-frum-how-much-immigration-is-too-much/583252/
5. Quoted in Ezra Klein, 'Bernie Sanders, The Vox Conversation', *Vox*, 28 July 2015, https://www.vox.com/2015/7/28/9014491/bernie-sanders-vox-conversation
6. CNN Politics, Transcript of Republican Debate in Miami, Full Text, 15 March 2016, https://edition.cnn.com/2016/03/10/politics/republican-debate-transcript-full-text/index.html
7. See Ivan Krastev, *After Europe* (Philadelphia: University of Pennsylvania Press, 2017).
8. Matthew Goodwin and Caitlin Milazzo, 'Taking Back Control: Investigating the Role of Immigration in the 2016 Vote for Brexit',

為「人民」這個概念，只有在連結到政治共同體時才有意義。「人民」是無法跟銀行、退休基金、與當地政治無關的外人產生關連的。Wolfgang Streeck, *Buying Time*, pp. 80–6.

78. 關於一九八〇年代後的通膨緩解，在各國造成了哪些國內債務衝突，參見Mark Blyth, 'Will the Politics or Economics of Deflation Prove More Harmful?', *Intereconomics: Review of European Economic Policy 50*, no. 2 (2015): pp. 115–16.
79. Blyth and Matthijs, 'Black Swans', p. 216. 關於一九七〇年代以來，各國如何靠著私人債務暫時穩定民主體制，參見Colin Crouch, 'Privatised Keynesianism: An Unacknowledged Policy Regime', *British Journal of Politics and International Relations 11*, no. 3 (2009): pp. 382–99.
80. 不過希思能夠通過法案，依然是因為六十九名工黨議員放棄了該黨原本的立場。
81. Robert Saunders, *Yes to Europe!: The 1975 Referendum and Seventies Britain* (Cambridge: Cambridge University Press, 2018), pp. 63–76.
82. 在加入歐洲共同體之前，英國憲法只有在涉及蘇格蘭、威爾斯、北愛爾蘭的事務時，有明確畫出議會的主權範圍。相關討論詳見Helen Thompson, 'Consent: The Dynamite at the Heart of the British Constitution', *Prospect*, 9 June 2021, https://www.prospectmagazine.co.uk/essays/consent-british-constitution-referendums-brexit-europe
83. Streeck and Schmitter, 'From National Corporatism to Transnational Pluralism', p. 152. 歐洲工會聯合會（European trade union federation）的失敗，參見Streeck, 'Progressive Regression', pp. 122–4; Parsons, *A Certain Idea of Europe*, pp. 52–66.
84. Streeck and Schmitter, 'From National Corporatism to Transnational Pluralism', pp. 134–5. 關於歐盟不像美國那麼容易受到企業遊說的說法，參見Christine Mahoney, 'Lobbying Success in the United States and the European Union', *Journal of Public Policy 27*, no. 1 (2007): pp. 35–56.
85. See Neil Fligstein, *Euroclash: The EU, European Identity, and the Future of Europe* (Oxford: Oxford University Press, 2009). 關於「世界公民」為何是有錢人的專利，參見Craig Calhoun, 'The Class Consciousness of Frequent Travelers: Toward a Critique of Actually Existing Cosmopolitanism', *South Atlantic Quarterly 101*, no. 4 (2002): pp. 869–97.

Autocracy, Democracy and Tax Competition', *Review of International Political Economy 23*, no. 2 (2016): pp.290–315.

67. Philipp Genschel, 'Globalization and the Transformation of the Tax State', *European Review 13*, no. 1 (2005): p.66.
68. Jacob Burckhardt, *The Age of Constantine the Great* (Berkeley: University of California Press, 1992), p. 70.
69. 避稅港對全球經濟的影響，參見Ronen Palan, Richard Murphy, and Christian Chavagneux, *Tax Havens: How Globalization Really Works* (Ithaca: Cornell University Press, 2010); Gabriel Zucman, *The Hidden Wealth of Nations: The Scourge of Tax Havens* (Chicago: University of Chicago Press, 2015).
70. 這個觀點請見Binder, 'The Politics of the Invisible', pp. 166–8.離岸金融業務的崛起，參見Gary Burn, 'The State, the City and the Euromarkets', *Review of International Political Economy 6* no.2 (1999): pp. 225–61.Robert N. McCauley, Patrick M. McGuire, and Vladyslav Sushko, 'Global Dollar Credit: Links to US Monetary Policy and Leverage', January 2015, *BIS Working Paper*, no. 483, https://ssrn.com/abstract=2552576
71. Jacob Hacker and Paul Pierson, 'Winner-Takes-All-Politics: Public Policy, Political Organisation, and the Precipitous Rise of Top Incomes in the United States', *Politics and Society 38*, no. 2 (2010): pp. 193–6.
72. Hacker and Pierson, 'Winner-Takes-All-Politics', pp. 157–9.
73. Hacker and Pierson, 'Winner-Takes-All-Politics', pp. 176–9.
74. Jacobs, *Pocketbook Politics*, pp. 267–8.
75. Wolfgang Streeck and Philippe C. Schmitter, 'From National Corporatism to Transnational Pluralism: Organised Interests in the Single European Market', *Politics and Society 19*, no. 2 (1991): pp. 133–64.相關討論參見Blyth and Matthijs, 'Black Swans', pp. 216–17.
76. 詹姆斯・麥唐納（James Macdonald）研究了公民購債的歷史，以及這種制度和民主政治之間的關係之後，發現一九七〇年代各國主要仰賴國際資本市場，而非讓人民承擔債務的方式，本身就是民族認同崩解，「人民因經濟利益而彼此分裂敵視」的結果。Macdonald, *A Free Nation Deep in Debt*, p. 471.
77. 沃夫岡・史崔克（Wolfgang Streeck）認為「稅收國家」（Staatsvolk）跟「債務國家」（Marktvolk）是兩種不同狀態。「稅收國家」仰賴其人民，「債務國家」則看全球投資者的臉色。他認

55. Michael Howard, 'War and the Nation-state', *Daedalus 108*, no. 4 (1979): pp. 106–7.
56. 關於憲政主義者為何強烈質疑人民主權(popular sovereignty),以及後來德國聯邦憲法法院如何以此對抗歐盟,參見Jan-Werner Müller, 'Beyond Militant Democracy?', *New Left Review 73* (January/February 2012): 39–47.
57. See Wolfram Kaiser, Christian Democracy and the Origins of European Union (Cambridge: Cambridge University Press, 2007).
58. Friedrich A. Hayek, 'The Economic Conditions of Interstate Federalism' in Friedrich A.Hayek, *Individualism and Economic Order* (Chicago: Chicago University Press, 1948), pp. 255–72.
59. Craig Parsons, *A Certain Idea of Europe* (Ithaca: Cornell University Press, 2006), pp. 52–66.
60. See Eric O'Connor, 'European Democracy Deferred: de Gaulle and the Dehousse Plan,1960', *Modern and Contemporary France 25*, no. 2 (2017): pp. 209–24.
61. Wolfgang Streeck, 'Progressive Regression', *New Left Review 118* (July/August 2019): p. 121.
62. See Alan Milward, *The European Rescue of the Nation-State* (London: Routledge, 1992).
63. 關於金融在一九七〇與一九八〇年代為西方國家政府帶來多少優勢,參見Greta Krippner, *Capitalising on Crisis: The Political Origins of the Rise of Finance* (Cambridge, MA: Harvard University Press, 2011).關於一九七〇年代的政府如何藉由舉債,來避免資本主義與民主全面倒台,參見Wolfgang Streeck, *Buying Time: The Delayed Crisis of Democratic Capitalism* (London: Verso, 2014).
64. 關於國際資本的自由流動,如何限制了歐洲大部分的福利國家制度,參見see Duane Swank, *Global Capital, Political Institutions, and Policy Change in Developed Welfare States* (New York: Cambridge University Press, 2002).
65. 關於各國爭相改革稅制的比較,參見Duane Swank, 'Taxing Choices: International Competition, Domestic Institutions, and the Transformation of Corporate Tax Policy', *Journal of European Public Policy 23*, no. 4 (2016): pp. 571–603.
66. 關於為何小型民主國家促使全球爭相改革稅制,參見Philipp Genschel, Hanna Lierse, and Laura Seelkopf,'Dictators Don't Compete:

uploads/2020/05/The_Great_Inflation_w_Adam:Tooze_2016.pdf
41. Meg Jacobs, Panic at the Pump, pp. 33–4.認為民主會讓政府控制物價上漲的說法，參見Meg Jacobs, *Pocketbook Politics: Economic Citizenship in Twentieth Century America* (Princeton: Princeton University Press, 2007).
42. The 1979 Conservative Party General Election Manifesto, http://www.conservativemanifesto.com/1979/1979-conservative-manifesto.shtml
43. Crozier, Huntington, and Watanuki, *Crisis of Democracy*, p. 9.
44. Scott Lash, 'The End of Neo-Corporatism?The Breakdown of Centralised Bargaining in Sweden', *British Journal of Industrial Relations 23*, no. 2 (1985): pp. 215–39.
45. Quoted Jacobs, *Panic at the Pump*, p. 35.
46. Quoted Jacobs, *Panic at the Pump*, p. 44.
47. James Schlesinger, 'Will War Yield Oil Security?' *Challenge 34*, no. 2 (1991): p. 30.
48. Ronald Reagan, Address to the Nation on the Iran Arms and Contra Aid Controversy, 13 November 1986, https://www.reaganlibrary.gov/archives/speech/address-nation-iran-arms-and-contra-aid-controversy-november-13%961986
49. Richard Nixon, Address to the Nation About National Energy Policy, 7 November 1973, https://www.presidency.ucsb.edu/documents/address-the-nation-about-national-energy-policy
50. Jimmy Carter, Address to the Nation: Energy and the National Goals, 15 July 1979, https://www.jimmycarterlibrary.gov/assets/documents/speeches/energy-crisis.phtml
51. Jacobs, *Panic at the Pump*, ch.5.
52. Jon Henley, 'Gigantic Sleaze Scandal Winds up as Former Elf Oil Chiefs are Jailed', *Guardian*, 13 November 2003, https://www.theguardian.com/business/2003/nov/13/france.oilandpetrol
53. 關於德國基民盟如何利用離岸歐洲美元市場，參見Andrea Binder, 'The Politics of the Invisible: Offshore Finance and State Power, a Country Level Comparison', PhD Dissertation submitted to Cambridge University, January 2019, pp. 81–3.
54. Address by President Eisenhower, 17 January 1961. https://www.eisenhowerlibrary.gov/sites/default/files/research/online-documents/farewell-address/1961-01-17-press-release.pdf

就是麥爾坎・X（Malcolm X）的自傳：Malcom X and Alex Haley, *The Autobiography of Malcolm X* (London: Penguin, 2007).(Originally published by Grove Press, 1965.)

32. Gerstle, American Crucible, pp. 349–57.悲觀者的看法參見ruce D. Porter, 'Can American Democracy Survive?', *Commentary 96* (November 1993): 37–40, https://www.commentarymagazine.com/articles/bruce-porter/can-american-democracy-survive/
33. 羅柏・卡普蘭（Robert Kaplan）認為一九七三年徵兵制的結束，讓美國回到了內戰前「那個沒有規矩、爭鬥不休、整天吵鬧的社會」。Robert D. Kaplan, 'Fort Leavenworth and the Eclipse of Nationhood', *Atlantic Monthly*, September 1996, https://www.theatlantic.com/magazine/archive/1996/09/fort-leavenworth-and-the-eclipse-of-nationhood/376665/
34. 有些知識分子認為，美國就是因為民主過頭才會輸掉越戰。David Runciman, *The Confidence Trap: A History Of Democracy in Crisis from World War I to the Present*, updated edition (Princeton: Princeton University Press), pp. 189–95.
35. Michael J. Crozier, Samuel P. Huntington, and Jojo Watanuki, *The Crisis of Democracy: Report on the Governability of Democracies to the Trilateral Commission* (New York: New York University Press, 1975), p.2.
36. Crozier, *Huntington, and Watanuki, The Crisis of Democracy*, p. 113.
37. Crozier, *Huntington, and Watanuki, The Crisis of Democracy*, p. 164.
38. Mark Blyth and Matthias Matthijs, 'Black Swans, Lame Ducks, and the Mystery of IPE's Missing Macro-Economy', *Review of International Political Economy 24*, no. 2 (2017): pp. 210–11.
39. Meg Jacobs, *Panic at the Pump: The Energy Crisis and the Transformation of American Politics in the 1970s* (New York: Hill and Wang, 2017), p. 94.
40. Jacobs, Panic at the Pump, 33.史提芬・艾奇（Stefan Eich）與亞當・圖澤（Adam Tooze）的看法與我相同，我們都認為通膨的持續不是民主過頭造成的。Stefan Eich and Adam Tooze, 'The Great Inflation' in *Vorgeschichte der Gegenwa: Dimensionen des Strukturbruchs nach dem Boom*, edited by Anselm Doering-Manteuffel, Lutz Raphael, and Thomas Schlemmer (Göttingen: Vandenhoeck and Ruprecht: 2016).In English at https://mk0adamtoozept2ql1eh.kinstacdn.com/wp-content/

First Century (Cambridge, MA: Harvard University press, 2014), pp. 146–50.

19. Ian Kershaw, 'War and Political Violence in Twentieth Century Europe', *Contemporary European History 14*, no. 1 (2005): p. 120.
20. 雖然奧地利戰後一直有泛德意志（pan-German）政黨，但這類政黨到了一九八〇年代才有辦法進入政府。
21. William Safran, 'State, Nation, National Identity, and Citizenship: France as a Test Case', *International Political Science Review 12*, no. 3 (1991): p 221.
22. 關於長期以來，人們如何用法國大革命和法蘭西民族高呼的理想，來反對法國的帝國主義，參見Lorelle Semley, *To Be Free and French: Citizenship in France's Atlantic Empire* (Cambridge: Cambridge University Press, 2017).
23. Safran, 'State, Nation, National Identity, and Citizenship', p. 225.
24. Safran, 'State, Nation, National Identity, and Citizenship', pp. 226–31.
25. 歷史學家的相關爭論，參見Maier, *The Unmasterable Past*。關於憲政愛國主義（constitutional patriotism）如何團結德國人，參見Jan-Werner Müller, *Another Country: German Intellectuals, Unification, and National Identity* (London: Yale University Press, 2000).
26. 關於英國國民購買的國債，對軍費有多大幫助，參見
27. Robert Colls, *Identity of England* (Oxford: Oxford University Press, 2004), pp. 124–6.英國二戰期間的「全民抗戰」(the people's war）概念，參見Angus Calder, *The People's War: Britain 1939–45* (London: Pimlico, 1992).
28. 之後有人以馬克思主義的框架，將此說法重新整理為另一個具有影響力的論證。參見Tom Nairn, *The Break-up of Britain* (London: Verso, 1981).
29. Gary Gerstle, *American Crucible: Race and Nation in the Twentieth Century, revised edition* (Princeton: Princeton University Press, 2016), pp. 197–9.Lawrence R. Samuel, *Pledging Allegiance: American Identity and the Bond Drive of World War* (Washington, DC: Smithsonian Institution Press, 1997).
30. Martin Luther King Jr, Speech in Atlanta, 10 May 1967, https://www.theatlantic.com/magazine/archive/2018/02/martin-luther-king-hungry-club-forum/552533/
31. See Gerstle, American Crucible, ch.7.黑人民族主義最有力的主張

Princeton University Press, 2014).
7. Jürgen Habermas, 'Yet Again: German Identity: A Unified Nation of Angry DM-Burghers?' *New German Critique 52* (January 1991): p. 86.
8. Charles S. Maier, *The Unmasterable Past: History, Holocaust, and German National Identity*, revised edition (Cambridge, MA: Harvard University Press, 1998), p. 7.
9. 英國戰後如何用經濟政策凝聚民族意識，參見David Edgerton, *The Rise and Fall of the British Nation: A Twentieth-Century History* (London: Allen and Lane, 2018).
10. Helen Thompson, *Might, Right, Prosperity and Consent: Representative Democracy and the International Economy 1919–2001* (Manchester: Manchester University Press, 2008), pp. 107–13.
11. See Nelson Lichenstein, *State of the Union: A Century of American Labor* (Princeton: Princeton University Press, 2002), ch.4.
12. Meg Jacobs, 'The Uncertain Future of American Politics, 1940–1973' in *American History Now*, edited by Eric Foner and Lisa McGirr (Philadelphia: Temple University Press, 2011), p. 160.
13. Jacobs, 'The Uncertain Future of American Politics, 1940–1973', pp. 158–62.
14. William Childs, *The Texas Railroad Commission: Understanding Regulation in America to the Mid-Twentieth Century* (College Station: Texas A&M University Press, 2005), pp. 237–40.
15. Walter Scheidel, *The Great Leveller: Violence and the History of Inequality from the Stone Age to the Twenty-First Century* (Princeton: Princeton University Press), pp. 149–59.
16. Scheidel, *The Great Leveller*, pp. 152–3.
17. Scheidel, *The Great Leveller*, p. 166.
18. 戰後各國的稅收政策，參見Sven Steinmo, *Taxation and Democracy: Swedish, British and American Approaches to Financing the Modern State* (London: Yale University Press, 1993).美國徵稅時一直受到限制。參見Meg Jacobs and Julian E. Zelizer, 'The Democratic Experiment: New Directions in American Political History' in *The Democratic Experiment: New Directions in American Political History*, edited by Meg Jacobs, William J. Novak, and Julian E. Zelizer (Princeton: Princeton University Press), pp. 276–300.戰時稅制對戰後稅務的影響，參見Thomas Picketty, *Capital in the Twenty-*

88. Amy E. Hiller, 'Redlining and the Home Owners' Loan Corporation', *Journal of Urban History 29*, no. 4 (2003): pp. 394–420.
89. Katznelson, Fear Itself; Ira Katznelson, *When Affirmative Action Was White: An Untold History of Racial Inequality in Twentieth-Century America* (New York: W.W. Norton, 2005).
90. William Childs, *The Texas Railroad Commission: Understanding Regulation in America to the Mid-Twentieth Century* (College Station: Texas A&M University Press, 2005), pp. 217–24. 在美國嘗試探勘墨西哥灣，開採海上石油的過程中，各州依然繼續聯手阻止全國性石油業規範建立。Tyler Priest, 'The Dilemmas of Oil Empire', *Journal of American History 99*, no. 1 (2012): pp. 239.
91. 德州鐵路委員會的歷史參見 Childs, *The Texas Railroad Commission.*

8. 民主稅務的誕生與衰亡

1. Quoted in B. Bryan, 'Trump wants to go after Amazon', *Business Insider*, 28 March 2018.
2. https://twitter.com/ThierryBreton/status/1285548529113595904
3. 西德的建國過程參見 Peter H. Merkl, *The Origin of the West German Republic* (Oxford: Oxford University Press, 1963).
4. Jan-Werner Müller, 'On the Origins of Constitutional Patriotism', Contemporary Political Theory 5 (2006): p. 282.Peter Graf Kielmansegg, 'The Basic Law, Response to the Past or Design for the Future' in 'Forty years of the Grundgesetz' German Historical Institute Occasional Paper, Washington, DC, 1990, p. 11, https://www.ghdc.org/fileadmin/publications/Occasional_Papers/Forty_Years_of_the_grundgesetz.pdf. 德國聯邦憲法法院的重要性，參見 Justin Collings, *Democracy's Guardians: A History of the German FederalConstitutional Court, 1951–2001* (Oxford: Oxford University Press, 2015;) Michaela Hailbronner, *Traditions and Transformations: The Rise of German Constitutionalism* (Oxford: Oxford University Press, 2015).
5. Benn Steil, *The Battle of Bretton Woods: John Maynard Keynes, Harry Dexter White, and the Making of a New World Order* (Princeton: Princeton University Press, 2013).
6. See Diane Coyle, *GDP: A Brief Affectionate History* (Princeton:

The Political Economy of French Tax Cuts, 1922–1928', *Contemporary European History 27* no.4 (2018): pp. 537–61.關於法國的金融危機、貨幣危機、以及最後的處理方法，參見Ahamed, *The Lords of Finance*, pp. 247–69; Kenneth Mouré, *The Gold Standard Illusion: France, the Bank of France, and the International Gold Standard, 1914–1939* (Oxford: Oxford University Press, 2002), chs.4–5.

77. Winters, *Oligarchy*, pp. 230–2.
78. Quoted in Farquet, 'Capital Flight and Tax Competition After the First World War', p. 558.
79. Frederick Taylor, *The Downfall of Money: Germany's Hyperinflation and the Destruction of the Middle Class* (London: Bloomsbury Publishing, 2013), pp. 351–2.
80. See Daniel Tost, 'German Monetary Mythology', *Handelsblatt*, 31 July 2017, https://www.handelsblatt.com/english/bundesbank-birthday-german-monetary-mythology/23571490.html?ticket=ST-510167-ZyfyCkdvtOlJWndHWxNM-ap1
81. See Robert L. Hetzel, 'German Monetary Policy in the First Half of the Twentieth Century', *Federal Reserve Bank of Richmond Economic Quarterly 88*, no. 1 (2002): pp. 4–8.
82. Gerald Feldman, *The Great Disorder: Politics, Economics, and Society in the German Inflation 1914–1924* (Oxford: Oxford University Press, 1993), p. 4.
83. Quoted Hetzel, 'German Monetary Policy in the First Half of the Twentieth Century', p. 11.
84. Quoted in Ahamed, *The Lords of Finance*, p. 462.
85. 關於當代將羅斯福視為經濟民粹主義者，並主張必須靠這種民粹主義才能度過經濟危機的論述，參見Dani Rodrik, 'Is Populism Necessarily Bad Economics?', *AEA Papers and Proceedings 108* (2018): pp. 196–9.
86. Franklin Roosevelt, Inaugural speech, 4 March 1933, https://avalon.law.yale.edu/20th_century/froos1.asp.羅斯福以經濟政策團結民族的方式，參見Gerstle, *American Crucible*, pp. 128–43, 149–55.
87. Franklin Roosevelt, Speech Accepting the Democratic Party's Re-Nomination for the Presidency, 27 July 1936, https://www.presidency.ucsb.edu/documents/acceptance-speech-for-the-renomination-for-the-presidency-philadelphia-pa

349–83.

68. 蓋瑞・葛斯特（Gary Gerstle）以《美國大熔爐》（*American Crucible*）討論了美國的公民民族主義與血緣民族主義（racial nationalism）這兩種互不相容立場之間的競爭，以及兩者在二十世紀的發展。書中有兩章都以老羅斯福的例子來開場。
69. 關於進步派如何無視民主政治中的階級衝突，參見Shelton Stromquist, *Reinventing 'the People': The Progressive Movement, the Class Problem, and the Origins of Modern Liberalism* (Urbana: University of Illinois Press, 2006).
70. Kazin, *The Populist Persuasion*, p. 20.
71. 關於美元成為國際貨幣，讓紐約的銀行獲得哪些優勢，參見J. Lawrence Broz, *The International Origins of the Federal Reserve System* (Ithaca: Cornell University Press, 2009).
72. Liaquat Ahamed, *The Lords of Finance: 1929, The Great Depression, and the Bankers Who Broke the World* (London: Windmill Books, 2009), p. 56.
73. 美國在一九一七年首次通過法案，限制南歐和東歐的移民，但這些限制最後都沒有效果。關於一九二〇年代的移民法如何影響美國民族建構，參見Gerstle, *American Crucible*, pp. 95–122.
74. Quoted in Boyer, *Cultural and Political Crisis in Vienna*, p. 459.
75. 避稅港的歷史參見Ronan Palan, Richard Murphy, and Christian Chavagneux, *Tax Havens: How Globalisation Really Works* (Ithaca: Cornell University Press, 2009), chs.4 and 5. 英國屬地澤西島（Jersey）變成避稅港的過程參見Mark P. Hampton, 'Creating Spaces. The Political Economy of Island Offshore Finance Centres: The Case of Jersey', *Geographische Zeitschrift 84*, no. 2 (1996): pp. 103–13. 英國富人抵制納稅的現象，參見Andrea Binder, 'The Politics of the Invisible: Offshore Finance and State Power: A Country-Level Comparison', PhD Dissertation submitted to Cambridge University, January 2019, pp. 72–4.
76. 兩次世界大戰期間，民主國家常見的資本外逃問題，參見The League of Nations (Ragnar Nurske), *International Currency Experience: Lessons of the Inter-War Period* (League of Nations, Economic, Financial and Transit Department, 1944), pp. 162–3. 法國在一九二〇年代面臨的稅收不足、資本外逃問題，參見Christophe Farquet, 'Capital Flight and Tax Competition After the First World War:

and John Jay, *The Federalist: With Letters of Brutus*, edited by Terence Ball (Cambridge: Cambridge University Press 2003), p. 307.

57. Alexander Hamilton, 'Federalist 1' in Hamilton, Madison and Jay, *The Federalist*, p. 3.
58. Brutus, 'Letter IV' in Hamilton, Madison and Jay, *The Federalist: With Letters of Brutus*, p. 458.
59. See Drew R.McCoy, *The Elusive Republic: Political Economy in Jeffersonian America* (Chapel Hill: University of North Carolina Press, 1980), ch.6; Lance Banning, *The Jeffersonian Persuasion: Evolution of a Party Ideology* (Ithaca: Cornell University Press, 1978), chs.5 and 6; E. James Ferguson, *The Power of the Purse: A History of American Public Finance, 1776–1790* (Chapel Hill: University of North Carolina Press, 1961).
60. The Omaha Platform. Available at http://historymatters.gmu.edu/d/5361/
61. 反對者的觀點可參見Thomas Frank, *The People, No: A Brief History of Anti-Populism* (New York: Metropolitan Books, 2020); Barry Eichengreen, *The Populist Temptation: Economic Grievance and Political Reaction in the Modern Era* (Oxford: Oxford University Press, 2018), ch 2. 等文獻。
62. 關於民粹派如何高呼勞工才是美國的主人，參見Michael Kazin, *The Populist Persuasion: An American History, revised edition* (Ithaca: Cornell University Press, 1995), pp. 13–15.
63. Quoted in Kazin, *The Populist Persuasion*, p. 45.
64. Speech by William Jennings Bryan at the Democratic National Convention in Chicago, 9 July 1896, http://historymatters.gmu.edu/d/5354/
65. 引自Kazin, *The Populist Persuasion*, p. 44.
66. Rogers M. Smith, 'The "American Creed" and American Identity: The Limits of Liberal Citizenship in the United States', Wes*tern Political Quarterly 41* (June 1981): pp. 235–6, 243–5; John Higham, *Strangers in the Land: Patterns of American Nativism, 1860–1925*, revised edition (New Brunswick: Rutgers University Press, 2002).
67. 公投未必能夠讓普羅大眾對抗資本家。企業和專家早就知道該如何利用全民選舉來謀取自己的利益。參見Daniel A. Smith and Joseph Lubinski, 'Direct Democracy During the Progressive Era: A Crack in the Populist Veneer?', *Journal of Policy History 14*, no. 4 (2002): pp.

41. See John Dunn, *Setting the People Free: The Story of Democracy* (London: Atlantic Books, 2005); John Dunn, 'Conclusions' in *Democracy: The Unfinished Journey 508 BC to 1993*, edited by John Dunn (Oxford: Oxford University Press, 1993), pp. 250–60.
42. 美國在內戰期間開始徵收所得稅，之後於一八七二年廢除。
43. Winters, Oligarchy, pp. 227–9. 美國所得稅在政治上的演變，參見 John Whitte, *The Politics and Development of the Federal Income Tax* (Madison: University of Wisconsin Press, 1986).
44. Scheidel, *The Great Leveller*, pp. 143–9.
45. See William H. Riker, *Liberalism Against Populism: A Confrontation Between the Theory of Democracy and the Theory of Social Choice* (San Francisco: W.H. Freeman, 1982).
46. Max Weber, 'Parliament and Government in Germany' in Weber, *Political Writings*, pp. 219–22; Max Weber, 'The Profession and Vocation of Politics' in Weber, Political Writings, pp. 331, 342–3.
47. Tomáš Sedláček, *Economics of Good and Evil: The Quest for Economic Meaning from Gilgamesh to Wall Street* (Oxford: Oxford University Press, 2013), pp. 76–8.
48. James Macdonald, *A Free Nation Deep in Debt: The Financial Roots of Democracy* (New York: Farrar, Straus, & Giroux, 2003), p. 373. 羅馬共和被債務壓垮的教訓，更強化了這種觀點。
49. Macdonald, *A Free Nation Deep in Debt*, ch.8.
50. 這是路易・拿破崙在籌措克里米亞戰爭經費時首創的方法。關於各國如何在十九世紀中葉，開始請公民購買國債，參見 Macdonald, *A Free Nation Deep in Debt*, pp. 377–464.
51. 引自 Macdonald, *A Free Nation Deep in Debt*, p. 396.
52. Machiavelli, *The Discourses*, edited by Bernard Crick and trans.Leslie Walker (London: Penguin, 1970), pp. 385 and 385–7.
53. Machiavelli, *The Discourses*, pp. 201, 202.
54. 關於馬基維利為何支持格拉古兄弟的土地改革策略，卻又認為格拉古兄弟用舊有的法律來改革的方法過於謹慎，參見 John P. McCormick, 'Machiavelli and the Gracchi: Prudence, Violence and Redistribution', *Global Crime 10*, no. 4 (2009): pp. 298–305.
55. Gregory Ablavsky, 'The Savage Constitution', *Duke Law Journal 63*, no. 5 (2014): pp. 999–1089.
56. James Madison, 'Federalist 63' in Alexander Hamilton, James Madison,

25. 麥可·曼(Michael Mann)認為歷史上的民主都和種族清洗有著密切關係。*The Dark Side of Democracy: Explaining Ethnic Cleansing* (Cambridge: Cambridge University Press, 2004).
26. 關於林肯《蓋茲堡演說》如何重新想像了美國民族,參見Garry Wills, *Lincoln at Gettysburg: The Words that Remade America* (New York: Simon &Schuster, 1992). 關於內戰如何重塑了美國民族的意義,參見James M. McPherson, *The War that Forged a Nation: Why the Civil War Still Matters* (New York: Oxford University Press, 2015).
27. Yack, 'Popular Sovereignty and Nationalism', p. 521.
28. 關於美國如何排除那些可能不夠忠誠的人,參見Gary Gerstle, *American Crucible: Race and Nation in the Twentieth Century*, revised edition (Princeton: Princeton University Press, 2017), ch.3.
29. See John Boyer, *Political Radicalism in Late Imperial Vienna: Origins of the Christian Social Movement, 1848–1897* (Chicago: University of Chicago Press, 1981); John Boyer, *Cultural and Political Crisis in Vienna: Christian Socialism in Power, 1897–1918* (Chicago: University of Chicago Press, 1995).
30. J.G.A. Pocock, *The Machiavellian Moment: Florentine Political Thought and the Atlantic Political Tradition* (Princeton: Princeton University Press, 1975), p. 77.
31. Polybius, *The Rise of the Roman Empire*, edited by F.W. Walbank and trans.Ian-Scott Kilvert (London: Penguin 1979), p. 350.
32. Polybius, *The Rise of the Roman Empire*, p. 350.
33. Polybius, *The Rise of the Roman Empire*, p. 310.
34. Polybius, *The Rise of the Roman Empire*, p. 311.
35. Polybius, *The Rise of the Roman Empire*, p. 350.
36. Polybius, *The Rise of the Roman Empire*, p. 350.
37. 這個能力的重要性,詳見Jeffrey A. Winters, *Oligarchy* (Cambridge: Cambridge University Press, 2011), pp. 26–31.
38. Peter Fraser, 'Public Petitioning and Parliament Before 1832', *History 46*, no. 158 (1961): pp. 195–211.
39. 英國一九七〇年代以來的土地政治,詳見Brett Christophers, *The New Enclosure: The Appropriation of Public Land in Neoliberal Britain* (London: Verso, 2019).
40. Richard Johnson, *The End of the Second Reconstruction* (Cambridge: Polity, 2020), pp. 40–1.

József Eötvös', *Slavonic and East European Review 48*, no. 113 (1970): pp. 582–97.

13. Istvan Hont, *Jealousy of Trade: International Competition and the Nation-State in Historical Perspective* (Cambridge, MA: Harvard University Press, 2010), ch.7.
14. 關於民族意識必須誕生於戰爭，參見Howard, 'War and the Nation-state', pp. 101–10.
15. Max Weber, 'Suffrage and Democracy' in Max Weber, *Political Writings*, edited by Peter Lassman and Ronald Speirs (Cambridge: Cambridge University Press, 1994), pp. 80–129.
16. Walter Scheidel, *The Great Leveller: Violence and the History of Inequality from the Stone Age to the Twenty-First Century* (Princeton: Princeton University Press, 2018), pp. 168–9.
17. William Saffran, 'State, Nation, National Identity, and Citizenship: France as a Test Case', *International Political Science Review 12*, no. 3 (1991): p. 222.
18. Yack, 'Popular Sovereignty and Nationalism', p. 520.
19. See Alexandre Grandazzi, *The Foundation of Rome: Myth and History* (Ithaca: Cornell University Press, 2000).
20. 引自Robert Tombs, France 1814–1914 (London: Longman, 1996), p, 370.關於歐洲國家如何利用外交政策與帝國擴張來建設民族意識，參見Helen Thompson, *Might, Right, Prosperity and Consent: Representative Democracy and the International Economy, 1919–2001* (Manchester: Manchester University Press), pp. 32–6.
21. 關於法國在第三共和期間，如何用語言和國民教育建設民族意識，參見Eugene Weber, *Peasants into Frenchmen: The Modernisation of Rural France, 1870–1914* (Stanford: Stanford University Press, 1976).
22. 關於德國和法國的社會主義，分別如何影響這兩國的民族意識，參見Sheri Berman, *The Primacy of Politics: Social Democracy and the Making of Europe's Twentieth Century* (Cambridge: Cambridge University Press, 2006).
23. Saul Dubow and Gary Gerstle, 'Race, Ethnicity and Nationalism' in *A Cultural History of Democracy in the Modern Age*, edited by Eugenio Biagini and Gary Gerstle (London: Bloomsbury, 2021), p. 151.
24. Will Kymlicka, 'Modernity and Minority Nationalism: Commentary on France', *Ethics and International Affairs 11* (March 1997): pp. 171–12.

Lecture, 1 July 2020, https://www.gov.uk/government/speeches/the-privilege-of-public-service-given-as-the-ditchley-annual-lecture

2. 關於羅斯福新政成為民主改革的原型，參見Ira Katznelson, *Fear Itself: The New Deal and the Origins of Our Times* (New York: Liveright, 2013), pp. 4–7, 476–7. 關於一九三〇與一九四〇年代（包括戰爭結束後）看衰民主的思潮，參見Katznelson, *Fear Itself*, chs.1 and 3.
3. See John Dunn, *Breaking Democracy's Spell* (New Haven: Yale University Press, 2014).
4. Benedict Anderson, *Imagined Communities: Reflections on the Origins and Spread of Nationalism* (London: Verso, 1983).
5. 許多研究都討論了民族國家與民族主義如何出現。關於民族的起源，尤其是民族是否到了現代（modern era）才出現，學術界歧見甚大。各種觀點的整理，參見Anthony Smith, *Nationalism and Modernism* (London: Routledge, 1998).
6. Michael Howard, 'War and the Nation-State', *Daedalus 108*, no. 4 (1979): p. 109.
7. Helmut Kohl's Ten-Point Plan for German Unity, 28 November 1989, http://ghdi.ghi-dc.org/sub_document.cfm?document_id=223
8. 民主與民族之間的關係，參見Margaret Canovan, 'Democracy and Nationalism' in *Democratic Theory Today*, edited by April Carter and Geoffrey Stokes (Cambridge: Polity, 2000), pp. 149–70; Bernard Yack, 'Popular Sovereignty and Nationalism', *Political Theory* 29, no. 4 (2001): pp. 517–36. 哲學性的論證參見David Miller, 'Bounded Citizenship' in *Cosmopolitan Citizenship*, edited by Kimberley Hutchings and Roland Dannreuther (London: Macmillan, 1990), pp. 60–80. 關於彌爾為何認為民族國家只能採取民主制，參見*Considerations on Representative Government* (Cambridge: Cambridge University Press, 2011), ch.16.(First published in 1861.)
9. Howard, 'War and the Nation-state', p. 102.
10. 此主張詳見Margaret Canovan, *The People* (Cambridge: Polity Press, 2005), pp. 57–63.
11. Canovan, *The People*, p. 31.
12. 匈牙利政治人物兼作家，尤瑟夫・厄托許（József Eötvös）提過一個有力的論證，指出只要體制允許階級差異，就不可能建立民族意識。該論證的簡述參見Mervyn Jones, 'The Political Ideas of Baron

Transnationalization and the Infrastructural Power of International Financial Centres', *Review of International Political Economy*, published online 13 April 2020, https://www.tandfonline.com/doi/full/10.1080/09692290.2020.1748682
97. David Cameron, 'My Visit Can Begin a Relationship to Benefit China, Britain and the World', *Guardian*, 2 December 2013, https://www.theguardian.com/commentisfree/2013/dec/02/david-cameron-my-visit-to-china
98. James Kynge, 'China Poised to Issue Sovereign Debt in Renminbi in London', *Financial Times*, 13 October 2015. https://www.ft.com/content/5ef6329c-71c9-11e5-9b9e-690fdae72044 BBC News, 'George Osborne on UK's "Golden Era" as China's "Best Partner in the West" ', 23 October 2015, https://www.bbc.co.uk/news/av/uk-34621254
99. Reuters Staff, 'Don't Sacrifice Hong Kong for a Banker's Bonus, UK Tells HSBC', *Reuters*, 1 July 2020, https://www.reuters.com/article/us-hongkong-protests-britain-banks-idUSKBN2425WI
100. Guy Chazan, 'Merkel Comes Under Fire at Home for China Stance', *Financial Times*, 7 July 2020, https://www.ft.com/content/bf1adef9-a681-48c0-99b8-f551e7a5b66d
101. Jakob Hanke Vele, Giorgio Leali, and Barbara Moens, 'Germany's Drive for EU-China Deal Draws Criticism from Other EU Countries', *Politico*, 1 January 2021, https://www.politico.eu/article/germanys-drive-for-eu-china-deal-draws-criticism-from-other-eu-countries/
102. 引自 David Dayen, 'Corporate Rescue: How The Fed Bailed Out the Investor Class Without Spending a Cent', *The Intercept*, 27 May 2020, https://theintercept.com/2020/05/27/federal-reserve-corporate-debt-coronavirus/
103. David Dayen, 'Corporate Rescue'.
104. 關於來自中國的地緣政治衝擊，如何影響了歐盟的發展之路，參見 Scott Lavery and David Schmid, 'European Integration and the New Global Disorder', *Journal of Common Market Studies*, published online 12 February 2021, https://doi.org/10.1111/jcms.13184

7. 民主時刻

1. Michael Gove, 'The Privilege of Public Service', Ditchley Annual

Threat to Global Trade?' Council on Foreign Relations Backgrounder, 13 May 2019, https://www.cfr.org/backgrounder/made-china-2025-threat-global-trade

89. Sophie Meunier, 'Beggars Can't Be Choosers: The European Crisis and Chinese Direct Investment in the European Union', *Journal of European Integration 36*, no. 3 (2014): pp. 284–91.
90. Thilo Hanemann, Mikko Huotari, and Agatha Kratz, 'Chinese FDI in Europe: 2018 Trends and Impact on New Screening Policies', Mercator Institute for Chinese Studies, 6 March 2019, p. 8. https://merics.org/en/report/chinese-fdi-europe-2018-trends-and-impact-new-screening-policies
91. Heather A. Conley and Jonathan E. Hillman, 'The Western Balkans with Chinese Characteristics', Centre for Strategic International Studies, *Commentary*, 30 July 2019. https://www.csis.org/analysis/western-balkans-chinese-characteristics
92. Facts about German Foreign Trade, Federal Ministry for Economic Affairs and Energy, September 2019, p. 5, https://www.bmwi.de/Redaktion/EN/Publikationen/facts-about-german-foreign-trade.html
93. 關於德國與中國的貿易順差造成的問題，之間有哪些共通點；以及為何德國貿易順差在二〇〇八年之後更根深蒂固，參見Guonan Ma and Robert N. McCauley, 'Global and Euro Imbalances: China and Germany', BIS Working Papers No. 424, 5 September 2013, https://www.bis.org/publ/work424.htm 美國財政部在二〇一三的報告中指出，德國貿易順差盈餘，可能會讓全球進入通貨緊縮，US Treasury Department, *Report to Congress on International Economic and Exchange Rate Policies*, Washington DC: US Department of the Treasury, 30 October 2013, p. 3.
94. Laurens Cerulus, 'How US Restrictions Drove Deutsche Telecom and Huawei Closer Together', *Politico*, 8 July 2020, https://www.politico.eu/article/deutsche-telekom-huawei-us-security-measures/
95. Hanemann, Huotari, and Kratz, 'Chinese FDI in Europe', p. 12.
96. 關於英國政府與倫敦為了讓該城市成為離岸人民幣中心，所嘗試過的策略，參見Jeremy Green, 'The Offshore City, Chinese Finance, and British Capitalism: Geo-Economic Rebalancing under the Coalition Government', *British Journal of Politics and International Relations 20*, no.2 (2018): pp. 285–302; Jeremy Green and Julian Gruin, 'RMB

Prospects for 1997 and Beyond' in *Hong Kong's Transitions, 1842–1997*, edited by Rosemary Foot and Judith M. Brown (Basingstoke: Palgrave, 1996), pp. 166–91.

79. David C. Donald, *A Financial Centre for Two Empires: Hong Kong's Corporate, Securities and Tax Laws in its Transition from Britain to China* (Cambridge: Cambridge University Press, 2014), p. 2.
80. 關於人民幣國際化為何無法跳脫美元陷阱，參見Eswar S. Prasad, *The Dollar Trap: How the US Dollar Tightened its Grip on Global Finance* (Princeton: Princeton University Press, 2015).
81. Mark Carney 'The Growing Challenges for Monetary Policy in the Current International Monetary and Financial System', speech at the Jackson Hole Symposium, 23 August 2019.
82. Trading Economics, China's Gross External Debt, https://tradingeconomics.com/china/external-debt
83. Colby Smith, 'China's Currency Will Not Replace the US Dollar', *Financial Times*, 19 September 2018. 中國二〇一五至二〇一六的金融危機，參見Tooze, *Crashed*, ch.25.
84. 引自He Wei, 'How China's Mystery Author Called its Economic Slowdown', FT Confidential Research, *Financial Times*, 25 October 2018, https://www.ft.com/content/69002a74-c52a-435a-b381-07cb5feae0d5
85. IMF World Economic Outlook Update, 22 January 2018, p. 2. https://www.imf.org/en/Publications/WEO/Issues/2018/01/11/world-economic-outlook-update-january-2018
86. IMF World Economic Outlook, October 2019: Global Manufacturing Downturn, Rising Trade Barriers, p.xiv.https://www.imf.org/en/Publications/WEO/Issues/2019/10/01/world-economic-outlook-october-2019
87. Daniel Shane, 'Alibaba's Debut in Hong Kong Signals Change in Beijing's Mindset', *Financial Times*, 4 December 2019, https://www.ft.com/content/5257d548-1686-11ea-8d73-6303645ac406
88. See Brad Setser, 'Testimony Before the Senate Committee on Small Business and Entrepreneurship, Hearing on Made in China 2025 and the Future of American Industry', 27 February 2019, https://www.govinfo.gov/content/pkg/CHRG-116shrg35699/html/CHRG-116shrg35699.htm James McBride and Andrew Chatzky, 'Is "Made in China 2025" a

Nationalism—The Case of China', *Pacific Affairs 92*, no. 2 (2019): pp. 211–34; Benjamin Cohen, 'Renminbi Internationalization, a Conflict of Statecraft', Chatham House Research Paper, March 2017, https://www.chathamhouse.org/sites/default/files/publications/research/2017-03-20-renminbi-internationalization-statecraft-cohen.pdf. 中國領導人對地緣政治力量和貨幣的看法，參見Eric Helleiner and Jonathan Kirshner, 'The Politics of China's International Monetary Relations' in *The Great Wall of Money: Power Politics and China's International Monetary Relations*, edited by Eric Helleiner and Jonathan Kirshner (Ithaca: Cornell University Press, 2014), pp. 1–22. 貨幣戰問題參見Benjamin J. Cohen, *Currency Statecraft: Monetary Rivalry and Geopolitical Ambition* (Chicago: University of Chicago Press, 2018).

73. Zhou Xiaochuan, 'Reform the International Monetary System', *BIS Review 41* (2009), p. 1, https://www.bis.org/review/r090402c.pdf
74. 關於美元霸權為何難以動搖，而且不易受到中國挑戰，參見 see Benjamin J. Cohen, *Currency Power: Understanding Monetary Rivalry* (Princeton: Princeton University Press, 2015). Eric Helleiner, *The Status Quo Crisis: Global Financial Governance After the 2008 Meltdown* (Oxford: Oxford University Press, 2014); Harold James, 'The Enduring International Pre-Eminence of the Dollar' in *The Future of the Dollar, edited by Eric Helleiner and Jonathan Kirshner* (Ithaca: Cornell University Press, 2009), pp. 24–44. 關於金融危機後的美國實力可能面臨嚴重挑戰，參見Jonathan Kirshner, *American Power After the Financial Crisis* (Ithaca: Cornell University Press, 2014); Barry Eichengreen, *Exorbitant Privilege: The Rise and Fall of the Dollar and the Future of the International Monetary System* (New York: Oxford University Press, 2011).
75. 中國領導階層在金融危機前考慮過這種方案，但最後否決，參照 Helleiner and Wang, 'The Richness of Financial Nationalism', p. 223.
76. Benjamin J. Cohen, 'Renminbi Internationalization, a Conflict of Statecraft', Chatham House Research Paper, March 2017, p. 1.
77. Cohen, 'Renminbi Internationalization, a Conflict of Statecraft', p. 5.
78. See Yu-wai Vic Li, 'Hong Kong in China's Financial Globalization: Market Power and Political Leverage', *Asian Survey 58*, no. 3 (2018): pp. 439–63. 關於香港在九七移交之前的經濟全球化程度，參見 Michael Taylor, 'Hong Kong's Economy and its Global Connections:

SPEECH_17_3165

63. 法國最初對歐元區改革的樂觀態度，參見Charles Grant, 'Macron's Plans for the Euro', Centre for European Reform Insight, 23 February 2018, https://www.cer.eu/insights/macrons-plans-euro
64. Emmanuel Macron, 'Initiative on Europe', speech at the Sorbonne, 26 September 2017, http://international.blogs.ouest-france.fr/archive/2017/09/29/macron-sorbonne-verbatim-europe-18583.html
65. 「新漢薩同盟」的出現，參見 'Gang of Eight: Euro-zone Reforms', Economist, 8 December 2018; Christian Reiermann and Peter Müller, 'The Sputtering German-French Motor', *Spiegel International*, 11 December 2018.
66. See Adam Tooze, ' "Coronabonds' and Europe's North-South Divide', *Social Europe*, 13 April 2020, https://www.socialeurope.eu/corona-bonds-and-europes-north-south-divide
67. 這段決策的故事，參見Victor Mallet, Guy Chazan, and Sam Fleming, 'The Chain of Events that Led to Germany's Change Over Europe's Recovery Fund', *Financial Times*, 22 May 2020, https://www.ft.com/content/1d8853f4-726d-4c06-a905-ed2f37d25eee
68. 'German ECB Ruling Should "Spur" More Eurozone Integration: Merkel', *Euractiv*, 14 May 2020, https://www.euractiv.com/section/future-eu/news/german-ecb-ruling-should-spur-more-eurozone-integration-merkel/
69. 許多人提出「漢米爾頓時刻論」，例如Anatole Kaletsky, 'Europe's Hamiltonian Moment', *Project Syndicate*, 21 May 2020, https://www.project-syndicate.org/commentary/french-german-european-recovery-plan-proposal-by-anatole-kaletsky-2020%9605?barrier=accesspaylog. 我也寫過相關反駁，參見Helen Thompson, 'Pandemic Borrowing', *International Politik Quarterly*, 27 November 2020, https://ip-quarterly.com/en/pandemic-borrowing
70. 'Germany Gains Most from Relaxed State Aid Rules', *Euractiv*, 4 May 2020, https://www.euractiv.com/section/competition/news/germany-gains-most-from-relaxed-eu-state-aid-rules/
71. 沃夫岡・孟肖（Wolfgang Munchau）討論過這種負面情緒，參見'How to Face Down Orban', *Eurointelligence*, 21 November 2020, https://www.eurointelligence.com/column/enhanced-cooperation
72. See Eric Helleiner and Hongying Wang, 'The Richness of Financial

merkel-into-a-corner-a-1044259.html; Ian Traynor, 'Three Days that Saved the Euro', *Guardian*, 22 October 2015. https://www.theguardian.com/world/2015/oct/22/three-days-to-save-the-euro-greece

55. Mario Draghi, Introductory Statement to the Press Conference (with Q&A), ECB, 26 July 2018, https://www.ecb.europa.eu/press/pressconf/2018/html/ecb.is180726.en.html
56. 更詳盡的相關討論參見Helen Thompson, 'How the City of London Lost at Brexit: A Historical Perspective', *Economy and Society 46*, no. 2 (2017): pp. 211–28.
57. 捷克共和國在二〇一一年十二月的歐盟高峰會上並未反對《財政協定》，但在二〇一二年一月表示不會加入。然而到了二〇一九年，它還是加入了。
58. 卡麥隆的策略有個大漏洞：這招要能成功，它得先讓黨內同志同意。
59. 卡麥隆手中唯一的籌碼，就是阻止其他歐盟國家利用歐盟機構，去簽訂一個位於歐盟法律框架之外的條約。當然，卡麥隆自己也清楚一個非歐元區的成員國，實在沒什麼條件去阻止其他成員國簽約，於是最後只好屈服於梅克爾的立場，要求歐元區訂立更嚴格的財政規則。
60. 更詳盡的論證參見Helen Thompson, 'Inevitability and Contingency: The Political Economy of Brexit', British Journal of Politics and International Relations 19, no.3 (2017): pp. 434–49.英國駐歐盟前大使也有類似論點，參見Ivan Rogers, 'Cameron's Brexit referendum', Lecture at Hertford College, Oxford, 24 November 2017. Published by Politico at https://www.politico.eu/article/ivan-rogers-david-cameron-speech-transcript-brexit-referendum/；遷徙自由對脫歐公投的影響，參見Matthew Goodwin and Caitlin Milazzo, 'Taking Back Control?' Investigating the Role of Immigration in the 2016 Vote for Brexit', *British Journal of Politics and International Relations 19*, no. 3 (2017): pp. 450–64.
61. 英國在歐洲單一市場中的權威性，參見Matthias Matthijs, Craig Parsons, and Christina Toenshoff, 'Ever Tighter Union?Brexit, Grexit, and Frustrated Differentiation in the Single Market and Eurozone', *Comparative European Politics 17*, no. 2 (2019): pp. 209–30.
62. Jean-Claude Juncker, State of the Union Address 2017, 13 September 2017, https://ec.europa.eu/commission/presscorner/detail/en/

46. Peter Spiegel, *How the Euro Was Saved, Kindle Edition* (London: Financial Times, 2014), ch.1.
47. Spiegel, *How the Euro Was Saved*, ch.1.
48. Guardian, 'Eurozone Crisis Live: Row after Merkel "Suggests Greece Hold Euro Referendum" ', 18 May 2012, https://www.theguardian.com/business/2012/may/18/eurozone-crisis-stock-markets-greece-spain
49. Spiegel, *How the Euro Was Saved*, chs.1–2.
50. 關於紓困條件如何限制了希臘的經濟成長，參見*Independent Evaluation Office of the International Monetary Fund, The IMF and the Crises in Greece, Ireland and Portugal* (Washington DC: IMF, 2016).
51. Spiegel International staff, 'Interview with ECB President, Mario Draghi', Spiegel International staff, 29 October 2012, http://www.spiegel.de/international/europe/spiegel-interview-with-ecb-president-mario-draghi-a-863971.html
52. 即使祭出至今尚未使用的直接貨幣交易（Outright Monetary Transactions），大概也難以緩解這種困境。直接貨幣交易只能援助已經位於主權援助計畫中的國家，義大利、西班牙這些國家都不適用。此外，德國質疑該方案的合法性。德國憲法法院認為此方案可能超出了歐洲央行的權限，並且會損害德國聯邦議院的財政責任，因此它請求歐洲法院進行判決。結果歐洲法院的總檢察長，在希臘大選前十天表達支持直接貨幣交易，認為它在某些條件下符合歐盟條約，而且這樣才能讓市場撥亂反正，撇除那些歐元區即將崩解的謠言。德國聯邦憲法法院的決定參見Niels Petersen, 'Karlsruhe Not Only Barks, But Finally Bites－Some Remarks on the OMT Decision of the German Constitutional Court', *German Law Journal 15*, no. 2 (2014): pp. 321–29.歐洲法院說法的內部矛盾參見Michael A. Wilkinson, 'The Euro Is Irreversible!…or is it?: On OMT, Austerity and the Threat of "Grexit" ', *German Law Journal 16*, no. 4 (2015): pp. 1049–72.
53. Mario Draghi, Introductory Statement to the Press Conference (with Q&A), EC, 22 January 2015, https://www.ecb.europa.eu/press/pressconf/2015/html/is150122.en.html
54. 各國試圖把希臘趕出歐元區的故事，參見Spiegel International Staff, 'A Government Divided: Schäuble's Push for Grexit Puts Merkel on the Defensive', *Spiegel International*, 17 July 2015 https://www.spiegel.de/international/germany/schaeuble-pushed-for-a-grexit-and-backed-

and Growth Pact', *British Journal of Politics and International Relations 8*, no. 3 (2006): pp. 351–67.

37. 義大利的債務危機，參見Erik Jones 'Italy's Sovereign Debt Crisis', *Survival 54* no.1 (2012): pp. 83–110.
38. Timothy Geithner, *Stress Test: Reflections on Financial Crises* (New York: Crown Publishing Group) p. 476.
39. 此事件的細節請見Angel Pascual-Ramsay, 'The Management of the Economic Crisis in Spain by the PSOE Government: A Domestic Political Perspective', PhD Dissertation submitted to Cambridge University, 20 May 2017, ch.6.
40. Economist, 'Spanish Practices', *Economist*, 18 February 2012. https://www.economist.com/europe/2012/02/18/spanish-practices
41. 歐元區的這項決策為何相當於使國家進入「緊急狀態」，參見Kenneth Dyson, 'Sworn to Grim Necessity?Imperfections of European Economic Governance, Normative Political Theory, and Supreme Emergency', *Journal of European Integration 35*, no. 3 (2013): pp. 207–22; Claire Kilpatrick, 'On the Rule of Law and Economic Emergency: The Degradation of Basic Legal Values In Europe's Bailouts', *Oxford Journal of Legal Studies 35*, no. 2 (2015): pp. 325–53; Jonathan White, 'Emergency Europe', *Political Studies 63*, no. 2 (2015), pp. 300–18; Wolfgang Streeck, 'Heller, Schmitt and the Euro', *European Law Journal 21*, no. 3 (2015): pp. 361–70; Jonathan White, *Politics of Last Resort: Governing by Emergency in the European Union* (Oxford: Oxford University Press, 2019).
42. Jean-Claude Trichet (2012) Speech: 'Lessons from the Crisis: Challenges for the Advanced Economies and for the European Monetary Union', Eleventh annual Stavros Niarchos lecture, 17 May 2012, https://piie.com/publications/papers/transcript-20120518niarchos-trichet.pdf
43. Speech by Mario Draghi, President of the European Central Bank at the Global Investment Conference in London, 26 July 2012, https://www.bis.org/list/speeches/author_mario+draghi/page_11.htm
44. 引自K. Gebert, 'A Place at the Top Table?: Poland and the Euro Crisis', European Council on Foreign Relations, February 2012, https://ecfr.eu/wp-content/uploads/Poland_final.pdf
45. Trebesch and Zettelmeyer, 'ECB Interventions in Distressed Sovereign Debt Markets', p. 295.

Loedel, The European Central Bank: *The New European Leviathan?* (London: Palgrave Macmillan, 2005).

27. 關於歐洲銀行業如何釀出歐債危機，參見Mark Blyth, *Austerity: The History of a Dangerous Idea* (New York: Oxford University Press, 2013), ch.3.
28. Helen Thompson, 'Enduring Capital Flow Constraints and the 2007–2008 Financial and Euro Zone Crises', *The British Journal of Politics and International Relations 18*, no. 1 (2016): pp. 216–33.
29. 引自 Wolfgang Proissl, 'Why Germany Fell out of Love with Europe', Bruegel Essay and Lecture Series, Brussels, 30 June 2010, p. 10.
30. Blyth, *Austerity*, ch.3; Alison Johnston and Aidan Regan, 'European Monetary Integration and the Incompatibility of National Varieties of Capitalism', *Journal of Common Market Studies 54*, no. 2 (2016), pp. 318–36; Heiner Flassbeck, 'Wage Divergence in Euroland: Explosive in the Making' in *Europe and the World Economy: Global Player or Global Drag?*, edited by Jürg Bibow and Andrea Terzi (Basingstoke: Palgrave Macmillan, 2007), pp. 43–52.
31. See Paul De Grauwe, 'The European Central Bank as a Lender of Last Resort', Vox, 18 August 2011, https://voxeu.org/article/european-central-bank-lender-last-resort
32. See Blyth, *Austerity*, ch.3.
33. 關於歐洲央行這種政策在法律上不具備權威的問題，參見Nicole Scicluna, 'Integration through the Disintegration of Law: The ECB and EU Constitutionalism in Crisis', *Journal of European Public Policy 25*, no. 12 (2018): pp. 1874–91; Christian Kreuder-Sonnen, 'Beyond Integration Theory: The (Anti)-Constitutional Dimension of European Crisis Governance', *Journal of Common Market Studies 54*, no. 6 (2016): pp. 1350–66.
34. Christoph Trebesch and Jeromin Zettelmeyer, 'ECB Interventions in Distressed Sovereign Debt Markets: The Case of Greek Bonds', *IMF Economic Review 66*, no. 2 (2018): pp. 287–322.
35. Thompson, *Oil and the Western Economic Crisis*, pp. 62–3.
36. See Martin Heipertz and Amy Verdun, *Ruling Europe: The Politics of the Stability and Growth Pact* (Cambridge: Cambridge University Press, 2010), part 2; Ben Clift, 'The New Political Economy of Dirigisme: French Macro-Economic Policy, Unrepentant Sinning and the Stability

for Longer', October 2019, p. 28, https://www.imf.org/en/Publications/GFSR/Issues/2019/10/01/global-financial-stability-report-october-2019

17. See Bank of England, 'The Distributional Effects of Asset Purchases', Quarterly Bulletin (Q3: 2012): pp. 254–66, https://www.bankofengland.co.uk/-/media/boe/files/news/2012/july/the-distributional-effects-of-asset-purchases-paper
18. 英國央行研究指出，雖然量化寬鬆這一系列的貨幣政策，使年長者因資產價格上漲而獲益匪淺；但同時也大幅提高了收入，使年輕人獲得大量利益。Philip Bunn, Alice Pugh, and Chris Yeates, 'The Distributional Impact of Monetary Policy Easing in the UK between 2008 and 2014', Bank of England, Staff Working Paper no.720, March 2018, https://www.bankofengland.co.uk/working-paper/2018/the-distributional-impact-of-monetary-policy-easing-in-the-uk-between-2008-and-2014
19. 某些國家的住宅自有率，在二〇〇七至二〇〇八年金融危機之前就開始下滑。例如英國的首次購屋貸款人數，從二〇〇三年就開始暴跌。
20. See Schwartz, "Banking on the FED'.
21. See Joseph Gagnon, Matthew Rasking, Julie Remache, and Brian Sack, 'The Financial Market Effects of the Federal Reserve's Large-Scale Asset Purchases', *International Journal of Central Banking 7*, no. 1 (2011): pp. 3–43.
22. Dietrich Domanski, Dietrich Kearns, Marco Lombardi, and Hyun Song Shin, 'Oil and Debt', *BIS Quarterly Review* (March 2015), pp. 55–65.
23. James Schlesinger, 'Will War Yield Oil Security?', *Challenge 34*, no. 2 (1991): p. 28.
24. Aasim M. Husain, Rabah Arezki, Peter Breuer, Vikram Haksar, Thomas Helbling, Paulo A. Medas, and Martin Sommer, 'Global Implications Of Lower Oil Prices', IMF Staff Discussion Note, 14 July 2015, SDN.15/15, https://www.imf.org/en/Publications/Staff-Discussion-Notes/Issues/2016/12/31/Global-Implications-of-Lower-Oil-Prices-43052. 二〇一四年十一月至二〇一六年初油價暴跌之後造成的影響，參見Helen Thompson, *Oil and the Western Economic Crisis* (London: Palgrave, 2017), pp. 74–80.
25. 烏克蘭財務對國安造成的威脅，參見Steil, 'Taper Trouble'.
26. 歐洲央行在歐債危機之前的樣貌，參見David.Howarth and Peter

Quantitative Easing Can Never Work', Alhambra Investment Partners, June 2016, https://alhambrapartners.com/wp-content/uploads/2016/06/Why-QE-Will-Never-Work.pdf

12. Robert N McCauley, Agustín S Bénétrix, Patrick M. McGuire, and Goetz von Peter, 'Financial De-globalization in Banking?' BIS Working Papers, no.650, June 2017, https://www.bis.org/publ/work650.pdf; Jaime Caruana, 'Have We Passed Peak Finance?' Lecture for the International Centre for Monetary and Banking Studies, Geneva, 28 February 2017, https://www.bis.org/speeches/sp170228.htm; Gian Maria Milesi-Ferretti, 'Global Capital Flows and External Financial Positions Since the Global Financial Crisis', paper presented at the Irving Fischer Committee Satellite meeting at the ISI World Statistics Congress, Rio de Janeiro, Brazil, 24 July 2015, https://www.bis.org/ifc/publ/ifcb42_keynotespeech.pdf; Kristin Forbes, 'Financial "Deglobalization"?: Capital Flows, Banks, and the Beatles, speech at Queen Mary University, London, 18 November 2014, https://www.bankofengland.co.uk/speech/2014/financial-deglobalization-capital-flows-banks-and-the-beatles
13. 雖然聯準會的量化寬鬆與零利率政策改變了世界，但這種非常規貨幣政策其實源自日本央行。日本在一九九九年二月首先推出零利率政策，並於二〇〇一年三月推出量化寬鬆。See Kazumasa Iwata and Shinji Takenaka, 'Central Bank Balance Sheet Expansion: Japan's Experience' in 'Are Central Bank Balance Sheets in Asia Too Large?', BIS Working Papers, Bank for International Settlements, no. 66, June, p. 134, https://ideas.repec.org/b/bis/bisbps/66.html
14. 量化寬松與抵押貸款市場的關係，參見Herman M. Schwartz, 'Banking on the FED; QE1-2-3 and the Rebalancing of the Global Economy', *New Political Economy 21*, no. 1 (2016): pp. 26–48.
15. Federal Housing Finance Agency, Office of Inspector General, Impact of the Federal Reserve's Quantitative Easing programmes on Fannie Mae and Freddie Mac, 23 October 2014, p. 13, https://www.fhfaoig.gov/sites/default/files/EVL-2015-002_1.pdf; Marco Di Maggio Amir Kermani Christopher Palmer, 'How Quantitative Easing Works: Evidence on the Refinancing Channel', NBER Working Paper 22638, p. 10, https://www.nber.org/papers/w22638
16. International Monetary Fund, 'Global Financial Stability Report: Lower

5. Global Banking Directory, Banksdaily.com, Banks https://banksdaily.com/topbanks/World/2007.html
6. Global Banking Directory, Banksdaily.com, https://banksdaily.com/topbanks/World/total-assets-2020.html
7. Derek Wallbank and Iain Marlow, ‘Trump Calls Hong Kong Protests “Riots,” Adopting China’s Rhetoric’, *Bloomberg*, 2 August 2019, https://www.bloomberg.com/news/articles/2019-08-02/trump-calls-hong-kong-protests-riots-adopting-china-rhetoric
8. 關於央行如何形塑了金融海嘯之後的世界，而且沒有解決經濟和政治問題，參見Mohamed A.El-Erian, *The Only Game in Town: Central Banks, Instability, and Avoiding the Next Collapse* (New York: Random House, 2016).
9. 關於聯準會的政策回應，參見David Wessel, *In FED We Trust: Ben Bernanke's War on the Great Panic* (New York: Random House, 2010), chs.10–14. Adam Tooze, *Crashed: How a Decade of Financial Crises Changed the World* (London: Penguin, 2018), chs.7–8. 關於聯準會如何變成全世界的最後貸款者，參見Christophe Destais, ‘Central Bank Currency Swaps and the International Monetary System’, *Emerging Markets Finance and Trade 52*, no. 10 (2016): pp. 2253–66; Daniel McDowell, ‘The US as Sovereign International Last Resort Lender: The Fed’s Currency Swap Programme During the Great Panic of 2007–9’, *New Political Economy 17*, no. 2 (2012): pp. 157–78; Iain Hardie and Sylvia Maxfield, ‘Atlas Constrained: The US External Balance Sheet and International Monetary Power’, *Review of International Political Economy 23*, no. 4 (2016): pp. 583–613; Perry Mehrling, ‘Elasticity and Discipline in the Global Swap Network’, *International Journal of Political Economy 44*, no. 4 (2015): pp. 311–24.
10. 美國之所以不讓某些發展中國家借到美元，背後當然有政治考量。參見Aditi Sahasrabuddhe, ‘Drawing the Line: The Politics of Federal Currency Swaps in the Global Financial Crisis’, *Review of International Political Economy 26*, no. 3 (2019): pp. 461–89; Benn Steil, ‘Taper Trouble: The International Consequences of Fed Policy’, *Foreign Affairs 93*, no. 4 (July/August 2014): pp. 54–61.
11. 阿罕布拉投資公司（Alhambra Investment Partner）的傑佛瑞・史奈德（Jeffrey Snider）以許多文章闡述，為什麼歐洲美元信貸市場一直無法回到二〇〇七年八月之前的榮景。例如此文 Jeffrey Snider ‘Why

Globe: Why Did Some Banks Perform Better?' *Journal of Financial Economics 105*, no. 1 (2012): pp. 1–17.

68. Iain Hardie and Helen Thompson, 'Taking Europe Seriously: European Financialization and US Monetary Power', *Review of International Political Economy 28*, no. 4 (2021) p. 4.
69. Izabella Kaminska, 'All about the Eurodollars', *Financial Times Alphaville*, 5 September 2014, https://www.ft.com/content/033a7ad2-9762-35c9-a0e5-f59ea2968757
70. 引自 Baba, McCauley, and Ramaswamy, 'US Dollar Money Market Funds and Non-US Banks', p. 76.關於聯準會、歐洲央行、英國央行如何應對二〇〇七年八月的危機，參見Neil Irwin, *The Alchemists: Three Central Banks and a World on Fire* (London: Penguin, 2014).
71. Federal Reserve Economic Data, Labour Participation Rate, https://fred.stlouisfed.org/series/CIVPART
72. Mark Carney, 'The Growing Challenges for Monetary Policy in the Current International Monetary and Financial System', Speech at the Jackson Hole Symposium, 23 August 2019, https://www.bis.org/review/r190827b.htm
73. Carney, 'The Growing Challenges for Monetary Policy'.
74. Carney, 'The Growing Challenges for Monetary Policy'.

6. 美好舊日已遠

1. Michael Santoli, 'Breaking Down This Sell Off, Among the Most Extreme and Rare Wall Street has Ever Seen', *CNBC*, 22 March 2021, https://www.cnbc.com/2020/03/22/breaking-down-this-sell-off-among-the-most-extreme-and-rare-wall-street-has-ever-seen.html
2. Trading Economics, Markets, United States Government Bond 10Y, https://tradingeconomics.com/united-states/government-bond-yield
3. 引自 Martin Arnold and Tommy Stubbington, 'Lagarde Triggers Investor Jitters As ECB Launches Virus Response', *Financial Times*, 12 March 2020, https://www.ft.com/content/11ab8f84-6452-11ea-b3f3-fe4680ea68b5
4. 關於Covid-19 疫情早期的經濟危機，圖茲（Adam Tooze）的描述相當扣人心弦，參見*Shutdown: How Covid Shook the World's Economy* (London: Allen Lane, 2021)。

Link Or No Link?', *BIS Working Papers*, no. 346, May 2011, https://www.bis.org/publ/work346.pdf. 關於歐洲的金融危機，以及人們為何誤以為該危機來自亞洲儲蓄過剩、美國次貸危機，參見Adam Tooze, *Crashed: How a Decade of Financial Crises Changed the World*, chs.1–3.

59. 柏南奇的「儲蓄過剩論」，參見Ben S. Bernanke, Carol Bertaut, Laurie Pounder DeMarco, and Steven Kamin, 'International capital flows and the return to safe assets in the United States, 2003–07', Board of Governors of the Federal Reserve System International Finance Discussion Papers, 1014, February 2011, https://www.federalreserve.gov/pubs/ifdp/2011/1014/ifdp1014.htm.「放貸過剩論」一詞則來自Shin, 'Global Banking Glut and Loan Risk Premium'.
60. Federal Reserve Bank of St Louis, House Price Indexes, https://fred.stlouisfed.org/categories/32261
61. 美國房貸榮景與次級房貸泡沫，參見Herman M. Schwartz, *Subprime Nation: American Power, Global Capital Flows and the Housing Bubble* (Ithaca: Cornell University Press, 2009); Robert J. Schiller, *The Sub-Prime Solution: How Today's Financial Crisis Happened and What to Do About it* (Princeton: Princeton University Press, 2008), chs.2–4.
62. William R. Emmons, 'The End is in Sight For the US Foreclosure Crisis', Federal Reserve Bank of St Louis, 2 December2016, https://www.stlouisfed.org/on-the-economy/2016/december/end-sight-us-foreclosure-crisis
63. Thompson, *Oil and the Western Economic Crisis*, pp. 30–2.
64. Thompson, *Oil and the Western Economic Crisis*, pp. 35–7; James D. Hamilton 'Causes and Consequences of the Oil Shock of 2007–08', *Brookings Papers on Economic Activity* (Spring 2009): pp. 215–61.
65. Thompson, *Oil and the Western Economic Crisis*, p. 34.
66. Thompson, *Oil and the Western Economic Crisis*, pp. 33–4.
67. Statement by Ben Bernanke before the Financial Crisis Inquiry Commission, Washington, DC, 2 September 2010, https://www.federalreserve.gov/newsevents/testimony/bernanke20100902a.pdf. 但委員會在最終的調查報告中，並沒有特別重視柏南奇的觀點，繼續把次級房貸當成金融危機的主因。在二〇〇七至二〇〇八年的金融危機中受災最重的銀行都有一個共通點，那就是嚴重依賴短期融資。See Andrea Beltratti and René M. Stulz, 'The Credit Crisis Around the

51. 關於二〇〇四至二〇〇八年間油價對聯準會、歐洲央行、英國央行貨幣政策的總體影響，參見Thompson, *Oil and the Western Economic Crisis*, pp. 26–34.
52. Alan Greenspan, *The Age of Turbulence* (London: Allen Lane, 2007), p. 463.
53. 引自 'Greenspan Clarifies Iraq War Comment', *Irish Times*, 17 September 2007, https://www.irishtimes.com/news/greenspan-clarifies-iraq-war-comment-1.812331
54. Mervyn King, Speech Given at CBI North East Annual Dinner, Gateshead, 11 October 2005, https://www.bankofengland.co.uk/speech/2005/cbi-north-east-annual-dinner
55. European Central Bank, Introductory Statement with Q&A, Jean-Claude Trichet and Lucas Papademos, Frankfurt am Main, 3 July 2008, https://www.ecb.europa.eu/press/pressconf/2008/html/is080703.en.html
56. 引自 Tao Wu, 'The Long-Term Interest Rate Conundrum: Not Unravelled Yet?', *Federal Reserve Bank of San Francisco, Economic Letter*, 29 April 2005, https://www.frbsf.org/economic-research/publications/economic-letter/2005/april/the-long-term-interest-rate-conundrum-not-unraveled-yet/
57. 關於歐洲美元如何經由歐洲的銀行回流到美國，參見Claudio Bordo, Harold James, and Hyun Song Shin, 'The International Monetary and Financial System: A Capital Account Historical Perspective', BIS Working Papers, no. 457, August 2014, pp. 15–19, https://www.bis.org/publ/work457.htm
58. 關於歐洲的銀行如何撐過金融危機，參見Robert N. McCauley, 'The 2008 crisis: transatlantic or transpacific?', *BIS Quarterly Review* (December 2018): pp. 39–58, https://www.bis.org/publ/qtrpdf/r_qt1812f.htm; Claudio Bordo, Harold James, and Hyun Song Shin, 'The International Monetary and Financial System'; Hyun Song Shin, 'Global Banking Glut and Loan Risk Premium', *IMF Economic Review 60*, no. 2 (2012): pp. 155–92; Naohiko Baba, Robert N. McCauley, and Srichander Ramaswamy, 'US Dollar Money Market Funds and Non-US Banks', *BIS Quarterly Review* (March 2009): pp.65–81; Patrick McGuire and Goetz von Peter, 'The US Dollar Shortage in Global Banking', *BIS Quarterly Review* (March 2009): pp. 47–63; Claudio Borio and Piti Disyatat, 'Global Imbalances and the Financial Crisis:

org/publ/qtrpdf/r_qt0903f.pdf?noframes=1

39. Ben S. Bernanke, 'The Great Moderation', Speech at the Eastern Economic Association, Washington, DC, 20 February 2004, https://www.federalreserve.gov/boarddocs/speeches/2004/20040220/
40. Bernanke, 'The Great Moderation'.
41. Charles Bean, 'The Great Moderation, the Great Panic, and the Great Contraction', *BIS Review 101* (2009): pp. 4–7, https://www.bis.org/review/r090902d.pdf
42. See Sandra Eickmeier and Markus Kühnlenz, 'China's Role in Global Inflation Dynamics', *Macroeconomic Dynamics 22*, no. 2 (2016): pp. 225–54.
43. Charles Bean, Christian Broda, Takatoshi Ito, and Randall Kroszner, 'Low for Long?Causes and Consequences of Persistently Low Interest Rates', Geneva Reports on the World Economy 17, International Center for Monetary and Banking Studies (ICMB) and Center for Economic Policy Research (CEPR), Geneva and London, October 2015, pp. 1, 3, 14, https://voxeu.org/sites/default/files/file/Geneva17_28sept.pdf
44. Bean, Broda, Ito, and Kroszner, 'Low for Long?', p. 10.
45. Bean, Broda, Ito, and Kroszner, 'Low for Long?', pp. 28–32.
46. Ben S. Bernanke, 'The Global Saving Glut and the U.S. Current Account Deficit', Remarks at the Sandridge Lecture, Virginia Association of Economists, 14 April 2005, https://www.federalreserve.gov/boarddocs/speeches/2005/200503102/
47. Brad W. Sester and Arpana Pandey, 'China's $1.5 Trillion Bet: Understanding China's External Portfolio', Council for Foreign Relations, Working Paper, 13 May 2009, p. 1, https://www.cfr.org/report/chinas-15-trillion-bet
48. Michael P. Dooley, David Folkerts-Landau, and Peter Garber, 'The Revived Bretton Woods System', *International Journal of Finance and Economics 9*, no. 4 (2004): pp. 307–13.
49. Niall Ferguson and Moritz Schularick, 'Chimerica and the Global Asset Boom', *International Finance 10*, no. 3 (2007): pp. 215–39.
50. Lawrence H. Summers, 'The US Current Account Deficit and the Global Economy', Lecture at the Per Jacobsson Foundation, 3 October 2004, pp. 13, 8, https://www.imf.org/en/Publications/Other-Periodicals/Issues/2016/12/31/The-U-S-17872

speeches/2002/200209253/default.htm. 金融海嘯之後，葛林斯潘接受了某些人對他任內決策的批評，但依然堅稱沒有任何貨幣政策能夠在資產泡沫發生之前，成功預防泡沫。See Alan Greenspan, 'The Crisis', Brookings Papers on Economic Activity (Spring 2010), pp. 201–246, https://www.brookings.edu/bpea-articles/the-crisis/. 在二〇〇七至二〇〇八年金融海嘯發生前，就有一些人認為「大穩健」本身就蘊含金融不穩定因素，例如Borio and White, 'Whither Monetary and Financial Stability?'.

36. 一九九〇年代末的國際金融業發展，參見Iain Hardie and David Howarth, eds, *Market Based-Banking and the International Financial Crisis* (Oxford: Oxford University Press). 關於德國在其中的主導地位，參見Helen Thompson, 'Enduring Capital Flow Constraints and the 2007-8 Financial and Euro-zone Crises', *British Journal of Politics and International Relations 8*, no. 1 (2016): pp. 216–33; Iain Hardie and David Howarth, 'Die Krise and Not la Crise?The Financial Crisis and the Transformation of German and French Banking Systems', *Journal of Common Market Studies 47*, no. 5 (2009): pp. 1017–39.

37. 關於國際金融業的發展，如何使國際資本流動在二〇〇二至二〇〇七年間急劇增加，參見Philip R.Lane, *Capital Flows in the Euro Area.* European Commission, Economic Papers 497, April 2013, https://ec.europa.eu/economy_finance/publications/economic_paper/2013/pdf/ecp497_en.pdf; Philip.R. Lane, 'Financial Globalisation and the Crisis', BIS Working Papers, no. 39, December 2012, https://www.bis.org/publ/work397.htm; Philip R. Lane and Gian Maria Milesi-Ferretti, 'The Drivers of Financial Globalisation', *American Economic Review 98*, no. 2 (2008): pp. 327–32; Gian Maria, Milesi-Ferretti, Francesco Strobbe, and Natalia Tamirisa, 'Bilateral Financial Linkages and Global Imbalances: A View on the Eve of the Financial Crisis', IMF Working Paper, WP/10/257, 1 November 2010, https://www.imf.org/en/Publications/WP/Issues/2016/12/31/Bilateral-Financial-Linkages-and-Global-Imbalances-a-View-on-The-Eve-of-the-Financial-Crisis-24350

38. BIS Committee on the Global Financial System, *The Functioning and Resilience of Cross-Border Funding Markets*, CGFS Paper no. 37, March 2010, p. 10, https://www.bis.org/publ/cgfs37.htm; Patrick McGuire and Goetz von Peter, The US Dollar Shortage in Global Banking, *BIS Quarterly Review* (March 2009): p. 48, https://www.bis.

bis.org/publ/econ1.htm。關於美國經濟如何逐漸金融化，參見Judith Stein, *Pivotal Decade: How the United States Traded Factories for Finance in the Seventies* (New Haven: Yale University Press, 2011)。

29. See Carlo Edoardo Altamura, *European Banks and the Rise of International Finance*, ch 3.在第二次石油危機之後出現了一些爭議，例如某些國家的央行試圖強制銀行公佈其合併資產負債表（consolidated balance sheets），包括其歐元美元交易紀錄，但這些嘗試都失敗了。Izabella Kaminska, 'A Global Reserve Requirement for All Those Eurodollars', *Financial Times Alphaville*, 15 April 2016, https://www.ft.com/content/226e90ec-ead3-311d-9361-b0f2c2bfd9e3. 還有研究指出，歐洲各國在開放國際資本流動的過程中扮演重要角色，參見Rawi Abdelal, *Capital Rules: The Construction of Global Finance* (Cambridge, MA, Harvard University Press, 2007)。關於各國央行如何影響布列敦森林體系結束後的歐元美元體系發展，參見Benjamin Braun, Arie Kramp, and Steffen Murau, 'Financial Globalisation as Positive Integration: Monetary Technocrats and the Eurodollar Market in the 1970s', *Review of International Political Economy*. Published online 22 March 2020, DOI: 10.1080/09692290.2020.1740291; Rawi Abdelal, 'Writing the Rules of Global Finance: France, Europe, and Capital Liberalization', *Review of International Political Economy 13*, no. 1 (2006): pp. 1–27.
30. Charles Goodhart, *The Basel Committee on Banking Supervision* (Cambridge: Cambridge University Press, 2011), p. 41.
31. Alan Greenspan, 'The Challenge of Central Banking in a Democratic Society', Remarks, 5 December 1996, https://fraser.stlouisfed.org/title/statements-speeches-alan-greenspan-452/challenge-central-banking-a-democratic-society-8581
32. Greenspan, 'The Challenge of Central Banking in a Democratic Society'.
33. Greenspan, 'The Challenge of Central Banking in a Democratic Society'.
34. Claudio Borio and William White, 'Whither Monetary and Financial Stability?The Implications of Evolving Policy Regimes', BIS Working Papers, no. 147, 2004, p. 5, https://www.bis.org/publ/work147.pdf
35. 葛林斯潘最樂觀的論點，就是認為「跨國金融」的大幅增長，會使世界經濟更能應對衝擊。Alan Greenspan, 'World Finance and Risk Management', Remarks at Lancaster House, London, 25 September 2002, https://www.federalreserve.gov/boarddocs/

19. Sean Starrs, 'American Economic Power Hasn't Declined—It Globalised!Summoning the Data and Taking Globalisation Seriously', *International Studies Quarterly 57*, no. 4 (2013): pp. 818–20.
20. 引自 Charles Duhigg and Keith Bradsher, 'How the US Lost out on iPhone Work', *New York Times*, 21 January 2012, https://www.nytimes.com/2012/01/22/business/apple-america-and-a-squeezed-middle-class.html
21. 引自 Duhigg and Bradsher, 'How the US Lost out on iPhone Work'.
22. Greg Linden, Kenneth L. Kraemer, and Jason Dedrick., 'Who Captures Value in a Global Innovation System?The Case of Apple's iPod', UC Irvine Personal Computing Industry Center, The Paul Merage School of Business, University of California, Irvine, June 2007, https://citeseerx.ist.psu.edu/viewdoc/download?doi=10.1.1.419.2289&rep=rep1&type=pdf
23. 馬修・克蘭恩（Matthew Klein）與麥可・佩提斯（Michael Pettis）認為貿易戰就是階級戰。他們說無論是美中貿易還是美德貿易，「富人都犧牲了勞工與退休人士的利益，藉此賺飽荷包。中國與德國的公司發展越好，美國的金融家就賺得越多」。參見 Matthew C. Klein and Michael Pettis, *Trade Wars are Class Wars: How Rising Inequality Distorts the GlobalEconomy and Threatens International Peace* (New Haven: Yale University Press), p. 224.
24. US Energy Information Administration, international statistics. 關於石油需求為何只增不減，參見 Thompson, *Oil and the Western Economic Crisis*, pp. 10–12.
25. 石油的供給問題參見 Thompson, *Oil and the Western Economic Crisis*, pp. 12–24.
26. Macro-trends, Crude Oil Prices—70 Year Historical Chart, https://www.macrotrends.net/1369/crude-oil-price-history-chart
27. Carlo Edoardo Altamura, *European Banks and the Rise of International Finance* (London: Routledge, 2017), ch.3. 銀行集團在歐洲美元市場中的角色，參見 Richard Roberts (with C. Arnander), *Take Your Partners: Orion, the Consortium Banks and the Transformation of the Euromarkets* (London: Palgrave Macmillan, 2001).
28. 關於國際金融業如何在一九七〇年代末崛起，參見 Helmut W. Mayer, 'Credit and Liquidity Creation in the International Banking Sector', BIS Economic Papers, no. 1, 1 November 1979, https://www.

Manufacturing Employment', *American Economic Review 106*, no. 7 (2016): pp. 1632–62; Daron Acemoglu, David Autor, David Dorn, Gordon Hanson, and Brendan Price, 'Import Competition and the Great U.S. Employment Sag of the 2000s', *Journal of Labor Economics 34*, no. 1 (2016): pp.也有人反對奧托、多恩、韓森的解釋，參見Jonathan T. Rothwell, 'Cutting the Losses: Reassessing the Costs of Import Competition to Workers and Communities (19 October 2017), https://papers.ssrn.com/sol3/papers.cfm?abstract_id=2920188. 有人認為中國崛起對世界有利，參見Kyle Handley and Nuno Limão, 'Policy Uncertainty, Trade, and Welfare: Theory and Evidence for China and the United States', *American Economic Review 107*, no. 9 (2017): pp. 2731–83.

13. 聖路易斯聯邦儲備銀行，當前製造業所有員工就業統計，https://fred.stlouisfed.org/series/MANEMP。
14. 例如二〇〇〇至二〇〇二年的早期，美元明明走強，製造業卻丟掉工作。關於這與中國崛起有何關係，參見Brad Setser, 'China's WTO Entry, 15 Years On', Council on Foreign Relations Blog, https://www.cfr.org/blog/chinas-wto-entry-15-years
15. 引自Robert E. Lighthizer, Testimony Before the US-China Economic and Security Review Commission: Evaluating China's Role in the World Trade Organization Over the Last Decade, 9 June 2010, p. 10, https://www.uscc.gov/sites/default/files/6.9.10Lighthizer.pdf
16. 引自Helen Thompson, *China and the Mortgaging of America: Domestic Politics and Economic Interdependence* (London: Palgrave, 2010), p. 38.
17. 許多說法都認為，中國壓低人民幣幣值，是維持貿易順差的主要原因。參見Brad Setser, Testimony before the Senate Committee on Small Business and Entrepreneurship, Hearing on Made in China and the Future of US Industry, 27 February 2019, https://www.sbc.senate.gov/public/_cache/files/3/b/3bd85987-d8b4-48b3-a53e-8b49d2060821/4E39BD152B9F358A5E4254D80A512D8B.setser-testimony.pdf. 當然也有人認為美國的總體經濟政策才是中美貿易問題的成因，例如 Ronald McKinnon, *The Unloved Dollar Standard: From Bretton Woods to the Rise of China* (Oxford: Oxford University Press, 2013), ch.13.
18. See Henry M. Paulson, Jr, 'A Strategic Economic Engagement: Strengthening US-China Ties', *Foreign Affairs 87*, no. 5 (September/October 2008): pp. 59–77.

6. National Security Strategy of the United States of America, https://trumpwhitehouse.archives.gov/wp-content/uploads/2017/12/NSS-Final-12-18-2017-0905.pdf, pp. 27, 3, 18.
7. Remarks By Vice President Pence on the Administration's Policy Towards China, Hudson Institute, Washington, DC, 4 October, https://www.hudson.org/events/1610-vice-president-mike-pence-s-remarks-on-the-administration-s-policy-towards-china102018
8. 引自 Richard N. Haass, 'The Crisis in US-China Relations: The Trump Administration has Staked Out an Aggressive Position, But its Critique of Chinese Behaviour Is Widely Shared and Points to the Need for a New American Strategy', *Wall Street Journal*, 19 October 2018, https://www.wsj.com/articles/the-crisis-in-u-s-china-relations-1539963174. 澳洲前總理陸克文（Kevin Rudd）在二〇一八年十月的演講中表示，川普政府的對中政策，成為了歷史的分水嶺。'The United States and China and the avoidable war', Speech at the United States Naval Academy, 10 October 2018, https://asiasociety.org/policy-institute/united-states-and-china-avoidable-war
9. 引自 Jim Brunsden, 'EU Warns of $300 billion Hit to US Over Car Import Tariffs', *Financial Times*, 1 July 2018.
10. US Census, Foreign Trade, Trade in Goods with China, https://www.census.gov/foreign-trade/balance/c5700.html
11. 至於法國受到的就業衝擊，參見 Clément Malgouyres, 'The Impact of Chinese Import Competition on the Local Structure of Employment and Wages: Evidence from France', Banque de France, Document du Travail, No. 603. 德國原本大量出口汽車、機械等產品給中國，但在中國崛起之後大幅逆轉，不過其他國家沒有發生類似現象。Wolfgang Dauth, Sebastian Findeisen, and Jens Suedekum 'The Rise of the East and the Far East: German Labour Markets and Trade Integration', *Journal of the European Economic Association 12*, no.6 (2014): pp. 1643–75.
12. 經濟學家大衛・奧托（David Autor）、大衛・多恩（David Dorn）、戈登・韓森（Gordon Hanson）等人，解釋了這種大規模衝擊為何發生。例如參見 David H. Autor, David Dorn, and Gordon H. Hanson, 'The China Shock: Learning from Labour Market Adjustment to Large Changes in Trade', NBER Working Paper Series, 21906.See also Justin R. Pierce and Peter K. Schott, 'The Surprisingly Swift Decline of US

66. David Howarth, 'The French State in the Euro-Zone: "Modernization" and Legitimatizing Dirigisme' in *European States and the Euro: Europeanization, Variation, and Convergence, edited by Kenneth Dyson* (Oxford: Oxford University Press, 2002), p. 167.
67. Moravcsik, *The Choice for Europe*, p. 446.
68. Maria Demertzis, Konstantinos Efstathiou, and Fabio Matera, 'The Italian Lira: The Exchange Rate and Employment in the ERM', *Bruegel Blog*, 13 January 2017, https://www.bruegel.org/2017/01/the-italian-lira-the-exchange-rate-and-employment-in-the-erm/
69. 引自 Katherine Butler and Yvette Cooper, 'Lira Up as Italy's Tax for Europe Gets Go-Ahead', *Independent*, 22 February 1997, https://www.independent.co.uk/news/business/lira-up-as-italy-s-tax-for-europe-gets-goahead-1279992.html
70. 引自 Butler and Cooper, 'Lira Up as Italy's Tax for Europe Gets Go-Ahead'.
71. Thompson, *The British Conservative Government and the European Exchange Rate Mechanism*, pp. 203–7.
72. 關於英國政府傾向脫歐，是因為被金融業綁架，參見 Ophelia Eglene, *Banking on Sterling: Britain's Independence from the Euro Zone* (Lanham, MD: Lexington Books, 2010).

5. 中國生產，美元支撐

1. Janet Yellen, 'The Outlook for the Economy', Remarks at the Providence Chamber Of Commerce, Providence, Rhode Island, 22 May 2015, https://fraser.stlouisfed.org/title/statements-speeches-janet-l-yellen-930/outlook-economy-521732
2. Janet Yellen, Speech, 'The Outlook for the Economy'.
3. 人民幣是中國的官方貨幣，也是貿易的計量貨幣，人民幣的單位是「元」。
4. Federal Open Market Committee, Press Conference, 17 September 2015, https://www.federalreserve.gov/monetarypolicy/fomcpresconf20150917.htm
5. G20 Finance Ministers and Central Bank Governors' Meeting, Shanghai, 27 February 2016, Communiqué,http://www.g20.utoronto.ca/2016/160227-finance-en.html

55. 歐盟委員會的德洛爾等人，希望讓歐洲共同貨幣逐漸成為美元的替代品，艾肯格林（Barry Eichengreen）等論述也因此認為，當時建立歐元是為了對抗美元霸權，參見*Exorbitant Privilege*, p. 86。但在一九八七至一九八八年，歐洲受到的限制主要來自德國馬克而非美元；而且法德理事會（Franco-German Council）提前結束之後，法國立刻採取了行動。
56. 至今依然有人認為，歐元區的形成是為了應對德國統一帶來的挑戰和影響；但穆拉維斯基（Andrew Moravcsik）這類研究指出，歐洲共同體在一九八九年六月就已經同意《德洛爾報告》（*Delors Report*）的說法，準備建立貨幣聯盟。當時兩德尚未統一，參見*The Choice for Europe: Social Purpose and State Power from Messina to Maastricht* (London: UCL Press,1999), pp. 396–401。
57. 關於德國央行聲稱自己可以獨立於聯邦政府代表德國人民的話術，以及其中斷章取義的德國經濟史，參見Hjalte Lokdam, 'Banking on Sovereignty: A Genealogy of the European Central Bank's Independence', PhD dissertation submitted to the London School of Economics, 2019, ch.2.
58. See Chiara Zilioli and Martin Selmayr, 'The Constitutional Status of the European Central Bank', *Common Market Law Review 44*, no. 2 (2007): pp. 355–99.
59. 關於歐洲國家為何轉而支持建立貨幣聯盟，《馬斯垂克條約》又寫了哪些條款，參見James, *Making the European Monetary Union*, chs.6–8; David Marsh, *The Euro: The Battle for the New Global Currency* (New Haven: Yale University Press, 2009), chs.3–6.
60. 即便如此，義大利依然是一開始最強力支持法國建立貨幣聯盟的國家。
61. Moravcsik, *The Choice for Europe*, p. 404.
62. Moravcsik, *The Choice for Europe*, p. 443.
63. James Sloam, *The European Policy of the German Social Democrats: Interpreting a Changing World* (London: Palgrave Macmillan, 2004), pp. 138–40.
64. Alan Cowell, 'Kohl Casts Europe's Economic Union as War and Peace Issue', *New York Times*, 7 October 1995, https://www.nytimes.com/1995/10/17/world/kohl-casts-europe-s-economic-union-as-war-and-peace-issue.html
65. Cowell, 'Kohl Casts Europe's Economic Union as War and Peace Issue'.

1964–1979 (London: Palgrave Macmillan, 2015), p. 50.
43. 引自 Catherine Schenk, 'Sterling, International Monetary Reform, and Britain's Applications to Join the European Economic Community in the 1960s', *Contemporary European History 11*, no. 3 (2002): p. 367.
44. Schenk, 'Sterling, International Monetary Reform', p. 369.
45. Hirowatari, *Britain and European Monetary Cooperation 1964–1979*, pp. 48–9.
46. 哈洛・詹姆斯（Harold James）認為，歐盟國家若要貨幣合作，英國就得撒手，讓法國與西德決定。James, 'The Multiple Contexts', p. 421.
47. 沃克自己對於該衝擊的看法，參見 Paul A. Volcker with Christine Harper, *Keeping at It: The Quest for Sound Money and Good Government* (New York: Public Affairs, 2018).
48. Alexandre Reichart, 'French Monetary Policy (1981–1985): A Constrained Policy, Between Volcker Shock, the EMS, and Macro-economic Imbalances', *Journal of European Economic History 44*, no. 1 (2015): p. 15.
49. Jeremy Leaman, *The Political Economy of Germany Under Chancellors Kohl and Schröder: Decline of the German Model?* (New York: Berghahn Books, 2009), pp. 26–30.
50. 參見 Helen Thompson, *The British Conservative Government and the European Exchange Rate Mechanism 1979–1994* (London: Pinter, 1996), chs.2–5.
51. James, 'Bretton Woods and its Multiple Contexts', pp. 427–8.
52. 關於《廣場協議》與《羅浮宮協議》在一九八〇年代中期嘗試建立的匯率合作措施如何失敗，參見 C. Randall Henning, *Currencies and Politics in the United States, Germany, and Japan* (Washington, DC: Peterson Institution of International Economics, 1994); Yoichi Funabashi, *Managing the Dollar from the Plaza to the Louvre*, second edition (Washington, DC: Peterson Institute for International Economics, 1989).
53. Spiro, 'The Role of the Dollar and the Justificatory Discourse of Neoliberalism', p. 41.
54. 關於法國政府如何在一九八八年決定建立貨幣聯盟，參見 David J. Howarth, *The French Road to European Monetary Union* (London: Palgrave Macmillan, 2001).

Crisis and the Transformation of American Politics in the 1970s (New York: Hill and Wang, 2016)指出，美國在一九七〇年代與一九八〇年代初之所以會放鬆經濟管制，關鍵原因就是能源危機。關於美元問題為何導致了放鬆管制的經濟論述，參見David E. Spiro, 'The Role of the Dollar and the Justificatory Discourse of Neoliberalism' in *Counter-Shock: The Oil Counter-Revolution of the 1980s*, edited by Duccio Basosi, Giuliano Garavini, and Massimiliano Trentin (London: I.B. Taurus, 2020), pp. 36, 49, 51.

30. Jacobs, *Panic at the Pump*, chs.3–4.
31. 引自 Jacobs, *Panic at the Pump*, p. 271.
32. Jacobs, *Panic at the Pump*, p. 109.
33. Perry Mehrling, 'An Interview with Paul A. Volcker', *Macroeconomic Dynamics 5*, no. 3 (2001): p. 443.
34. Graetz and Briffault, 'A "Barbarous Relic" ', p. 17.
35. Barry Eichengreen, *Exorbitant Privilege: The Rise and Fall of the Dollar and the Future of the International Monetary System* (Oxford: Oxford University Press, 2011), p. 75.
36. Geoffrey Bell, 'The May 1971 International Monetary Crisis: Implications and Lessons', *Financial Analysts Journal 27*, no. 4 (1971): p. 88.
37. 引自 James, *Making the European Monetary Union*, p. 87.
38. 引自 EC: Heath-Brandt Meeting—Resumed (Possible Joint EC Float), 1 March 1973, UK National Archive.Available via the Margaret Thatcher Foundation: Britain & the Origins of the EMS.
39. 引自 Callaghan Note of EMS Discussion (At Copenhagen European Council Dinner, 7 April 1978), UK National Archive.Available via the Margaret Thatcher Foundation: Britain & the Origins of the EMS, https://www.margaretthatcher.org/archive/EMS_1978
40. 引自 Transcript of Meeting of the Bundesbank Council, 30 November 1978; The National Archive, Schmidt Note of Remarks on EMS.UK National Archive.Available via the Margaret Thatcher Foundation: Britain and the Origins of the EMS.
41. Charles P. Kindleberger, 'The Dollar Yesterday, Today and Tomorrow', *Banca Nazionale Del Lavoro Quarterly Review 155* (December 1985): p. 306.
42. Kiyoshi Hirowatari, *Britain and European Monetary Cooperation*

18. 關於布列敦森林體系可能仍有生路的論證，參見Harold James, 'The Multiple Contexts of Bretton Woods', *Oxford Review of Economics Policy* 28, no. 3 (2012): pp.420–3.
19. Steil, *The Battle of Bretton Woods*, p. 25.
20. James, 'The Multiple Contexts of Bretton Woods', p. 424.
21. 歐洲美元市場在一九七年的成長，參見Carlo Edoardo Altamura, *European Banks and the Rise of International Finance: The Post Bretton-Woods Era* (London: Routledge, 2017).
22. Thompson, *Oil and the Western Economic Crisis*, p. 96.
23. David Spiro, *The Hidden Hand of American Hegemony: Petrodollar Recycling and International Markets* (Ithaca: Cornell University Press, 1999), pp. 107–20; Andrea Wong, 'US Discloses Saudi Holdings of US Treasuries for First Time', *Bloomberg*, 16 May 2016, https://www.bloomberg.com/news/articles/2016-05-16/u-s-discloses-saudi-arabia-s-treasuries-holdings-for-first-time
24. Spiro, *The Hidden Hand*, pp. 122–4, 148.
25. Samba Mbaye, New Data on Global Debt, IMF Blog, https://blogs.imf.org/2019/01/02/new-data-on-global-debt/
26. 關於一九七〇年代以來，新自由主義如何影響了人類的經濟活動，這部論述相當詳細：David Harvey, *A Brief History of Neo-Liberalism* (Oxford: Oxford University Press, 2007); Andrew Gamble, *Crisis Without End?: The Unravelling of Western Prosperity* (London: Palgrave, 2014); Daniel Stedman Jones, *Masters of the Universe: Hayek, Friedman, and the Birth of Neoliberal Politics*, updated edition (Princeton: Princeton University Press, 2014).
27. 關於哈布斯堡王朝的垮台如何催生新自由主義，參見Quinn Slobodian, *Globalists: The End of Empire and the Birth of Neo-Liberalism* (Cambridge, MA: Harvard University Press, 2018).
28. Robert J. Gordon, *The Rise and Fall of American Growth* (Princeton: Princeton University Press, 2016) 以有力的論證指出，美國連續一百年來靠著物質、科技、人口結構條件支撐生產力的好日子，到了一九七〇年代已經結束。
29. Adam Tooze, 'Neo-liberalism's World Order', Dissent(Summer 2018), https://www.dissentmagazine.org/article/neoliberalism-world-order-review-quinn-slobodian-globalists. 以類似的說法，解釋了一九七〇年危機背後的物質原因。Meg Jacobs, *Panic at the Pump: The Energy*

在一九六五年之後，美國決策者就不再根據黃金與美元的匯率綁定，來制訂美國的財政和貨幣政策。Michael D. Bordo and Robert N. McCauley, 'Triffin: Dilemma or Myth?', BIS Working Papers, no. 684, 19 December 2017, https://www.bis.org/publ/work684.htm

9. Bordo and McCauley, 'Triffin: Dilemma or Myth?', p. 5.
10. 歐洲美元市場的歷史，請參閱Gary Burn, *The Re-Emergence of Global Finance* (Basingstoke: Palgrave Macmillan, 2006); Catherine R. Schenk, 'The Origins of the Eurodollar Market in London: 1955–1963', *Explorations in Economic History* 35, no. 2 (1998): pp. 221–38.
11. 倫敦在早期歐洲美元市場扮演的關鍵角色與長期影響，請參閱Jeremy Green, *The Political Economy of the Special Relationship: Anglo-American Development from the Gold Standard to the Financial Crisis* (Princeton: Princeton University Press, 2020); Gary Burn, 'The State, the City, and the Euromarkets', *Review of International Political Economy* 6, no. 2 (1999): pp. 225–61.
12. Milton Friedman, 'The Euro-Dollar Market: Some First Principles', Federal Reserve Bank of St Louis, July 1971, pp. 16, 21, https://files.stlouisfed.org/files/htdocs/publications/review/71/07/Principles_Jul1971.pdfeases the
13. Federal Reserve Board, Federal Open Market Committee, Memoranda of Discussion, 17 December 1968, pp. 20–22, https://www.federalreserve.gov/monetarypolicy/files/fomcmod19681217.pdf
14. Jeffry Frieden, *Banking on the World: The Politics of American International Finance* (New York: Routledge Revivals, 2016), p. 81.
15. 引自 Francis Gavin, *Gold, Dollars and Power: The Politics of International Monetary Relations, 1958–1971* (Chapel Hill, NC: University of North Carolina Press, 2004), p. 121.
16. Michael J. Graetz and Olivia Briffault, 'A "Barbarous Relic": The French, Gold, and the Demise of Bretton Woods', Yale Law & Economics Research Paper No. 558; Columbia Law & Economics Working Paper No. 560 (2016), p. 13.法國對布列敦森林體系的看法，以及戴高樂的一位重要顧問為何希望恢復金本位制，參閱Jacques Rueff, *The Monetary Sin of the West* (New York: Macmillan, 1972).
17. Helen Thompson, *Oil and the Western Economic Crisis* (London: Palgrave, 2017), p. 94.

lausanne-a-geopolitical-perspective-on-the-congruence-between-turkeys-new-hard-power-and-its-strategic-reorientation

4. 我們的貨幣，你們的問題

1. Corriere della Serra, Economia, 'Trichet e Draghi: Un'Azione Pressante Per Ristabilire La Fiducia Degli Investitori', https://www.corriere.it/economia/11_settembre_29/trichet_draghi_inglese_304a5f1e-ea59-11e0-ae06-4da866778017.shtml
2. Alan Crawford and Tony Czuczka, *Angela Merkel: A Chancellorship Forged in Crisis* (Chichester: Wiley Bloomberg Press, 2013), p. 14.
3. Marcus Walker, Charles Forelle, and Stacey Meichtrei, 'Deepening Crisis Over Europe Pits Leader Against Leader', *Wall Street Journal*, 30 December 2011, https://www.wsj.com/articles/SB10001424052970203391104577124480046463576
4. 引自 Silvia Ognibene, 'Italy's Northern League Chief Attacks Euro, Says Preparing for Exit', *Reuters*, 7 February 2018, https://www.reuters.com/article/instant-article/idUKKBN1FR30Z
5. 引自 Adam Tooze, *Crashed: How a Decade of Financial Crises Changed the World* (London: Penguin, 2018), p. 438.
6. Peter Spiegel, *How the Euro Was Saved, kindle edition* (London: Financial Times, 2014), ch.3.
7. Helen Thompson, *Might, Right, Prosperity and Consent: Representative Democracy and the International Economy 1919–2001* (Manchester: Manchester University Press, 2008), pp. 78–9.
8. Benn Steil, *The Battle of Bretton Woods: John Maynard Keynes, Harry Dexter White, and the Making of a New World Order* (Princeton: Princeton University Press, 2013), pp. 331–5. 美國經濟學家特里芬（Robert Triffin）提出了其中一個問題：他認為布列敦森林是美國撐不起的重擔，因為該體系要求美國保持貿易逆差，藉此提供國際貿易所需的美元流動，同時又要求聯準會以貨幣政策捍衛美元的價值，兩者不可能同時實現，只會帶來經濟衰退，參見 Robert Triffin, *Gold and the Dollar Crisis: The Future of Convertibility* (Oxford: Oxford University Press, 1960). 但特里芬的說法有兩大漏洞。首先，在特里芬提出這項問題之前，歐洲美元市場的美元價值，就已經無法照著布列頓森林體系的設計，與黃金穩定掛鉤。其次，

Undermine NATO Allies' Solidarity', *Financial Times*, 28 November 2019, https://www.ft.com/content/7177e13e-1203-11ea-a225-db2f231cfeae

89. 載於 Reuters Staff, 'Turkey's Erdogan Says Talks with EU May End over Cyprus Sanctions', *Reuters*, 12 November 2019, https://www.reuters.com/article/us-cyprus-turkey-eu-idUSKBN1XM19C
90. Economist, 'Emmanuel Macron in His Own Words'.
91. Economist, 'Why Germany's Army is in a Bad State', *Economist*, 9 August 2018, https://www.economist.com/the-economist-explains/2018/08/09/why-germanys-army-is-in-a-bad-state
92. 載於 Justin Huggler, 'Nato "More Important Now than in the Cold War", Angela Merkel Says in Rebuke of Emmanuel Macron', *Daily Telegraph*, 27 November 2019, https://www.telegraph.co.uk/news/2019/11/27/nato-important-now-cold-war-angela-merkel-says-rebuke-emmanuel/; 載於 Reuters Staff, 'Merkel Ally Calls for Better Franco-German Ties After NATO Row', *Reuters*, 24 November 2019, https://www.reuters.com/article/us-germany-france-idUSKBN1XY0I6
93. 載於 Guy Chazan, 'US Envoy Defends Nord Stream 2 Sanctions as 'Pro-European', *Financial Times*, 22 December 2019, https://www.ft.com/content/21535ebe-23dc-11ea-9a4f-963f0ec7e134
94. Guy Chazan, 'Merkel Faces Calls to Scrap Nord Stream 2 After Navalny Poisoning', *Financial Times*, 3 September 2020, https://www.ft.com/content/81e7d355-e478-49fc-ba75-49f43cbfc74f
95. 關於土耳其在東地中海的舉動，請參閱 Economist, 'A Row Between Greece and Turkey Over Gas is Raising Tension in the Eastern Mediterranean', *Economist*, 22 August 2020, https://www.economist.com/international/2020/08/20/a-row-between-turkey-and-greece-over-gas-is-raising-tension-in-the-eastern-mediterranean
96. 載於 Laura Pitel and David Sheppard, 'Turkey Fuels Regional Power Game over Mediterranean Gas Reserves', *Financial Times*, 19 July 2020, https://www.ft.com/content/69a222d4-b37c-4e7e-86dc-4f96b226416d
97. Michaël Tanchum, 'The Logic Beyond Lausanne: A Geopolitical Perspective on the Congruence Between Turkey's New Hard Power and its Strategic Re-Orientation', *Insight Turkey* 22, no. 3 (2020): p. 51, https://www.insightturkey.com/commentaries/the-logic-beyond-

and from OPEC, Persian Gulf, and Canada, 1960–2019, https://www.eia.gov/energyexplained/oil-and-petroleum-products/imports-and-exports.php

78. 關於美國應該盡量減少投入中東，卻又無法脫離波斯灣的主張，請參閱Mara Karlin and Tamara Cofman Wittes, 'America's Middle East Purgatory', *Foreign Affairs* 98, no. 1 (January/February 2019): pp. 88–100.有一系列的論點認為，能源地位變化確實讓美國有本錢重新評估對波斯灣的軍事投入，詳請請參閱Charles Glaser and Rosemary A. Kelanic, eds., *Crude Strategy: Rethinking the US Commitment to Defend Persian Gulf Oil* (Washington, DC: Georgetown University Press, 2016).
79. Stephen F. Szabo, *Germany, Russia and the Rise of Geo-economics* (London: Bloomsbury Academic, 2014), p. 3.
80. US Energy Information Administration, Today in Energy, 1 December 2020, https://www.eia.gov/todayinenergy/detail.php?id=46076
81. US Energy Information Administration, Natural Gas Data, Liquid US Natural Gas Exports by Vessel and Truck, https://www.eia.gov/dnav/ng/hist/ngm:epg0_evt_nus-z00_mmcfM.htm
82. Sarah White and Scott DiSavino, 'France Halts Engie's US LNG Deal Amid Trade, Environment Disputes', *Reuters*, 23 October 2020, https://www.reuters.com/article/engie-lng-france-unitedstates/france-halts-engies-us-lng-deal-amid-trade-environment-disputes-idUSKBN27808G
83. Reuters Staff, 'In Shift, Merkel Backs an End to EU-Turkey Membership Talks', *Reuters*, 3 September 2017, https://cn.reuters.com/article/instant-article/idUSKCN1BE15B
84. House of Commons, Foreign Affairs Committee, UK-Turkey Relations and Turkey's Regional Role, Twelfth Report of Session 2010–2012, 4 April 2012, paras, 135, 143.
85. 載於House of Commons, Foreign Affairs Committee, UK-Turkey Relations and Turkey's Regional Role, para 167.
86. House of Commons, Foreign Affairs Committee, UK-Turkey Relations and Turkey's Regional Role, p. 174.
87. 載於George Parker, 'Turkey Unlikely to Join EU "Until the Year 3000", Says Cameron', *Financial Times*, 22 May 2016, https://www.ft.com/content/de1efd42-2001-11e6-aa98-db1e01fabc0c
88. Michael Peel and Richard Milne, 'Macron Warns Turkey Not to

10 February 2016, https://www.politico.eu/article/the-great-northern-gas-war-nordstream-pipeline-gazprom-putin-ukraine-russia/

65. 載於 Younkyoo Kim and Stephen Blank, 'The New Great Game of Caspian Energy in 2013–14: "Turk Stream", Russia and Turkey', *Journal of Balkan and Near Eastern Studies* 18, no. 1 (2016): p. 37.
66. 載於 Gustafson, *The Bridge*, p. 380.
67. Jeffrey Goldberg, 'The Obama Doctrine', *Atlantic* (April 2016), https://www.theatlantic.com/magazine/archive/2016/04/the-obama-doctrine/471525/
68. Goldberg, 'The Obama Doctrine'; 'Emmanuel Macron in his Own Words (English)', *Economist*, 7 November 2019.https://www.economist.com/europe/2019/11/07/emmanuel-macron-in-his-own-words-english
69. Goldberg, 'The Obama Doctrine'.
70. 載於 Dan Roberts and Spencer Ackerman, 'Barack Obama Authorises Airstrikes Against ISIS Militants in Syria', *Guardian*, 11 September 2014, https://www.theguardian.com/world/2014/sep/10/obama-speech-authorise-air-strikes-against-isis-syria
71. 載於 Zeke J. Miller and Michael Sherer, 'President Obama Attacks Republicans for Paris Response', *Time*, 18 November 2015, https://time.com/4117688/barack-obama-paris-attacks-republican/
72. 關於美元金融與美國對境外制裁的運用之間有何關係，請參閱 Daniel W. Drezner, 'Targeted Sanctions in a World of Global Finance', *International Interactions* 41, no. 4 (2015): pp. 755–64.
73. European Commission, Communication from the Commission to the European Parliament and Council, pp. 16 and 2.
74. Reuters staff, 'Obama Thanks Putin for Role in Iran Deal', *Reuters*, 15 July 2015, https://www.reuters.com/article/us-iran-nuclear-russia-call-idUSKCN0PP2RI20150715
75. 關於美國使用軍事力量在中東強硬形式的問題，請參閱 Christopher Layne, 'Impotent Power?Re-Examining the Nature of America's Hegemonic Power', *The National Interest* 85 (September/October 2006), pp. 41–7.
76. 載於 Quint Forgey, 'Trump Levels New Sanctions Against Iran', *Politico*, 24 June 2019, https://www.politico.com/story/2019/06/24/donald-trump-iran-strait-of-hormuz-1377826
77. US Energy Information Administration, US Petroleum Imports: Total,

no. 4 (2017): pp. 595–617.

52. BBC News, 'Obama: The United States is a Pacific Power Here to Stay', 17 November 2011, https://www.bbc.co.uk/news/av/world-asia-15768505
53. Our World in Data, Energy, China: Country Energy Profile, https://ourworldindata.org/energy/country/china?country=~CHN
54. Charles A. Kupchan, *No-one's World: The West, the Rising Rest, and the Coming Global Turn* (New York: Oxford University Press, 2013), p. 101. 關於海洋地理對中國的重要性，請參閱Bernard Cole, *China's Quest for Great Power: Ships, Oil and Foreign Policy* (Annapolis, MD: Naval Institute Press, 2016), ch.1.
55. 載於Yergin, *The New Map*, p. 182.
56. Min Ye, *The Belt Road and Beyond: State-Mobilised Globalisation in China 1998–2018* (Cambridge: Cambridge University Press, 2020).
57. 瓜達爾港對中國的重要性可參閱 Syed Fazl-e-Haider, 'A Strategic Seaport: Is Pakistan Key to China's Energy Supremacy?', *Foreign Affairs*, 5 March 2015, https://www.foreignaffairs.com/articles/china/2015-03-05/strategic-seaport
58. 載於Cole, *China's Quest for Great Power*, pp. 51, 128.
59. *Economist*, 'America Wants a Bigger Navy of Smaller Ships to Compete With China's Fleet', 21 September 2020, https://www.economist.com/united-states/2020/09/21/america-wants-a-bigger-navy-of-smaller-ships-to-compete-with-chinas-fleet
60. 載於Megan Ingram, 'With American Natural Gas, Russia is Losing European Energy Chokehold', *The Hill*, 3 July 2017, https://thehill.com/blogs/pundits-blog/energy-environment/340502-with-american-natural-gas-russia-is-losing-european
61. Gustafson, *The Bridge*, pp. 356, 413.
62. 關於納布科失敗的財務因素，請參閱Morena Skalamera, 'Revisiting the Nabucco Debacle', *Problems of Post-Communism 65*, no. 1 (2018): pp. 18–36.
63. 由於保加利亞與土耳其接壤，又與俄羅斯關係密切，該國的地緣政治困境招致了不少尖銳言論，詳情可參閱Robert D. Kaplan, *The Return of Marco Polo's World: War, Strategy, and American Interests in the Twenty-First Century* (New York: Random House, 2019), pp. 36–8.
64. Anca Gurzu and Joseph J. Schatz, 'Great Northern Gas War', *Politico*,

40. Adam Tooze, *Crashed: How a Decade of Financial Crises Changed the World* (London: Penguin, 2018), pp. 136–7.
41. 請參閱Jolyon Howorth, ' "Stability on the Borders"; The Ukrainian Crisis and the EU's Constrained Policy Towards the Eastern Neighbourhood', *Journal of Common Market Studies 55*, no. 1 (2017): pp. 121–36.
42. European Commission, Communication from the Commission to the European Parliament and Council, European Energy security strategy, 28 May 2014, p. 2, https://eur-lex.europa.eu/legal-content/EN/ALL/?uri=CELEXper cent3A52014DC0330
43. José Manuel Durão Barroso, President of the European Commission Signature of the Nabucco Intergovernmental Agreement, Ankara, 13 July 2009.
44. European Commission, Communication from the Commission to the European Parliament and Council, European Energy Security Strategy, 28 May 2014, p. 2.Saban Kardas, 'Geo-strategic Position as Leverage in EU Accession: The Case of Turkish-EU Negotiations on the Nabucco Pipeline', *Southeast European and Black Sea Studies 11*, no. 1 (2011): p. 43.
45. Erhan İçener, 'Privileged Partnership: An Alternative Final Destination for Turkey's Integration with the European Union?' *Perspectives on European Politics and Society 8*, no. 4 (2007): pp. 421–5.
46. 載於Kardas, 'Geo-strategic Position as Leverage in EU Accession', p. 35.
47. Kardas, 'Geo-strategic Position as Leverage in EU Accession', p. 46.
48. Henry Kissinger, *World Order: Reflections on the Character of Nations and the Course of History* (London: Penguin, 2015), pp. 323–4.
49. 關於二〇〇三年後美國對伊拉克的決策，請參閱Michael R. Gordon and Bernard E. Trainer, *The Endgame: The Inside Story of the Struggle for Iraq* (New York: Atlantic Books, 2012).
50. 關於伊拉克戰爭對二〇〇八年總統大選的影響，請參閱Gary C. Jacobson, 'George W. Bush, the Iraq War, and the Election of Barack Obama', *Presidential Studies Quarterly* 40, no. 2 (2010): pp. 207–24.
51. 關於歐巴馬政府內部走向「重返亞洲」的過程，請參閱Nicholas D. Anderson and Victor D. Cha, 'The Case of the Pivot To Asia: System Effects and the Origins of Strategy', *Political Science Quarterly* 132,

(Ithaca: Cornell University Press, 2015), ch.3.

29. Hans Kundnani, 'Germany as a Geo-Economic Power', *Washington Quarterly 34*, no. 3 (2011): p. 35.
30. 載於R. Nicholas Burns, 'NATO Has Adapted: An Alliance With a New Mission', *New York Times*, 24 May 2003, https://www.nytimes.com/2003/05/24/opinion/IHT-nato-has-adapted-an-alliance-with-a-new-mission.html On the war's consequences for the US–German relationship see Stephen F. Szabo, *Parting Ways: The Crisis in German-American Relations* (Washington, DC: Brookings Institution Press, 2004).
31. 載於John Hooper and Ian Black, 'Anger at Rumsfeld Attack on "Old Europe" ', *Guardian*, 24 January 2003, https://www.theguardian.com/world/2003/jan/24/germany.france
32. Daniel Yergin, *The New Map: Energy, Climate, and the Clash Of Nations* (London: Allen Lane, 2020), p. 157.
33. 請參閱Marc Lanteigne, 'China's Maritime Security and the "Malacca dilemma" ', *Asian Security 4*, no. 2 (2008): pp. 143–61.
34. Erica Downs, 'Sino-Russian Energy Relations: An Uncertain Courtship' in *The Future of China-Russia Relations*, edited by James Bellacqua (Lexington, KY University of Kentucky Press, 2010), p. 148.
35. Thane Gustafson, *The Bridge: Natural Gas in a Redivided Europe* (Cambridge, MA: Harvard University Press, 2020), p. 319.
36. 關於天然氣依賴對歐洲的影響，請參閱Agnia Grigas, *The New Geopolitics of Natural Gas* (Cambridge, MA: Harvard University Press, 2017), ch.4.
37. Euractiv, 'Nord Stream "a Waste of Money" Says Poland', 11 January 2010, https://www.euractiv.com/section/central-europe/news/nord-stream-a-waste-of-money-says-poland/
38. 關於義大利、德國和法國公司如何影響政府對俄羅斯能源的政策，請參閱Rawi Abdelal, 'The Profits of Power: Commerce and Realpolitik in Eurasia', *Review of International Political Economy 20*, no. 3 (2013): pp. 421–56.
39. 關於國務院內部對北約擴及黑海與高加索地區的討論，請參閱Ronald Asmus, 'Europe's Eastern Promise: Rethinking NATO and EU Enlargement', *Foreign Affairs 87*, no. 1 (January/February 2008): pp. 95–106.

16. Thompson, *Oil and the Western Economic Crisis*, p. 17.
17. Saban Kardas, 'Geo-strategic Position as Leverage in EU Accession: The Case of Turkish-EU Negotiations on the Nabucco Pipeline', *Southeast European and Black Sea Studies 11*, no. 1 (2011): p. 38.
18. 載於Meltem Müftüler-Bac 'The Never-Ending Story: Turkey and the European Union', *Middle Eastern Studies 34*, no. 4 (1998): p. 240.
19. Müftüler-Bac 'The Never-Ending Story', p. 240.
20. 載於Ekavi Athanassopoulou, 'American-Turkish Relations Since the End of the Cold War', *Middle East Policy 8*, no. 3 (2001): p. 146.
21. 關於美國的看法，請參閱Kemal Kirisci, *Turkey and the West: Faultlines in a Troubled Alliance* (Washington, DC: Brookings Institution Press, 2018), ch.2.
22. Peter W. Rodman, 'Middle East Diplomacy After the Gulf War', *Foreign Affairs 70*, no. 2 (Spring 1991): pp. 2–3.
23. James Schlesinger, 'Will War Yield Oil Security?' *Challenge 34*, no. 2 (1991): p. 30.
24. US Energy Information Administration, International Data, Petroleum and Other Liquids, https://www.eia.gov/international/data/world
25. 批評戰爭能源的邏輯者，請參閱Christopher Layne, 'America's Middle East Grand Strategy After Iraq: The Moment for Offshore Balancing has Arrived', *Review of International Studies 35*, no. 1 (2009): pp. 5–25.
26. 聯準會前主席艾倫・葛林斯潘在回憶錄中寫道：「很遺憾，這件事在政治上不方便承認，但每個人都知道，伊拉克戰爭很大一部分與石油有關。」Alan Greenspan, *The Age of Turbulence* (London: Allen Lane, 2007), p. 463.從現實主義角度批判新保守主義人士對伊拉克的寄望者，請參閱John J Mearsheimer, 'Hans Morgenthau and the Iraq War: Realism Versus Neo-Conservatism', Open Democracy, 18 May 2005, https://www.opendemocracy.net/en/morgenthau_2522jsp/ For the argument that the Iraq War was motivated by realist thinking see Daniel Deudney and G. John Ikenberry, 'Realism, Liberalism, and the Iraq War', *Survival 59*, no. 4 (2017): pp. 7–26.
27. Andrew Bacevich, 'Ending Endless War: A Pragmatic Military Strategy', *Foreign Affairs 95*, no. 5 (September/October 2016): p. 39.
28. 關於美國對戰後伊拉克的失敗規畫，請參閱Aaron Rapport, *Waging War, Planning Peace: US Noncombat Operations and Major Wars*

its Geostrategic Imperatives, Basic Books, Kindle edition, ch.3.

5. 關於《聖馬洛宣言》短期內對歐洲國防政策的影響，請參閱Anand Menon, 'Playing With Fire: The EU's Defence Policy', *Politique Européenne 4*, no. 8 (2002): pp. 32–45.
6. Benn Steil, *The Marshall Plan: Dawn of the Cold War* (New York: Simon & Schuster, 2018), p. 395. 直到二〇一〇年為止，人們都有信心對北約能帶來民主，可參閱 Charles Kupchan, 'NATO's Final Frontier: Why Russia Should Join the Atlantic Alliance', *Foreign Affairs 89*, no. 3 (May/June 2010). 更早期的質疑請參閱Dan Reiter, 'Why NATO Enlargement Does Not Spread Democracy', *International Security 25*, no. 4 (2001): pp. 41–67.
7. 關於北約是否必然擴張，可參閱 Kimberly Marten, 'Reconsidering NATO Expansion: A Counterfactual Analysis of Russia and the West in the 1990s', *European Journal of International Security 3*, no 2 (2018): pp. 135–61.
8. 載於Craig C. Smith, 'Chirac Upsets East Europe by Telling it To "Shut Up" on Iraq', *New York Times*, 18 February 2003, https://www.nytimes.com/2003/02/18/international/europe/chirac-upsets-east-europe-by-telling-it-to-shut-up-on.html
9. Anand Menon, 'From Crisis to Catharsis: ESDP After Iraq', *International Affairs 80*, no. 4 (2004): p. 639.
10. Steil, *The Marshall Plan*, p. 389.
11. 在茲比格涅夫・布里辛斯基（Zbigniew Brzezinski）所著的《大博奕》（*The Grand Chessboard*）中，烏克蘭是冷戰後世界的「地緣政治支點」。
12. 請參閱Andrew Wilson, *Ukraine's Orange Revolution* (New Haven: Yale University Press, 2005).
13. 載於Mathias Roth, 'EU-Ukraine Relations After the Orange Revolution: The Role of the New Member States', *Perspectives on European Politics and Society 8*, no. 4 (2007): p. 509.
14. Helen Thompson, *Oil and the Western Economic Crisis* (London: Palgrave, 2017), pp. 16–17.
15. 關於納布科管路的政治，請參閱Pavel K. Baev and Indra Øverland, 'The South Stream Versus Nabucco Pipeline Race: Geopolitical and Economic (Ir)rationales and Political Stakes in Mega-Projects', *International Affairs 86*, no. 5 (2010): pp. 1075–190.

102. 可見如 Peter Schweizer, *Victory: The Reagan Administration's Secret Strategy that Hastened the Collapse of the Soviet Union* (New York: Grove Press, 1994).
103. Painter, 'Oil and the American Century', p. 36.有關證據的討論，請參閱David Painter, 'From Linkage to Economic Warfare: Energy, Soviet-American Relations and the End of the Cold War' in *Cold War Energy: A Transnational History of Soviet Oil and Gas, edited by Jeronim Perović* (London: Palgrave Macmillan, 2017); Majid Al-Moneef, 'Saudi Arabia and the Counter-shock of 1986' in *Counter-shock*, pp. 112–13; Yergin, *The Prize*, pp. 756–8; Victor McFarland, 'The United States and the Oil Price Collapse of the 1980s' in *Counter-shock*, pp. 262–9.
104. 載於 Meg Jacobs, *Panic at the Pump: The Energy Crisis and the Transformation of American Politics in the 1970s* (New York: Hill and Wang, 2016), p. 289.
105. 關於油價暴跌的衝擊對美國石油工業與經濟的整體影響，請參閱 McFarland, 'The United States and the Oil Price Collapse of the 1980s'.
106. Jacobs, *Panic at the Pump*, p. 284.
107. James Schlesinger, 'Will War Yield Oil Security?' *Challenge 34*, no. 2 (1991): p. 27.
108. 關於石油對蘇聯解體的重要性，請參閱 Yegor Galdar, *Collapse of an Empire: Lessons for Modern Russia* (Washington, DC: Brookings Institution Press, 2008), pp. 100–9.

3. 歐亞大陸的重塑

1. US Department of State, 'Background Briefing on Secretary Kerry's Meeting with Russian Foreign Minister Sergey Lavrov', *Press Release*, 27 September 2015, https://2009%962017.state.gov/r/pa/prs/ps/2015/09/247376.htm
2. Full Transcript, Second 2016 Presidential Debate, Politico, 10 October 2016, https://www.politico.com/story/2016/10/2016-presidential-debate-transcript-229519
3. Full Transcript, First 2016 Presidential Debate, Politico, 27 September 2016, https://www.politico.com/story/2016/09/full-transcript-first-2016-presidential-debate-228761
4. Zbigniew Brzezinski, *The Grand Chessboard: American Primacy and*

84. Macris, *The Politics and Security of the Gulf*, pp. 202–4.
85. 載於 Kapstein, *The Insecure Alliance*, p. 165.
86. 載於 Robb, 'The Power of Oil', p. 80.
87. Kapstein, *The Insecure Alliance*, p. 174.
88. Yergin, *The Prize*, pp. 643–4.
89. Richard Nixon, Address to the nation about national energy policy, 7 November 1973, https://www.presidency.ucsb.edu/documents/address-the-nation-about-national-energy-policy
90. 請參閱 Shahram Chubin, 'The Soviet Union and Iran', *Foreign Affairs 61*, no. 2 (1983): pp. 921–49.
91. Jimmy Carter, Address to the nation: energy and the national goals, 15 July 1979, https://www.jimmycarterlibrary.gov/assets/documents/speeches/energy-crisis.phtml
92. 載於 Melvyn Leffler, 'From the Truman Doctrine to the Carter Doctrine', *Diplomatic History 7*, no. 4 (1983): p. 246.
93. 載於 Leffler, 'From the Truman Doctrine to the Carter Doctrine', p. 261.
94. 卡特的方針與英國在一九〇三年五月發表的《波斯灣宣言》（*Persian Gulf Declaration*）有明顯的相似之處：「若有任何國家在波斯灣設立海軍基地或設防港口，都應該視為一種對英國利益的致命威脅，需要盡一切手段加以抵制。」載於 Pascal Venier, 'The Geographical Pivot of History and Early Twentieth Century Geopolitical Culture', *The Geographical Journal 170*, no. 4 (1984): p. 332.
95. Victor McFarland, 'The United States and the Oil Price Collapse of the 1980s' in Counter-shock: The Oil Counter-Revolution of the 1980s, edited by Duccio Basosi, *Giuliano Garavini, and Massimiliano Trentin* (London: I.B. Taurus, 2020), p. 273.
96. Kapstein, *The Insecure Alliance*, p. 195; Walter Levy, 'Oil and the Decline of the West', *Foreign Affairs 58* (Summer 1980): p. 1011.
97. Robert J. Lieber 'Will Europe Fight for Oil?: Energy and Atlantic Security' in Lieber, ed. *Will Europe Fight for Oil?*, p. 4; Lieber, *The Oil Decade*, p. 62.
98. Leffler, 'From the Truman Doctrine to the Carter Doctrine', p. 259.
99. Quoted Steven Rattner, 'Britain Defying US Restriction in Soviet Project', *New York Times*, 3 August 1982.
100. Lieber, *The Oil Decade*, p. 9.
101. Yergin, *The Prize*, p. 743.

1963–1966: Ludwig Erhard's response to America's war in Vietnam', German *Studies Review 27*, no. 2 (2004), pp. 341–60. 關於德國先前的冷戰政策，請參閱Ronald J. Granieri, *The Ambivalent Alliance, Konrad Adenauer: The CDU/CSU, and the West, 1949–1966* (New York: Berghahn Books, 2003). 關於尼克森政府對於西德政府嘗試與東德和東歐恢復正常關係的東方政策（Ostpolitik）有何反應，請參閱Jean-François Juneau, 'The Limits of Linkage: The Nixon administration and Willy Brandt's Ostpolitik, 1969-72', *International History Review* 33, no. 2 (2011): pp. 277–97.

73. 載於Robert M. Collins, 'The Economic Crisis of 1968 and the Waning of the "American Century" ', *American Historical Review 101*, no. 2 (1996): p. 416.
74. Thompson, *Oil and the Western Economic Crisis*, p. 94.
75. Thompson, *Oil and the Western Economic Crisis*, p. 94.
76. 關於中歐和西歐的出口，對於蘇聯開發西西伯利亞天然氣田的關鍵性，以及這件事對蘇德關係的影響，請參閱Thane Gustafson, *The Bridge: Natural Gas in a Redivided Europe* (Cambridge, MA: Harvard University Press, 2020), ch, 2. 關於德國的環境運動與核能發電，請參閱Stephen Milder, *Greening Democracy: The Anti-Nuclear Movement and Political Environmentalism in West Germany and Beyond 1968–1983* (Cambridge: Cambridge University Press, 2017).
77. Jentleson, 'From Consensus to Conflict', pp. 645–6; Jentleson, 'Khrushchev's Oil and Brezhnev's Natural Gas Pipelines', p. 49.
78. US Department of State, *The Washington Summit: General Secretary Brezhnev's Visit to the United States June 18–25, 1973*, p. 51, http://insidethecoldwar.org/sites/default/files/documents/The%20 Washington%20Summit%2C%20June%2018%9625%2C%201973.pdf
79. Jentleson, 'From Consensus to Conflict', p. 648.
80. 關於贖罪日戰爭期間的美蘇關係，請參閱John L. Scherer, 'Soviet and *American Behaviour During the Yom Kippur War', World Affairs 141*, no. 1 (1978): pp. 3–23.
81. Yergin, *The Prize*, p. 595.
82. Thomas Robb, 'The Power of Oil: Edward Heath, The "Year of Europe" and the Special Relationship', *Contemporary British History 26*, no. 1 (2012): p 79.
83. Kapstein, *The Insecure Alliance*, p. 166.

56. Kevin Boyle, 'The Price of Peace: Vietnam, the Pound, and the Crisis of the American Empire', *Diplomatic History 27*, no. 1 (2003): p. 43.
57. 關於埃尼與蘇聯的關係，請參閱Cantoni, *Oil Exploration, Diplomacy, and Security*, chs 1 and 5.
58. Kapstein, *The Insecure Alliance*, p. 137.
59. 載於Bruce W. Jentleson, 'From Consensus To Conflict: The Domestic Political Economy of East-West Energy Trade Policy', *International Organization 38*, no. 4 (1984): p. 640.
60. Jentleson, 'From Consensus to Conflict', p. 643–4.
61. Bruce W. Jentleson, 'Khrushchev's Oil and Brezhnev's Natural Gas Pipelines: The Causes and Consequence of the Decline in American Leverage over Western Europe' in *Will Europe Fight for Oil? Energy Relations in the Atlantic Area*, edited by Robert J. Lieber (New York: Praeger, 1983) pp. 46–7.
62. Jentleson, 'Khrushchev's Oil and Brezhnev's Natural Gas Pipelines', p. 47.
63. Kapstein, *The Insecure Alliance*, p. 138; Jentleson, 'Khrushchev's Oil and Brezhnev's Natural Gas Pipelines', p. 49.
64. Jentleson, 'From Consensus to Conflict', p. 641; Yergin, *The Prize*, pp. 516–20.
65. Yergin, *The Prize*, p 523; Jentleson, 'From Consensus to Conflict', p. 641.
66. 關於法國石油政策與阿拉伯國家，請參閱Robert J. Lieber, *The Oil Decade: Conflict and Co-Operation in the West* (New York: Praeger Publishers, 1983), ch.5.
67. Kapstein, *The Insecure Alliance*, p. 144; Galpern, Money, *Oil and Empire in the Middle East*, p. 368.
68. 關於英國撤離波斯灣的後果，請參閱Jeffrey R. Macris, *The Politics and Security of the Gulf*, ch 5.
69. Boyle, 'The Price of Peace', p. 45.
70. 載於Galpern, Money, *Oil and Empire in the Middle East*, p. 278. 關於詹森與尼克森時期美國與伊朗的關係，請參閱Roham Alvandi 'Nixon, Kissinger, and the Shah: The Origins of Iranian Primacy in the Persian Gulf', *Diplomatic History 36*, no. 2 (2012): pp. 337–72;
71. Yergin, *The Prize*, pp. 532–5, 637–8.
72. 請參閱Eugenie M. Blang, 'A Reappraisal of Germany's Vietnam policy,

99, no. 1 (2012): p. 31.

41. 載於Yergin, *The Prize*, p. 491.
42. Steil, *The Battle of Bretton Woods*, p. 332.
43. Gregory Bew, ' "Our Most Dependable Allies", Iraq, Saudi Arabia, and the Eisenhower Doctrine, 1956–58', *Mediterranean Quarterly 26*, no. 4 (2015): pp. 89–109.
44. Jeffrey R. Macris, *The Politics and Security of the Gulf: Anglo-American Hegemony and the Shaping of a Region* (London: Routledge, 2010), p. 113; Yergin, *The Prize*, p. 498.
45. 請參閱Douglas Little, 'His Finest Hour?Eisenhower, Lebanon and the 1958 Middle Eastern Crisis', *Diplomatic History 20*, no. 1 (1996): pp. 27–54.
46. 載於Dietl, 'Suez 1956', p. 261.
47. 載於Stefan Jonsson, 'Clashing Internationalisms: East European Narratives of West European Integration' in *Europe faces Europe: Narratives From its Eastern Half*, edited by Johan Fornäs (Bristol: Intellect, 2017), p. 70.
48. Hoffman, 'Obstinate or Obsolete?' p. 894.
49. Wolfram Kaiser, *Using Europe, Abusing the Europeans: Britain and European Integration 1945–63* (Basingstoke: Palgrave Macmillan, 1996), pp. 151–4.
50. 請參閱Kaiser, Using Europe, *Abusing the Europeans*, chs.5 and 6.
51. 關於戴高樂造成的影響，請參閱Hoffman, 'Obstinate or Obsolete?', pp. 872–874, 893–903.
52. 有關石油、法國在阿爾及利亞的統治，以及法國對歐洲經濟共同體的支持，三者的關係請參閱Robert Cantoni, *Oil Exploration, Diplomacy, and Security in the Early Cold War: The Enemy Underground* (Abingdon: Routledge, 2017), chs.2–3.
53. Megan Brown, 'Drawing Algeria into Europe: Shifting French Policy and the Treaty of Rome', *Modern and Contemporary France* 25, no. 2 (2017): p. 195–6. 關於歐洲統一的倡議和非洲殖民的悠久歷史，請參閱Peo Hansen and Stefan Jonsson, *Eurafrica: The Untold History of European Integration and Colonialism* (London: Bloomsbury Academic, 2014).
54. Yergin, *The Prize*, p. 569.
55. Barr, *Lords of the Desert*, p. 274.

29. Michael J. Cohen 'From "Cold" to "Hot" War: Allied Strategic and Military Interests in the Middle East after the Second World War', *Middle Eastern Studies 43*, no. 5 (2007): p. 727–31.
30. 請參閱Laila Amin Morsy, 'The Role of the United States in the Anglo-Egyptian Agreement of 1954', *Middle Eastern Studies 29*, no. 3 (1993): pp. 526–58; Douglas Little, 'His Finest Hour?Eisenhower, Lebanon and the 1958 Middle Eastern Crisis', *Diplomatic History 20*, no. 1 (1996): pp. 27–54.
31. 載於Steil, *The Marshall Plan*, p. 44.
32. Tyler Priest, 'The Dilemmas of Oil Empire', *Journal of American History 99*, no. 1 (2012): pp. 236–51;
33. 有關美國內部人士對土耳其加入北約的看法，請參閱George C. McGhee, *The US-Turkey-NATO-Middle East Connection* (New York: Macmillan, 1990). 關於土耳其的看法，請參閱Paul Kubicek, 'Turkey's Inclusion in the Atlantic Community: Looking Back, Looking Forward', *Turkish Studies 9*, no. 1 (2008): pp. 21–35.
34. Barr, *Lords of the Desert*, pp. 102–3.
35. On the CIA–MI6 coup see Barr, *Lords of the Desert*, ch.14.
36. Barr, *Lords of the Desert*, p. 174; Yergin, *The Prize*, pp. 470–8.
37. 關於蘇伊士危機為何是系統性危機的分析，請參閱Ralph Dietl, 'Suez 1956: A European Intervention', *Journal of Contemporary History 43*, no. 2 (2008): 259–78; Hans J. Morgenthau, 'Sources of Tension Between Western Europe and the United States', in *Annals of the American Academy of Political and Social Science* 312 (1957): pp. 22–8.
38. US Department of State, Office of the Historian, Foreign Relations of the United States, 1955–57, Suez Crisis, July 26–December 31 1956, vol XVI, Message from Prime Minister Eden to President Eisenhower, London, 27 July, 1956, https://history.state.gov/historicaldocuments/frus1955-57v16/d5
39. US Department of State, Office of the Historian, Foreign Relations of the United States, 1955–57, Suez Crisis, July 26–December 31 1956, vol XVI, Letter from President Eisenhower to Prime Minister Eden, Washington, DC, 31 July, 1956, https://history.state.gov/historicaldocuments/frus1955-57v16/d35
40. Yergin, *The Prize*, p. 491; Barr, *Lords of the Desert*, p. 245; David S. Painter, 'Oil and the American Century', *Journal of American History*

the Transatlantic Alliance (Lanham, ML: Rowan & Littlefield, 2007).
17. Charles Maier, *Among Empires: American Ascendancy and its Predecessors* (Cambridge, MA: Harvard University Press), p. 175.
18. 關於美國推動成立歐洲防衛共同體，請參閱Brian R. Duchin, 'The "Agonizing Re-appraisal": Eisenhower, Dulles and the European Defense Community', *Diplomatic History 16*, no. 2 (1992): pp. 201–21.
19. Our World in Data, Energy, Global Primary Energy: How has the Mix Changed Over Centuries?, https://ourworldindata.org/energy-mix
20. US Energy Information Administration, US Energy Facts Explained, https://www.eia.gov/energyexplained/us-energy-facts/
21. Our World in Data, Energy, France CO2 Country Profile: Energy Consumption by Source, https://ourworldindata.org/co2/country/france?country=~FRA Our World in Data, Energy, Italy CO2 Country Profile: Energy Consumption by Source, https://ourworldindata.org/energy/country/italy?country=~ITA
22. Vaclal Smil, *Energy and Civilization: A History* (Cambridge, MA: The MIT Press, 2017), p. 327.
23. Bruce W. Jentleson, 'Khrushchev's Oil and Brezhnev's Natural Gas Pipelines: The Causes and Consequence of the Decline in American Leverage Over Western Europe' in *Will Europe Fight for Oil? Energy Relations in the Atlantic Area*, edited by Robert J. Lieber (New York: Praeger, 1983), pp. 35–8.
24. Ethan B. Kapstein, *The Insecure Alliance: Energy Crises and Western Politics Since 1944* (Oxford: Oxford University Press, 1990), p. 69.
25. Kapstein, *The Insecure Alliance*, p. 95.
26. Steven G. Galpern, Money, *Oil and Empire in The Middle East: Sterling and Post-War Imperialism, 1944–1971* (Cambridge: Cambridge University Press, 2013), pp. 7–8; James Barr, *Lords of the Desert: Britain's Struggle with America to Dominate the Middle East* (London: Simon & Schuster, 2018), pp. 116, 120.
27. Daniel Yergin, *The Prize: The Epic Quest for Oil, Money, and Power* (New York: Simon & Schuster, 1993), p. 424; David S. Painter, 'The Marshall Plan and Oil', *Cold War History 9*, no. 2 (2009): pp. 159–75.
28. Jeffrey R. Macris, *The Politics and Security of the Gulf: Anglo-American Hegemony and the Shaping of a Region* (London: Routledge, 2010), p. 82; Kapstein, *The Insecure Alliance*, p. 203.

6. Timothy Gardner, Steve Holland, Dmitry Zhdannikov, and Rania El Gamal, 'Special Report—Trump Told Saudis: Cut Oil Supply or Lose US Military Support', *Reuters*, 30 April 2020, https://www.reuters.com/article/us-global-oil-trump-saudi-specialreport/special-report-trump-told-saudi-cut-oil-supply-or-lose-u-s-military-support-sources-idUKKBN22C1V4
7. Benn Steil, *The Battle of Bretton Woods: John Maynard Keynes, Harry Dexter White, and the Making of a New World Order* (Princeton: Princeton University Press, 2013), p. 155.
8. Steil, *The Battle of Bretton Woods*, p. 135.
9. Steil, *The Battle of Bretton Woods*, p. 301.
10. Lawrence A. Kaplan, 'The United States and the Origins of NATO 1946–49', *The Review of Politics 31*, no. 2 (1969): p. 213.
11. Steil, *The Battle of Bretton Woods, pp. 290–1; Benn Steil, The Marshall Plan: Dawn of the Cold War* (Oxford: Oxford University Press, 2018), p.xii. 關於懷特的間諜活動和他對蘇聯的共鳴，請參閱Steil, *The Battle of Bretton Woods*, pp. 35–46, 318–26.
12. 關於伊朗對冷戰開始的影響，請參閱Gary Hess, 'The Iranian Crisis of 1945–46 and the Cold War', *Political Science Quarterly 89*, no. 1 (1974): pp. 117–46; Louise Fawcett, *Iran and the Cold War: The Azerbaijan Crisis of 1946* (Cambridge: Cambridge University Press, 2009).
13. Steil, *The Marshall Plan*, pp. 362–3. 關於西德在馬歇爾計畫中的核心地位，請參閱Helge Berger and Albrecht Ritschl, 'Germany and the Political Economy of the Marshall Plan, 1947–1952', in *Europe's Post-War Recovery*, edited by Barry Eichengreen (Cambridge: Cambridge University Press 1995).
14. Stanley Hoffman, 'Obstinate or Obsolete?The Fate of the Nation-State and the Case of Western Europe', *Daedelus 95*, no. 3 (1966): p. 908. Armin Rappaport, 'The United States and European Integration: The First Phase', *Diplomatic History 5*, no. 2 (1981): pp. 121–2. 關於美國早期推動的西歐一體化，請參閱Geir Lundestad, *Empire by Integration: The United States and European Integration, 1945–1997* (New York: Oxford University Press, 1998), ch.4.
15. Hoffman, 'Obstinate or Obsolete?', p. 907.
16. 關於北約創立，請參閱Lawrence S. Kaplan, *NATO 1948: The Birth of*

73. James Barr, *Lords of the Desert: Britain's Struggle with America to Dominate the Middle East* (London: Simon & Schuster 2018) pp. 61–7.
74. Painter, 'Oil and the American Century', p. 29.
75. 關於德國在這方面的問題，請參閱McMeekin, *The Berlin-Baghdad Express*, epilogue.
76. 史達林領導下的蘇聯能快速工業化，一定程度上是依靠出口石油所賺的硬通貨。Yergin, *The Prize*, p. 266.
77. 載於D'Agostino, *The Rise of the Global Powers*, p. 43.
78. H.J. Mackinder, 'The Geographical Pivot of History', *The Geographical Journal 23*, no. 4 (1904): p. 436.
79. 羅斯福政府原本為戰後德國制訂了一分摩根索計畫（Morgenthau Plan），因為只要讓德國去工業化，就能解決這個問題。如今的天然氣和輸送問題就跟當年的石油問題一樣，而北溪管路，就像安東尼・達格斯蒂諾（Anthony D'Agostino）的描述一樣，可以視為「一分經濟《拉帕洛條約》」。Anthony D'Agostino, *The Rise of Global Powers*, p. 477.

2. 不可能的石油保障

1. US Energy Information Administration, International Data, Petroleum and Other Liquids, https://www.eia.gov/international/data/world Data from the US Energy Information Administration is subject to revision. 這些數據由美國能源資訊管理局（Energy Information Administration）在二〇二一年九月提供。
2. US Energy Information Administration, US Imports from OPEC Countries of Crude Oil and Petroleum Products, https://www.eia.gov/dnav/pet/hist/LeafHandler.ashx?n=pet&s=mttimxx1&f=a
3. US Energy Information Administration, US Exports of Crude Oil and Petroleum Products, https://www.eia.gov/dnav/pet/hist/LeafHandler.ashx?n=PET&s=MTTEXUS2&f=A
4. 載於Helen Thompson, *Oil and the Western Economic Crisis* (London: Palgrave, 2017), p. 80.
5. 載於Ivana Kottasová, 'Saudi Arabia Tries to Break "Dangerous" Addiction To Oil', *CNN Business*, 25 April 2016, https://money.cnn.com/2016/04/25/news/economy/saudi-arabia-oil-addiction-economy-plan/index.html

and World War II Japan: A Case Study in Technological Failure', *Annals of Science 50*, no. 3 (1993): pp. 229–65.

62. 關於希特勒發動巴巴羅薩作戰的動機是奪取石油，請參閱Tooze, *The Wages of Destruction*, pp. 423–425, 455–60; Joel Hayward, 'Hitler's Quest for Oil: The Impact of Economic Considerations on Military Strategy, 1941–1942', *Journal of Strategic Studies 18*, no. 4 (1995): pp. 94–135; Anand Toprani, 'The First War for Oil: The Caucasus, German Strategy, and the Turning Point of the War on the Eastern Front, 1942', *Journal of Military History 80*, no. 3 (2016): pp. 815–54. 關於納粹在一九四〇到一九四一年之間創立大陸石油公司（Konti），以和英美公司競爭，以及納粹德國計畫如何靠該公司擠身世界強國，請參閱Anand Toprani, 'Germany's Answer to Standard Oil: The Continental Oil Company and Nazi Grand Strategy, 1940–1942', *Journal of Strategic Studies 37*, no. 6–7 (2014): 949–73.
63. Yergin, *The Prize*, pp. 339–43.
64. 載於B.S. McBeth, *British Oil Policy 1919–1939* (London: Cass, 1985), pp. 34–5.
65. Yergin, *Prize*, p. 332.
66. 關於英國在戰間期試圖停止依賴美國石油，以及最後的失敗，請參閱Toprani, *Oil and the Great Powers*, chs.3–4; McBeth, *British Oil Policy 1919–1939*.
67. Hans Heymann Jr, 'Oil in Soviet-Western Relations in the Interwar Years', *The American Slavic and Eastern European Review* 7, no. 4 (1948): pp. 303–16.
68. Anand Toprani, 'The French Connection: A New Perspective on the End of the Red Line Agreement, 1945–1948', *Diplomatic History* 36, no. 2 (2012): p. 263 fn.7.
69. 從跨國商業競爭的角度分析法國的石油政策，以及二十世紀上半葉法國政府在競爭中的弱點，請參閱Nowell, *Mercantile States and the World Oil Cartel*.
70. Michael B. Stoff, 'The Anglo-American Oil Agreement and the Wartime Search for Foreign Oil Policy', *Business History Review 55*, no. 1 (1981): p. 63.
71. 關於法國對終止《紅線協議》的抗拒，以及華盛頓如何利用法國的金融依賴破解，請參閱Toprani, 'The French Connection'.
72. Yergin, *The Prize*, p. 425.

46. 載於Adam Tooze, *The Deluge: The Great War and the Remaking of Global Order, 1916–1931* (London: Penguin, 2015), p. 65.
47. Leffler, 'American Policy Making and European Stability', p. 215; Chernow, *House of Morgan*, pp. 181–2.
48. Roberts, 'Benjamin Strong, the Federal Reserve and the Limits to Interwar American Nationalism', p. 74.
49. Ahmed, *The Lords of Finance*, p. 140.
50. 關於不同債務在英美關係中的角色，請參閱Robert Self, 'Perception and Posture in Anglo-American Relations: The War Debt Controversy in the "Official Mind", 1919–1940', *The International History Review 29*, no. 2 (2007): pp 282–312.
51. Adam Tooze, *The Wages of Destruction: The Making and Breaking of the Nazi Economy* (London: Penguin, 2007), p. 6.
52. Frank Costigliola, 'The United States and the Reconstruction of Germany in the 1920s', *The Business History Review 50*, no. 4 (1976): pp. 498–502.
53. Ahmed, *The Lords of Finance*, p. 395; Tooze, *The Wages of Destruction*, pp. 7, 13, 657.
54. Tooze, *The Wages of Destruction*, p. 28.
55. Ahmed, *The Lords of Finance*, p. 462.
56. 載於Ahmed, *The Lords of Finance*, p. 470.
57. 有人認為大蕭條的主因是美國理論上是國際貨幣體系上的霸主，卻無法扮演穩定機制；關於這方面的重要論點可參閱 Charles Kindleberger, *The World in Depression 1929–1939*, 40th anniversary edition (Berkeley: California University Press, 2013).
58. Yergin, *The Prize*, p. 329.
59. Thomas Parke Hughes, 'Technological Momentum in History: Hydrogenation in Germany 1898–1933', *Past and Present 44*, no. 1 (1969): p. 123.
60. Raymond Stokes, 'The Oil Industry in Nazi Germany, 1936–1945', *Business History Review 59*, no. 2 (1985): p. 257.
61. Tooze, *The Wages of Destruction*, pp. 116–118, 226–7.關於納粹政權的石油政策和失敗的結局，請參閱Anand Toprani, *Oil and the Great Powers: Britain and Germany 1914–1945* (Oxford: Oxford University Press, 2019), chs.6–8.另一方面，關於日本功敗垂成的合成燃料產業，請參閱Anthony N. Stranges, 'Synthetic Fuel Production in Prewar

33. Sean McMeekin, *The Ottoman Endgame: War, Revolution, and the Making of the Modern Middle East 1908–1923* (London: Penguin Random House), p. 404. 一九二三年，美國海軍少將切斯特（Colby Mitchell Chester）本來正要從新成立的土耳其共和國獲得特許權，準備修建從黑海進入安納托利亞的鐵路，並一路通往由英國控制但土耳其亟欲保留的巴斯拉，並且和柏林與巴格達的鐵路協議一樣有權探勘石油。但是土耳其政府同意《洛桑條約》後，這隻煮熟的鴨子也就飛了。
34. 載於 McMeekin, *The Ottoman Endgame*, pp. 421–2.
35. 請參閱 Sean McMeekin, *The Berlin-Baghdad Express: The Ottoman Empire and Germany's Bid for World Power, 1898–1918* (London: Penguin, 2010).
36. Darwin, *After Tamerlane*, p. 378.
37. See John Darwin, *The Empire Project: The Rise and Fall of the British World System 1830–1970* (Cambridge: Cambridge University Press, 2009), pp. 375–85.
38. 格雷高里．諾威爾（Gregory Nowell）認為，美國一九二〇年代採取的門戶開放政策（Open-Door）「是美國為了替標準石油公司排除外國油源，特別是一九二〇英法石油聯盟的競爭，而推出的全球外交戰略」。Gregory Nowell, *Mercantile States and the World Oil Cartel* (Ithaca: Cornell University Press, 1994), p. 185.
39. 載於 Yergin, *The Prize*, p. 195.
40. Yergin, *The Prize*, p. 189; Anand Toprani, 'An Anglo-American "Petroleum Entente"? The First Attempt to Reach an Anglo-American Oil Agreement, 1921', *The Historian 79*, no. 1 (2017): p. 64.
41. John A. DeNovo, 'The Movement for an Aggressive American Oil Policy Abroad, 1918–1920', *American Historical Review* (July 1956), p. 865.
42. Yergin, *The Prize*, p. 201.
43. Yergin, *The Prize*, pp. 289–92.
44. 請參閱 Melvyn P. Leffler, *Safeguarding Democratic Capitalism: US Foreign Policy and National Security, 1920–2015* (Princeton: Princeton University Press, 2017), ch.3; Mervyn Leffler, 'American Policy Making and European Stability', *Pacific Historical Review 46*, no. 2 (1977): pp. 207–28.
45. Ron Chernow, *The House of Morgan: An American Banking Dynasty and the Rise Of Modern Finance* (New York: Grove Press, 2010), p. 203.

24. Alison Fleig Frank, *Oil Empire: Visions of Prosperity in Austrian Galicia* (Cambridge: Harvard University Press, 2007), pp. 21, 251.
25. 關於巴庫之戰，請參閱Bülent Gökay, 'The Battle for Baku', pp. 30–50.
26. 載於Yergin, *The Prize*, p. 183; Yergin, *The Prize*, p. 178.
27. Priscilla Roberts, 'Benjamin Strong, the Federal Reserve and the Limits to Interwar American Nationalism', *Economic Quarterly Federal Reserve Bank of Richmond* 86 (2000): p. 65. 關於美國在第一次世界大戰中利用債權力量發展針對大西洋的外交政策，請參閱Priscilla Roberts, 'The First World War and the Emergence of American Atlanticism 1914–20', *Diplomacy and Statecraft 5*, no. 3 (1994): pp. 569–619; Harold James, 'Cosmos, Chaos: Finance, Power, and Conflict', *International Affairs 90*, no. 1 (2014): pp. 46–7.
28. Barry Eichengreen and Marc Flandreau, 'The Rise and Fall of the Dollar, or When Did the Dollar Replace Sterling as the Leading International Currency?' NBER Working Paper Series 14154, July 2008, p. 3, https://www.nber.org/papers/w14154
29. 載於Roberta Allbert Dayer, 'The British War Debts to the United States and the Anglo-Japanese Alliance, 1920–1923', *Pacific Historical Review 45*, no. 4 (1976): p. 577.
30. Liaquat Ahamed, *Lords of Finance: 1929, The Great Depression, and the Bankers Who Broke the World* (London: Windmill books, 2009), p. 144.
31. 美國在一九二〇年代的工業實力仍刺激著各國的效仿之心。關於德國和蘇聯試圖複製和超越美國福特主義的嘗試，請參閱Stefan J. Link, *Forging Global Fordism: Nazi Germany, Soviet Russia, and the Contest over the Industrial Order* (Princeton: Princeton University Press, 2020). 關於希特勒對福特T型車的痴迷，請參閱Wolfgang König, 'Adolf Hitler vs. Henry Ford: The Volkswagen, the Role of America as a Model, and the Failure of a Nazi Consumer Society', *German Studies Review 27*, no. 2 (2004): pp. 249–68.
32. 關於英法奪取原本由鄂圖曼帝國統治的中東後，當地存在哪些地緣政治衝突，以及在整個歐亞與非洲的地緣政治中扮演什麼角色，請參閱Anthony D'Agostino, *The Rise of Global Powers: International Politics in the Era of the World Wars* (Cambridge: Cambridge University Press, 2012), ch.4.

American Historical Review 114, no. 1 (2009): pp. 16–41.
13. Bülent Gökay, 'The Battle For Baku (May 1918–September 1918): A Peculiar Episode in the History of the Caucasus', *Middle Eastern Studies 34*, no. 1 (1998): p. 30.
14. Yergin, *The Prize*, pp. 131–3.
15. 自美國工業在一八七〇年代崛起以來，歐洲國家就一直積極在非洲蠶食鯨吞，以取得更多資源豐富的經濟腹地，方能與大西洋彼岸的大陸工業巨獸競爭。關於第一次世界大戰前後美國在北美大陸上的擴張，以及快速工業化對歐洲的影響，請參閱Sven Beckert, 'American Danger: United States Empire, Eurafrica, and the Territorialization of Industrial Capitalism, 1870–1950', *American Historical Review 122*, no. 4 (2017): pp. 1137–70.
16. 在法蘭茲・斐迪南大公遭到暗殺的當天，鄂圖曼帝國的大維齊爾就將美索不達米亞的石油特許權授予土耳其石油公司。Edward Mead Earle, 'The Turkish Petroleum Company—A Study in Oleaginous Diplomacy', *Political Science Quarterly 39*, no. 2 (1922): p. 266.
17. 關於英美在戰前競相發展石油海軍，請參閱John A. DeNovo, 'Petroleum and the United States Navy before World War I', *The Mississippi Valley Historical Review 41*, no. 4 (1955): pp. 641–56.
18. 英國新船艦實驗中使用部分石油，是在蘇格蘭提煉的頁岩油。關於英國海軍改用石油之初的歷史，請參閱Warwick Michael Brown, 'The Royal Navy's Fuel Supplies, 1898 to 1939; The Transition from Coal to Oil', PhD dissertation submitted to King's College London, University of London, 2003.
19. 載於Timothy C. Winegard, *The First World Oil War* (Toronto: University of Toronto Press, 2016), p. 57.
20. Yergin, *The Prize*, p. 160; Winegard, *The First World Oil War*, p. 59.
21. 關於石油在兩次世界大戰中的重要性，請參閱W. G. Jensen, 'The Importance of Energy in the First and Second World Wars', *Historical Journal 11*, no. 3 (1968): pp. 538–54.關於第一次世界大戰對石油成為能源的影響，請參閱Dan Tamir, 'Something New Under the Fog of War', in *Environmental Histories of the First World War*, edited by Richard Tucker, Tait Keller, J. R. McNeill, and Martin Schmid (Cambridge University Press, 2018), pp. 117–35.
22. Tamir, 'Something New Under the Fog of War', p. 118.
23. Winegard, *The First World Oil War*, p. 93.

Mission in Hormuz', *Reuters*, 20 January 2020, https://www.reuters.com/article/uk-mideast-iran-france/france-more-countries-back-european-led-naval-mission-in-hormuz-idUKKBN1ZJ1AI?edition-redirect=uk

4. Kenneth Pomeranz, *The Great Divergence: China, Europe, and the Making of the World Economy* (Princeton: Princeton University Press, 2001), p. 16.
5. John Darwin, *After Tamerlane: The Rise and Fall of Global Empires, 1400–2000* (London: Penguin, 2007), p. 19.關於歐亞的整體發展，以及十四世紀前歐亞各文明興起的歷史，請參閱Barry Cunliffe, *By Steppe, Desert, and Ocean: The Birth of Eurasia* (Oxford: Oxford University Press, 2015).關於美國力量崛起的，請參閱Victoria de Grazia, *Irresistible Empire: America's Advance Though Twentieth Century Europe* (Cambridge, MA: Harvard University Press, 2006); Giovanni Arrighi, *The Long Twentieth Century: Money, Power and the Origins of Our Times*, new edition (London: Verso, 2009); Neil Smith, *American Empire: Roosevelt's Geographer and the Prelude to Globalization* (Berkeley: University of California Press, 2004).
6. 相較之下，俄羅斯在跨越大陸向太平洋擴張的數個世紀裡，從未擺脫西部和南部的邊界衝突。
7. 關於石油在二十世紀對美國力量的重要性，請參閱David S. Painter, 'Oil and the American Century', *Journal of American History 99*, no. 1 (2012): pp. 24–39.
8. Vaclav Smil, *Energy and Civilization: A History* (Cambridge, MA: MIT Press, 2018), p. 408.
9. H.D. Lloyd, 'The Story of a Great Monopoly', *Atlantic*, March 1891, https://www.theatlantic.com/magazine/archive/1881/03/the-story-of-a-great-monopoly/306019/
10. 關於俄羅斯石油的崛起，請參閱Daniel Yergin, *The Prize: The Epic Quest for Oil, Money, and Power* (New York: Simon & Schuster, 1993), pp. 57–63, 71–2.
11. Yergin, *The Prize*, pp. 61–72.
12. 關於標準石油公司與俄羅斯公司的商業競爭與合作嘗試，請參閱Yergin, *The Prize*, pp. 63–72.關於奧匈帝國後來如何抵制標準石油公司，請參閱Alison Frank, 'The Petroleum War of 1910: Standard Oil, Austria, and the Limits of the Multi-National Corporation', *The*

張關係，因為這點是避不開的。歐盟和土耳其的關係就是明證：歐盟數十年來一直對於如何處理土耳其問題非常掙扎，原因之一就是歐土關係中有宗教議題、能源議題和軍事安全議題，這些議題彼此衝突，而且動機、托詞和合理化的說法之間有時很難區別。

12. Geoffrey West, *Scale: The Universal Laws of Life and Death in Organisms, Cities, and Companies* (London: Weidenfeld and Nicolson, 2017), p. 233.
13. 能源對人類生活的最重要的意義，在於能利用的能量有多少，決定了人類能夠在物質世界中採取什麼行動，以及有多少的可能性。詳見Vaclav Smil, *Energy and Civilization: A History* (Cambridge, MA: MIT Press, 2017). 經濟學和政治經濟學家常會忽略能源，但正如瓦茨拉夫·斯米爾（Vaclav Smil）精闢的提醒：「所有經濟活動，從基本的物理（熱力學）術語來說，都是簡單或連續的能源轉換，旨在生產特定的產品或服務。」Vaclav Smil, *Growth: From Microorganisms to Megacities* (Cambridge, MA: MIT Press, 2020), p. 376.
14. 過去二十年中國GDP驚人的成長清楚顯示了這一點：從二〇〇〇年開始，中國經濟成長就不斷加速，直到二〇一九年才放緩，消耗的初級能源增加了超過百分之三百三十。Our World in Data, Energy, China Country Profile, https://ourworldindata.org/energy/country/china?country=~CHN
15. 對於此目標持樂觀態度者，請參閱Namit Sharma, Bram Smeets, and Christer Tryggestad, 'The Decoupling of GDP and Energy Growth: A CEO Guide', *McKinsey Quarterly*, 24 April 2019, https://www.mckinsey.com/industries/electric-power-and-natural-gas/our-insights/the-decoupling-of-gdp-and-energy-growth-a-ceo-guide
16. West, *Scale*, pp. 234–8.

1. 石油紀元的開端

1. 川普關於《伊朗核協議》的演講全文, 8 May 2018, *New York Times*, https://www.nytimes.com/2018/05/08/us/politics/trump-speech-iran-deal.html
2. 'Six Charts that Show How Hard US Sanctions have Hit Iran', *BBC News*, 9 December 2019, https://www.bbc.co.uk/news/world-middle-east-48119109
3. Reuters Staff, 'France: More Countries Back European-Led Naval

者，請參閱John J. Mearsheimer, *The Great Delusion: Liberal Dreams and International Realities* (New Haven: Yale University Press, 2018); Stephen M. Walt, *The Hell of Good Intentions: America's Foreign Policy Elite and the Decline of U.S. Primacy* (New York: Farrar, Straus and Giroux, 2018).

7. 可見如 Max Weber, 'Suffrage and Democracy in Germany' in *Max Weber: Political Writings*, edited by Peter Lassman and trans.Ronald Spiers (Cambridge: Cambridge University Press, 1994).
8. 地緣政治的歷史悠久，概念也向來複雜。在本書中，我談的地緣政治是指地理、國家力量和非國家行為者的跨國意圖之間如何相互作用，並形成各種經濟和政治抉擇。有關更著重於平時的關係和複數非國家主體的地緣政治觀點，請參閱Klaus Dodds, *Geopolitics: A Very Short Introduction*, third edition (Oxford: Oxford University Press, 2019).
9. 我偶爾會在書中使用「西方」來概括北美和歐洲，但我沒有在暗示整個西方是團結一心的。
10. 本書中談及的地緣政治變化並非完貌，只是多少提到歐洲對境外能源的依賴，和日本有所相似。在勾勒一九九〇年代以來的地緣政治變化時，本書顯然忽略了印度的工業發展和各國對非洲資源的競奪。在講述中東各段破壞性的歷史事件時，我並沒有具體討論埃及從二〇一一年以來是如何造成當地的不穩定，也沒有討論土耳其在中東的勢力。同樣地，本書裡的經濟史也略去了一些極其重要的發展，例如勞動年齡人口的變化、生產經濟中的技術創新議題，以及監控資本主義的興起。關於前兩個部分，可參閱 Robert J. Gordon, *The Rise and Fall of American Growth: The US Standard of Living Since the Civil War* (Princeton: Princeton University Press, 2016). 第三個部分可參閱 Shoshana Zuboff, *The Age of Surveillance Capitalism: The Fight for a Human Future at the New Frontier of Power* (London: Profile, 2019). 儘管日本是第一個經歷量化寬鬆的大型經濟體，但本書也沒有談到日本的貨幣史。
11. 約翰・格雷（John Gray）在兩本書中旁徵博引地講述了長久以來宗教對歐美政治不同層面的影響：*Black Mass: Apocalyptic Religion and the Death of Utopia* (London: Penguin, 2007) 與 *Seven Types of Atheism* (London: Allen Lane, 2018). 有關基督教對西方歷史長期以來的影響，請參閱Tom Holland, *Dominion: The Making of the Western Mind* (London: Little Brown, 2019). 本書保留了物質與宗教之間的緊

科技民粹主義（technopopulism）的角度理解者，請參閱Christopher J. *Bickerton and Carlo Invernizzi Accetti, Technopopulism: The New Logic of Democratic Politics* (Oxford: Oxford University Press, 2021). 關於民粹主義中經濟與文化因素的論辯，請參閱Noam Gidron and Peter A. Hall, 'The Politics of Social Status: Economic and Cultural Roots of the Populist Right', *British Journal of Sociology* 68, no.S1 (2017): pp.S57–S84; Ronald Inglehart and Pippa Norris, 'Trump and the Xenophobic Populist Parties: The Silent Revolution in Reverse', *Perspectives on Politics* 15, no. 2 (2017): pp. 443–54.Mark Blyth, 'After The Brits Have Gone and the Trumpets Have Sounded: Turning a Drama into a Crisis that Will Not Go To Waste', *Intereconomics* 51, no. 6 (2016): pp. 324–31; Jonathan Hopkin and Mark Blyth, 'The Global Economics of European Populism: Growth Regimes and Party System Change in Europe' (The Government and Opposition/Leonard Schapiro Lecture 2017), *Government and Opposition* 54, no. 2 (2019): pp. 193–225; Jonathan Hopkin, *Anti-System Politics: The Crisis of Market Liberalism in Rich Democracies* (Oxford: Oxford University Press, 2020). 有關民主陷入危機的論點，請參閱Steven Levitsky and Daniel Ziblatt, *How Democracies Die: What History Reveals About the Future* (London: Viking, 2018); David Runciman, *How Democracies End* (London: Profile, 2018). 有關民族主義捲土重來的觀點，請參閱John B. Judis, *The Nationalist Revival: Trade, Immigration and the Revolt Against Globalization* (New York: Columbia Global Report, 2018). 近期從不同的出發點為民族主義和民族認同辯護者，請參閱Yael Tamir, *Why Nationalism* (Princeton: Princeton University Press, 2019); Francis Fukuyama, *Identity: The Demand for Dignity and the Politics of Resentment* (New York: Macmillan, 2018); Jill Lepore, 'A New Americanism: Why a Nation Needs a National Story', *Foreign Affairs* 98, no. 2 (March/April 2019): pp. 10–19; Yoram Hazony, *The Virtue of Nationalism* (New York: Basic Books, 2018). 哀嘆自由國際秩序淪喪者，請參閱Bill Emmott, *The Fate of the West: The Battle to Save the World's Most Successful Political Idea* (London: Economist Books, 2017); Edward Luce, *The Retreat of Western Liberalism* (London: Little Brown, 2017); Thomas J. Wright, *All Measures Short of War: The Contest for the Twenty-First Century and the Future of American Power* (New Haven: Yale University Press, 2017). 批判前述自由主義的哀嘆

註釋

引言

1. 載於Joshua Posaner, 'Merkel Blasts "Unforgivable" Thuringia Election', Politico, 6 February 2020, https://www.politico.eu/article/angela-merkel-blasts-unforgivable-thuringia-election-far-right-afd/
2. The Economist, 'Transcript, Emmanuel Macron in His Own Words (English)', Transcript 7 November 2019, https://www.economist.com/europe/2019/11/07/emmanuel-macron-in-his-own-words-english
3. 載於Victor Mallet, Michael Peel, and Tobias Buck, 'Merkel Rejects Macron Warning Over NATO "Brain Death" ', *Financial Times*, 7 November 2019, https://www.ft.com/content/2ee4c21a-015f-11ea-be59-e49b2a136b8d
4. 對伊拉克局勢之聯合聲明，President Macron, Chancellor Merkel and Prime Minister Johnson, 6 January 2020, https://www.gov.uk/government/news/joint-statement-from-president-macron-chancellor-merkel-and-prime-minister-johnson-on-the-situation-in-iraq
5. 載於'Clinton Accuses Trump of Being Putin's "Puppet" ', *Reuters*, 20 October 2016, https://www.reuters.com/article/us-usa-election-debate-russia-idUSKCN12K0E7
6. 將民粹主義視為獨裁或反多元主義現象的論點可參閱Yascha Mounk, *The People Versus Democracy: Why Our Freedom is in Danger and How to Save it* (Cambridge, MA: Harvard University Press, 2018); Jan-Werner Müller, *What is Populism?* (Philadelphia: University of Pennsylvania Press, 2016); Pippa Norris and Ronald Inglehart, *Cultural Backlash: Trump, Brexit, and Authoritarian Populism* (Cambridge: Cambridge University Press, 2019). 將民粹主義視為民主制度的結構性特徵者，請參閱Roger Eatwell and Matthew Goodwin, *National Populism: The Revolt Against Liberal Democracy* (London: Pelican, 2018); Barry Eichengreen, The Populist Temptation: Economic Grievance and Political Reaction in the Modern Era (New York: Oxford University Press, 2018). 認為民粹主義是一種更複雜的現象，最好從

國家圖書館出版品預行編目（CIP）資料

能源賽局：地緣政治混亂時代，金融政策與民主制度的下一步／
海倫・湯普森（Helen Thompson）著；盧靜, 劉維人譯.
-- 初版. -- 新北市：臺灣商務印書館股份有限公司，2023.12
496面；14.8×21公分（Trend）
譯自：Disorder : hard times in the 21st century

ISBN 978-957-05-3540-2（平裝）

1. CST：國際政治　2.CST：地緣政治　3.CST：國際經濟

578　112017920

TREND

能源賽局

地緣政治混亂時代，金融政策與民主制度的下一步

Disorder: Hard Times in the 21st Century

作　　者—海倫・湯普森（Helen Thompson）
譯　　者—盧靜、劉維人
發 行 人—王春申
審書顧問—陳建守
總 編 輯—張曉蕊
責任編輯—陳怡潔
封面設計—盧卡斯
內頁設計—黃淑華
版　　權—翁靜如
資訊行銷—劉艾琳、謝宜華
業　　務—王建棠

出版發行—臺灣商務印書館股份有限公司
231023 新北市新店區民權路 108-3 號 5 樓（同門市地址）
電話：（02）8667-3712　傳真：（02）8667-3709
讀者服務專線：0800-056193
郵撥：0000165-1
E-mail：ecptw@cptw.com.tw
網路書店網址：www.cptw.com.tw
Facebook：facebook.com.tw/ecptw

局版北市業字第 993 號
初版一刷：2023 年 12 月
印刷廠：鴻霖印刷傳媒股份有限公司
定價：新台幣 680 元

法律顧問—何一芃律師事務所